D1725642

Евгений Сатановский

КНИГА ИЗРАИЛЯ

Путевые заметки о стране святых, десантников и террористов

с искренней симпатией автор

28.01.2015 г.

ЭКСМО
МОСКВА
2015

УДК 908 (569.4)
ББК 63.3 (5Изр)
С 21

Фото на обложке из личного архива автора

В коллаже на обложке использованы фото:

Сергей Гунеев, Сергей Пятаков, Вячеслав Рунов/РИА Новости;
www.BibleLandPictures.com/Alamy/DIOMEDIA

Художественное оформление *И. Озерова*
(http://www.ozerov-studio.ru)

Сатановский, Евгений Янович.

С 21 Книга Израиля. Путевые заметки о стране святых, десантников и террористов / Евгений Сатановский. — Москва : Эксмо, 2015. — 512 с. — (Передел мира: XXI век).

ISBN 978-5-699-77155-4

Израиль как мечта и как реальность — «две большие разницы». Его столица Иерусалим — центр мира и небольшой восточный город. Еврейское государство, жителей которого по утрам будят муэдзины, притом что жители эти похожи на кого угодно, кроме классических евреев. Бюрократы и святые. Многочисленные гении и отборные идиоты. Хитроумные до глупости политики и министры, которые лучше умеют водить танк и поднимать в атаку батальоны, чем командовать чиновниками.

Страна, живущая от войны до войны, — но с каким удовольствием она живёт! Много вкусной еды и цветов. Русский язык на каждом углу. Дети и кошки. Девушки и юноши с автоматами — армия, напоминающая хорошо вооружённых студентов. Ракетные атаки, отражением которых можно полюбоваться с балкона. Террористы — и лучшая в мире система защиты населения от террористов. Святая земля — во всех смыслах. Три тысячи лет истории государства, гибнущего и возрождающегося, как феникс из пепла. Отличный пример того, как стоит жить на этом свете.

УДК 908 (569.4)
ББК 63.3 (5Изр)

ISBN 978-5-699-77155-4

ЧИТАЙТЕ ДРУГИЕ КНИГИ АВТОРА

РОССИЯ И БЛИЖНИЙ ВОСТОК. КОТЕЛ С НЕПРИЯТНОС-ТЯМИ

- Станет ли Россия частью исламского мира?
- Что такое российский наркорынок и надо ли снова оккупировать Афганистан?
- К чему приведет противостояние между Ираном, США и ЕС. Как это отразится на России?
- Будет ли на Ближнем Востоке война?

ЕСЛИ Б Я БЫЛ РУССКИЙ ЦАРЬ. СОВЕТЫ ПРЕЗИДЕНТУ

- Существует ли всемирный заговор и против кого?
- Нужна ли России демократия?
- Кто наши «друзья», а кто «враги»?
- Расколется ли необъятная Россия на «много маленьких Россий»?

МОЯ ЖИЗНЬ СРЕДИ ЕВРЕЕВ. ЗАПИСКИ БЫВШЕГО ПОДПОЛЬЩИКА

- Правда о едином народе, или кто такие евреи?
- Есть ли у евреев будущее без Израиля?
- Откуда берутся евреи-антисемиты?
- Что значит для евреев быть «избранным народом»?

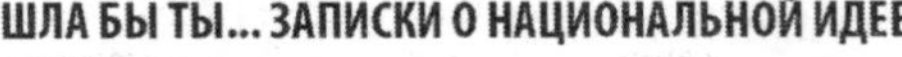

ШЛА БЫ ТЫ... ЗАПИСКИ О НАЦИОНАЛЬНОЙ ИДЕЕ

- Зачем нужна национальная идея и можно ли без нее жить?
- Политика как торговля родиной – оптом и в розницу
- Демократия как основа геноцида
- Коран – это решение?
- От бардака к диктатуре. От диктатуры к бардаку
- Сколько шансов у России и где именно они лежат

Оглавление

Глава 5. О советах, советчиках и фраерах

Глава 6. Об ооновском цирке на конной тяге

Глава 7. О союзниках и партнёрах

Глава 8. О необходимости Израиля для исламского мира

От автора

О сбытии мечт…

Вот живёт себе помаленьку на свете человек. И как свойственно людям, мечтает о чём-нибудь. Ну есть такая дурацкая привычка у вставших на задние конечности разумных приматов. Вне зависимости от того, кто они и чем в этой жизни занимаются. Поскольку совсем без мечты жить не то чтобы не получается. Ещё как получается! Но скучно. Бессмысленно как-то. То ли живёшь, то ли нет. По инерции. Так, доживаешь. Чем, впрочем, значительная часть рода людского и пробавляется за отсутствием альтернативы.

Мечтают дворники и генералы. Учёные и путешественники. Писатели и поэты. Бомжи и придворные. Президент мечтает себе о своём, президентском. Потихоньку, стараясь, чтобы о его мечтах никто не узнал, а то ведь непременно используют подлые люди! Влюблённые мечтают – то по-идиотски демонстративно, чтобы весь мир знал о предмете их страсти, то про себя (спасибо им за это). Диссиденты мечтают, чтобы настала справедливость. Везде и сразу. Карьеристы – чтобы их повысили и наградили. И чтобы пропадом пропал соперник. А кто сказал, что мечтают только о хорошем?

Дети мечтают, абсолютно не комплексуя, и правильно делают. Не скажешь родителям, о чём конкретно твоя заветная мечта, так ничего и не будет в Новый год ждать тебя под ёлкой. Сам виноват. И старики мечтают. Иногда просто, чтобы не так всё болело, но чаще, чтобы у детей и внуков было всё в порядке. Причём, пока своих не заведёшь, понятия не имеешь, что это такое и насколько сильные чувства они вызывают. Хотя к правнукам, кто до них доживает, страсти обычно сглаживаются. Годы уже не те для сильных эмоций. И вообще на жизнь смотришь чуть-чуть с другой стороны. Как через запотевшее оконное стекло.

Когда идёт война, люди мечтают о победе. И чтобы война кончилась, а свои вернулись живыми. Причём мечта о победе сбывается только у одной из воюющих сторон. Хотя живыми могут вернуться и побеждённые. Когда войны нет, мечтают о разном. Например, о реванше и восстановлении исторической справедливости – у кого какая. И очень часто, реализуя это «разное», приближают новую войну. Благо мечты у людей по определению взаимоисключающие. И те, что касаются личной жизни, ещё както можно совместить. Но всё то, что называют выспренно, но верно общегражданским…

К примеру, мечта о возвращении домой с победой бандеровца напрочь не совместима с возвращением домой с победой красноармейца. Последствия чего мы наблюдаем на злосчастной Украине, где олигархи разной степени уголовности душат друг друга, а на их плечах во власть въезжают отнюдь не интеллигентные националисты с «Кобзарём» в руках, но самые что ни на есть всамделишные фашисты. И из «Правого сектора». И в личном качестве, не объединённые ни в какую партию или движение. От чего всем, кто хоть немного разбирается в украинской истории и представляет, к чему всё это может привести, легче не становится.

Мечты о справедливости торпедируют друг друга всегда и везде. Какая такая может быть единая мечта у царя и холопа, боярина и опричника, ушкуйника и стрельца, купца и пирата? У чекиста и контрреволюционера? Террориста и контрразведчика? Моряка и подводника, который наводит на его корабль торпеду? Наконец, у армянина из Карабаха и азербайджанца из того же Карабаха? Про взаимовыгодные соглашения пусть милые леди и джентльмены не от мира сего рассказывают друг другу на великосветских приёмах.

Не бывает никаких win-win договоров. Таких, чтоб все выиграли. И те. И эти. И особенно те, кто их мирит. Просто не бы-ва-ет. Не было их никогда. И не будет. Это как с Данией. Вот читаешь ты сказки Ганса Христиана Андерсена. Того самого, которого корректоры, дай им Б-г здоровья, по непонятной автору причине упорно называют Хансом Кристианом, и потом их надо проверять по сто раз, чтобы в конечный текст это их извращённое представление об окружающей действительности ненароком не прокралось. И сказки чудные. Светлые, печальные, и некоторые даже с хорошим концом. И памятник Русалочке в Копенгагене стоит. И об окружающем их мире датчане заботятся не в пример прочим. Включая беженцев и прочих несчастных, сирых и убогих.

И даже евреев, согласно красивой израильской легенде про датского короля и жёлтую шестиконечную звезду, которую он из солидарности с евреями надел, датчане не сдали фашистам, а вывезли на лодках в Швецию и почти всех спасли. Хотя вообще-то, как люди хозяйственные, не бесплатно. Так что спасти-то они их спасли, но обобрали до нитки и разорили вконец. О чём легенда умалчивает. Но это так, к слову. Андерсеновским сказкам быль не помеха. Читают их все. Поколениями. И становятся от этого чище душой и человечней. И хорошо думают о Дании.

А потом – хрясь. История с жирафом. Который никого не трогал, но, на своё несчастье, был отдалённым родственником всех прочих жирафов в европейских зоопарках. В связи с чем размножаться ему по местным правилам было нельзя. Передать его в зоопарк какой-нибудь неевропейской страны, чтоб он там мирно жил, было по тем же правилам тоже нельзя. И вывезти его в Африку было по правилам нельзя. Чтобы не съели его там дикие звери или не пристрелили африканские браконьеры. Из-за чего его в этой самой Дании, в столичном зоопарке, на глазах у детей пристрелили и скормили тем же диким зверям. Но своим. Ну и потом, скорее всего из соображений политкорректности, в том же зоопарке прикончили двух львят. Очевидно, для баланса. И чтобы справедливость была соблюдена.

То есть с датским жирафом, а потом и с двумя львятами произошло примерно то же самое, что с Украиной. Отчего становятся понятны две вещи. Во-первых, почему сказки у Андерсена такие грустные. Он-то своих датчан знал и никаких иллюзий по их поводу не испытывал. И во-вторых, отчего украинская национальная идея звучит как «ще не вмерла Украина». Не просто без особого веселья, а как-то совсем безнадёжно. Ибо многие мудрости дают многие печали, а избыток демократии и исполнение вековечной мечты о свободе приводят чёрт знает к чему. Вот искренне ведь страдает мужик по-поводу того, «чому он не сокол». И наконец – сбылось. Сокол он, сокол. А смотришь на него на киевском Майдане… Ворон вороном. И падаль расклёвывает.

Вот так и у евреев. Три с лишним тысячи лет то у них есть государство, то нет его. И ладно если бы завоеватели были виноваты. Благо люди солидные. Владыки величайших держав своего времени, мировых империй и прочие «правящие бандиты» вселенского масштаба. Но преимущественно национальное государство евреями терялось исходя из вековечной грызни «народа Книги» между собой. Что есть пример для просвещённого человечества и источник немалой еврейской скорби. «На реках вавилонских сидели евреи и плакали». В России эта история известна с 70-х. Преимущественно по песне «Бони М», что её ни в малейшей степени не портит.

Сбылась у тебя мечта – а рад ли ты этому? И то ли сбылось, о чём мечталось? Или что-то другое, как это обычно в нашей жизни и бывает? О чём имеет смысл поговорить, обсуждая тему еврейского государства. Того самого, о котором речь в настоящей книге. Современного Государства Израиль. Известного автору с таких сторон, с каких оно большинству евреев, в том числе израильтян, не говоря уже о людях, не имеющих отношения к этому древнему, энергичному, много битому и умудрённому историческим процессом народу, и не снилось. Исхоженному и изъезженному им в куда большей степени, чем это свойственно нормальному туристу. Ну так автор там туристом и не был.

Маленькая страна. На карту глянешь – и не страна вовсе, а так, полоска вдоль побережья Средиземного моря, клинышком сходящаяся к Красному. Точнее, к Эйлатскому заливу, пройдя который, уже в Красное море и попадаешь. По форме – стройная девичья фигура, тылом развёрнутая к Иордании. Что характерно – безголовая. Если не считать за стилизованную голову Голанские высоты, вовремя открыженные еврейским государством от Сирии и, к счастью для Израиля, не отданные ей обратно в малоосмысленной миротворческой эйфории 90-х.

То ли абстрактное искусство, то ли, наоборот, чистый палеолит. В профиль. Там похожие «Венеры» без рук, без ног, без головы были куда как популярны. Хотя изображались попышнее. Или, если говорить без политкорректности, были толстушками. Чего про Израиль не скажет даже его закоренелый враг. Поскольку героизм еврейского народа велик и солдаты его хороши, но границу Родосского перемирия 1949 года, она же «Зелёная черта», не случайно называют «границей Освенцима»…

Предисловие

Пояснения читателю, еврейскому и нееврейскому

Автор, вообще-то говоря, совершенно не собирался писать книгу, которую читатель держит в руках. В планах стояли другие произведения. Благо и «Эксмо» этот план был подписан. А также сосчитан, взвешен и измерен. Но человек предполагает, а Б-г располагает. Издательство попросило, автор подумал и понял, что ему, в общем, всё равно. Ну появится одна книга раньше, а другая позже. Что ему, жалко, что ли? Тем более что и та, которую он должен был написать, про евреев. И эта, которую пишет, тоже про евреев. По крайней мере, частично.

Чтобы писать про Израиль и вообще не упомянуть о евреях, надо обладать редкими способностями. Вроде тех, которые проявила еврокомиссар по иностранным делам и политике безопасности баронесса Кэтрин Эштон в своей речи, посвящённой Дню памяти жертв Холокоста в начале 2014 года. Дама эта произнесла трогательную речь, но о евреях, которым, собственно, гитлеровцы Холокост и устроили, в ней не промолвила ни единого слова. Очевидно, чтобы не выделять их особо. И не раздражать пакистано-арабских подданных Её Величества. Какой-никакой, всё электорат… Чем поставила рекорд истинно британского ханжества, которое теперь принято называть политкорректностью.

Ну – чего хотеть от высокопоставленной особы, которая так же умна, как красива, и так же профессиональна, как умна? Желающие могут найти её фото в интернете. Тех, кто окажется способен глядеть на него более десяти минут, не испытывая желания выключить компьютер или сказать старую как мир фразу про то, что «бывает, что и крокодилы мимо проплывают», автор искренне поздравляет. Они смело могут жениться на англичанке из высшего общества без опасения задушить её в первую брачную ночь. Возможно, до того, как их охватит непреодолимое искушение сделать это (а оно охватит, будьте спокойны), они даже смогут один-два раза выполнить супружеский долг.

Но оставим несчастную баронессу. Пусть предаётся собственной судьбе. Не в ней дело. Так вот, кто не в курсе, повторим: Холокост – это уничтожение евреев (и *именно* евреев) нацистами, обустроенное ими в ходе Второй мировой войны со всей присущей Третьему рейху деловой хваткой и прагматизмом. И кстати, при полном непротивлении и активном сотрудничестве большинства населения оккупированной этим самым рейхом Европы. А также абсолютно наплевательском отношении всего остального населения земного шара.

Ну, евреям это обошлось примерно в шесть миллионов душ. Освенцим там. Треблинка. Бабий Яр. И прочее, помельче. Концлагеря, гетто, расстрельные рвы. В числе убитых был то ли миллион детей. То ли полтора миллиона. Кто считал? Там цифры вообще гуляют. И если бы не редкостное занудство еврейского народа и редкостный же в отношении этого народа сволочизм цивилизованного мира, которому эти невинные души спасти было раз плюнуть, ни о каком Холокосте и речи бы не шло. Мало ли кто кого в каком количестве в ту войну уничтожал. Считать их всех…

Что, кстати, с цыганами, которых немцы любили не больше евреев, и произошло. Было их в Европе поменьше – погибло около двухсот тысяч. Хотя ликвидировали их, как евреев, под корень. Без отягчающих европейскую память последствий в виде мемориальных комплексов и розыска нацистских преступников. Перебьются, стало быть, цыгане, сказала щепетильная европейская совесть, отвернулась и занялась более интересными делами. Вроде гомосексуалистов.

Эту категорию народу в Германии после расправы над штурмовиками Эрнста Рёма, среди которых однополых был вагон и маленькая тележка, по тюрьмам, а с 1940 года по концлагерям, на перевоспитание распределили. То ли пять, то ли пятнадцать тысяч человек. И поскольку концлагерь не курорт, погибло их там немало. Хотя по сравнению с общей численностью хотя бы тех же подвергнутых эвтаназии неизлечимых больных – всего ничего. А по сравнению с цыганами, евреями или советскими военнопленными были они там едва ли не в привилегированном положении. Хотя, конечно, не в таком, как социально близкие расово чистые немецкие уголовники, из которых набирались блоковые старосты – капо.

Впрочем, оставим. О Холокосте – Катастрофе европейского еврейства – и аналогичных ему геноцидах в других странах в отношении других несчастных, об отношении к этим преступлениям против человечности «мирового сообщества», о вполне приличной судьбе палачей, о массовой подлости и предательстве и о редчайших проявлениях человечности и личного мужества будет время рассказать отдельно. Книга эта автором начата.

Похоже, геноцид по-прежнему любимое развлечение фанатиков от религии и политики не только в Африке или на Ближнем Востоке. Писать об этом очень не хочется, больно уж тема мрачная. Никаких нервов не хватает. Но надо же суммировать накопившийся опыт. Вдруг, не дай Б-г, придётся угодить в очередную мясорубку. Самому-то ладно – однова живём. А если детям или внукам? Вот то-то и оно…

Так вот, о чём это всё было? Не собирался автор писать настоящую книгу. Кризис на Украине, другие планы, то-сё… Но возжелало её издательство. А материала как раз под неё накопилось более чем достаточно. Вообще-то с прошлых книг его осталось ещё на столько же, сколько уже было написано, если не больше. Тем более что книги эти, как мог заметить читатель, если он держит в руках не первый опус, вышедший из-под пера автора, становятся всё объёмистей. Последняя – четвёртая, про национальную идею, – примерно вдвое толще, чем первая, про Ближний Восток. И это не случайно.

Собственно говоря, только эта последняя и написана по исходному плану. То есть все главы в ней стоят на своём месте, ни одна не выброшена, не сокращена и не оставлена на будущее. И даже несколько разделов вставлено в книгу в дополнение к задуманному. Хотя что именно будет содержаться в каждом из них, видит Б-г, автор не имел понятия до того самого момента, как их написал. Поскольку мысль пишущего вьётся прихотливо. И он, как правило, ни сном ни духом не ведает, что выйдет в конце концов из-под его пера. Сто раз это автор читал у других и полагал, что это писательские враки. А оказалось, что так оно и есть!

Соответственно, осталось у него в загашнике материалов минимум на одну-две книги про Ближний Восток. Столько же о России. Ну а про евреев, что про отечественных, что про зарубежных, равно как про Израиль – писать не переписать. Ибо третья книга автора – «Моя жизнь среди евреев» (две книги об экономике и политике Израиля, написанные в 90-е, мы из этого списка исключаем – профессионалам, включая студентов, они в радость, но для массового читателя скучны) – окончилась, не успев начаться. Вот только начал он вторую из задуманных глав, а книга уже исчерпала все лимиты, включая лимит терпения издательства. И при этом получилась изрядно толстой, хотя и четверти задуманного не было описано.

Кто в этом виноват? Обилие ярких характеров, которые вспоминаются по ходу дела и внезапно врываются на страницы, которые для них вовсе не были предназначены? Давно почившие в бозе общественные структуры и, казалось бы, напрочь забытые ситуации, которые вдруг воскресли в памяти? Словоохотливость рассказчика? Материал управляет автором, ведёт его и подгоняет, заставляя оживлять давние тени и оставляя в запасе ещё больше неописанного и нерассказанного, но достойного описания ничуть не меньше, чем всё то, что написано, откорректировано, отредактировано и напечатано.

Что любопытно, изрядное число людей, которые в его описаниях узнали себя либо усмотрели свою фамилию, которая в противном случае никого бы не заинтересовала в целом свете до скончания веку, откликнулись на это столь же активно, сколь и злобно. И этим немало удручили автора. Который, стоит покаяться, некоторых из них и в самом деле полагал клиническими идиотами. Но упоминал-то он о них мягко и дружески, стараясь ненароком не обидеть. Поскольку не стоит смеяться над убогими. Грех.

Первое место в этой категории заняла пожилая, нервная, гиперактивная дама, которая и в молодости была не вполне адекватна, а с возрастом стала совсем плоха на голову. Что могут засвидетельствовать все, кто её знает. Достаточно сказать, что она, живя в Израиле, умудрилась перепутать собственного до крайности взбалмошного и бестолкового зятя с абсолютно посторонним и ничуть на него не похожим человеком, на которого публично набросилась, обвиняя в соблазнении дочери – к счастью, позаимствовавшей лучшие черты и таланты отца, а не матушкин характер.

Грешно было обижаться на отчаянно ругательную и столь же отчаянно бестолковую статью экзальтированной дамы, которую она потребовала разместить в качестве рецензии на американском русскоязычном сайте. Автор по просьбе его создателей ограничился двумя страницами на том же сайте, на которых высказал всё, что думал о ней лично, о её знаниях, роли в еврейском сообществе и отношении к жизни. Причём – придерживаясь строгих правил публичного общения с женщинами почтенного возраста. Хотя в данном случае это было нелегко.

Впрочем, если он кого-то из нижеописанных персоналий и организаций, в том числе занимающих высокие посты, полагает необходимым обидеть всерьёз, ни к какому эзопову языку прибегать не имеет смысла. Слишком много лет его жизни потрачено на евреев, еврейские организации и еврейское государство, чтобы изображать из себя тётушку Тротт или даму с камелиями. Слишком много сил. И денег – его собственных, его партнёров и всех тех, кто отрывал их от себя в рамках работы Российского еврейского конгресса, одним из основателей, председателем совета директоров и президентом которого автору довелось быть. Не до жиру. Пускай терпят.

Видел автор их всех. Во всех видах видел. Годами и десятилетиями. Израильских генералов и правительственных чиновников. Президентов и премьер-министров. Послов и парламентариев. Героев войны, которые, становясь политиками, за столом переговоров теряли всё, что завоёвывали на поле боя. Болтунов, которые не стоили ногтя тех, кого они предавали – как они сами утверждали, во имя будущего Государства Израиль. Гореть им за это в Дантовом аду до скончания веков.

Видел деревенских простаков, которые могли дать фору прожжённым интриганам мирового класса, одинаково ловко управляя танком, трактором и страной. Умниц и скромников. Фанфаронов и жуликов. Олигархов и выжиг. Людей с золотыми сердцами и душой нараспашку. Террористов – бывших, действующих и будущих. И тех, чья работа – обеспечить им непосредственную встречу с Б-гом. Поскорее, чтоб они никого не успели убить. О них всех, их стране и их государстве (что абсолютно не одно и то же) эта книга.

Глава 1
О несоответствии реального идеальному

Израиль как мечта. Израиль как реальность. Евреи-гении, евреи-идиоты. Может ли еврей быть мерзавцем? Что такое бюрократ-пакид

Израиль как мечта

Израиль – это вековечная еврейская мечта. Мало какая идея просуществовала столько тысячелетий в качестве то ли стержня, удерживающего воедино целый древний народ, то ли центрального столпа невидимого храма, вокруг которого концентрировались просьбы к Б-гу, молитвы, мечты и чаяния – поколение за поколением. Можно назвать это еврейским фанатизмом. Можно – силой духа. Наверное, всё-таки не случайно евреи через сотни и сотни лет раз за разом восстанавливают государство на одном и том же клочке пустынной земли между Средиземным, Мёртвым и Красным морями, который максимально удобен для вторжений извне и минимально – для обороны.

Заодно за последние два тысячелетия Израиль, в соответствии с распространением иудаизма и заимствованных из него идей по планете, а также динамикой возникновения на его базе мировых религий, превратился в святое место для христианства и ислама во всех их бесчисленных деноминациях. Что вызвало и продолжает вызывать по сию пору изрядное несогласие приверженцев этих конфессий между собой, не говоря уже о евреях. Которые в какой-то момент столкнулись с тем, что в качестве приложения к Библии или Корану они куда более соответствуют чаяниям соседей, чем в реальном живом виде. Тем более если Святая земля, пусть даже и не полностью, опять находится в еврейских руках.

Тут можно сколько угодно ссылаться на первоисточники и требовать восстановления исторической справедливости. Что делают не только сами евреи, но и их многочисленные симпатизанты в христианском мире. И куда более редкие – в мире мусульманском. Вроде шейха Ахмада Адвана, мусульманского учёного из Иордании, который на своей странице в Facebook простым, понятным даже маленьким детям языком сказал, что такого понятия, как «Палестина», в Коране нет. После чего напомнил, что «Аллах предназначил Святую землю детям Израиля до Судного дня» (Коран, Сура 5 – «Трапеза», стих 21) и «Мы сделали детей Израиля наследниками земли» (Коран, Сура 26 – «Поэты», стих 59).

Дословно шейх, человек пожилой, почтенный и в своей стране весьма известный, написал: «Я говорю для тех, кто искажает книгу их Господа – Коран: откуда вы взяли название «Палестина», лжецы проклятые, когда Аллах уже назвал ее «Святой землёй» и завещал ее детям Израиля до Судного дня. Не существует такого понятия в Коране, как «Палестина». Ваши притязания на землю Израиля есть ложь и представляют собой посягательство на Коран, на евреев и их земли. Поэтому вы ничего не добьётесь, и Аллах истощит вас и унизит, потому что Аллах является тем, кто будет защищать их».

То есть Аллах, согласно шейху, на стороне евреев. Во что легко поверить, вспоминая итоги всех без исключения арабо-израильских войн. Там у него в том же тексте ещё было много чего про палестинцев, явно навеянное воспоминаниями о «Чёрном сентябре» 1970 года, когда Арафат, крайне неудачно для себя и ООП, пытался свергнуть короля Хусейна. Но об этом отдельно. Тема арабской солидарности, а также межнациональной дружбы в её специфическом израильско-палестинском варианте в настоящей книге будет затронута в специально выделенном разделе. Куда же нынешним евреям, и тем более израильтянам, без арабов!

Правду говоря, тут сколько авторитетов, столько мнений. И большинству этих людей кол на голове теши –

не поможет. Вопрос для всех них, собственно, даже и не в евреях. Так что можно сколько угодно просить по-хорошему действующего (на момент написания данной книги) раиса Махмуда Аббаса, он же председатель правительства Палестинской национальной администрации Абу-Мазен, признать Израиль еврейским государством. Или угрожать отключить ему свет, воду и финансирование служб безопасности – притом что от Израиля и спонсоров из-за рубежа ПНА зависит на все сто процентов. Всё равно не признает. Удавится сам и всю палестинскую национальную идею удавит на корню, а не признает.

Проблема в том, что евреи в качестве держателей ключей от Святой земли и её хозяев – хотя бы толерантных и гостеприимных – никого по большому счёту не устраивают. Их так давно и так прочно списали в расход, что возвращение бывших жильцов в заброшенный и разорённый дом стало неприятным сюрпризом для всех. Вне зависимости от всех их попыток строить отношения с последующими квартирантами. В том числе теми, кто открыто объявил себя непримиримым врагом еврейского ишува в турецкой, а затем британской Палестине и начал против него борьбу без правил. На уничтожение – не на жизнь, а на смерть.

Вообще-то, с точки зрения что мусульман, что большей части христиан (до разгрома арабских армий Израилем в ходе Шестидневной войны 1967 года), еврейское государство на территориях, о которых идёт речь, было просто неуместным. Ладно ещё, что и там, и за пределами этой негостеприимной местности веками шли конфликты между исламом и христианством за еврейское наследство. Причём за наследие духовное в той же степени, что и за материальное. Дело привычное. Но евреев-то в этом уравнении просто не было. Джихад был. Крестовые походы были. А вот практический сионизм…

Так что возрождение Государства Израиль порадовало только некоторых знатоков Корана из числа особо порядочных, не склонных к перетолковыванию первоисточника, вроде упомянутого выше джентльмена, а также христиан-протестантов. Тоже не всех. Хотя и наличествующих в куда большем числе, чем арабы-юдофилы. Поскольку согласно религиозным догматам, распространённым среди протестантов, до возвращения евреев в Сион и восстановления ими там еврейского государства никакого Страшного Суда не будет. Спрашивается, в чём проблема? А то-то и оно, что она есть.

Соответственно религиозной доктрине, в которую верят сотни миллионов христиан, их души будут пребывать в чистилище и в рай не попадёт никто, ни за какие заслуги. Хоть праведником будь, хоть грешником – «сказано в сад, значит, в сад». Как писал Джером Клапка Джером совсем по другому поводу. Вечность называется, понимаешь. Ну а когда и если еврейское государство восстановлено и стоит на своём исконном месте, тут можно Страшный Суд начинать хоть завтра. А там уж – кому в рай, кому в ад. Граждане могут занимать места согласно купленным билетам.

Но это неевреи. Другое дело – еврейское население всех тех стран, куда его, это самое население, благодаря прихоти «крота истории» во время оно из библейской Иудеи и столь же библейского Израиля занесло. Вот рыл этот крот, рыл и дорылся – евреи появились на всём пространстве Ойкумены, от тропиков до заполярной тундры. На всех континентах и на побережье всех морей и океанов. В пустыне и тайге. В мегаполисах и самых захолустных сёлах. Во всех странах. Кроме тех, которые периодически озадачивались их истреблением или изгнанием. Вплоть до новых и новейших времён.

Казалось бы, давили евреев, давили. Душили-душили. Ассимилировали. Гнобили как могли. И всё равно известие о том, что в Палестине возникло еврейское государство, было воспринято подавляющим большинством евреев мира как настоящее чудо Б-жье. Хотя, разумеется, среди них были опасающиеся в этой ситуации исключительно за собственную шкуру или карьеру. Как это всегда у всех народов, а особенно у хорошо наученных горьким историческим опытом, бывает.

Плюс были еврейские ультраортодоксы – люди совсем особые. Того сорта, который и Б-гу не поверит, хотя бы тот ему ключи от вожделенного Эрец-Исраэль поднёс на блюдечке с голубой каёмочкой. Были ещё более ортодоксальные, чем верующие «харедим», еврейские коммунисты. Подозревающие всех, всегда и во всём. Главным образом, в отклонении от генеральной линии партии. Кроме, конечно, товарища Сталина. Лично. Хотя у него, помимо Израиля, вообще-то других дел в конце 40-х было невпроворот.

Но за вычетом этих трёх категорий энтузиазм еврейских масс был огромным. Автор не готов описывать происходившее в этой связи за пределами Советского Союза. Ни он, ни его родители там в соответствующий период времени не жили. Хотя очевидцы многое рассказывали. Но что творилось в СССР, он себе представляет достаточно хорошо. Хотя и строй был не самый мягкий на планете – в самом что ни на есть гулаговском смысле. И сам автор в еврейский мир как таковой попал сравнительно поздно – в 80-х годах XX века, когда конец 40-х остался в истории. Но вторую волну еврейского энтузиазма, под самый конец Советской власти и в начале постсоветского периода, он застал.

Что сказать по этому поводу? Нечего сказать. Евреи СССР получили возможность выезда в Израиль. Сначала с пересадками, а потом и напрямую. За что спасибо главе «Конторы по связям», она же «Лишка» или «Натив», Якову Кедми. Как следствие, еврей рванул с места и поехал косяком. И доехал-таки до Израиля в общем количестве, превышающем миллион душ. Правда, с нееврейскими родственниками и членами семей. Энтузиазм которых по поводу наличия на земном шаре места, куда гарантированно можно было вывезти детей и внуков из рассыпающейся под ногами страны, был не менее искренним, чем у евреев. Хотя знали бы они лично, что представляет собой большой мир за пределами советских границ, в частности тот же Израиль, многие бы задумались и, не исключено, несколько притормозили свой отъезд.

Однако отечественная пропаганда, десятилетиями запугивавшая население угрозой мирового сионизма, сделала своё дело. Если евреи на самом деле правят миром, советская родина на глазах перестаёт существовать, а двери на выезд пока открыты, то особенно задумываться не стоит. Тем более что мало кто бывал за рубежом и опыта – сравнить и оценить, не было ни у кого. Зато было хорошее знание отечественного начальства и понимание, что с ним каши не сваришь и ни для социализма, ни для капитализма оно непригодно. Хотя, конечно, такого повального вранья, открытого воровства, безудержной коррупции и обилия ханжей и идиотов во властных структурах при соблюдении всеми ими основ демократических процедур, как в постсоветских республиках, представить себе было трудно.

Автор свидетельствует: большинству евреев начала 90-х, как и ему самому, Израиль представлялся чем-то вроде помеси Японии с островом Манхэттен. Как мог бы их себе представить человек, ни разу не бывавший ни в Японии, ни на Манхэттене. Невероятная, без ограничений, военная, экономическая и технологическая мощь. Справедливость и неподкупность власти, доведённая до идеала. Страна, текущая молоком и мёдом. Как она выглядела на страницах глянцевых буклетов. Опять же, несомненный интеллектуальный центр мира. Поскольку, если уж в Москве и Ленинграде евреи под давлением Советской власти, отрезанные от всего мира «железным занавесом», выросли такие умные, можно только представить, чего они добились бы в своей собственной стране, открытой лучшим достижениям человечества!

Ну, в общем, полные были идиоты. Включая автора и всех его друзей – из песни слова не выкинешь. Но ощущение – не передать. Вечная весна. В любое время года. Вот – всё теперь в твоих руках. И только от тебя самого зависит, как высоко ты взлетишь и чего достигнешь. Наверное, так чувствует себя взбрыкивающий на весеннем лугу жеребёнок, сил у которого полно, понимание того, как этот мир устроен, нулевое, и про конскую колбасу и бешбармак ему мама-лошадь не рассказывала. Вот таким полным сладких запахов, ярких красок, чистого воздуха и надежды на светлое будущее лугом Израиль всем, кто увидел его возрождение, и представлялся. Что отнюдь не было похоже на реальность. Но тут уж как есть, так и есть.

Израиль как реальность

Автор впервые попал в Израиль в сентябре 1990 года. К тому времени Большая русская алия шла полным ходом. Благо Союз разваливался на глазах. Полки магазинов были пусты, на окраинах постреливали, и рисковать мало кому хотелось. Первые полторы сотни тысяч евреев и нееврейских членов их семей к тому времени уже добрались до исторической родины и нашли её не слишком похожей на расхожие о ней представления, описанные выше. Впечатление оказалось, как бы сказать помягче... двойственным.

Страна была восточно-провинциальная, с сильным, хорошо забытым в СССР ароматом штетла. То есть местечка, которое способно навеять ностальгию только на тех, кто там сам не жил и этой беспросветной нищеты не видел. Ортодоксальные районы Израиля – до сих пор именно то самое, прославленное Шолом-Алейхемом местечко. Из которого в своё время сбегали все, кто только мог из него вырваться. Куда угодно. Хоть в Москву, хоть в Нью-Йорк, хоть в Тюмень – добывать из сибирской вечной мерзлоты и таёжных болот всё, что было необходимо для заполнения шедших на Запад трубопроводов. Нефть так нефть. Газ так газ. Лишь бы подальше от руин родимой синагоги.

Причём Израиль оказался страной не просто восточной, но восточно-еврейской. Арабы в качестве людей с экзотической внешностью и обычаями – это для олимрусим как раз было не самое странное. Благо деревенский араб из старшего поколения в Израиле может ещё носить дишдаш, он же галабия или джеллабия, и куфию, в российском просторечье именуемую арафаткой. Одежда традиционная и по местным климатическим условиям удобная. Но арабская молодёжь, хоть городская, хоть сельская, в ковбойках, джинсах и кроссовках, ничем особым от нормального советского выходца с Кавказа не отличалась. А вот восточные евреи, они же «сфардим», каковое название не имело ни малейшего отношения к реальному этническому происхождению этих людей – настоящих сефардов среди них было не просто мало, а очень мало, от еврейских типажей, привычных отечественному глазу, отличались. И сильно.

Во-первых, они были… ну, скажем, другого цвета. В диапазоне от угольно-чёрного и тёмно-шоколадного (эфиопские фалаши и часть индийских евреев) до приятного оттенка корицы (йеменские тайманим, марокканские, иракские и прочие). Что поражало. Хотя, надо отметить, приехавшие из СССР блондины и, что куда более важно, блондинки на их фоне смотрелись куда более экзотично. И для данной местности не так органично. Что не мешало разнообразным мезальянсам, многие из которых стали основой благополучных многодетных семей. Тем более что еврей, откуда бы он ни был родом, по природе своей чадолюбив и, как правило, хорошо относится к родне по линии жены. Но, повторим, для свежего непривычного европейско-еврейского глаза восточное еврейское многоцветье в Израиле было делом удивительным.

Во-вторых, были они совсем другие. Не как бухарские, горские или грузинские евреи, с которыми пусть и не все евреи-ашкенази, но по крайней мере выходцы из Закавказья, Дагестана или Средней Азии были более или менее знакомы, – а вообще другие. Те были люди советские и поэтому ничем особенным не отличались. Эти же отличались. И ещё как! Причём, что особенно поражало, каждый из них – несомненно, искренне – полагал себя любимого и таких, как он сам, настоящим евреем, а всех прочих – непонятным продуктом эволюции еврейского народа в галуте. То есть в изгнании. И продуктом явно не первого сорта. Что особенно быстро выяснилось в ходе столкновения советского менталитета с марокканско-еврейским.

Почему именно с «марокканцами» у «русских» происходили такие стычки, Б-г весть. Специальная хулиганистость отличала именно эту многочисленную общину от прочего восточно-еврейского народа, что ли? Но факт есть факт. До поножовщины и тяжелейшего мордобоя включительно. Что напрочь убило в новых репатриантах понимание того, куда они попали. Поскольку традиции «махаловок» квартал на квартал, слобода на слободу у обитателей штетла и его среднеазиатского близнеца – махалли – существовали ещё в 70-х. Но напрочь вымерли десятилетием позднее. А у обитателей крупных городов, тем более столичных, – и того раньше.

Автор, будучи москвичом, ещё застал школьные разборки по сотне человек с каждой стороны между его Кутузовским и Филями или Арбатом. Но это было уже редко. Хотя на практике где-нибудь в Мариуполе (который тогда был ещё Ждановом и не обстреливался вольными отрядами киевских олигархов), Магнитогорске или Череповце крупно огрести всей группой на танцплощадке было более чем реально. А в студенческом лагере в абхазской Пицунде – практически обязательно.

Далеко не всегда из этих столкновений все выходили живыми. Но это ж было-то в СССР! Где всё понятно. Есть городская интеллигенция, которую никто нигде не любит. Кроме девушек, что особенно провоцировало «встречу на Эльбе» с любыми местными. Есть люмпен с окраины. Хоть столицы, хоть страны. Неважно. Встреча которых в тёмное время суток неизменно приводила к вышеописанному. Но евреи-хулиганы? Тем более – уголовники? В Израиле?! Это не умещалось в голове.

Скажем сразу, Израиль был и остаётся по сей день куда более спокойной и безопасной страной, чем большинство мест, где автору довелось побывать в своей жизни. А был он много где и много чего видел. Стайки детей самого разного возраста, от подросткового до совсем мелкого, тусуются на улицах и площадях местных населённых пунктов после наступления темноты безо всяких проблем. Не днём же им в жару на солнцепёке играть и трепаться ни о чём, в конце концов.

Хотя, скажем честно, тоже не во всех районах. К примеру, Южный Тель-Авив ничем не радовал и в старые времена, когда там собиралась вся городская шпана и девицы лёгкого поведения кучковались вокруг старой таханы мерказит. То есть центральной автобусной станции – ныне давным-давно закрытой. Не радует он никого и во времена новые, когда этот район заселили эритрейские и южносуданские мигранты-нелегалы. Лучше он с ними, превратившись в «маленькую Африку», точно не стал. Ресторанчики африканской кухни – это, конечно, экзотика. Но наркотиками там торгуют по-прежнему, а грабежи, которых раньше не было, пошли. Однако это исключение из правила.

Что ещё было для автора и, можно уверенно полагать, всех, кто попал в Израиль в начале 90-х годов, странным, так это его «совковость». Не во всём, но очень во многом. Причём гипертрофированная, какой в СССР уже и не было нигде. Беспредельная власть профсоюзов. Партийная диктатура – то, что партий в стране было много, впечатления от их деятельности и их функционеров не исправляло. Пионеры в синих галстуках, бегущие с цветами к государственным чиновникам на сцене местного иерусалимского аналога Дворца съездов – Биньяней га-Ома. Кто видел (автору довелось), тому скулы сворачивало от оскомины. Только вместо «до'огого товарища Брежнева» там был хавер Рабин. И будущий президент страны, хавер Перес. А также прочие хаверим-товарищи.

Историю еврейского государства в СССР по понятным причинам не преподавали. Но автор-то к тому моменту, как лично ступил на землю Страны Израиля, имел возможность со всеми первоисточниками ознакомиться. В том числе на превосходном русском языке, в издании «Библиотеки Алия», стоявшей в подпольных библиотеках на частных квартирах, относившихся к ведению Еврейского информационного центра в Москве, которым он под занавес Советской власти руководил. И кому-кому, но ему-то чего, спрашивается, было удивляться?

Из всех этих книг следовало, что Израиль – страна в высшей мере социалистическая, с элементами коммунистического общества, как его себе в начале XX столетия отцы-основатели этой страны и этого государства представляли. По мере их собственной фантазии, а также трудов Маркса, Энгельса, Ленина и позднее Сталина. Спасибо, что не Мао Цзэдуна. С евреев могло статься и такое. Ну и, конечно, с отдельными буржуазными пережитками, исправляемыми по мере продвижения к построению нового общества.

А также с еврейско-ортодоксальной и арабской общинами, оставленными доживать своё, патриархальное, на обочине национального строительства, как им определил местный социалистический истеблишмент. Чтобы не перегибать по-сталински. Продвигаясь в этой отдельно взятой стране, находящейся во враждебном буржуазно-феодальном арабском окружении, к построению развитого социализма и в последующем коммунизма без головокружения от успехов… Кто помнит про известную работу И. В. Сталина насчёт коллективизации в СССР, понимает, о чём речь.

На этом фоне автору, помнится, пришло в голову, что Израиль – социалистическое государство советского типа, основанное на помеси восточной махалли и ашкеназского штетла, с лёгким флёром лакировки «под Запад». Для американских спонсоров и в тщетной надежде на алию из США. Что позднее его покойный друг, великий знаток палестинских реалий, дипломат и востоковед Владимир Рыбаков охарактеризовал с брутальной простотой, сказав, что «израильтяне – это арабы, косящие под американцев». И в целом был прав.

Как прав был упомянутый на страницах настоящей книги Яков Кедми, высказавший парадоксальную, но точную мысль по поводу израильских партий. «У нас, – сказал автору этот маленький ростом, но великий разумом и точный в характеристиках, как снайперская винтовка, человек, – более двадцати партий. Двадцать из них – коммунистические. И знают это. Остальные – тоже. Но они этого пока просто не сознают».

При этом – полные полки магазинов. Особенно продовольственных, что после СССР поражало. Поскольку, как шутят – или, скорее, не шутят, а констатируют в Израиле, еда – национальный спорт этой страны. Чёртова прорва синагог. Пусть даже и с евреями, которые как будто вышли из витрины этнографического музея. Торы, Талмуды, тфилин, шофары и талесы на каждом углу – кто их в Союзе, кроме ветхих стариков, видел?!

На улицах и в транспорте на каждом шагу симпатичные мальчики и девочки в военной форме, с боевым оружием. Не просто армия – еврейская. Явно народная. Хотя бы судя по тому, насколько она напоминала всё что угодно, кроме того, что называлось армией в отечественных пенатах. Более всего похожая на хорошо вооружённый стройотряд.

Цветы на фоне зелени – травы и листьев, совершенно не совместимых с точно таким же пейзажем в соседних арабских странах. Везде. Вперемешку с детскими площадками, ненормально синим морем и пляжем вдоль всей страны. И цитрусовые всех сортов и степеней зрелости на всех углах. Просто так, на деревьях – вдоль дорог. Рви не хочу.

Ну и ещё очень сильно от среднестатистического советского разлива отличались люди. По-восточному шумные, иногда базарные. С часто встречающейся склочностью. Иногда по мелочи сволочные – о чём ниже. Но были там и *такие*… Лучшие из людей, которых только можно встретить на этом свете. Готовые снять с себя ради незнакомца последнюю рубаху.

Что означало: привести его и его семью едва ли не с самолёта к себе домой, помочь устроиться, кормить и поить, возиться с ним, пока он и его мишпуха не встанут на ноги, и потом дружить до гробовой доски. Простые и надёжные, как дубовый ствол. Безо всякой фанаберии. Открытые миру и впитывающие новое в любом возрасте. Потрясающие люди. И автору такие встречались, и, что куда важнее, его эмигрировавшим в Израиль друзьям.

На всю жизнь ему запомнилась милейшая пожилая чета, Аба и Рахель, которые в начале 90-х взялись «метапелить», что в общем и целом можно было бы перевести как «курировать», если бы не полнейшее отсутствие в этом слове той человеческой теплоты и родственной заботы, которую содержит ивритский термин, его друзей в Кирьят-Тивоне.

Городок этот лежит на холмах, недалеко от Хайфы. На плане он похож на кружевную салфетку, как все построенные на возвышенностях израильские населённые пункты. Не очень большой. В самый раз для нормального, не слишком увлечённого мегаполисами человека. С чудной природой, в которой плавно растворялись городские окраины и городские кошки – в поисках светской жизни и по-израильски безалаберных птиц.

Вот уже почти четверть века с тех пор прошло, но одно из самых тёплых впечатлений об Израиле из той, первой поездки 1990-го – радушный дом двух стариков, которые рады были любым гостям. Относились Аба и Рахель к мало что понимавшим в окружающей действительности новоприбывшим, которые лично им не были нужны ни за чем конкретно, как к собственным детям. То есть всё, что было нужно, объясняли, подсказывали, советовали и были страшно рады, когда чем-то могли помочь.

Это, кстати говоря, и объясняет, каким образом Израиль сравнительно безболезненно абсорбировал и превратил в полноценных граждан огромную толпу людей со всего света, по численности во много раз превосходящую изначальное население. Добрый совет старожила и ощущение, что есть к кому обратиться в трудную минуту, – великое дело. Всё прочее приложится.

Что для России пример и урок. Особенно с начала гражданской войны на Украине, в ходе которой сотни тысяч людей, спасаясь от своего нового начальства, без малейшей жалости превращающего в руины целые города и области, ищут спасения на её, России, просторах. Причём впереди ещё много специфического в Молдавии и Средней Азии. Так что беженцев в России будет... Но это уже совсем отдельный разговор.

Собственно, именно о таких людях идёт речь, когда израильтян называют «сабрами». То есть кактусами. Поскольку сабра – это местная разновидность зелёного колючего до невозможности растения, вымахивающего по несколько метров в высоту и на столько же в охвате. Внешне – экзотическая жуть. Ужас садовода, летящий на крыльях ночи. Но со сладкими мясистыми плодами. Кто знает – понимает в них толк. Кто не знает, видит одни длиннейшие шипы. Как с израильтянами всегда и получается.

Понять с первого взгляда, имеешь ты дело с профессором-математиком, израильским генералом или ам-гаарецом, то бишь сельским жителем, только что вылезшим из-под киббуцной коровы, в этой стране чрезвычайно трудно. В обычной жизни все они могут носить одни и те же шорты, майки и сандалии. Да и в официальной среде – если видишь мятого, неопрятного, «с борща вставшего» взлохмаченного человека, то именно он и есть министр. А идущий за ним с кожаным портфелем подтянутый, аккуратно причёсанный мужчина в чёрном костюме, белой рубашке, начищенной обуви и галстуке – его арабский шофёр. Что есть старинная израильская поговорка. Однако всё в ней – чистая правда.

Хотя, честно говоря, встречаются в последнее время в этой стране, хотя и нечасто, министры в галстуках и костюмах. И даже не только среди ортодоксов. Для них чёрный костюм, галстук и белая рубашка – повседневная униформа. Которую непременно дополняет чёрная же шляпа. Поскольку классический еврейский сюртук-лапсердак или полосатый халат и меховая шапка-штраймл – это отличительная черта той категории этого древнего, буйного нравом и висящего на шее государства, как свинцовая гиря на утопленнике, народа, которая в министры не идёт.

Не до того им. И государство как таковое они часто, за исключением получения от него пособий на детей, не признают. Не стесняясь об этом напоминать по поводу и без. Ну, тоже люди. Как раз в то время, когда пишутся эти строки, они в Израиле массово бунтуют, выходя на демонстрации протеста по триста тысяч человек за раз. И громят мусорные баки не хуже палестинцев в «День земли».

А дело в том, что израильские власти намерены их призывать в армию и, что ещё хуже, заставлять работать. То есть совершить над еврейской религией в их лице страшнейшее из возможных кощунств. После чего понятно, почему из их среды вышло так много сторонников покойного Ясира Арафата. Он-то их работать не заставлял. И призывать никуда не собирался. Для этого у него своих а-шейгицев (что на полувымершем языке идиш означает: хулиган или попросту – шпана) хватало.

Евреи-гении, евреи-идиоты

Грешно так говорить. Но главное, чем потрясает Израиль свежего неподготовленного человека, – количеством еврейских идиотов. Нет, гении там тоже есть. И их немало. Герои есть. В ещё большем количестве. И представители всех прочих категорий, в соответствии с которыми эта маленькая ближневосточная страна производит на подавляющую часть тех, кто её посещает, самое положительное впечатление. Доброжелательные, светлые, работящие люди составляют абсолютное большинство тех, кто живёт в Израиле. Но всё-таки идиотов там много. В смысле *Много*. С большой буквы «ЭМ».

Некоторые из них встречают вас прямо в аэропорту имени Бен-Гуриона. Перед самым въездом в Страну Израиля. И что особенно печально, провожают там же. Кто этим милым девушкам и юношам писал инструкции по безопасности, неясно. Ясно только, что человек этот был полным идиотом. И родители его были идиотами. И все предки по всем линиям, до самой эпохи Мишны, и далее, до Второго Храма, и эпохи Судей, и Авраама, который вышел из Ура Халдейского, были ими. И дети его, внуки и правнуки будут идиотами. Так как только этим можно объяснить вопросы, которые в соответствии с этими чёрным по белому писаными инструкциями служба безопасности аэропорта вам задаёт.

Ну, кто паковал ваш багаж и не оставляли ли вы его без присмотра – это понятно. Кто у вас есть в Израиле и где они живут – тоже понятно. Евреи ли они – менее понятно, но допустим. Еврей ли вы… Нет, знаете ли, я китаец. Только мама у меня еврейка. Папа еврей. Брат еврей. Дети его в израильском ЦАХАЛе отслужили. А я так, случайно вместо родного Китая сюда заехал. Попытаться своими китайскими палочками мацы поесть. С креветками и свининой «Юй Сян». И вот если вы примерно в таком характерном для нормального еврея язвительном стиле этой ласково улыбающейся девушке ответите, начнётся у вас самое интересное.

Автор так – совсем уж обидно для юного создания, чувствующего свою ответственность за безопасность родины, – не отвечал никогда. Но однажды не выдержал. Девушка пристала к нему на выезде. То есть кто-то же его в страну уже пустил и две недели он по ней ездил. Вопросы ему перед этим задавали. Визу ставили. Да и мероприятие, на которое он в тот раз приехал, было всемирным сходняком по солидарности с Израилем и противодействию распространению антисемитизма. Проводилось оно в Иерусалиме с великой помпой, что называется, «под большое декольте». С присутствием всех членов правительства и под председательством персонально отвечавшего на тот момент в этом самом правительстве за борьбу с мировым антисемитизмом бывшего узника Сиона Натана Щаранского. Лично.

Обо всём этом свидетельствовал не только бейджик, приглашение и программа, но и чемодан книг и пособий про этот самый международный антисемитизм и методы прорыва бойкота Израиля. А также визитник, наполненный карточками руководителей силовых ведомств и министров. В соответствии с которым на вопрос о том, кого именно автор знает в Израиле, все они последовательно и были перечислены. От премьер-министра и президента, которым тогда был Моше Кацав, до главы Еврейского Агентства и директора известной всему миру израильской разведки. Причём все они автору были на самом деле известны. И многие довольно хорошо знали его самого.

Скорее всего, это и была ошибка. Девушка не поверила и выразила глубокое сомнение. Ей был предъявлен вышеупомянутый визитник, который ломился от известных всей стране фамилий. Визитки были подлинные, многие с надписанными от руки мобильными телефонами. Девушка поверила и... обиделась. Может быть, это была какая-то особенно обидчивая девушка. Но на самом деле другие экземпляры той же самой породы автору встречались в главном израильском аэропорту довольно часто. Наверное, именно туда их специально отбирают по всей стране. По принципу ранимости души и непредсказуемости реакции.

Следующий вопрос, точнее набор вопросов, был, как автор понял много позже, для службы безопасности этого в высшей мере защищённого от терактов аэропорта довольно стандартным. Какие еврейские праздники он, автор, соблюдает. Какое у него, автора, еврейское имя. И куда, в смысле в какую еврейскую общину, он у себя на родине входит. А также, если он еврей – почему он ещё не живёт в Израиле? Слегка ошалев, в попытке понять, какое всё это имеет отношение к безопасности самолёта, призванного долететь до Москвы, увезя его из Израиля на доисторическую родину – в Россию, автор тем не менее честно попытался девушке ответить. А также понять, какое ей дело до графика посещения им синагоги, если она, девушка, не его раввин? Что было большой ошибкой.

Девушка обиделась в очередной раз. Но тут уже сильно. Очень сильно. На что именно – Б-г весть. На раввина она действительно не была похожа ни в профиль, ни анфас. Была она похожа на круглую дуру, автоматически следующую идиотской инструкции, но этого-то автор ей не говорил?! Или она умела читать мысли? Как бы то ни было, девушка куда-то исчезла. А заменивший её молодой человек с усталой улыбкой профессионального заклинателя змей принялся на редкость плавными, медленными, точнее, демонстративно медленными движениями перекладывать с места на место содержимое авторского чемодана. Костюмы. Книги. Визитники со всем их содержимым. Снизу вверх. Как тот салат в миниатюре Михаила Михайловича Жванецкого.

Понятно было, что девочка, заподозрив, что её таки приняли за дуру (и была права – действительно приняли), позвала мстить за себя своего мальчика. Что он в рамках служебных полномочий и делал. Поскольку перекладывание перекладыванием, а самолёт вполне мог улететь без этого чемодана. И без его хозяина. Что автору в простых доходчивых выражениях объяснили по телефону представители руководства тех самых еврейских спецслужб. Которые свой личный состав знали хорошо и понимали, что доехать до аэропорта, пока рейс всё ещё там, нереально. На голос в телефонной трубке никто в дежурной смене реагировать не будет. А вызвать представителя конторы заранее, чтобы на месте проконтролировал ситуацию, никто не сообразил. Как и заказать VIP, что теоретически должно было исключить проблему.

Кто сказал, что дело должно было закончиться только этим? По мнению представителя таможенной смены, с которым в тот раз пришлось иметь дело автору, ему в ближайшей перспективе светил личный досмотр с раздеванием. Что его мало волновало. Поскольку конкурс красоты выигрывать он не собирался и готов был предъявить для обозрения всё, что имел. Благо к тому времени давно разменял вторую сотню килограммов – было что предъявлять. Первый живот, второй, третий... Но сама мысль об этом вызвала бешенство у сопровождавшего его в аэропорту местного представителя Российского еврейского конгресса, президентом которого автор в тот исторический момент состоял.

Что именно на родном ему иврите сказал побуревший, как помидор, от стыда за родину всех евреев представитель конгресса службам аэропорта, автор по сей день не знает. Парень был крепкий, прошёл хорошую армейскую школу и слова знал разные. Но как-то обошлось в тот раз без личного досмотра. И на самолёт удалось успеть – в последний момент. Однако раз и навсегда это в высшей мере полезное маленькое приключение убедило автора в том, что идиот в Израиле – это не несчастье семьи, не личное хобби и даже не профессия. Это должность.

Спорить с ним – себе дороже. Проще светло улыбнуться и попытаться ему объяснить всё, что он там тебя спрашивает, не выражая изумления и тем более негодования. Ни в коем случае не давая ему понять, что он в твоих глазах идиот. Не спрашивая, откуда взялись его идиотские инструкции. Пусть чувствует, что его уважают. Жалко, что ли, оказать маленькому человеку немного кавода? Или, на идиш, куведа. То есть уважения.

Понятно, что иногда терпение даже человека с характером агнца Б-жьего оказывается на пределе. Вроде памятного случая, когда на въезде в Израиль в том же самом аэропорту Бен-Гуриона профессора Московского еврейского университета, специалиста-религиоведа с мировым именем, очередная девушка-пограничница начала всерьёз расспрашивать, чего ради он, не будучи этническим евреем, занимается еврейской религией. И за какой такой нуждой он едет на международный конгресс по этой религии, проводимый в Израиле.

Автору об этой прискорбной сцене рассказывал один из её участников – ректор помянутого выше университета, профессор Александр Юрьевич Милитарёв. А. Ю.М. в жизни своей видел разное и, казалось бы, привык ко всему. Поскольку был высокоучёным семитологом и человеком, в принципе терпимым к глупостям разного уровня. Однако он взорвался, как триста тонн тротила, когда понял, о чём именно дева, юная и безмозглая, пытает его, в высшей степени достойного преподавателя.

Преподаватель этот о ту пору пребывал в некотором недоумении, чтобы не сказать в ступоре. Поскольку задаваемые ему израильской девой на въезде в Израиль вопросы со стопроцентной точностью совпадали с теми, что были ему за десять лет до того заданы на допросе джентльменами из Комиссии Глубинного Бурения. Она же – КГБ. Каковое ведомство в начале 80-х возглавлял Юрий Владимирович Андропов. И как раз от них вопросы такого рода слышать было более чем логично. Но в Израиле? На границе?! От девушки, вся работа которой была – поставить ему въездной штамп на визе?!!

Ну, описанный выше типаж – это, в конце концов, только одна, и не самая вредоносная разновидность израильского идиотизма. Бывают и хуже. Но, повторим, в соответствии с законом равновесия в природе и обществе ежели чего где убудет, то в другом месте этого неизбежно прибавится. Имеет смысл осознать, что повышенное количество в Израиле евреев-идиотов вызвано тем, что концентрация там еврейского населения по понятным и не требующим пояснения причинам выше, чем в любом другом уголке мира. Куда же от них, в смысле, от идиотов, в Израиле деваться? Тем более что официальные посты там занимают по большей части именно евреи. Страна-то еврейская.

Любой израильский чиновник, каким бы мелким ни был его пост, а особенно если его пост ма-а-асенький, именно в бюрократии и идиотничанье находит отраду и отдохновение души. Зачем-то ведь она ему Б-гом дана, душа? Не исключено, правда, только затем, чтоб он исполнял в роду людском функцию, которая в мире животном уготована тлям, мухам, комарам и прочим паразитам. До мышей-полёвок и крыс-пасюков включительно. Что не радует. Но отыскать какое-то другое предназначение у персонажей из этой категории трудно.

Разве что воспитывать в массах терпение и стойкость в очередях. Чувство юмора и презрение к трудностям. Понимание того, что всё преходяще и ты где хочешь – хоть в Москве, хоть в Вашингтоне – можешь быть кем угодно, а тут ты, в аэропорту, никто и звать тебя никак. Спасибо им, еврейским идиотам, за тренировку. Кто их прошёл, тому уже никто не страшен. Нервы становятся стальные, закалённые – пружинят. Никакой контроль не страшен. Ни американский, ни российский. Ни даже немецкий.

Как сказано выше, в воздаяние за их, гениев, присутствие в Израиле… Причём вот это совершенно серьёзно. Без малейших попыток перевести всё в шутку. Хотя сидят они не там, где с ними может столкнуться рядовой турист. А по университетам. Научным центрам. Высокотехнологичным производствам. И как ни странно, йешивам. То есть там, где концентрируются изучающие Тору и Талмуд еврейские ультраортодоксы.

Что евреи занимают непропорциональную долю в мировых рейтингах математиков, физиков-химиков, биологов и прочих представителей каких угодно интеллектуальных профессий, вплоть до личного состава театров Бродвея и студий Голливуда, известно хорошо. Про то, что по абсолютному числу высокотехнологичных стартапов, то есть новых компаний, Израиль – второй в мире после Америки и с большим отрывом обгоняет Европу – *всю* Европу, которая в этом списке третья, известно куда меньше.

Вопрос, откуда вдруг евреи, которых ещё в начале XIX века считали совершенно ни к чему не пригодным, кроме ростовщичества, мелкой торговли и медицины, человеческим материалом, стали такими продвинутыми в естественных науках, инженерии и свободных профессиях, никто себе особенно не задаёт. Евреи же. Кто их не знает, говорит, что тянут за уши своих. Кто знает, понимает, что не тянут – скорее топят, и списывает всё… а кто его знает, на что. Скорее даже ни на что. Как есть, так есть. Специфика еврейских мозгов.

Автору довелось в своей жизни немало пообщаться с великими еврейскими светилами из самых разных отраслей и областей знания. С одними, как с Виталием Гинзбургом и Виталием Гольданским, – в Российском еврейском конгрессе. Благо было время, когда структура эта в российскую науку вкладывала много. С другими, как с Мюрреем Гелл-Маном и Менахемом Бен-Сасоном, –

в ходе реализации академических проектов, которые их американские и израильские структуры финансировали вместе с автором. С третьими, как с Александром Уголевым, – в качестве родственника. Так вот, все они были людьми разными. В смысле характеров, темперамента и степени… не известности – известными-то в мировом масштабе были они все. Без исключения. Но секретности. Так как допуск у физика-ядерщика и историка-медиевиста очень отличается. Что объяснимо.

Одно-единственное их объединяло – мозги у них были абсолютно компьютерные. И воображение не имело границ. Отчего в физике и математике, физиологии и языкознании, истории и биологии были они выше всех Б-гом и людьми установленных пределов. Это какую ж голову надо иметь, чтобы создать кварковую теорию или заниматься исторической компаративистикой! Впрочем, желающие попробовать могут это сделать, начав с чего-нибудь попроще. Общей теории относительности, например. Или Большого взрыва…

В ходе бесед о личном, что свойственно многим великим под хорошую закуску, все они говорили по поводу причин взрыва еврейской гениальности всех типов и направлений в XX веке примерно одинаковые вещи. Притом что все без исключения были людьми светскими или, в случае Бен-Сасона, умеренно религиозными. Структура еврейского мышления, по их мнению, была отточена поколениями религиозной системы образования и диспутами в синагогах. То есть хедер, Талмуд-Тора и синагога как три источника, три составные части… ну и так далее. Почти по Марксу-Энгельсу-Ленину.

Столетие за столетием евреи формировали методы поиска абстрактных доказательств, точили логическую систему поиска аргументов и создали мысленный эксперимент как таковой. И это в дополнение к многоязычию, естественному и неизбежному для людей, вынужденных непрерывно переходить в диспутах с библейского иврита на талмудический арамейский, латынь, старофранцузский, идиш, ладино и все прочие языки, на которых писались комментарии к первоисточникам. Притом что в быту базовый набор языков, у каждой общины разный, дополнялся польским, украинским, русским, английским, фарси, арабским, немецким, испанским, португальским… И так далее, и тому подобное. А мозг, вообще-то, орган тренируемый.

Представим себе, что замкнутая община, занимающаяся, помимо обеспечения простейших житейских нужд, исключительно схоластикой, вдруг открывается навстречу окружающему миру. И перед молодыми людьми с этими самыми мозгами компьютерного типа возникают перспективы, о которых они и не мечтали. Притом что мира этого они не видели и его не знают, а любопытны, как все молодые люди, напоминающие подросших до самостоятельности котят. И стоят перед ними совершенно новые задачи. Из физики, математики, биологии, астрономии… Далее по списку. Причём в силу вышеупомянутого тренинга многое из перечисленного они щёлкают как орехи, а отрабатывать остальное им в радость. И что мы в итоге всего этого получаем?

Правильно. Толпу еврейских гениев мы получаем. А что многие из них с лёгким или даже серьёзным сдвигом по фазе, так мало ли гениев мирового масштаба заставляли греть винегрет или селёдку, носили на великосветские приёмы свитера грубой вязки и вели себя, с точки зрения окружающих, в высшей мере странно? Будь то Ландау, Сахаров, Эйнштейн и прочие столпы человечества – евреи или неевреи. На то они и гении. Вон ни Перельман, ни Тимофеев-Ресовский ни в хедере, ни в Талмуд-Торе не учились. Что их странностям ни в коей мере не мешало.

Проблема состоит только лишь в том, чтобы дать всем этим потенциальным гениям исходные данные в базовых науках, необходимых человечеству на нынешнем этапе его развития, а также не слишком сильный стартовый пинок, который вырвет их из замкнутой ультраортодоксальной среды. Обеспечив им не только финансовую самостоятельность и способность содержать семью, но и интеллектуальную независимость. Во всех смыслах этого слова. Что для престарелых лидеров их общин – нож острый.

Про приход Машиаха молиться, заводя бесчисленных детей и служа бесконечным источником государственных дотаций для синагогального начальства, – дело, с точки зрения этих лидеров, нужное и благое. Не то что быть учёным, инженером или компьютерщиком. Или служить в армии, после которой у еврейского ортодоксального молодняка появляется не только несвойственная ему до того выправка и крепкие мышцы, но и привычка делать то, что нужно ему лично и его стране. А не то, что ему велят делать родители. Со ссылкой на очередного дряхлого цадика.

Так что Государство Израиль, понимающее, что интеллектуальный резерв у него есть и надо его только разбудить и раскачать, тянет в одну сторону, ортодоксы-начальники – в другую. И по большому счёту, учитывая уровень рождаемости, который зашкаливает именно в ортодоксальном секторе, будущее Израиля зависит от того, кто кого уест в этой борьбе. Либо категория захребетников, подверженных всем генетическим хворям, так и не выйдет из своего гетто и со временем утопит страну. Либо выйдет и процветёт с ней вместе. Третьего не дано. Либо туда. Либо сюда.

Хотя пока что, честно говоря, будущие гении куда больше похожи на необратимых идиотов. По крайней мере, внешне. Что не радует, но и не слишком печалит. Ещё совсем недавно их и таких, как они, среди евреев было куда больше, чем всех прочих. Но ведь перековалось же большинство харедим. В СССР и США, Европе и Латинской Америке, Южной Африке и прочих странах и частях света, где никто, в отличие от Израиля, никого не кормит за красивые глаза.

Благо даже создатели и комментаторы Талмуда – великие из великих – не брезговали честным трудом. Физическим или интеллектуальным, всё равно. Рабби Меир был кузнецом. Рабби Акива пас овец. Раши был переводчиком, а Маймонид – врачом. И ничего. Им это не мешало. Их современникам не мешало. Да и всем тем, кто по сей день изучает их наследие, не мешает. То есть всё, как всегда, просто. Работать надо. Остальное приложится.

Может ли еврей быть мерзавцем?

Хороший вопрос. Неожиданный. «Может ли еврей *не быть* мерзавцем?» – воскликнут искренне верящие в это антисемиты. В том числе антисемиты из числа многочисленных евреев, положивших жизнь на то, чтобы доказать окружающим, что все евреи плохие, но вот именно они, конкретно и персонально, – хорошие. Для чего они переходили в христианство или ислам, писали на других евреев доносы в Святую Инквизицию, уничтожали Талмуды, шли в воинствующие атеисты, гнобили соотечественников в ГУЛАГе, обещали отдать жизнь во имя победы палестинской революции и писали жалобы на израильских поселенцев в ООН…

«Как может еврей быть мерзавцем и не сгореть со стыда?!» – воскликнула бы в ответ воспитанная до состояния, приводящего на грань возможности выживания в этом мире, мама автора. Которая и антисемитов-то назвать антисемитами не могла, почему и звала их всю жизнь «хулиганами». Поскольку для неё это было – как публично матом выругаться. Притом что детство и юность она провела в военно-морских гарнизонах, которыми её папа – дедушка автора – командовал, и ненормативную лексику знала до тонкостей.

«А почему, собственно, нет?» – сказал в своё время мудрый Зеэв Жаботинский. Который понимал, что у всех народов есть свои воры, жулики и проститутки, и чего ради именно от евреев, единственных в мире, требовать, чтобы у них такого не было? Ну так он вообще был человеком конкретным и, будучи классическим русским интеллигентом и аристократом духа высшей пробы, не пытался загнать человечество в рай, сколоченный по собственным лекалам. И мир он воспринимал таким, как есть. Без иллюзий.

Автор не знает, как решали вопрос, вынесенный в заголовок раздела, евреи Абиссинии, Королевства Марокко и Хивинского ханства. Он там не жил. Но в московской еврейской среде, где его родили и воспитали, это было не принято. То есть свои мерзавцы там были. Но воспринимали их плохо. Старались не общаться. Периодически били – по молодости. И полагали, что если уж так получилось, что ты еврей, то надо соответствовать.

А то, спрашивается, жили до тебя люди, жили. И ты, соответственно, не сам по себе живёшь. Ты их потомок. Они растили детей. Работали. Что-то строили. Что-то изобретали. Что-то писали, или рисовали, или ставили на театральных подмостках. Когда приходилось – воевали. Любили друг друга. Женились. Хотя и разводились иногда – не без этого. Но, в общем, достойные были люди. И вдруг, как в «Дельфинах и психах» Владимира Высоцкого: «Он был евреем и не стоил этого». Насколько помнит автор по самиздатовскому варианту этой книги, который он прочёл в 80-е. И что, спрашивается, с тобой, скотина, тогда делать?

Мало того что ты сам по себе сволочь. Совершенно неважно, в быту или на работе. Но ещё и всем евреям от тебя сплошной позор. И неважно, просто ты карьеру делаешь, рубя чужие судьбы, или таланты задвигаешь, собак с кошками мучаешь или жену с детьми изводишь. Причём живут все эти сволочи зачастую немыслимо долго, хотя биографии у них – ой какие плохие! Как у тех двух последних сталинских наркомов, которые докоптели на Фрунзенской набережной аж до самого конца советской власти. И как они померли, так система и развалилась. Поскольку после одного настала перестройка и гласность, а после второго так и вовсе ГКЧП и распад СССР.

У древних это называлось «Все евреи ответственны друг за друга». Видимо, въелось в подкорку. Поэтому еврей может быть гулякой, игроком и пьяницей – бывает и такое. Но детей своих он обязан содержать. И маму с папой тоже. Может, если так уж жизнь сложилась, быть вором и бандитом. Но дети его, и тем более внуки, должны получить образование и выйти в люди. Может заработать миллиарды. Но обязан делиться с теми, у кого денег нет, а талант есть. Или просто с бедными. И вести себя с окружающими ему желательно по-человечески. Иначе какой же он еврей?

Чёрт его знает, почему именно у евреев так повелось, но это факт. Механизм адаптации к быстро меняющимся условиям? Опыт, помогающий выжить на протяжении нескольких тысячелетий во враждебной среде? Может, и так. На академическом языке это называется «высокая степень этносоциальной ответственности». Иначе мозг пропилят. Особенно родня. Включая собственных детей. А евреи, как мы помним ещё из комментариев римского олигарха-философа Сенеки, чадолюбивы до безобразия. За что он их сурово укорял.

Всё это, кстати, породило застрявшую в Израиле на веки вечные проблему отношений евреев с арабами. Хоть с собственными, израильскими, хоть с жителями Иудеи и Самарии – их ближайшими родственниками. Поскольку о том, чтобы вырезать арабов в границах Эрец-Исраэль поголовно или выгнать в шею, объявив Государство Израиль страной, где арабского духу быть не должно, как это сделала правящая династия Саудовской Аравии с евреями, за что ей слова дурного никто не сказал, израильтяне не могут. Что они, дикари какие-то?

Придушить арабских граждан и жителей контролируемых территорий, как делают во всём арабском мире с евреями и христианами, ограничив в правах и запретив открытое исповедание религии, не говоря уже о её распространении, израильтяне не могут. Не дать арабам строить мечети в ответ на то, что нигде в арабском мире ни о какой постройке синагог и речи не идёт, не могут. Насильственно заставить учиться не в своих, арабских, а в общеизраильских школах не могут. Искоренить в стране арабский язык в пользу иврита не могут и не хотят. И так далее, и тому подобное. Вот и получился тупик.

Автору многократно доводилось в жизни общаться с палестинцами, включая самых что ни на есть террористов. В том числе из Газы, где в 90-е годы он провёл много времени. Не с высокопоставленными палестинскими нотаблями – с ними общаться тоже приходилось много, но речь здесь не о них. И не с бюрократами из международных организаций, чьи карьера и доходы на протяжении поколений зависят от увековечения конфликта между евреями и арабами. Тем более не с маловразумительной, озлобленно-шумной толпой борцов за права палестинцев, готовых биться за эти права до последнего палестинца. Но с нормальными людьми, живущими, что называется, «на земле».

Так вот, ни разу ни один из палестинцев в ответ на предложение подумать, не хотелось бы ему сменить израильскую оккупацию на американскую, российскую или британскую, не высказал энтузиазма в пользу такого развития событий. А о тех временах, когда на Западном берегу и в Восточном Иерусалиме командовала Хашимитская Иордания, а в Газе распоряжался Египет, они говорили с ужасом. И если вспомнить палестинскую политику Насера или «Чёрный сентябрь» 1970 года, понятно, почему. Но об этом ниже.

Что до израильтян, проблем в отношениях с соседями у них была и остаётся масса. И многие из них являются не результатом объективной ситуации, связанной с обеспечением безопасности, а следствием обычного молодёжного раздолбайства или наличия в Израиле хулиганов – в том числе призываемых в армию. Где, впрочем, их выявляют и наказывают – не в пример большинству прочих армий мира. Однако что такое израильская оккупация, автору стало по-настоящему понятно на примере инцидента на территориях, в котором оказалось замешано несколько его друзей. Благо друзей у него там много.

Ситуация была стандартной. Шоссе. Арабская деревня. Любимое развлечение местной молодёжи – побросать камни в проезжающие мимо машины с израильскими номерами. Что поощряется старшим поколением, в том числе финансово. Ну а подросткам интересно. Да и безопасно: «дети» же. Так что израильтяне не пристрелят. Учитель в школе похвалит. Родители не выпорют. И деньги, которые за это им приплачивают, пригодятся. Их подрастающему поколению всегда есть куда девать: мороженое там, диски, джинсы…

Соответственно, бросали-бросали – попали. Удачно. Стекло вдребезги, машина юзом с дороги. После чего нужно разбегаться, пока патруль не прибыл. А то под горячую руку может влететь. И вообще можно сесть. Хотя и ненадолго. Адвокаты-правозащитники вытащат. Но лучше не рисковать. Так что группа героической молодёжи переместилась по местам исходной дислокации – в родное село.

Человек, который всё это рассказывал, прибыл в это село немного погодя в компании большой группы крепких бородатых мужчин из того, соседнего с упомянутой арабской деревней, еврейского поселения, куда направлялась машина. Поскольку, если бы это был просто камень – тогда ладно. Не привыкать. И если бы просто повредили машину – тоже. На то есть страховые кампании. Но в машине сидел ребёнок. Осколками его поранило. Не насмерть, но довольно сильно. Вот ребят и взорвало.

Причём, кто видел еврейских поселенцев – это не сгорбленные хилые ботаники в пенсне, а, как правило, здоровенные хорошо вооружённые мужики. Поскольку живут они в условиях, приближённых к американскому фронтиру или русской казачьей заставе. Что и кто им на голову свалится завтра или послезавтра, они не знают и готовы ко всему. В том числе к беспределу со стороны соседей. И на любую атаку или провокацию с их стороны отвечают адекватно. По-соседски. Могут вырубить маслины. Снести пару рядов бананов. Могут просто набить физиономию. А что делать, если люди такие? Нормальных слов не понимают, кошмарят по-чёрному. Тем более если пострадал ребёнок.

Читатель имеет возможность поставить себя на место людей, у которых хулиганистые соседи. В рамках известной миниатюры Аркадия Райкина из фильма «Люди и манекены», вообще-то, даны все рекомендации по их «унасекомлению» и приведению в Б-жий вид. Что с поправками на географическую специфику в описанном случае и произошло. Для России не новость. Раньше кольями на меже решалось, стенка на стенку. Или штакетником на танцплощадке. Теперь проще. Дреколье и штакетник из моды вышли. В ходу всё больше травматическое, газовое, а для особо тяжких случаев – огнестрел.

Так вот, в описанной выше ситуации могло произойти всё что угодно. И если бы это была разборка между арабами, вне зависимости от причин кончилась бы она неизбежным смертоубийством. С плавным переходом в кровную месть. А также месть за месть – на поколения. Одна из самых кровопролитных в истории Палестины междоусобиц, которая буквально выкосила страну, называлась «война двух кабачков». То есть сначала кто-то у кого-то украл с огорода два кабачка. Потом из-за них кого-то избили. Потом убили того, кто бил. Ну а дальше – клан на клан, большая семья, «хумула», – на «хумулу», племя на племя, одно племенное объединение на другое…

Причём это не исключение, а правило. К примеру, бедуины Негева стали союзниками евреев в конце 40-х, в период Войны за независимость, из-за межплеменного конфликта на Синае, причиной которого было похищение верблюдицы. Похитители были слабее и малочисленней и под натиском хозяев верблюдицы отступали, пока, к своему удивлению, не напоролись на каких-то вооружённых людей, прорывавшихся с боями по направлению к побережью Красного моря.

Что дальше – понятно. Заключили союз. Получили оружие. И с тех пор так и служат разведчиками и пограничниками в израильской армии. И они сами. И другие, родственные им кланы. Выходят в люди. Ездят на джипах. Некоторые становятся офицерами. Правда, часто бывают замешаны в контрабанде и наркоторговле. И в старые времена, когда ещё не было электронного забора безопасности, с египетского Синая протаскивали в Израиль девушек лёгкого поведения из СНГ и африканских нелегалов. Ну и ещё с ними вечная проблема с незаконным захватом земель.

Опять же обрастают многочисленными жёнами, благо пощипать израильскую систему социального обеспечения – святое дело. Женись хоть ежегодно на молодой дурочке из Газы. Заводи детей. Потом три раза сказал «талак» – вы в разводе, и она мать-одиночка. Очень неплохой бизнес. Живи – радуйся. И работать уже не надо. Несколько бывших жён своего мужчину всяко прокормят. Причём на совершенно законных основаниях. Но это так, лирика и отступление от канвы повествования.

Вернувшись к рассказанной автору истории о противостоянии поселенцев и их соседей из арабской деревни, отметим, что там никакой естественной для межарабского разбора полётов поножовщины не случилось. И вообще ничего, соответствующего репортажам из оккупированной Палестины, годами кочующим по страницам мировых СМИ, не было. Ну пара особо наглого молодняка получила по шее. Ну старикам погрозили, что если не успокоят свою шпану, то в следующий раз им – у-у-у, что будет! Подожгли пару старых покрышек. Несколько раз выстрелили в воздух. И ушли, выпустив пар.

Автор уточнил: дома поджигали? Хоть один? Или людей подстрелили – тех, кто камни бросал? Или, может, ещё чего было? На него посмотрели как на идиота. И объяснили – медленно, чтобы лучше усвоил: нельзя так делать. Люди же. Сволочи, судя по опыту совместного с ними проживания, но люди. А те, которые не из этой деревни, так среди них есть очень даже ничего. И с ними складываются нормальные человеческие отношения – и деловые, и вообще. Ну а с этими никак не складываются. Но не убивать же их за это. Хотя иногда, действительно, очень хочется.

Что до домов – если произошёл теракт, то дом террориста действительно могут снести. Как в старые добрые времена всегда англичане и поступали. А также турки. Которые вообще-то за сопротивление властям сносили под корень, глазом не моргнув, деревни. Вместе с жителями. Но это точно не еврейский метод. И тем более никто не будет этим заниматься без суда и следствия. Армия в случае необходимости снесёт, что ей по долгу службы положено. Но именно один дом. Тот самый, в котором готовился теракт. После чего огромное число терактов просто не происходит. Поскольку родня успевает дать очередному молодому болвану по рукам до того, как он кого-нибудь убьёт или взорвёт себя в автобусе.

Говоря попросту – не должны евреи вести себя чёрт-те как. Нехорошо это. Мерзавцами они быть не должны. На уровне генетического кода и правил поведения. Что не означает, что среди евреев их нет. Есть. Но с ними боролись, борются и бороться будут. В том числе и в первую очередь другие евреи. Что ни в малейшей мере не упрощает существование в еврейском социуме и в еврейском государстве. Но если тебе по-настоящему плохо, нужно просто встать посреди этого государства и возопить с достаточной степенью громкости. Тебе наверняка помогут. Вынут мозг, замучают советами и нотациями, доведут до белого каления, но помогут. Страна такая. Специфическая.

Легче ли от этого жить в Израиле? А чёрт его знает. Захребетников, которые всем вышеописанным пользуются, там, на взгляд нормального советского человека, чересчур много. И в части социалки. И по другим направлениям. Взаимоисключающих рекомендаций и советов много. Как в своё время шутили в СССР: «Мы страна Советов, потому что все всем советуют», – и вот это уже совершенно точно про Израиль. Где мало кто пользуется возможностью промолчать, вне зависимости от того, касается его происходящее вокруг или нет. Зато пропасть не дадут и одного не оставят.

Кому нож острый. Кому – самое оно. На любителя. Хотя, правду сказать, очень уж много бюрократов. Которых израильтяне ненавидят. Рассказывают о них анекдоты. Пишут скетчи и пародии. Высмеивают по радио и на телевидении. Наслаждаются рассказами про них язвительного

Эфраима Кишона. Притом что многие в свободное от этих занятий время сами бюрократами на своём рабочем месте и являются. Кто крупными, кто мелкими. И вот на себе родных они уже ничего такого не замечают…

Что такое бюрократ-пакид

Пакид – это чиновник. На иврите. Женский род – пакида. То же самое существо, вид в профиль. Поскольку если кто полагает, что женщина-бюрократ в чём-то лучше мужчины, пусть сходит в отечественный ЖЭК и удостоверится в обратном. В Израиле они не лучше. Точнее, израильский бюрократ-пакид (любого пола и возраста) до боли напоминает того, от которого в Израиль, на историческую родину еврейского народа, весь этот народ и собрался. И там немедленно воспроизвёл всё то, чего воспроизводить изначально никто не собирался. Включая еврейский вариант бюрократии.

Евреи-бюрократы отличаются от арабских, русских или итальянских. Не говоря уже о японских. И не только тем, что палочками не едят, бесконечный кофе – с кардамоном или эспрессо, в зависимости от национальной принадлежности, – не пьют и взяток не берут. По крайней мере в том виде, как их берут в России. А также на Украине и в прочих странах, появившихся на карте после самороспуска СССР. Но это маленькое утешение. Поскольку могут вынуть душу и довести до цугундера или как минимум до острого желания дать ему (ей) с размаху пепельницей по голове. Что, кстати, может помочь. Хотя чревато.

Но тут работает фактор Пи. Точнее, как говорят в Израиле, «витамин Пи». То есть протекция. Для людей, не понимающих, о чём идёт речь, поясним. Вот, к примеру, сидит в конторе Хаим. И пробивать его с виду бесполезно. Он сильно занят. Курит. Ковыряет в носу. Играет в несложные компьютерные игры. Или обсуждает с коллегами что-то очень важное. Например, долго ли ему до пенсии. Или перспективы «Апоэль» по сравнению с «Бейтаром» на следующем чемпионате. Или с «Сахнином» – хоть и арабская команда, но израильская, обсудить надо обязательно.

Но! У него есть родственники. Свои, жены, родителей с обеих сторон и родственники родственников. Тесть, тёща и приятельницы тёщи. Соседи родственников. Друзья соседей родственников. Соседи друзей соседей родственников. И в этой жизни он не один такой. Они там все такие. Снизу доверху. Сверху донизу. Всей многоголовой и широкозадой израильской бюрократией.

А ещё есть профсоюз, в который он по определению входит. Иначе он бы на этом своём месте не сидел. Городская или киббуцная партийная ячейка. Домовый комитет, в котором состоит жена. Детский сад, куда ходит дочь. Или сын, неважно. Школа, где ещё его детям получать багрут. То есть аттестат зрелости. Ирия – она же мэрия, которая решает вопросы муниципального хозяйства. От уборки мусора и озеленения до разрешения на пристройку террасы. Достаточно?

Так что договориться с ним в принципе можно. Главное – найти правильный подход или правильного человека, который имеет такой подход. И дело в шляпе. Или, если так уж сложилось, что он человек не чуждый традиции, – в кипе. Причём не только в мелочах. Но и в вопросах самых ключевых. Включая национальную безопасность, отношения с США и Евросоюзом или противостояние с Ираном. Автор очень хотел бы тут легко и остроумно пошутить, заметив, что, разумеется, гипертрофировал и усугубил, но не может. Поскольку так оно и есть.

И если кто-то из читателей думает, что он это в своей жизни уже где-то видел и в этом кино уже был, то думает правильно. Потому что это оно самое. То, что в СССР называли «совок». И уезжая на ПМЖ в Израиль, полагали, что с чем-чем, но с ним-то расстались навсегда. А вот приехали – и здравствуйте вам. Причём ещё и на иврите. Так как помогать новоприбывшим – помогают. Как мало где на планете. С одной стороны. А с другой – на пути непременно встретится какая-нибудь мелкая местная сволочь из категории «мы мучились – теперь пусть эти г-на похлебают». В израильской бюрократии их пруд пруди. Вагон и маленькая тележка.

Правда, блат бывает разный. И в Израиле работают механизмы протекции, о которых в Союзе к моменту его развала давно уже забыли. Например, фронтовое братство. Потому что если ты с кем-то просидел одну-две войны в одном танке или траншее бок о бок, то это сближает. Или вы просто вместе в армии служили. Или в израильской разведке, работа в которой по степени риска ничем не уступает службе в армии. И тут особо даже и нечего сказать.

Ну, ты, может, и лучше подходишь именно для этой работы. Но фронтовой паёк или флягу с водой с тем, кто отвечает за назначение, ты не делил. Окопа с ним рядом не копал. И в воронке под градом пуль и авиабомб не отлёживался. Что в советские времена застало поколение, которое прошло большие войны. Гражданскую или Великую Отечественную. Но уже с войной в Афганистане с точки зрения фронтового братства было хуже. Страна не та стала, что ли? И с обеими Чеченскими – точно так же. Новое время – новые песни. Пошла пора «эффективных менеджеров». У которых в одном зрачке значок доллара светится, а в другом – евро. В лучшем случае.

Но это всё не об Израиле. По крайней мере, пока. Поскольку войны там настоящие. И мира во всём мире там не предвидится. Попытки же приблизить его насильственным путём в виде «ближневосточного мирного процесса» пока спровоцировали только новые, не лучшие, чем предыдущие, войны. Локальные. Но с обстрелами всей территории страны ракетами из Газы и Южного Ливана. Чего в предшествующие времена в Израиле не наблюдалось даже в самых критических ситуациях.

Так что военное товарищество в еврейском государстве, похоже, переживёт и автора с читателями. И их детей. И не исключено, внуков. Не потому, что евреям так уж нравится воевать. А потому, что жизнь такая. И соседи такие. Ты к ним со всей душой наивного, чтоб не сказать с придурью и блажью, еврейского политика-миротворца.

С предложением закончить вражду, получить государство на тарелочке, Нобелевскую премию мира для главного террориста и ежегодно – денег мешок. И руку тянешь, пожать. А они её же и кусают. Предварительно не забыв туда плюнуть. А также взять и Нобелевку, и все прочие деньги, и ещё пожаловаться, что дали мало. Но об этом особо.

Соответственно, бюрократ в Израиле был, есть и будет есть. И что страну спасает, так это то, что партий там много, а партийных фракций ещё больше. И народ очень склочный. Все любят всех, как собака палку. Так что пожаловаться есть кому. Опять-таки страна маленькая. Все всё про всех знают. Кто что где купил в части недвижимости и авто. Какая у кого зарплата. Кто с кем куда и на какие шиши съездил. Как жена министра, премьер-министра или президента ведёт себя с домработницей. И с ним самим. Кто с кем спит. Или спал. Или не спал, но получил-таки иск по поводу сексуальных домогательств. Благо страна южная, экологически чистая, витаминов много, нравы бесхитростные. Как и было принято в раннем социализме. Только и домогаться.

И пресса. Это же не дай Б-г иметь таких врагов, какая в Израиле пресса! Про которую даже любимец этой прессы Шимон Перес, на тот момент девяностолетний президент всея еврейского государства, сказал, что «она делает диктатуру невозможной, а демократию невыносимой». Так что да, бюрократия в Израиле сильна и в каждой дырке затычка. Хотя и не так, как в 70-е, когда от неё просто спасу не было. И нет, она не всемогуща. Есть на неё укорот. И даже не один. Хотя в целом ряде случаев она по сей день доказывает, что еврейский бюрократ способен учудить такое, что никакому прочему и в голову не придёт.

Характерными для понимания этой маленькой загадочной страны стали потрясающие в своей живописной показательности отношения Министерства финансов с Министерством иностранных дел. В итоге которых МИД Израиля приобрёл стойкую привычку бастовать, как рабочие чикагских боен на праздник трудящихся Первое мая. Со всеми прелестями самой настоящей классической забастовки против капиталистов в виде гастарбайтеров-штрейкбрехеров и борьбы с ними.

Читателю, если только он сам не живёт в Израиле, с большой степенью вероятности непонятно, что объединяет понятия забастовки и белых воротничков. Хоть финансистов, хоть дипломатов. Которые во всём мире элита и опора госаппарата. И сами против себя, то есть против государства, они забастовок, в общем-то, устраивать не должны. Но на то оно и еврейское государство, чтобы всё в нём было не как у всех. И пишут там тоже справа налево.

Так вот, начнём с простого. Вот есть у вас государство, и есть у него государственный бюджет. Согласовывали его, согласовывали... Собачились, интриговали, ужимали, бились за каждый шекель. Согласовали. Проголосовали – не всем парламентом, естественно, но тем большинством, которое в данном конкретном случае необходимо. Выдохнули, пошли работать и до начала следующего обсуждения бюджета расслабились всем Кнессетом? Ан нет. И не надейтесь, работай и гверетай, тайре идн. И вы, хаверим аравим, не надейтесь.

То есть, говоря по-русски, Минфин заплатит сколько хочет, кому хочет и когда хочет. И вам, дамы и господа, дорогие евреи. И вам, товарищи арабы. И МИДу. И организации «Натив», работающей по соседству с дипломатами. Что в бытность его руководителем Яши Кедми, навечно оставшегося в сердце автора как редкий пример правильного израильского начальника, случалось не раз. И всем, всем, всем. Кроме, естественно, себя. Потому что он – Минфин. И деньги у него. А если это кому-то не нравится, так он может крутиться, как пропеллер. Что по другому поводу сказал покойный премьер-министр Ицхак Рабин об израильских поселенцах.

Ну да, понятно, деньги выделены. И теоретически перечислять их необходимо. Но тут работает классическая израильская поговорка: «Я обещал, но я не обещал выполнять». Во весь, что называется, рост. Потому что это же деньги. И их всегда мало. А желающих их потратить всегда много. И всего на всех всё равно не хватит. По результатам понимания чего израильский финансист начинает экономить. Причём делает он это не для того, чтоб что-нибудь украсть. Упаси Б-г! А из чисто спортивного интереса. Но въедлив и упрям он в этом своём интересе к экономии бюджета, как голодная зимняя вошь.

Чем, откровенно говоря, он очень сильно напоминает своих российских коллег. Хотя евреев среди них уже и не осталось. И в их бескорыстное радение за интересы хоть ведомства, хоть государства не верится ни в какую. Лица у отечественных бабаев от бюджетного рубля слишком гладкие, что ли. И часы слишком дорогие. И ездят они не на том. И живут не там. И отдыхают. И дети их учатся в таких местах, куда израильтяне не заглядывают. Потому что незачем им туда заглядывать. Там давно уже всё русскими занято. Всех национальностей и изо всех субъектов Федерации. Но это к слову.

Однако же читатель может себе представить состояние чиновника, который понимает, что по закону ему положено то, и это, и ещё вон то. И к отпуску, и к пенсии, и на ребёнка. А получает он в лучшем случае половину. Хотя квалификация его вполне соответствует и в табели о рангах он не последняя спица в колесе. Потому что не платят ему положенного эти… Далее следуют все выражения, которые обычно употребляются в ситуациях такого рода в любой стране мира. Хоть на иврите, хоть на малаялам, урду или бенгали, хоть на русском. Опускаемые автором из соображений соответствия настоящей книги не столь давно закрепленным в российском законодательстве Думой правилам литературного приличия.

Что можно сказать, когда финансист говорит дипломату или начальнику какой-либо другой государственной конторы, что из положенного он выдаст это, это и ещё вот это, и пусть ему спасибо скажут. А вон то он нипочём не выдаст. Такая игра в камень, ножницы, бумагу. С той только разницей, что на кону зарплаты и бонусы целого министерства. Которое терпит год. Два. Пять. А потом в самый неподходящий для страны и защиты её интересов момент объявляет забастовку. Точнее, с точки зрения бастующих, момент как раз самый тот. И в связи с задачей этого момента премьер-министр с гарантией взовьётся и ухватит своего министра финансов за его, министра, причинное место. Или грохнет скандал всемирного масштаба. Шухер гадоль, так сказать. Бо-о-льшой, стало быть, шухер.

Поскольку на кону визит российского президента со товарищи. О два самолёта свиты, в самые что ни на есть святые для любого русского человека новогодние и рождественские каникулы. Или немецкого канцлера. Министра иностранных дел Великобритании. Или и того чище – папы римского. Да хоть американского президента – тоже мне, цаца. С одной стороны. Или, напротив, сам израильский премьер должен куда-то поехать. Например, в Латинскую Америку с серией государственных визитов.

Или, что совсем хорошо с точки зрения эффективности воздействия на руководство, вообще все сто с лишним израильских диппредставительств, что есть в мире, закроются разом. Не будут выдавать визы, выписывать потерянные паспорта, выручать израильтян, попавших в полицейские участки или больницы. Не пустят в министерство ни министра, ни его замов, ни премьер-министра – если он туда приедет. Запрут сейфы со служебной документацией. Перестанут подавать в ООН жалобы на обстрелы и контрабанду иранских ракет террористам. Да что там, даже погибших за границей граждан страны откажутся оформлять, чтобы тела перевезли и похоронили на родине… И что с этими дипломатами после делать?

Рвать их на куски? Травить собаками? Расстрелять весь МИД как предателей? Гнать с госслужбы с волчьим билетом в сторожа и дворники? Ну, наверное, надо. Потому что ни один предатель, террорист или шпион не нанёс Израилю такого вреда, как эти его дипломаты своими забастовками. Как есть уроды. Тем более что заменить их на рабочих местах – раз плюнуть.

Хоть на представителей других госведомств. Хоть на частную сервисную компанию, которая всё, что нужно, сделает куда лучше и быстрее, но при этом ни о каких бонусах и заикаться не будет. И тут они встают стеной и говорят, что если что, то они по отношению к штрейкбрехерам будут держаться насмерть. И устроят премьеру и правительству в целом такой громкий и публичный скандал, что любой папа римский у них мамой станет.

Это называется «хорошо мне – хорошо Израилю». Простой бюрократический подход. Как и положено относиться к своей стране людям, которые искренне уверены, что страна эта выстроена исключительно и только для них. Персонально. И их личные интересы, включая борьбу с соседним министерством, важней всего на свете. Что для них, наверное, на самом деле так. И если бы они после всего описанного хотя бы ещё и не говорили, что представляют Государство Израиль…

Ну сказали бы: «Мы представляем Израиль, если удовлетворены условиями работы. А если они нам не нравятся, то мы шантажируем свою страну и всех её жителей и гостей до того момента, пока не получим что хотим». Тогда понятно. Некрасиво, но честно. Следуя их логике, армия, когда начинается война, должна добиться от начальства улучшения пенсионного обеспечения, выбить из командования авансом награды, отгулять отпуск, перекусить и только потом, бодро встряхнувшись и повеселев, разойтись по позициям. Чем, собственно, израильские дипломаты в рабочем режиме и занимаются.

Правда, если спросить такого бюрократа, сколько бы он, исходя из этой его логики, взял за то, что раскрыл вероятному противнику Израиля государственные секреты, он обидится. Хотя автор по тупости своей так и не смог понять, в чём состоит разница между нанесением своей стране максимального вреда исходя из ведомственной солидарности и корпоративного духа и бесхитростной помощью террористам. Чем, впрочем, многие израильтяне, в том числе леваки из «старого истеблишмента», всю свою жизнь не без успеха и занимаются.

Чудна еврейская страна. Странные нравы у её государственных чиновников. Экзотичен и разносторонен еврейский бюрократ. И ведь такая изобретательная скотина! Ничем его не выведешь. Хоть дустом трави. Хотя, надо отдать израильтянам должное, как-то же они с такими пакидами живут? И даже развиваются. Причём на общепланетном фоне даже и не так уж плохо. А уж в сравнении с соседями…

Скорее всего, тут действует простая человеческая логика, обычная практическая сметка и еврейская привычка обходить препятствия, которые сами же евреи и построили. Вроде запретов на то и на это. Того не ешь, на этих не женись – и так шестьсот тринадцать раз. Поскольку это у всего прочего монотеистического человечества десять заповедей – и по домам. Евреи же, чтобы максимально изгадить себе жизнь, наполнили её таким количеством запретов, что соблюсти их все просто нереально. Вот они их и огибали. Причём не тупо в лоб, а так, чтобы и рыбку съесть, и на машине прокатиться. Шикарная система. С тех пор как её внедрили, тысячи лет прошло, а она до сих пор как новенькая. Работает!

Глава 2

О составляющих «плавильного котла»

Коммунисты, антикоммунисты, интеллигенция и быдло как составляющие «плавильного котла». Ортодоксы и соблюдающие. Левые и правые. Большая алия – спасение Страны Израиля. Как еврею стать русским

Коммунисты, антикоммунисты, интеллигенция и быдло как составляющие «плавильного котла»

Г-ди, кто только не оказался гражданами Израиля как национального еврейского государства! Евреи жили и живут в огромном множестве стран, придерживаясь местных обычаев, по мере сил пробавляясь местной кухней и говоря не только на собственных этнолектах, но и на местных языках. Разница между эфиопом, грузином, американцем, немцем, русским и марокканцем не меньшая, чем между эфиопскими, грузинскими, американскими, немецкими, русскими и марокканскими евреями. С учётом того, что тот, кто в Америке или Израиле не живёт, может туда приехать и там строить своё будущее, постепенно становясь американцем или израильтянином, – каждый посвоему. Называется «плавильный котёл». С одной стороны. А с другой…

Известно (если, разумеется, читателю это известно), что в Первую мировую войну все евреи в Европе, вопреки теории всемирного заговора, воевали за своих правителей и свои государства, преспокойно выпуская друг другу потроха в штыковых атаках. Украинские, польские и литваки в русской армии. Австрийские, венгерские и чешские – в австро-венгерской. Немецкие – за кайзера и фатерланд. Французские – за республику. Британские – за империю.

Итальянские... Ну точно не за папу римского, но тоже за что-то своё. И так далее, и тому подобное. Никакой особенный еврейский интернационализм их не сплачивал. Разве что еврей-конвоир вряд ли стал бы стрелять в отправившегося в бега еврея-военнопленного. По крайней мере до наступления эпохи Великого Октября. Но это частности.

Близкий друг автора, замечательный этнограф, историк, переводчик, поэт и писатель, житель поселения Кфар-Эльдад Велвл Чернин рассказывал как-то о своей встрече с иракским евреем, которому в Войну за независимость довелось повоевать против Израиля в рамках поддержки Багдадом в Палестине братской семьи арабских народов против сионистской агрессии. Ветеран, что особенно пикантно, был израильским старожилом – ватиком. И выглядели его воспоминания так же буднично, как тонкая ноздреватая иракская лепёшка-пита из сероватой муки размером со среднюю наволочку, которую в Израиле можно купить на каждом шагу.

«Мобилизовали. Привезли. Дали оружие. С утра намотаешь тфилин, помолишься и в бой. Потом всё кончилось, домой увезли». Дома, как легко догадаться, еврейского героя борьбы за права палестинского народа ожидал взрыв национальных чувств соседей, после которого ему и всем прочим иракским евреям не оставалось ничего другого, кроме как завершить почти трёхтысячелетнюю историю евреев Вавилонии. И оставив всё движимое и недвижимое имущество на разор и разграбление, навсегда распрощаться с иракской родиной в пользу родины исторической. То есть Израиля. Благо побывать там к тому времени ветеран уже успел. Хотя и не с той стороны фронта, что во всех последующих войнах, в которых он принимал посильное участие.

Но это так, этнические частности проблемы абсорбции евреев в Эрец-Исраэль. Мелочи исторического процесса. Придающие Израилю удивительный колорит, крайне полезный для поддержания рождаемости. Поскольку люди слабы и несовершенны и их вечно тянет на экзотику.

А с учётом того, что в еврейском государстве потенциально экзотический партнёр – каждый второй, привычка жениться там неистребима. Тем более что, если ортодоксальные раввины не захотят поставить хупу, ссылаясь на своё, галахическое, есть по соседству Кипр. А также Прага, Вена и много других романтических мест, где можно расписаться в муниципалитете. Благо израильское законодательство заключённые за пределами страны браки без каких-либо проблем признаёт. И пусть раввинам будет хуже.

С идеологией всё не так радужно. И гусь-то свинье не товарищ, а уж коммунист капиталисту… Как известно, первый премьер-министр Израиля Давид Бен-Гурион до самого конца своей политической карьеры никогда не обращался в Кнессете напрямую к лидеру оппозиции Менахему Бегину, именуя его «господином, сидящим…» – и далее следовала локализация этого в высшей мере неприятного ему человека в соответствии с топографией зала заседаний. А своего вечного соперника Жаботинского, лидера движения ревизионистов, «Старик» не позволил даже похоронить в Израиле в соответствии с завещанием. По крайней мере, пока был в силе и при власти. Что было совсем уже нехорошо. Тем более что кто-кто, но уж Владимир Жаботинский сделал для создания еврейского государства куда больше многих.

Однако классовая вражда есть классовая вражда. Левые правых ненавидели искренне. Правые отвечали им взаимностью со страстью. Друг друга они, правда, более или менее не убивали. Кто именно пристрелил экс-любовника Магды Геббельс Хаима Арлозорова, не выяснено до сих пор. И эпизод с расстрелом «Альталены», непосредственное участие в котором принял молодой Рабин, так и остался исключением в израильской истории. Гражданскую войну в ишуве он не спровоцировал. Хотя предотвратил её не верный мечте о мировой коммунистической революции Бен-Гурион, а чистой воды ревизионист Бегин. Последователь белогвардейца Жаботинского. И это на десятки лет определило формулу отношений идеологических противников в Израиле – вплоть до эпохи «мирного процесса». Правых, сдерживающих себя, чтобы не развалить страну, и левых, не ограничиваемых и не привыкших себя ограничивать ничем.

В результате хотя «мир в обмен на территории» – лозунг сугубо левый, но правые и правоцентристские правительства Израиля точно так же, как левые, осуществляли уступки территорий, хотя и клялись их прекратить, пока шли к власти. Бегин отдал Синай Египту. Нетаньягу в свою первую каденцию в качестве премьер-министра подписал соглашение «Уай-Плантейшн», в итоге которого Арафат получил Хеврон и в шесть раз увеличил территорию, которой управляла Палестинская национальная администрация. Шарон ушёл из Газы. Ольмерт и Ливни пытались вывести израильские войска из Иудеи и Самарии…

То есть пока израильский избиратель, наевшийся коммунистической идеологии и социалистической практики «с человеческим лицом» по самое «не балуй», поколение за поколением набирается ума, становится консерватором и дрейфует вправо, политические лидеры израильского правого лагеря на глазах изумлённого человечества проделывают обратную трансформацию. Притом что именно «отцы-основатели», которые в первые десятилетия существования Израиля в качестве государства представляли в нём левую идеологию, в своё время, разгромив арабские армии, все территориальные захваты и осуществили.

Как это идеологическое извращение укладывается в нормальную человеческую логику, читатель может не спрашивать. Никак. Пытаясь разобраться в этом, нужно оперировать не логикой, а такими грубыми и циничными материями, как практика власти. Человеческие отношения тут тоже сказываются. Особенно у мечтательных теоретиков вроде Шимона Переса. Его основанная на самообмане и надежде на «мировое сообщество» попытка договориться по-хорошему с Арафатом не как с убийцей и террористом, безразличным ко всему, кроме собственных прихотей, а как с партнёром, дорого стоила израильтянам. И ещё дороже палестинцам.

Впрочем, идеология идеологией, а место в правительстве местом в правительстве. Как говорится, мухи отдельно от котлет. Что демонстрировал израильский политический процесс не раз, не два и не двадцать два раза. Плоть от плоти левого лагеря, любимец Бен-Гуриона Шарон создал Ликуд, повернувший однопартийную систему власти в Израиле в пользу правых. Бегин стал лицом этого блока, но именно Шарон был его мотором. А четверть века спустя «пудель» Бен-Гуриона, Перес, без колебаний вошёл в правительство Шарона, с которым всю свою жизнь боролся.

В современных условиях, когда вражда старых времён осталась в прошлом и трудно отыскать в Израиле реальные отличия между теми, кто называет себя правыми, и теми, кто полагает, что они левые, не стоит обращать особого внимания на цвет знамён, под которыми партии и партийные блоки борются за власть. Вождистские амбиции лидеров и их борьба с конкурентами, семейные и клановые отношения, фракционные договорённости и нарушение этих договорённостей, интриги разного толка лежат в основе всего того, что великий профессионал парламентских баталий сэр Уинстон Черчилль в припадке откровенности назвал «грязным занятием для пожилых мужчин». То есть политики. Которая в Израиле ничем не отличается от общемировой. Хотя стремление вспоминать об идеологии, давно не следуя ей, там ещё осталось. Такая у этой страны специфика.

Наконец, с чем столкнулись во весь рост в Израиле в начале 90-х годов приехавшие туда «русские», – важен вопрос «ми йегуди». То есть – кто такой данный еврей в части его социального статуса, воспитания и образования. Поскольку страна строилась как государство рабочих и крестьян. Хотя и еврейских. Интеллигенции там было позволено существовать со всеми её глупостями, потихоньку питюкая из отдалённого угла. Но треньканье на пианино, кружевные салфетки на комоде, филателистические коллекции, винные погреба и прочие приметы отмирающего буржуазного быта в еврейском государстве уважением не пользовались.

Не случайно немецких евреев, представлявших в Израиле классическую европейскую интеллигенцию, там звали просто и доходчиво: «йеке-поц». Первая часть этого удачного словосочетания – этноним, подтверждающий, что еврей не какой-нибудь, а немецкий. Вторая – слово из трёх букв. В еврейском варианте. Звонком и немного кокетливом. Не то что… но, впрочем, это на любителя. Кому что ближе. Да и о неизбежной цензуре на предмет сохранения морали подрастающего поколения имеет смысл помнить – с автора-то как с гуся вода, а издательство чем виновато?

Желающие поближе познакомиться с ситуацией могут посмотреть старый фильм «Горячая жевательная резинка», а также его продолжение про армию. И если кто-то вдруг подумает, что это не про Израиль, – так это именно про Израиль. Есть там характерные приметы человеческих отношений местного населения, переданные бесхитростно, но точно. По крайней мере на тот момент, когда снималось это кино. И возникала эта система отношений по той простой причине, что значительную часть населения Страны Израиля составляла категория, которая на иврите именуется «ам-гаарец», или «люди земли». Что переводится на русский язык как «деревенщина». Или попросту быдло.

Причём неважно, из какой страны и части света оно приехало. Конфликт отмахавшего своё на смене пролетария или крестьянина, у которого рабочий день от зари до зари, с очкариком и бобочкой неизбежен, вечен и сглаживается только в рамках естественного процесса смешения семей и подъёма трудящихся по социальной лестнице. То есть если их, рабочих, крестьян и интеллигенции, дети переженятся и заведут им внуков, которых не поделишь. Или младшее поколение работников серпа и молота после армии окончит университет. Сохранив крепость духа и тела, но приобретя знания и культуру. Бывает и такое.

Автор имеет в этой части собственный, не имеющий отношения к Израилю, опыт. В Российской империи один его прадед был кузнецом, второй домовладельцем и виноторговцем, третий известным портным, а о профессии четвёртого история подробностей не сохранила, но был он беден, как синагогальная крыса. Притом что революционеров поддерживал именно второй. От излишней образованности и веры в человечество.

Но обо всём этом более или менее рассказано в «Моей жизни среди евреев». Оставим семейные майсы (кто из читателей с еврейскими языками не близок – «истории» или «сказки») для семейных посиделок и вернёмся к Израилю. Хотя, говоря по чести, самому автору многолетний опыт работы в горячем цеху завода «Серп и молот» сильно помог. Помимо прочего научив оценивать оппонентов в качестве потенциальной смазки для штыка. Что для интеллигентного человека невредно.

Отметим, что отечественная алия в Израиле 90-х отличилась именно этим смешением традиций. Книжки читать, владеть языками и на музыкальных инструментах лабать – это святое. Плюс физика, химия и математика. Какое еврейское дитя в нежном возрасте, пока оно родителям сопротивляться не могло, это на себе не испытало! Но карате, дзюдо, самбо или, на худой конец, просто по уху съездить – тоже святое. Что для местной шпаны было большим откровением и неожиданностью, с которой она до сих пор никак не может примириться.

Американские евреи, любопытным типажом которых является Чак Норрис, туда приезжали в малом количестве, и многие их них были из числа ультраортодоксов. Бойцы из них, за редкими исключениями, как из г-на пуля. Европейских было мало, и хулиганы из них тоже были ещё те. Ну, были, конечно, грузинские и горские из алии 70-х, но сколько их было? А значительная часть восточных общин свой средний класс и интеллигенцию по пути в Израиль растеряла. Североафриканские евреи осели во Франции и Испании. Выходцы из бывших британских колоний – на Альбионе. Туманном или нет – это уж кому как повезло.

Так что именно евреи из «Брит а-моацот», то бишь Советского Союза, внедрили в Израиле традицию единства противоположностей. Сразу же после того, как эта страна, открыв ворота для всех желающих сделать из него ноги, довольно быстро перестала быть СССР и на глазах изумлённого человечества разом превратилась из нерушимого союза братских социалистических республик в сварливую семью из пятнадцати государств и какого-то количества отделившихся от них территориальных осколков. Непонятно? Расшифровываем.

Внедрили они типаж профессора, имеющего личный опыт быстрого разбирания забора на дреколье – по молодости у кого в Союзе таких ситуаций не было. Инженера, без труда вспоминающего приёмы массовой драки без правил. Писателя, у которого тёмным вечером на безлюдной улице компания молодёжи, конечно, может попросить закурить, но делать это ей следует чрезвычайно вежливо. Поскольку получить от него можно, помимо сигарет и огонька, самые неожиданные вещи. Желающие проверить могут оценить хотя бы крепость рукопожатия и чеканный слог Игоря Губермана. И ведь человек при этом немолодой…

Ортодоксы и соблюдающие

Евреям исторически везёт, как утопленникам. Создав на свою голову первую в мире монотеистическую религию, написав бестселлер всех времён и народов – Библию, которая напечатана такими тиражами, что мелкие подробности их древней истории стали доступны всем на планете, и утвердив свою историческую родину в качестве Святой земли (или Святой Земли – в зависимости от степени ортодоксальности пишущего), они, по представлению человечества, должны соответствовать образу. То есть выглядеть и вести себя так, как им полагается. В соответствии с царящими в ту или иную эпоху в той или иной стране правилами игры. В которой, кстати говоря, сами евреи принимают живейшее участие.

То есть кто-то евреев терпеть не может, подозревает их во всех грехах и сваливает на них все проблемы: страны, свои личные и окружающих. Кто-то на евреев смотрит с придыханием, именуя их «народом-священником» или «народом Б-жьим». Написано же в Писании, что евреи – «избранный народ». Ну, самим евреям-то понятно, откуда это взялось. Сами писали, сами про себя и написали. Создали бы в своё время Ветхий Завет шотландцы или юкагиры, они бы этим избранным народом и стали.

Чего за это на евреев обижаться? Такое было авторское право во времена Древнего Египта, Ассирии и Вавилона. Но это ещё ничего. В Японии есть секта, которая на туристов из Израиля молится. В прямом смысле. Туристам оно даже как-то и неудобно, поскольку чувствовать себя в роли непосредственного представителя Г-да Б-га нравится далеко не всем. По крайней мере, не всем нормальным людям.

Ну, есть среди евреев и не такие нормальные. В еврейской истории бывало всякое. Народ экзальтированный, южный. Что неоднократно выливалось в появление очередного еврейского Спасителя – Мессии. Или лжемессии. Поскольку за последние две тысячи лет один-единственный Сын Б-жий был в этом качестве признан – не всеми евреями, но, по крайней мере, его последователями из их числа. А затем христианами и мусульманами. Первыми в качестве центрального действующего лица их религии (не отменяющего её еврейской основы). Вторыми – в качестве одного из пророков ислама (опять-таки наряду с прочими еврейскими и христианскими персонажами).

Все прочие претенденты на роль Машиаха были отвергнуты и изгнаны. Или казнены. Или под страхом смерти перешли в ту или иную господствующую в данной стране в данную эпоху религию. Как Саббатай Цви в ислам. Но олицетворение себя со Спасителем – это крайний, хотя и не единичный случай. Куда более распространены в еврейской среде стандартные для патриархальной религии формы ортодоксии. Или, в особенно тяжёлых случаях, ультраортодоксии. В Израиле они встречаются повсеместно в большом числе.

А в какой ещё стране, спрашивается, жить ортодоксальному верующему еврею, весь мир которого намертво завязан на Тору, Талмуд и синагогу? Зря, что ли, он и его предки до праотцов включительно «Шма Исраэль» поколение за поколением читали? Хранили веру отцов и дедов? Не поддавались искушению стать как все? Притом что многое множество евреев под страхом смерти или в поисках выгоды превратились-таки в христиан и мусульман.

Хотя, по чести говоря, современная еврейская, в том числе израильская, ортодоксия с её догматизмом, «обычаями глупости», наследственными генетическими болезнями, нежеланием работать, отказом служить в армии и замысловатыми этнографическими кунштюками олицетворяет не «веру предков» в чистом виде, а что-то вроде корабля, до безобразия обросшего ракушками за время странствий в историческом океане. Причём до такого состояния обросшего, что те, кто когда-то его построил, а потом выпустил в плавание, вряд ли узнали бы своё детище. И вот в этом-то можно не сомневаться.

Можно себе представить, какие глаза сделали бы левиты и коэны Первого Храма при виде лапсердаков и полосатых халатов, лисих штраймлов и чёрных шляп с твёрдыми полями, туфель с пряжками и яловых сапог, белых чулок и панталонов до колен, которые носят люди, полагающие себя – и только себя – их прямыми наследниками. Восточные евреи всех типов и литваки, хасиды, принадлежащие к веками враждующим между собой дворам Речи Посполитой или Австро-Венгрии, и все прочие носители бород разной степени косматости и замысловато закрученных пейсов, чьи ноги топчут переулки иерусалимского Меа Шеарим или улицы Бней-Брака…

Говоря откровенно, всё, что демонстрирует израильская ортодоксия, для этнографа или историка восточноевропейского костюма – клад и подарок судьбы. Но жить в качестве живого экспоната, вышедшего из музейной витрины и ходящего по свету с невидимым ярлычком, на котором написано что-нибудь вроде «местечко Любавичи, Российская империя, XIX век» или «Сату-Маре, Трансильвания, XVIII столетие», нелегко.

Во всяком случае, в современном мире. Хотя бы с точки зрения брака. Поскольку жениться можно только на своих, а их не так уж много. Поди ещё найди себе партнёра по душе, соответствующего пола и возраста, да притом из той семьи, которая умудрилась за последние несколько веков не поссориться насмерть с твоей собственной. Шекспировская история Монтекки и Капулетти в еврейском мире повторялась столько раз…

Есть можно только то, что можно. И что для одних ортодоксов кошерно, для других – чистый яд. Поскольку друг другу они не доверяют, подозревая соперников во всяческих гадостях, извращениях традиции и нарушениях Торы. Вести себя нужно так и только так, как сказал цадик – если он есть (не дай Г-дь, если помер: без руководящих наставлений паства дичает удивительно быстро). Ибо слово его (и только его) наследственного адмора для хасида закон.

И повторим, не дай Б-г, если конкретная линия наследственных святых – цадиков – прервалась. То есть нет больше ни цадика, ни его старшего сына. Или вообще какого-нибудь сына, хоть бы даже младшего, через которого должна передаваться по наследству благодать – шхина. В единственном известном автору случае, у любавических хасидов, их учёные старцы вышли из положения после смерти духовного лидера, призвав на правление, за отсутствием у того прямых наследников по мужской линии, зятя Ребе, Менахема-Мендла Шнеерсона. И скажем сразу, не промахнулись.

Лидер от Б-га, не следовавший отжившим традициям, соблюдавший дух, а не букву закона, но остававшийся строго в пределах иудаизма, он превратил своих последователей в главную силу еврейского ортодоксального социума. Поддержал Государство Израиль в самые опасные моменты его существования. Открыл возглавляемое им движение ХАБАД окружающему миру, еврейскому и нееврейскому, как не открывалась ему ни одна хасидская община до того. Что, впрочем, после его смерти привело к печальным результатам.

Найти ему адекватную замену было так же невозможно, как невозможно заменить Эйнштейна или Рафаэля Санти. Что было ясно даже и ежу. Терять завоёванные позиции в хасидской иерархии его приближённым не хотелось. Положение, деньги, власть, то-сё... Выход был найден в том, что покойного любавического Ребе последователи объявили Машиахом. Которым он при жизни для своей паствы и был. Поскольку людей таких масштабов они ни до, ни после него не видели и не предполагали увидеть.

В итоге получилось что-то очень напоминающее предыдущий прецедент с Иисусом. Которого его последователи объявили Спасителем, но, кроме них, тогда в это никто из евреев не поверил. Тем более что в случае с Ребе Шнеерсоном любавическая община раскололась. Ибо сам он никогда ни на что подобное не претендовал и, будучи верующим евреем, претендовать не мог. Еврейская религиозная традиция это напрочь запрещает. К прискорбию всех тех, кто понимает, что хасиды, упорствующие в желании полагать его Мессией, просто перестанут за одно-два поколения быть частью еврейского народа. Что в истории этого народа было не раз и, скорее всего, не раз ещё будет.

Но это только о хасидах. Которые в ортодоксии Тверии, Цфата и Иерусалима представляют наиболее заметную, но далеко не единственную силу. Притом что из почти шестидесяти хасидских общин, существующих в мире, более трёх десятков которых составляют группу наиболее влиятельных «дворов», в Израиле представлены все без исключения – хотя различить их может только специалист. Включая профессоров Иерусалимского университета, занимающихся каббалой, и прочих узких академических профессионалов. Или, что не менее надёжно, человек из собственно хасидской среды. Именно хасидской, а не просто ортодоксальной. Не слишком разбирающийся в любой теме, не затрагивающей данный конкретный ашкеназский, миснагидский или восточный социум.

Ортодоксальное сообщество еврейского Израиля (поскольку там наличествует ещё и исламская ортодоксия арабского Израиля, которая государство не основывала и относится к нему в лучшем случае негативно-нейтрально) представлено помимо хасидов – приверженцев Баал шем-Това, или БЕШТА, – миснагидами. То есть евреями классического, сложившегося в Европе в течение Средних веков, типа.

Никаких наследственных святых, непосредственно общающихся с Б-гом, – цадиков. Никаких экстатических радений, которые стали следствием глубокого кризиса веры после разгрома восточноевропейских общин казаками Хмельницкого. Только Тора, Талмуд и прочие классические институты иудаизма, ставшие для евреев «оградой вокруг Храма». То есть механизмом сохранения народа в отсутствие национального государства и храмового религиозного центра.

Это совсем не означает, что у миснагидов нет своих лидеров. Напротив! Куда ж евреям без вождей. Любая община имеет своих героев, и, несомненно, главным из них для евреев помянутой разновидности является рабби Элияху, Виленский Гаон. Смертельный враг хасидов, особенно рабби Шнеура Залмана, немало сделавший со своими сторонниками для того, чтобы отношения хасидов с властями царской России были испорчены до последней степени. Вызвавший этим у хасидов своей эпохи соответствующую «приязнь».

Надо сказать, что с той поры, как Гаон довёл своего противника до цугундера, то есть добился-таки того, что его в Санкт-Петербурге заключили в тюрьму (хотя на свободу он всё-таки в конце концов вышел), прошло более двухсот лет. И за пределами Израиля вражда миснагидов и хасидов подослабла. Поскольку немцы в Третьем рейхе уничтожали и тех, и других в одних и тех же газовых камерах, не обращая внимания на их отношение друг к другу.

В Израиле их противостояние... как бы получше сказать... законсервировалось. Тем более что какое-никакое ортодоксальное еврейское присутствие там было всегда, в отличие от государства. Так что у государственных институтов Израиля проблемы с ортодоксами всех типов. И большие. Разве что с «любавичами» поменьше: и в армии они служат, и работать – работают. За что опять-таки спасибо покойному Ребе Шнеерсону.

Ну есть ещё восточная ортодоксия с партией ШАС, скопированной с ашкеназов. Хотя религиозных лидеров, живых и покойных, там столько же, сколько стран происхождения. От Баба Сали до Овадии Иосефа. Но профессиональных политиков, эксплуатирующих эту поляну, не так много. Выделяется среди прочих непотопляемый Арье Дери, чья активная работа в сфере коррупции получила достойную оценку израильской прокуратуры, хотя это не помешало ему, отбыв наказание, вернуться в политику.

Последнее, кстати говоря, в Израиле происходит сплошь и рядом. Политиков там судят и в тюрьму сажают. Включая президентов (Моше Кацава) и премьер-министров (Эхуда Ольмерта). Отчего в судебных разбирательствах по делу того или иного министра или депутата парламента значительную роль играет, осуждён он «с позором» или без него. То есть если он виноват, но осуждён «без позора», его политическая карьера страдает минимально. И кстати, сам по себе обвинительный приговор там позором не является. Что, несомненно, было бы мечтой для отечественных парламентариев и чиновников.

Отдельная категория израильских ортодоксов – «современные ортодоксы», или, как их называют на характерном для большинства из них английском языке, «модерн ортодокс». Кипу носят чёрную, едят кошерное и соблюдают Галаху. Но умудряются вести при этом нормальный образ жизни современного человека. Который в консервативных общинах США и Западной Европы вести принято. В еврейском государстве их немного, но всё же они есть. По мере развития Израиля и превращения его в комфортабельную страну западного типа число их растёт. Хотя и несопоставимо с наиболее близкими к ним в религиозном и социальном плане израильскими «вязаными кипами».

Кипа вообще-то, кто не знает – характерная для верующего еврея круглая шапочка. Ортодокс, повторим, носит кипу чёрную. Тип ткани – на усмотрение клиента. Светский человек, посетивший синагогу или протокольное еврейское мероприятие, на котором кипа – всего лишь часть дресс-кода, – белую. Последователь рава Кука носит вязаную. То есть он нормальный ортодокс. Без дураков. Но еврейское государство для него – главный приоритет.

И воевать он за него будет в случае чего, не интересуясь, какой пост или еврейский праздник на дворе. До полной победы. И строить он его будет. И защищать от врагов. А не доить в три руки, одновременно называя гойским – то есть нееврейским, притаптывая где можно, а при случае и просто предавая. Что для израильских ультраортодоксов – харедим, они же «шхорим» («чёрные») или «дотим» (русскоязычные варианты – «досы» и «датишники»), самое нормальное дело.

В политике это называется «национально-религиозный лагерь». Который до недавнего времени в Израиле олицетворяла партия МАФДАЛ. Многие представители этого лагеря вышли в видные люди маленькой еврейской страны, заменив в этом качестве старое поколение киббуцников. Поскольку именно они составляют костяк офицерского корпуса ЦАХАЛа и постепенно выходят в генералы. Живут в большинстве израильских поселений Иудеи и Самарии. Составляют всё большую часть академического истеблишмента. Дают, будучи опорой «третьего Израиля», изрядную долю ВВП страны, зарабатываемого в хай-теке. И всё больше укореняются в правительстве, где раньше их было – кот наплакал.

Кстати, бывший генеральный секретарь Всемирного еврейского конгресса во времена руководства этой почтенной организацией главы корпорации «Сиграм», сына великого бутлегера Сэма Бронфмана – Эдгара, главный мотор еврейской диаспоры на протяжении нескольких десятилетий Исраэль Зингер кипу носил угольно-чёрную. Но при всём том вязаную. Большой был юморист и менеджер отличный. Хотя, как водится в бюрократии, не без собственного интереса.

На иврите это изделие называется «кипа сруга». Что, собственно, и значит «вязаная кипа». В прямом смысле слова. Спицами или крючком, из ниток. Цвет, размер, рисунок и фактура любые. По выбору изготовителя. Или изготовительницы. К числу коих можно прибавить всё больше девиц и дам из классических ортодоксальных семей. Которые выходят замуж за «вязаных», изменяя «чёрному» лагерю, поскольку хорошо и правильно, когда муж не только ходит в синагогу и сидит над Торой, но ещё и работает. Дети сыты, умыты и ходят в нормальную религиозную школу. А в хозяйстве есть все необходимые бытовые приборы, от автомобиля и стиральной машины до телевизора и компьютера.

Сам факт, что можно слушать музыку, смотреть новости, читать журналы и вести себя как нормальная израильская женщина, а не сидеть взаперти в средневековом гетто, подкупает ортодоксальное женское сердце. Хотя сильно ожесточает мужское. Поскольку и так нехватка невест, а при такой конкуренции и таких конкурентах… Впрочем, кто знает, к чему «датишный» Израиль придёт через одно-два поколения, если сработает закон о военном призыве? Глядишь, и эти людьми станут. Не всё же им в своих углах сидеть.

Но это – если сработает. Против чего и европейские, и восточные раввины-ортодоксы стоят стеной. Пытаясь отбить своё право получать пожизненные пособия не работая, а как бы учась в йешивах. «Как бы» – потому что если еврей не полный идиот и не бездельник, то раввинскую смиху он получает года за два. После чего работать ему, по идее, сам Б-г велел. Гениев, которые должны вспахивать теологическую ниву пожизненно, мало. И их всегда было мало.

Пособия, о которых идёт речь, израильские ортодоксы получили исключительно от Бен-Гуриона. Который говорил, что он в синагогу не ходит, но синагога, в которую он не ходит, – ортодоксальная. И получили они их из милости. Когда после Холокоста осталось в живых всего несколько сот ешиботников. И никто не предполагал, что через несколько десятков лет льготами, выданными им на кратчайший, по предположению «Старика», исторический срок – дожить до победы мировой революции, – будут пользоваться сотни тысяч ортодоксов-захребетников и членов их семей.

Отметим: ортодоксы ортодоксами, но число соблюдающих еврейскую религиозную традицию в стране намного больше. По-разному и в разной мере её соблюдают огромное большинство евреев восточного происхождения и многие ашкеназы. Кто-то из них только постится, когда положено. Кто-то не ест трефного. Кто-то заглядывает в синагогу на праздники, а иногда и по субботам. И строго говоря, чего в неё не заглянуть? Мужикам с мужиками пообщаться. Дамам – в своём кругу посплетничать.

Поскольку что есть синагога, как не «дом собрания»? То есть первый в мире прообраз клуба и кружка по интересам. Что забавно – с антично-средневековым фитнесом в виде бассейна-миквы. Мужской или женской. И уж совершенно точно все евреи в Израиле отмечают религиозные праздники дома. Что создаёт в этой стране очень тёплое ощущение всеобщей причастности к истории народа, в том числе у приезжих. Иначе, строго говоря, зачем еврею жить именно в еврейской стране?

Левые и правые

«Две калоши старые – левая и правая...» – как пели в годы раннего детства автора, когда ещё у всех окружающих испокон и до скончания веку в паспортах в графе «гражданство» был СССР, а Израиля ни у кого из его родственников не было ни в какой перспективе. Как не было США, Канады, Германии, Великобритании, Чехии, Австралии и прочих Сингапуров и Новых Зеландий, где теперь «наших» – как собак нерезаных. Не в смысле молодёжного движения, зачатого и выношенного под патронажем Администрации президента и лично В. Суркова, а в исконном смысле этого слова.

Израиль, как известно не только всем, кто там бывал, но и многим из тех, чья нога не ступала на его землю, страна до крайности политизированная. Поскольку, как сказано в Торе, течёт его земля молоком и мёдом. И уж кого-кого, а любителей лизнуть бюджетного мёду на халяву и молоком запить там пруд пруди. Благо «халява» – слово самое что ни на есть еврейское. Точнее, ивритское. «Халаф». Как и вся русская феня, вроде «ксивы», «хазы», «мусора» и, извините, «параши».

Означает «халаф» именно молоко. Которое в тюрьмах то ли всей Малороссии, когда она ещё понятия не имела, что когда-нибудь на свою голову станет незалежной Украиной, то ли одной только Одессы в жаркое время года давали заключённым в качестве питья – вместо воды, которая была там в страшном дефиците. И созывали «братву» на перерыв в трудовой деятельности во благо Российской империи «на халаф». А поскольку народ в этих тюрьмах сидел не исключительно еврейский (хотя в огромной массе именно он и сидел), то, попав в воровское «арго», слово это неизбежно изменилось – всё-таки его не лингвисты-филологи переняли, – после чего разлетелось по всей стране. Укоренившись в русском языке и напрочь потеряв в нём прежнее значение.

Потеряло оно его до такого состояния, что именно на этом вопросе автор в начале 90-х, играя в «Что? Где?

Когда?», выиграл у команды, возглавляемой самим Александром Друзём. Правда, игра, естественно, была не настоящей: с совой, волчком и пронзительной руладой в начале каждого сета, а так, молодёжной развлекушкой на очередной большой еврейской посиделке под Питером. Что сработало: Друзь расслабился. Но тут как с Крымом – кто смел, тот и съел, а победителей не судят. Все те, кто недоволен, могут проявлять свои эмоции до морковкина заговения. У французов это называется «остроумие на лестнице».

Впрочем, не только с невинным изначально и вполне приемлемым ныне в приличном обществе «халафом» в русском языке произошли такие изменения. «Мусор», вообще-то, тоже отнюдь не бытовые отбросы, как полагают особо обидчивые милиционеры, ставшие волею судьбы и Дмитрия Анатольевича Медведева в бытность его третьим президентом всея России полицейскими, а «мосер». С ударением на последний слог. Что переводится как «предатель».

Именно так вполне резонно называли евреи-уголовники евреев-чекистов. Которые представляли не еврейскую, а общенациональную, то есть гойскую, власть и собратьев по этническому происхождению ловили, сажали и расстреливали. Что приличным евреям делать запрещено – к вопросу о жидомасонском, всемирном, сионистском и прочих заговорах и засильях… И в результате остались все они, чекисты, таки по Бабелю: «с одним смитьём».

Кстати, чтобы закончить с темой: «параша» в исконном смысле – глава из Торы. Тоже с ударением на конце слова. Так как единственная книга, которую в тюрьме можно было держать в камере, – Библия. И читать, сидя орлом, как у грамотного населения по сей день заведено, можно было только её. По одной главе. Чтобы не увлекаться и не занимать дефицитное место общего пользования, куда всегда очередь. Не забудем, что евреи, согласно древней национальной традиции, были и остаются грамотными стопроцентно. Хоть в России у царя, хоть в Америке у президента, хоть у лысого беса на чёртовых выселках. Хоть на воле, хоть в тюрьме. Народ такой.

Отсюда, кстати, и происходит странная для тех, кто этого не знает, фраза «Да читал я эту парашу». Поскольку читать главу из книги, хоть из Торы, хоть из «Краткого курса истории ВКП (б)», хоть из «Хождения по мукам», несколько проще, чем перелистывать фаянсовый стульчак городского ватерклозета, деревянную сидушку деревенского сортира или примитивное жестяное ведро. Желающие оспорить этот простейший факт могут попробовать. Автору будет крайне любопытно узнать результат. Хотя, впрочем, в мире столько идиотов…

Последнее перед возвращением к сюжету о левых и правых партиях и избирателях этих партий в Государстве Израиль краткое отступление, существенное для евреев, антисемитов и интересующихся. Российский уголовный жаргон, вошедший, благодаря кинематографу и той повышенной культуре речи, которую являет в постсоветский период вся отечественная «элита» – деловая, политическая и прочая, – в нормальную языковую лексику, насыщен «евреизмами» не потому, что злобные семитские уголовники заразили им чистых, аки агнцы, славян. В рамках грядущего этих народов порабощения, спаивания и изничтожения как оплота православия, казачества и борьбы с однополыми браками вселенского масштаба. А просто потому, что сформирован был этот сленг именно в западных губерниях империи, большие города которой были еврейскими процентов на тридцать-сорок, а маленькие на семьдесят-восемьдесят.

Евреи, зажатые в черте оседлости, как шпроты в банке, имели на исторический период, о котором речь, повышенную пассионарность. Как писал о соответствующих ситуациях, вовсе не имея евреев в виду, Гумилёв. То есть рвались из своих местечек куда глаза глядят. Кто в эмиграцию – от Палестины и Аргентины до Шанхая и Южной Африки. Кто в те районы империи, куда периодически открывали доступ инородцам. К которым относились не только евреи – но они в первую очередь. Поскольку районы были очень уж дикие и гиблые. Например, Сибирь. Кто в революцию – за которой опять-таки следовала та же Сибирь. Кто просто в уголовщину. Откуда и взялись «Одесские рассказы». А также американские аналоги Фроима Грача и Бени Крика: Багси Сигал, Меир Лански и персонажи книги и фильма «Однажды в Америке».

Такая вот загогулина, понимаешь. Песня, из которой слова не выбросишь. В русском языке заимствований, связанных с конкретной исторической эпохой и конкретными соседями, полным-полно. Морская лексика взята у голландцев при Петре. Инженерная – у немцев и американцев в XX веке, при последних царях и первых вождях советского народа. Компьютерная – у тех же американцев в постсоветский период. Про тюркские, иранские, кавказские всех видов и прочие заимствования не стоит даже говорить. И что это значит, кроме того что язык не вымерший, как латынь или санскрит, а живой? Да ничего. Вопреки М. Задорнову, которому не в добрый час вздумалось побаловаться, просвещая народ толкованием вопросов языкознания.

Однако «место мокрое, а ребёнка нет», как говорят персы в своём Иране. И читатель, терпеливо сидящий у потока, которым течёт авторская мысль, справедливо ждёт, что ему скажут что-нибудь о левых и правых в Израиле. Ты ещё здесь, читатель? Ты не ушёл за пивом? Или к телевизору, смотреть «Дом-2» и постепенно превращаться в пень с глазами и ушами? Ну молодец. Тогда представь, что ты вернулся лет на сто назад. И перед тобой Гражданская война в России.

«Продармия», Первая конная, оборона Царицына. Будённый, Фрунзе, Троцкий, Щорс. Лазо, горящий в печи паровоза. Наголо бритый Григорий Котовский, с усами под Чарли Чаплина. Блюхер. Пилсудский, Маннергейм, Антанта. Нестор Иванович Махно, Петлюра, Скоропадский. Краснов, Колчак, Юденич. Деникин, Врангель. Мишка Япончик. Погромы. ВЧК. Военный коммунизм. Белый террор. Красный террор. Большевики, меньшевики, анархисты, анархо-синдикалисты, эсеры. На веки вечные гикнувший золотой запас России – большой привет императорской Японии и странам цивилизованного Запада. Мятеж левых эсеров. Кронштадтский мятеж. Заговор Сиднея Рейли. Бои с басмачами. Бои с хунхузами. Ну и хватит, пожалуй.

Что осталось в памяти народной, кроме «сотни юных бойцов», которая «на разведку в поля поскакала», и «шла дивизия вперёд, чтобы с боем взять Приморье, белой армии оплот»? Кроме усов командарма Семёна Михайловича? И фразы «… как Троцкий», адекватно оценивавшей единственное в своём роде ораторское искусство создателя Красной армии, она же РККА? А также фильмов «Неуловимые мстители» и «Белое солнце пустыни»? Правильно, читатель. Красные в памяти остались. И белые. И то, что это была война между ними.

На самом деле война эта была не между ними, а между всеми. Притом что временные попутчики и союзники уничтожались ударом в спину и шельмовались на десятилетия вперёд, как тот же Махно. И свои становились чужими, после чего ни их жизнь, ни жизнь их сторонников не стоила ломаного гроша, как было с Троцким. Чего там только не было наворочено, в борьбе партийных группировок с одной стороны и генералов, атаманов и бесчисленных местных правительств с другой. А по большому счёту осталось в истории одно: белые против красных. Красные против белых. И всё. И вот в Израиле оно тоже так осталось.

Тут надо ввести поправку на то, что евреи друг друга не убивают даже в припадке большой политической неприязни. На войне, если придётся, – да. В гангстерских разборках – сколько угодно. В «бытовухе» меньше. Существенно меньше. Не до такой степени они жестоковыйный народ. Ну, бланш под глаз поставить, расквасить нос или пенсне с этого носа раскрошить ровным слоем по ближайшей поверхности – это да. Или, скажем прямо, не довести арабского террориста до тюрьмы, из которой его всё равно выпустят болтуны-политики, – бывает. Но чтобы сопернику на выборах пулю в лоб, машину на воздух или нож под ребро – это не еврейское. От чего взаимная неприязнь, плавно переходящая в ненависть, меньше не становится.

Рубят карьеры. Подают в суд. Пишут доносы в налоговую. Травят в прессе – благо то, что в Израиле имеется в виде прессы, в огромной мере левое и ультралевое. И если страна не управляется «социально близкими» – то пропади она пропадом, такая страна. Судя по газете «Гаарец» и её читателям, образованным и состоятельным левакам, во всяком случае. Ну и до кучи есть ещё левое лобби в судах и вообще в юридической системе, включая прокуратуру. В университетах – что обеспечивает бесконечное пополнение министерств и ведомств левыми выпускниками кафедр и факультетов общественных наук. И много где ещё. Поскольку правые во власть впервые попали в этой стране ещё в 1977 году, но левый лагерь отделался тогда лёгким испугом, сохранив всё своё влияние и власть даже в отсутствие парламентского большинства. Умеют люди изворачиваться!

Президенты Израиля – левые все. Кроме Моше Кацава и Реувена Ривлина, которого избрали как раз, когда писалась эта книга. Причём Кацава отрешили от власти и посадили. В прямом смысле слова, в тюрьму. По бредовому обвинению одной из его старых подружек в изнасиловании, имевшем место, по её словам, невесть за сколько лет до того, как она о нём вспомнила. И то ли решила бывшего любовника шантажировать, а потом не смогла вовремя остановиться, то ли приспичило ей ему отомстить за что-то, то ли система её придавила и построила по своим правилам и под свои нужды. А Израиль – страна такая. Там хоть президент, хоть министр, хоть премьер-министр, хоть поп-звезда. Сказали в тюрьму, значит, в тюрьму.

Причём для всех, кто знает, как устроена местная бюрократическая машина и что такое нравы местной бюрократии, вопрос об изнасиловании не стоит в принципе и стоять не может. Sexual harrassmen, оно же сексуальное домогательство, – это не израильская реальность. Точнее, как раз израильская, и даже ежедневная и ежечасная, но никто в здравом уме и твердой памяти по такому поводу не был осуждён. Не США. Хотя Израиль и старается походить на них. Фарс? Ну, кому как. Ведь сел человек. Сидит. И вся его вина на самом деле в том, что нечего стороннику правого лагеря становиться израильским президентом, пока есть кому его оттуда сбросить, уничтожить его реноме, изгадить биографию и посадить в узилище. Для острастки прочих. Чего, вообще-то, особенно никто и не скрывал.

Как следствие израильская левизна и правизна – понятия специфические. Экономика и политика, играющие в мире главную роль для соответствующего позиционирования, тут меняются местами. По крайней мере, частично. Поскольку левые за госсобственность, а правые за свободный рынок и частное предпринимательство, как и везде. Но основные левые – это богачи и верхний уровень среднего класса. «Первый Израиль». Прибрежные жители – потомки основателей государства.

Вообще-то это дети и внуки тех, кто скромно жил, работал на износ и воевал за свою страну. Природа на них отдохнула, как могла. Они сидят на шее у государства, заполняя все мыслимые и немыслимые синекуры. Не вылезают из израильского теле- и радиоэфира. Играют в политику или бездельничают, составляя костяк израильских пацифистов и сексуальных меньшинств. В связи с чем уклоняются от службы в армии, травят Израиль из Америки или Европы, требуют его бойкота из солидарности с угнетёнными арабами, видят своими главными союзниками арабских лидеров и готовы заключить с ними любой пакт против собственного государства – лишь бы только оно правым не досталось.

Электорат правых, напротив, – это «Второй» и «Третий Израиль». То есть восточные евреи – рабочие, крестьяне из израильских колхозов-мошавов или мелкие лавочники. И те, кто приехал в страну в 90-х и 2000-х: «русские» и выходцы из развитых государств. В том числе «французы», которых гонит на историческую родину рост на родине «доисторической», во Франции, антисемитизма. Основным источником которого является арабская община этой страны.

Соответственно, главная линия размежевания на левых и правых в Израиле – вопрос о «мирном процессе» и «соглашениях Осло». Левые полагают их не просто гениальным, но единственно верным решением проблемы взаимоотношений с арабскими соседями. О пролетарском интернационализме никто из них уже не вспоминает, но отдавать ради химеры мирного договора с палестинцами они готовы всё – кроме собственной виллы. Хотя складывается такое впечатление, что, если хорошо приплатить, отдадут и её. Мало ли на планете стран, где они готовы жить, помимо Израиля…

Правые разжижением мозгов такого рода не страдают, и наиболее трезвомыслящая их часть уверена, что бобик мирного урегулирования давно сдох и попытка оживить его мёртвую тушку в стиле вуду обречена на провал. Благо за двадцать лет после начала «процесса Осло» в Израиле были убиты террористами полторы тысячи евреев, а за сорок пять лет до того – тысяча. Прогресс налицо. Только кому нужен такой прогресс?

Тем более что нынешнее палестинское руководство давным-давно отказалось даже от попыток делать вид, что оно хочет хоть какого-нибудь урегулирования. И ясно, что хочет оно только денег плюс использовать уникальный идиотизм израильских левых, которые последовательно идут на все его условия. Ну и продолжения банкета, разумеется. В виде поэтапных ударов по Израилю – дипломатических, политических и террористических. В ассортименте. Чем невольно помогает правому лагерю в его противостоянии с левым. И сильно. Поскольку такого бесхитростно откровенного врага ещё поискать.

Правда, израильские правые постепенно учатся на своих ошибках. Нельзя же десятилетиями наступать на одни и те же грабли. В парламенте они завоевали твёрдое и окончательное большинство. Распад социалистической идеологии и социалистической системы ещё можно не замечать из американского Гарварда. Но не обращать на него внимания, живя в Израиле, как-то не получается. Не даёт миллион с лишним репатриантов – олим и ватиков, выходцев из СССР и постсоветских государств, которые составляют значительную часть избирателей этой страны.

Опять-таки пошли подвижки в СМИ. Поскольку удавить конкурентов ветеранам масс-медийного рынка не удалось и бесплатную газету «Исраэль а-Йом» читает куда больше людей, чем левую прессу. Да и в исполнительных органах произошли серьёзные изменения. Хотя тот же МИД, несмотря на присутствие в его рядах на момент, когда пишутся эти строки, министра Либермана и замминистра Элькина, насмерть держится за старые догмы, благодаря которым израильская дипломатия два десятка лет занималась исключительно вопросами отношений с палестинцами. И если бы Шимон Перес мог стать не израильским, а палестинским президентом и сам построить для них государство, не исключено, что оно бы наконец действительно возникло…

Как бы то ни было, борьба левых и правых – или, если угодно, красных и белых – в Израиле никуда не делась. Хотя и приобрела иные формы, чем неприкрытая ненависть Бен-Гуриона к Жаботинскому. Фраза «Старика», которой он объяснял соратникам, почему лучше пойдёт на союз с религиозными ортодоксами, чем с европейски образованными ревизионистами, остаётся актуальной по сей день. «Они хотят быть не рядом с нами, а вместо нас» – резонное обоснование для борьбы, выдержавшей десятилетия. Даже если история похоронила левацкие идеи в большей части стран, исповедовавших их вплоть до самого конца XX века.

Вопрос о власти и собственности ещё никто не отменял. Клясться в верности идеалам власти рабочего класса и трудового крестьянства из дорогого столичного пентхауса или виллы на побережье удобно. Притом что так называемые правые идеи защищают в сегодняшнем Израиле как раз те, кто строит своё будущее и будущее своих детей собственным потом и кровью. Они же – национально-патриотический лагерь. Такой вот парадокс. Свойственный, впрочем, не одному Израилю. Ну, тут кто бы сомневался…

Большая алия – спасение Страны Израиля

Алия в Израиле – это святое. Отдельное министерство, которое так и называется: «алии и абсорбции». Бюджет. Толпа народу в разных госструктурах, призванных делать то, и это, и ещё вон то. Включая «Контору по связям…» – она же «Лишка» или «Натив», чей звёздный час пришёлся на годы, когда её возглавляли Давид Бар-Тов и Яков Кедми. Основная функция которой заключалась в мониторинге положения евреев в республиках бывшего СССР, а вовсе не в выведывании оборонных секретов страны, как долго уверяли высокое начальство курировавшие еврейское направление «специалисты в штатском». Впрочем, им тоже хотелось звёздочек на погоны и повышения по службе, как и их коллегам, отслеживавшим настоящих террористов и шпионов.

Еврейское Агентство, главная задача которого – обеспечивать приток в страну новых репатриантов в меру сил и возможностей его сотрудников. Среди которых в России встречались – по крайней мере, в пору, когда его возглавлял Салай Меридор, – гении типа Дины Рубиной, автора множества тонких и умных книг, включая «Синдикат». Бестселлер о «Сохнуте», прочтя который русское начальство из организации, которая долго решала, закрывать эту подозрительную израильскую контору, или нет, утёрло навернувшиеся на глаза от хохота слёзы и оставило её в покое. За что писателю Д. Рубиной никто спасибо не сказал. Точнее, наоборот: начальство на неё надулось, как мыши на крупу.

Там были честные трудяги с героическим фронтовым прошлым вроде Кароля Унгера, офицера-танкиста, чья биография включала вывоз евреев из Абхазии и Таджикистана в разгар бушевавшей там гражданской войны. Яркие ветераны еврейского подполья времён СССР, среди которых выделялся упомянутый выше Велвл Чернин. И многое множество бюрократов разного уровня жуликоватости и тупости – мелких, средних и крупных.

Но это, повторим, при Меридоре. А также, по инерции, при сменившем его Бельском. Потом, как сказано в известной песне Юрия Визбора, «пришли иные времена». В итоге которых при руководящей и направляющей роли Натана Щаранского, бывшего узника Сиона, диссидента, а в Израиле – основателя «Сионистского форума» и партии «Исраэль ба-Алия» (она же на русско-ивритском политическом сленге – «Ибалия»), в «Сохнуте» остался только «чайник со свистком».

То есть бюрократы там остались – куда им ещё было идти? Жулики остались. Мелкие. Из тех, кто не сделал политической карьеры, наподобие бывшего казначея этой организации из партии «Авода» Хаима Чеслера. Да отсохнут его гениталии, отвалятся уши, сгниют и будут вечно болеть зубы и сгинет в безвестности память о нём. А талантливые, мотивированные и яркие ушли в другие места. Мало ли где нужны умные работящие люди.

Ну, свист там тоже остался – в большом количестве. Художественный. По поводу алии из Эфиопии и прочего, такого же осмысленного. Направленный преимущественно в сторону чайников-спонсоров. На что Н. Щ. подрядил кудрявого седого красавца Михаила Гальперина. Златоуста, знатока еврейской Америки и бывшего крупного аппаратчика, успевшего покомандовать фандрейзингом в нью-йоркской и вашингтонской федерациях. Как он рассказывал – с большой для них прибылью, почему-то не оценённой руководством.

Понятно, что алия отдельно, а организация, которая с ней и теоретически во имя неё работает, – отдельно. Олим приходят и уходят, а кушать хочется всегда. В том числе многочисленному, как весенний тундровый лемминг, чиновнику. И его начальникам-пакидам. Из которых

Щаранский ещё не самый худший вариант. По крайней мере, если сравнивать его с израильскими профсоюзными лидерами. Хоть всего «Гистадрута», хоть управления железных дорог, хоть МИДа, хоть ашдодского порта. Вот там действительно ребята так ребята. Крепкие. Вязкие. Упорные и упёртые. Танком не прошибёшь.

Однако скоро сказка сказывалась, а Большая русская алия в рамках развала и распада Советского Союза в Израиль пошла. И пришла. А если бы не пришла, то настали бы ему Содом и Гоморра, и полная левантизация страны, и демографическая, экономическая и прочие катастрофы. То есть тот же самый капец, что и в случае проигрыша какой-нибудь большой войны, которых в его истории было более чем достаточно, и все их хочешь не хочешь приходилось выигрывать. Только растянутый во времени. Чтобы если уж получать сомнительное удовольствие такого рода, то ме-е-е-дленно. В стиле предложения басмаческого коллектива под руководством Чёрного Абдуллы товарищу Сухову в фильме «Белое солнце пустыни»: «Помучиться».

Аборигены-сабры и старожилы-ватики, скептически настроенные в части того, что жил себе Израиль без Большой русской алии и без неё бы и дальше прожил, могут прикинуть, каким было бы его положение без миллиона «русских». То есть с тем же самым, что сегодня, общим количеством преимущественно нелояльных к нему арабских граждан и ещё менее лояльных евреев-ортодоксов – но в другом соотношении этого национального балласта к общей численности населения. В том же самом «дружественном» окружении. Включая соседние режимы – как снесённые «Арабской весной», так и пока остающиеся на своих местах. С той же самой иранской ядерной программой. И прочими радостями ближневосточной еврейской жизни.

Светский бурно растущий Израиль в этой ситуации можно было бы готовить к похоронам. О нынешнем расцвете его экономики, в том числе промышленности высоких технологий, медицины, образования, транспортной инфраструктуры, банков, «оборонки», жилищного и дорожного строительства и прочих её секторов, не стоило бы и говорить. Не на ком и некому было бы эту экономику развивать. Обороноспособность страны без «русских» призывников, на момент написания данной книги составляющих наряду с поселенцами костяк боевых частей ЦАХАЛа, была бы на соответствующем уровне. Об интеллектуалах из компьютерного подразделения «8200» и аналогичных структур не стоит и говорить. И так далее, и тому подобное.

Вообще-то, всем, кроме неизлечимых слепоглухонемых идиотов, ясно, что означает для переселенческого общества – а Израиль представляет собой именно переселенческое общество – приток высокообразованного населения, составляющего около четверти его государственнообразующего ядра. То есть тех, кто хочет и может строить эту страну. Жить в ней, работать на неё и её защищать. Имея для этого все необходимые навыки, включая начальную военную подготовку в школах, военные кафедры в университетах и службу по призыву – дай Б-г здоровья привычному для советского человека милитаризму.

Но это в теории. На практике отвлечённую алию все всегда любят, а конкретных олим – не очень. Из этого правила есть исключения. В Израиле их более чем достаточно, но вообще-то для страны, куда практически все не так давно откуда-то приехали, стереотипы в отношении новых репатриантов там распространены не менее широко, чем по поводу понаехавших в отечественных пенатах. Что в принципе понятно.

Вот живут люди и как-то друг к другу притёрлись. Ругаются, мирятся, обзываются, рассказывают друг про друга анекдоты, сплетничают, друг друга хают, но живут. Служат в армии. Работают бок о бок. Женят детей. Опять же – внуков своих от этих детей любят все, а их, как ни крути, не поделишь. И вдруг оп-паньки! Свалилась на голову очередная толпа. Говорят на своём, русском, французском или испанском (аргентинская алия на нём как раз и говорила). Довольно долго не понимают в происходящем вокруг ни бельмеса. Отчего их периодически облапошивают, создавая неприятное ощущение и у них, и у старожилов, что Израиль полон жуликов и аферистов. Что отчасти верно, но чего ж так подставляться-то?! И с ивритом у них, как правило, полный швах.

Опять-таки едят своё, отчего у привычного к израильской кухне человека отторжение и полный ступор. Например, в конкретно русском случае – сгущённое молоко, кислую капусту, сало и холодец. А от нормального йеменского схуга их, видишь ли, корёжит. Напалм, напалм, дайте воды. Как можно есть такое… Можно. И фалафель можно – был бы исходный материал, средиземноморский горошек нут, хорош. И марак регель можно – «суп из ноги»: огненно-красный, острый. И питу с хацилим – то есть протёртыми баклажанами. Или с хумусом, тхиной и травкой заатаром – которые, впрочем, появились уже и в московских магазинах.

Автор, к слову, неоднократно кормил в качестве эксперимента в еврейских ресторанах Москвы израильских профессоров из числа верующих и соблюдающих. Сочувствующие из числа членов делегаций тоже кормились – за компанию. Интересно было наблюдать за их реакцией. Кавказская – точнее, горско-еврейская – кухня шла на ура. Среднеазиатская тоже. Понятно, привычно и вкусно. Да и вопросов к кашруту не возникает. Благо каждый уважающий себя ресторатор из числа бухарских или горских евреев первым делом обзаводился приличным машгиахом. И в случае возникновения темы кашрута неизвестно откуда возникал правильно одетый в чёрную ортодоксального покроя сбрую человек в чёрной шляпе и того же цвета кипе, чья борода и пейсы ласкали взгляд верующего еврея на предмет аутентичности. Особо въедливые спрашивали, что там их интересовало. Получали на все вопросы необходимые разъяснения. И вкушали, успокоенные. Но это было просто.

Куда познавательнее было наблюдать за людьми восточно-еврейского происхождения в точке общепита вроде почившего, к сожалению автора, ресторана «Кармель» на Тверской. Она же бывшая улица имени товарища Горького. Очень вкусное было место. С кашрутом там не задалось: хозяева наотрез отказались исключить из меню французский коньяк, полагая, что такое извращение столичная публика им не простит. Кошерный же коньяк, хотя и существует, но на вкус мерзок. И ничего, кроме антисемитизма, возбудить не может. Однако же питание было самым что ни на есть правильным – ашкеназским. И интерьер вполне соответствовал названию. Были в нём и стиль, и добротность отделочных материалов, и всё нужное, этническое, чтобы напомнить публике о евреях и Израиле.

Однако реакция сирийской, марокканской и йеменской профессуры подтверждала, что в происходившей в Израиле битве иврита с идишем и нового еврея-сабры, независимого и гордого, со старым галутным побеждённой оказалась в первую очередь кухня. «Кармель» питал своих гостей доброй старой едой восточноевропейского штетла. Шейка там была со всем, что положено иметь приличной куриной шейке. То есть с потрошками и манной крупой. А не с ежевичным вареньем и белым мясом, как извращается израильская высокая кухня.

Понятно, что гефилте фиш была именно фаршированным карпом, а не замаскированно глядящим на едока из засады неведомым рыбом едва ли не морского происхождения. Да и студень был студнем. Хотя понятно, что куриным – никакие свиные ножки с ним ни в каком страшном сне рядом не проходили. Но профессоров корёжило и колбасило. Поверить, что вот это, дрожащее, можно есть, даже и с хреном и горчицей, они не могли. Так, отщипнуть кусочек. С лицом человека, чья жизнь подвергается неведомой, но явно страшной опасности. И поскорее белой халой заесть. С бокалом израильского вина, чтобы уже наверняка продезинфицировало. На случай, если что. Грешно измываться так над странниками. Но уж очень было забавно.

Как бы то ни было, кто в Израиль приехал, тот приехал. Не нравится – не живи с ним в одной стране. Собери чемодан – и в аэропорт имени Бен-Гуриона. Дальше дело вольное. В Швейцарии хочешь жить – лети в Швейцарию. В Америке – лети в Америку. Хоть на остров Новую Гвинею к вольнолюбивым папуасам – охотникам за головами и отчасти каннибалам. При этом нет ни малейшей вероятности, что «русских» там не будет. Как еврейского этнического происхождения, так и славянского. И прочих разнообразных. Ибо за границей России всякий, кто из неё приехал, – русский.

Точнее, в Швейцарии, Великобритании, США и прочих цивилизованных местах русские будут наверняка. А в диких – вовсе не обязательно. Израильтяне их посещают не в пример прочим. И это значит, что всем, кто в Израиле полагает, что русская алия – сплошь уголовники и проститутки, прямо показан маршрут в джунгли, горы и пустыни. Подальше от Страны Израиля. И от заселивших её «русских», а также нееврейских членов их семей. Которые, на взгляд автора, сильно улучшили израильскую генетику. Или, говоря попросту, породу.

Именно этот невежливый, но отрезвляющий совет автор многократно давал всем тем, кто ему, как человеку постороннему, но владеющему английским языком с нужной для общения в Израиле непринуждённостью, высказывал претензии по поводу того, что в их стране теперь уже всё не так и всё не то. Что характерно – никто никуда не уехал. Очень обижались. Пеняли на нетолерантность. Ставили в пример западное еврейство. Особенно американское. Которое деньги даёт, голову особо не крутит и в Страну Израиля не едет. Не создавая там излишней давки и не нарушая конкурентоспособность аборигенов. Что их полностью устраивает. Но это не отечественный метод.

В конце концов, народ, вы же евреев в Израиль звали? Звали. Просили приехать на землю предков или нет? Ой, просили. Боролись за выезд? Боролись. «Отпусти народ мой» всем еврейским населением под Луи Армстронга пели? Пели. Ну вот и не обижайтесь. Не говоря уже о том, что даже железные дороги в Израиле до 1989 года, когда пошла та самая Большая алия, загибались и почти уже загнулись. А как попали в страну «русские» с их привычкой ездить на электричках, так они и процвели.

Помнится, это сильно изумило автора в пору подготовки им диссертации. Тем более что из статистики ясно следовало: до начала эмиграции евреев из СССР в Израиле всё постепенно катилось вниз. Потом в одночасье встало. А потом рвануло вверх – сразу по всем направлениям. И довело-таки эту ближневосточную страну, уже приготовившуюся к долгой стагнации, до семнадцатого места на планете по уровню жизни. А то «русские понаехали, русские понаехали». Ну, понаехали, конечно. Благодарность за это желательно было бы выразить в письменной форме – но кто там её будет выражать…

Как еврею стать русским

Нет ничего проще в этом мире, чем еврею стать русским. Причём ничего обрезанного для этого приращивать не надо. Даже если завет о союзе еврейского народа с Б-гом каким-то образом родителями был соблюдён, невзирая на бдительность советской власти и советской медицины. Отказываться от потребления родной мацы в пользу пасхального кулича не надо. Креститься в ортодоксальное православие не надо. Не надо ходить в лаптях и учиться мотать онучи. А надо просто переехать на постоянное место жительства в Израиль. Кто не понял с первого раза: совершить алию. И всё.

И не надо даже сдавать экзамен на знание русского языка, носителями которого все без исключения бывшие советские евреи являлись задолго до исторического решения и соответствующего закона Российской Федерации, принятие которого было инициировано, стимулировано и спровоцировано воссоединением Крыма с Россией как раз к столетней годовщине Первой мировой войны. Хотя приятно отметить, что кто-кто, но евреи к этому закону были готовы, как пионеры. То есть всегда. Отчего учебник русской орфографии и написал талантливый венгерский еврей Дитмар Розенталь. И какой учебник!

Значитца, прибываем, товарищи евреи, на историческую родину, вдыхаем её генетически родные нам пряные запахи, расслабляем слёзные железы, прочувствованно хлюпаем носом и открываем сердца навстречу таможенной и пограничной службам. И с первых шагов мы кто? Правильно! Русские мы. В том самом первобытно-некомплиментарном смысле, который вкладывается в понятие «жидовская морда» на «доисторической» родине – от бывшего Кенигсберга до Петропавловска-Камчатского и от Мурманска до Кушки.

То есть там, откуда мы все сюда приехали, мы всех споили, обобрали и вокруг пальца обвели. Тут, куда приехали, мы – «понаехавшие». Воры, проститутки, хулиганы и бомжи, не помнящие родства. И вообще, не то чтобы совсем уж неевреи – наверное, всё-таки евреи, раз нас сюда пустили, – но совершенно не такие, каким евреям быть положено. Притом что на вопрос, а каким, собственно, еврею быть положено – если ему вообще каким-то положено быть, – найдётся пара-тройка сотен взаимоисключающих ответов.

В этом мире вообще никто никого не любит. Или, по крайней мере, недолюбливает. Американцы – Путина. Американцев, судя по опросам, вся планета. Французы англичан – взаимно. Португальцы испанцев – тоже взаимно. Армяне азербайджанцев и наоборот – есть вопросы, за что? Арабы евреев – тут про взаимность лучше промолчать. Киргизы – узбеков, что они им и продемонстрировали в рамках погромов в очередную свою «цветную революцию». Узбеки таджиков, которых в Самарканде, Бухаре и прочих ираноязычных во времена от Александра Великого до Тимура – Железного Хромца городах сегодня изящно именуют «городскими узбеками» – чтоб перепись не портить.

Опять же венгры не любят румын – за отторгнутую Трансильванию. Чехи венгров, что засвидетельствовал ещё Гашек. Поляки украинцев – со времён Хмельнитчины, а также русских и немцев – за всё, что было в их отношениях. Украинцы русских – по крайней мере, с весны 2014-го, когда Крым, который им на шестьдесят лет дал подержать Никита Сергеевич Хрущёв, в разгар подвижных весенних игр на киевском Майдане был ими утерян, а подобрала его как раз Россия. И так далее, и так далее, и так далее.

Продолжая тему, отметим, что Америка терпеть не может жителей Вашингтона (округ Колумбия), сдержанно относится к сдвинутым на всю голову «нью-йоркерам» и более чем прохладно – к загорелым до золотистой корочки и самодовольным до отвращения калифорнийцам. В Британии же все не любят всех – но лондонцев особенно. Примерно так же, как парижан во Франции, жителей Брюсселя в Бельгии и москвичей в России.

Хотя как раз в России теперь больше всего не любят «питерских». Не ленинградцев, среди которых встречается недобитая старая интеллигенция, показательно вежливая и культурная, и квалифицированные рабочие, до боли похожие на интеллигенцию. А именно «питерских». Кто хоть раз в жизни видел «эффективных менеджеров» 2000-х из числа чиновников и личного состава госкорпораций, тот поймёт. Гладкие, ухоженные, с намёком на высшее образование, фанаберией и претензией на то, что они точно знают, как надо. Что вызывает у окружающих немедленное желание рвать им зубами глотку, мотать кишки на багинеты и танковые гусеницы и втаптывать в асфальт до состояния однородно выглядящей массы.

Ну и, естественно, евреи, вопреки тому, что о них думают антисемиты, не очень любят других евреев. А почему они должны отличаться в рамках естественной для человека ксенофобии от прочего населения планеты? Потому что евреи? Ну так они национальное государство-то создавали, строили и защищали как раз не для того, чтобы быть какими-то особенными, а чтобы быть как все. Вот они там «как все» и стали. И кого теперь винить за это? Читай Жаботинского и плачь горькими слезами…

То есть понятно, что на поверхности и с порога – ура всем новоприбывшим! Аллилуйя, корзина абсорбции в зубы и курировать первые шаги. И не первые тоже. То есть водить за ручку по инстанциям и переводить с иврита – «метапелить». Пока новички не разобрались, что где почём. Куда ходить, куда не ходить. Что от государства и «Сохнута» положено, а чего брать ни от кого ни в коем случае не надо, поскольку там чистый волчий капкан. Или, ещё того лучше, надувалово, с разной степенью достоверности притворяющееся помощью репатриантам, – бывает и такое. А вот дальше…

Как многократно было автором повторено в разных местах, в том числе письменно, – нет в этом мире типового еврея. И не было его никогда. Во времена праотцев: Авраама, который вышел из Ура Халдейского, Исаака и Иакова, – его не было. Во времена Иосифа, Моисея и Иисуса Навина. Во времена двенадцати колен и в эпоху судей – «шофетим». Не было ни при каких царях. Хоть при первых – Сауле, Давиде и Соломоне, хоть при их негодящих потомках и мало чем от этих потомков отличавшихся преемниках – Маккавеях или Иродиадах.

Не было такого еврея при героях – от большого затейника по женской части, любимца парикмахеров и первого еврейского культуриста Самсона до сгинувшего вместе с соратниками в огне Великого восстания Бар-Кохбы. И при пророках и пророчицах не было. При фарисеях, саддукеях, зелотах и сикариях. При первосвященниках – наси. А также при таннаях, амораях, гаонах и цадиках.

Испокон веку был еврей разным. Жил по-разному. Одевался. Ел и пил, что было под рукой. Говорил на том языке, который понимали окружающие. И рекомендовать ему, живущему в стране свеклы, картофеля, капусты, карасей, сметаны и яблок антоновка, для ежедневного употребления на предмет нормализации пищеварения вместо привычного ему с малолетства борща, гусиного смальца и селёдки – каперсы, ежеутренний апельсин, сорванный с дерева, и любимый римлянами соус гарум мог только клинический идиот.

То есть в качестве еврея выходцы из Марокко, Йемена, Эфиопии, Франции, Ирана и России ведут себя, отличаясь друг от друга. Быт у них разный. Поскольку у каждого свои папа с мамой и дома по-разному в разных странах было заведено. Где вешают ковры на стену и кладут на пол, где нет. Где ставят на полку хрустальное корыто из ЧССР, где менору. Где дома держат книги, где хватит и одной Торы. Где на пороге снимают обувь и надевают тапочки, где-то нет. Про употребление парной бани или сауны, душа или ванны, синагогальной миквы или плавательного бассейна и характерные различия в одежде, включая валенки, смокинг и махровый халат с вензелем, и вовсе умолчим. Хотя руки перед едой – таки да, моют все.

Привычки у евреев разные. Ментальность у них разная. Не любит автор это слово, но встречаются в жизни такие ситуации, что нет-нет да и употребишь. И появляются в итоге столкновения разных ментальностей, носителями которых выступают евреи – точнее, евреи из разных стран, – на земле исторической родины. Которые конкретно и предметно характеризуют определённые еврейские группы в глазах других еврейских групп. Марокканский еврей, к примеру. Или немецкий. Йеменский. Румынский. Русский. И так далее.

«И так далее» перечислять и обсуждать неинтересно – по крайней мере здесь и сейчас. Поскольку перечислять типажи евреев, которые на текущий момент собрались в Израиле, несколько ошалевая от того, что они там все такие разные, бессмысленно. Для этого нужна энциклопедия. Тем более что каждая группа только снаружи кажется однородной. Те же русские евреи – или, как говорят в Израиле, русские. Без специального упоминания о том, что они ещё и евреи.

И так понятно всем нормальным людям, что они евреи. Точно так же, как марокканец в Израиле – это еврей из Марокко, а не марокканский араб. Эфиоп – не негус Менелик Второй, а еврей из Эфиопии. Румын – не маршал Антонеску и не король Михай, а еврей из Румынии. И так далее. Такие вот всеми в Израиле понимаемые и всеми принимаемые правила употребления этнонимов. Если же человек из русскоязычной среды совсем ни с какой стороны не еврей – то он «русский русский». На «великом и могучем» это звучит так же странно, как «масло масляное». А на иврите – самое оно. И не надо лохматить бабушку и звать Задорнова. Раз так в Израиле говорят, то и мы будем. По крайней мере в данной книге.

Так вот, из числа жителей бывшего СССР бухарские, горские и грузинские евреи, а также немногочисленные крымчаки с их приверженностью религиозным традициям и исторически выверенному укладу в Израиле выделяются. Как выделялись они всегда и везде. В конце концов, сформировались эти древние и замечательные общины – краса и гордость еврейского народа и услада этнографа, – в эмиратах и ханствах Средней Азии, феодальном персидском Прикаспии, Грузинском царстве и Крымско-Татарском ханстве, а не в черте оседлости. И ни к Речи Посполитой, ни к вольным прибалтийским городам, ни к имениям остзейских баронов они отношения не имеют.

Однако же каждый ашкенази, происходящий из Брит а-Моацот, то есть Советского Союза, знает, что есть евреи украинские и литваки. Хасиды и миснагиды – кто их в СССР видел! Но помнили, что до Октябрьской революции и ГУЛАГа они были, и это для них много значило. Опять-таки литваки и украинские евреи – собирательные понятия, в состав которых входит такое количество их разновидностей... Галицианеры и одесские биндюжники. Евреи екатеринославские и херсонские. Колонисты Крыма и жители Киева. Евреи белорусских местечек и городов Рижского взморья. Отличались они все друг от друга, как помор от казака – кто б это, кроме самих евреев и занимавшихся ими учёных, понимал.

Опять-таки еврей из Вильнюса – это одно, из Даугавпилса – другое, а из Пярну совсем третье. И бессмертное: «Что вы раввин, так это вы у Бердичеве раввин. А у нас в Одессе едва-едва тянете на идиёта». Не говоря уже о том, что Российская империя в последние полтора века своего существования и советская власть за три четверти столетия своего сформировали среди подведомственных ашкеназских евреев ленинградских, московских, среднерусских, южнорусских, северокавказских, поволжских, уральских, сибирских, дальневосточных и много каких ещё. Включая ашкеназов Средней Азии и Закавказья, живших бок о бок с автохтонными еврейскими общинами, почти не смешиваясь с ними.

В Москве на первом съезде Ваада СССР, в декабре 1989 года, автор впервые в жизни со всеми перечисленными и многими не перечисленными выше типами евреев познакомился – и был ошеломлён тем, до какой степени все они друг от друга отличались. Немногим меньше, чем жители соответствующих регионов. И это притом что большинство евреев исконно происходили из всё тех же Литвы, Белоруссии, Молдавии и с Украины. То есть разница между ними была – одно, максимум два поколения.

Ну а потом пошла Большая русская алия и эмиграция куда глаза глядят. И те из евреев, кто приехал в Израиль (а также в США, Германию и прочие Австралии), вне зависимости от конкретной советской республики или постсоветской страны исхода, оказались русскими. Большой привет евреям империи со всей их спецификой от израильтян, американцев и прочих обитателей благословенных мест, куда их пускали на побывку и постой. Специфика эта была ясна и понятна своим и совершенно не учитывалась всеми прочими. Те с этими особенностями знакомы не только не были, но они их, откровенно говоря, не слишком интересовали.

В Израиле, США, Канаде, Австралии, Новой Зеландии, а в последнее время и в Европе все когда-то откуда-то приехали и чего-то от кого-то на своём историческом пути набрались. Однако любому аборигену ясно, что если люди выглядят похоже, ведут себя похоже и разговаривают на одном и том же языке – они из одного лукошка. По-русски говорят – значит, русские. Говорили бы по-китайски, были бы китайцами. Разбираться ещё, из какого медвежьего угла их принесло…

И кстати, никто из читателей не пробовал ради разнообразия отличить одного китайца, японца или папуаса от другого, исходя из разницы в говоре, внешности, покрое домашней одежды или привычках в еде? Или, ладно, людей восточных можно и перепутать, но, скажем, баварца от жителя Тюрингии или Саксонии? Шотландца от кокни или валлийца? Каталонца от галисийца? Не говоря уже о том, что для тех же самых японцев все «гайдзины» одинаковы, как бильярдные шары. Да в глазах китайцев «длинноносые дьяволы», как называли в Поднебесной людей из Европы или Соединённых Штатов не так давно, были, есть и в массе своей будут на одно лицо. Разве что старый стивенсоновский пират Джон Сильвер другой: одноногий, на костыле и с попугаем на плече.

Ну, ясно, что когда достаточно долго живёшь с кем-то рядом, то из общей массы «инородцев» проявляются отдельные люди. И понимаешь, чем они отличны не только от тебя и членов твоей семьи, но и друг от друга. Что, помимо прочего, способствует налаживанию с ними отношений, мешая говорить глупости и совершать бестактности. В том числе из лучших побуждений. Хотя по большому счёту важность такого рода «гитик» понимают только профессиональные путешественники и люди, одарённые душевной чуткостью в особо крупных масштабах. Из гуманистов или добросердечных «простецов» – неважно.

Что до того, что евреи из бывшего СССР в Израиле в мгновение ока становятся и так и остаются для большинства окружающих русскими, как их и называют, то автору за два с лишним десятилетия ни разу не встретился кто-либо из олим-хадашим или ватиков, то есть новоприбывших и старожилов, кто в ответ на упоминание этого факта в разговоре встал бы в позу и возопил: «Аз есмь еврей – и не сметь меня русским называть». По его скромному убеждению этот факт означает отсутствие у подавляющего большинства его знакомых комплексов, а также то, что среди них не очень много тяжело ушибленных на всю голову идиотов. А может быть, их и вовсе нет. Что радует.

Отметим напоследок, что ортодоксальных евреев, будь они хоть из России с Украиной, хоть из Германии с Австрией, хоть с Марса или Юпитера, в соответствующие этнические ниши Израиля сабры и ватики не помещают. Для этого контингента есть чёткие маркёры: шхорим, дотим, харедим. На русифицированном иврите – шахоры, досы и хареды. Но русский язык вообще, поскольку он живой и развивающийся, вопреки малограмотной патриотической общественности ассимилирует по своим правилам любое слово.

Итак, если вы ортодоксы, тут свои правила игры. Носим только чёрное, едим только кошерное, молимся по часам. Мужчины в бородах и пейсах разных стилей и длины. Женщины в париках и головных уборах, мало напоминающих шляпки дам из высшего общества на скачках в британском Аскоте. Плохо воспитанные дети, как правило, в количестве, переходящем от нереально большого к запредельному. Такой патриархальный мир. Кому в Израиле не хочется быть русским – можно туда. Бывали прецеденты.

Точнее, многие русские евреи прибиваются к ортодоксии и, в рамках поиска корней, начинают корёжить себя и окружающих – в первую очередь родителей. Сказать, чтобы им от этого было большое счастье и путёвка на небеса, к Б-гу без очереди, нельзя. Родителям же – сплошное горе. Поскольку те из детей, кто поумнее, им, некошерным, позволяют с внуками играть и общаться – с непременными занудными наставлениями насчёт того, что им рассказывать, а чего не говорить. Но те, кто поглупее, не дают. Отчего проистекает немало горестных историй.

Причём, как правило, впадают в ортодоксию дети из самых интеллигентных семей. Что оставляет противоречивое впечатление. И тех из них, кто и в новой жизни сохраняет всё то, что составляло смысл старой, куда как мало. Ну, «научи дурака Б-гу молиться» – это же не только русское… Чем евреи лучше? Вот они и не лучше…

Понятно, что у автора свой круг общения, свои привычки и свои приоритеты. И в этих самых приоритетах тщательное исполнение малоосмысленных ортодоксальных мицвот не занимает главное место. То есть любит он, автор, к примеру, копчёные и жареные миноги. И осьминога на гриле. Или мясо в сметанном соусе – с чесноком. Не говоря уже о свежей буженине. Которая без примеси молочного, но чертовски вкусна. И что с этим поделать?

Или, что более возвышенно, автор предпочитает Стругацких и свежего Лукьяненко еженедельной главе из Торы. А в синагогу он, может, поутру бы и заглянул. Но половина тех, кого там можно в это время встретить, ему несимпатична. Второй несимпатичен он. Так что тут вступает в действие пословица насчёт того, что «с евреем хорошо молиться в одном миньяне, есть цимес и лежать на кладбище. Всё прочее можно делать с неевреями». Понимали предки жизнь…

Глава 3
О русских и…

Русские и ЦАХАЛ. Русские и поселения. Русские и элита. Русские и харедим. Русские и арабы. Русские евреи и русские русские

Русские и ЦАХАЛ

«Евреи и армия? О чём вы, право?!» – скажет вам любой антисемит. Они, евреи, только в Ташкенте отсиживаться умеют. По поводу чего многие из антисемитов в своё время от евреев получили массу неожиданностей. На предмет получить в глаз, в ухо и в торец. Поскольку характер у еврея вспыльчивый. Душа ранимая. А еврей-спортсмен, на практике освоивший бокс, самбо, карате и прочие боевые единоборства, для просторов бывшего СССР фигура более чем стандартная. Как и еврей-кузнец, каменотёс или грузчик для бывшей Российской империи.

Один из екатеринославских прадедов автора, Яков Сатановский, как раз был из кузнецов. Серьёзный был человек. В популярном тогдашнем развлечении под названием кулачный бой он со своим молотобойцем всегда участвовал. Из соображений справедливости: с одной стороны они с Иваном, с другой – вся прочая деревня. Тридцать крепких мужиков. То на то и получалось.

Что до Ташкента, так и в царские времена евреев в российской армии было по самое не хочу. В том числе на флоте, в кавалерии и прочих боевых частях. Откуда в Палестине и взялся полёгший смертью храбрых при обороне Тель-Хая полный Георгиевский кавалер однорукий Иосиф Трумпельдор. А также прочие отцы-основатели Пальмаха и Хаганы. Что же до Гражданской и Великой Отечественной…

Орденов и наградного оружия получили евреи по результатам этих войн, не считая более мелких, вроде тех, что были на Халхин-Голе и в Финляндии, получили – не сосчитать. Генералов и адмиралов среди них было – более чем. А уж что до старшего и среднего офицерского состава, так там и вовсе евреев было сильно больше, чем в процентном соотношении в стране. Поскольку в армии их тоже было сильно больше. И кстати, что-что, но в военные годы армейская карьера шла совершенно другими путями, чем в послевоенные. Там не с начальством вась-вась надо было заводить. Там воевать надо было. С конкретным врагом и без малейшей поправки на теоретическую возможность сдаться.

Поскольку евреям в любой из вышеназванных войн – что сдавайся, что не сдавайся, всё равно выходил капут. И они это знали. Отчего воевали особенно свирепо. Особенно после того, как в Отечественную войну фронт с 1943-го начал катиться на запад, открывая происходившее с гражданским населением на оккупированных территориях. Где не успевших бежать от «нового порядка» евреев зондеркоманды перебили начисто. Со всей посильной помощью вермахта и местного населения. Которое, не без удовольствия и прибытка в личном хозяйстве, эту помощь могло им оказать – и с удовольствием оказало.

Ну – это дело прошлое. С конца 40-х годов товарищу Иосифу Виссарионовичу Сталину евреи в армии и на флоте уже не были так нужны. Опять-таки Никите Сергеевичу Хрущёву они там были нужны ещё меньше. Ему вообще от армии и флота мало что было нужно. Точнее, нужно было, чтобы они существовали, но исключительно на своём месте. На которое он лично их поставил. И чтобы с этого места ни вправо, ни влево не дёргались. Отчего и Лаврентий Берия, и Георгий Жуков, благополучно пережившие Хозяина, потеряли при его смешном и карикатурном наследнике один жизнь, а другой власть. Поскольку Никита был прост-то, прост, но ежели уж он чего всерьёз хотел, то хватка у него была бульдожья.

Но это больше об отечественном. Что до Израиля, там армия как раз была и остаётся во многом советской. С самого начала и по сей день. В лучшем смысле этого слова. Без чванства генералов и пустого надувания щёк. Хотя с избытком болтовни, понятным для евреев. Находящаяся в непрерывной готовности к войне или воюющая – благо ей было и по сей день остаётся с кем воевать. Понимающая, что за спиной у неё страна и отступать некуда. Не как политруку Клочкову с легендой о панфиловцах, а взаправду.

Поскольку за спиной у этой армии – израильского ЦАХАЛа – не тыл, простирающийся невесть на сколько тысяч километров – до Северного Ледовитого и Тихого океанов, а пара десятков километров. В любом направлении. И вот тут что хочешь, то и делай. Хочешь, сей, а хочешь, куй, но оперативного запаса для отступления, который до Кэмп-Дэвидского договора имени Генри Киссинджера давал Синай, у Израиля больше нет. И Газы в качестве буфера больше нет. И не будет. Чтоб «Кисси» этот договор в боку отдышкой отзывался, сколько ему ещё Г-дь отпустит, а после в гробу переворачивал.

Если бы миротворческий кретинизм, в котором Страна Израиля встретила 90-е годы, продлился ещё немного, так и Голанских высот с Иудеей и Самарией у неё тоже бы не осталось. Что особенно трогательно ввиду «Арабской весны», когда уже и Египет трещит по швам, и Иордания трещит по швам, и от Сирии с Ливаном может мало что остаться, и от Ирака. Поскольку там что ни «человек с ружьём», то «Аль-Каида».

Называется ли она «Джабхат ан-Нусра» и кормит её королевство Саудовская Аравия, а точнее Управление общей разведки этой геронтократии, или «Исламское государство Ирака и Леванта», находящееся на коротком поводке у Катара, с любимыми его эмиром «Братьями-мусульманами» всех типов, включая ХАМАС, – неважно. «Филосемиты» они все ещё те. Бандит на бандите и бандитом погоняет. Вот только им предоставь доступ к берегу озера Кинерет и на стратегические высоты Заиорданья и Шомрона, с которых можно обстреливать Иерусалим, Галилею, Хайфу и всю Прибрежную низменность с Большим Тель-Авивом и аэропортом имени Бен-Гуриона в Лоде, тут-то мир с арабами и наступит. Да какой! Камня на камне не останется.

Соответственно, русские евреи в Израиле, в отличие от подавляющей части харедим и арабов-мусульман (не путать с друзами, черкесами и бедуинами!), а также значительной, хотя и малосимпатичной прослойки израильской «золотой молодёжи» из Рамат-Авива и Герцлии-Питуах, в ЦАХАЛе служат – если соответствуют по возрасту. Или посылают туда служить детей, преимущественно стараясь, чтобы они попали в боевые части. Точнее, дети стараются. И попадают. Сами. Поскольку в израильскую армию вообще-то очередь, и в элитные подразделения ещё надо попасть. По конкурсу. Как в университет.

Блат тут тоже имеет место – тот самый упомянутый выше «витамин Пи». Взяток никто не даёт и не берёт, но протекция – другое дело. Ну, честно говоря, протекция, благодаря которой ребёнок, твой или твоих лучших друзей, имеет шанс первым угодить в окопы и попасть под кинжальный огонь или бомбёжку – какая-то очень уж особенная. Еврейская такая протекция. Как раз на тему тёплого места, отсиживания в Ташкенте и прочих издревле инкриминируемых народу Книги материй.

Автор не понаслышке знает, что такое ребёнок в израильской армии во время войны. У всех его друзей и родственников они там отслужили – а у некоторых до сих пор служат. В том числе офицерами. Десантники. Танкисты. Военная разведка. Пограничная стража. Что в годы невинного детства этих хлюпиков и колобков обоих полов из интеллигентных семей Москвы и Запорожья никто бы в жизни не предсказал. Но вышло так, как вышло. При этом – весёлые и образованные ребята. Все закончили вузы – по большей части после того, как закончили армию. В Израиле армия как университет, её «заканчивают». И это семантически неверно только на первый взгляд. Пока не понимаешь, какой объём знаний и умений там молодняк получает.

Понятно, что, как и во всякой армии, там есть много чепухи. Масса глупостей. Своя бюрократия. И вообще много чего такого, что видно только изнутри. Армия же… Плюс много тяжёлых физических нагрузок. В виде тренировок, марш-бросков, учений, стрельб и прочего обязательного. Но если израильтянин, который «окончил» армию, хочет, чтобы она стала для него стартом в какое угодно будущее, она им для него будет.

Хотя понятно, что в семье не без урода. Для уменьшения числа которых существует строгий запрет на интимные связи, оканчивающиеся беременностью военнослужащей срочной службы, – виновника посадят в тюрьму. Причём не понарошку. Потом – сколько угодно. Женитесь, рожайте, живите счастливо. Но это потом. Отчего в Израиле молодняк так бурно наслаждается послеармейской жизнью. В диапазоне от многомесячных шатаний по экзотическим странам до свадеб на три сотни человек гостей. Поскольку родня, сослуживцы, однокашники и друзья с обеих сторон – меньше как-то не выходит.

Очень трогательно наблюдать невесту в белом и с фатой, а не в хаки и с автоматом, к которому пушистой цветной резиночкой с пластиковыми зверушками или мотыльками прикручен магазин с торчащими из него патронами. Да и букет цветов обычно девушке идёт больше, чем станковый рюкзак или баул защитного цвета, который тащат по полу поезда, развозящего военнослужащих с субботнего увольнения по базам, так как пронести его по вагону обычным методом, не снеся всех, кто там сидит, нереально.

Баул обычно загоняется в треугольное пространство между двумя развёрнутыми друг к другу спинками сиденьями метким пинком. На верхнюю полку его не втиснуть, а боковые багажные стеллажи вагона, как правило, заняты, если только посадка не производится на крайних точках маршрута – в Нагарии или в аэропорту Бен-Гуриона. Свадебный букет, как правило, держат в тех же, но изящно сложенных руках – некоторые даже надевают по такому случаю длинные перчатки. Красиво и то, и это.

Автор, присутствовавший на свадьбах обеих своих израильских племянниц, а также многократно наблюдавший их в военной форме, затрудняется сказать, что лучше. И то, что израильская армия больше всего похожа на вооруженный до зубов стройотряд, ему лично близко. Впрочем, судя по повышенному проценту призывников, представляющих русских в боевых частях ЦАХАЛа, близко это не только ему. Ну, наверное, народ такой. Понимающий, что добро должно быть с кулаками. А иначе наступит этому добру каюк, кирдык и полный абдуценс. И быстро.

Опять-таки, если даже не говорить о собственно армейской службе, среди израильских «русим» чрезвычайно низок процент принципиальных пацифистов, еврейских борцов с оккупацией Израилем палестинских территорий, сторонников демилитаризации страны и прочего идейно ударенного об стенку на всю жизнь и на полную голову населения. Его в Израиле немало – преимущественно среди левых и ультралевых избирателей. Но среди русских таких людей показательно мало. Судя по парламентским и муниципальным выборам – минимум на два порядка меньше, чем в среднем по стране. И это для еврейского государства большой шанс.

Причём обозначенная выше категория дворовых сумасшедших вовсе не обязательно не любит свою страну. И не готова сдать её с ходу любому вероятному противнику – будь то Иран, арабы или уэллсовские марсиане. Напротив! Там масса симпатичных, искренних, честных в своих убеждениях людей. Которые при этом вполне могут понимать, что дурью маются, никак не претворяя это понимание в реальную жизнь. Не любят они армейскую форму, и всё. Хоть режь их. Хоть пинай с утра до вечера. Хоть зубы рви им без наркоза. Но в армию не пойдут ни за какие коврижки и ни под каким прессингом. Из принципа, что ли?

У автора один такой экзотический персонаж на протяжении многих лет состоит в числе добрых знакомых. Пацифист. Пишет замечательные высокоакадемические книги, не боясь затрагивать самые острые темы. Готов ссориться с кем угодно. Абсолютно честен – если видит чёрное, пишет, что оно чёрное. И наоборот. Вне зависимости от своих собственных политических пристрастий. При этом оставаясь приверженным своей системе ценностей, понимая, что она никак, ну просто совсем никак не способствует выживанию на Ближнем Востоке ни его, ни его семьи, ни государства, где все они живут. Тоже русский, чем и редок. Точнее, совершенно уникален. Поскольку среди нескольких тысяч израильтян из бывшего СССР, которых автор в Израиле знает, он такой один.

Русские и поселения

Русских в израильских поселениях живёт много. Занимают они там не последние места. И то, что поселения эти расположены на «оккупированных арабских территориях», их смущает крайне мало. По логике Лиги арабских государств, весь Израиль расположен на оккупированных арабских территориях. Кого и когда там волновало, какие земли евреи за свои кровные купили, какие были никому не принадлежащими пустошами, и они их на те же самые кровные обустроили, а где были брошенные англичанами форты и прочее бесхозное имущество?

Опять-таки США, Канада и всё, что южнее – от Мексики и Гондураса до Огненной Земли, – расположено на оккупированных индейских территориях. А Россия и Украина – на оккупированных неиндейских территориях. Как и Китай, Германия, Индонезия, Индия, Иран, Великобритания, Австралия, Саудовская Аравия и все прочие современные страны. Куда ни копни – кто-то там до тебя жил. Какую страну ни возьми – там что-то до неё было. И что теперь? Пойти повеситься?

Все всех когда-то завоевали. Все откуда-то пришли, приехали, откочевали и прибыли. Кто из монгольских степей. Кто из Андалусии, Кастилии и Леона. Кто из Гаскони или с Корсики. Или из Санкт-Петербурга. Не говоря уже о Йоркшире, Ирландии и Швеции. Что уравнивает зулуса с британским джентльменом, ковбоя с конкистадором и гаучо с саброй. Не говоря уже о маори, самураях и смиренных обитателях монастыря Шао-Линь. Хотя, конечно, есть ещё пигмеи, папуасы и эскимосы – про их маршруты передвижения просто мало что известно.

Ну это так, к слову. Поскольку весь этот мир населён теми, кто обустроился на месте, ранее населённом кем-то другим, до самых корней рода человеческого, понять, с чего вдруг именно к евреям по поводу их поселений в Иудее и Самарии такое внимание ООН, исламского мира, великих держав и прочих пятых колёс до воза, трудно. Но можно. Хотя крик прогрессивного человечества насчёт оккупации палестинских территорий не просто не выдерживает критики – он в страшном сне не соответствует действительности. Так как израильские поселения запрещено строить на землях, у которых есть или могут быть хоть какие-нибудь хозяева. Тем более арабские.

Там не только дом не построишь – там огород не разобьёшь. Штакетину не воткнёшь. И сносить всё, на что ты не получил официального разрешения – а в Израиле их нужно много, – будет не возмущённая общественность, а армия. ЦАХАЛ. Поскольку ситуацию на территориях контролирует военное руководство. И ему там забот с террористами хватает, чтобы ещё на самозахват земли смотреть сквозь пальцы. Хотя, вообще-то, повторим: вся та земля, которая находится под поселениями, или выкупленная, или бесхозная. Её можно называть спорной – от этого она бесхозной быть не перестанет.

Однако – и это факт, подтверждённый массой документов, фиксирующих владение землёй, от турецких «кушанов» до бумаг, выданных англичанами, – в огромном своём большинстве поселения располагаются на еврейских землях. То есть на территории, которая когда-то, в догосударственный период, была куплена у местных хозяев Еврейским Национальным фондом – Керен Каемет ле-Исраэль. И после Войны за независимость до Шестидневной войны осталась в Иордании (Иудея и Самария), Сирии (Голанские высоты) или Египте (в секторе Газа). Ну, о Южном Ливане – практически до реки Литани – вообще умолчим. Как и о том, сколько таких земель можно найти в Сирии (вплоть до пригородов Дамаска) или Заиорданье, контролируемом Хашимитской монархией.

Автор хотел бы особо подчеркнуть, что он имеет в виду не те земли, принадлежавшие евреям, которые были у них отобраны вместе с домами, заводами, банками и всем прочим имуществом по всему исламскому миру после возникновения Израиля. Миллионы евреев бежали из Алжира, Ирака, Марокко, Египта, Туниса, Сирии, Ливана, Йемена и прочих стран Ближнего и Среднего Востока, оставив там всё, что у них было. Часть общины пока живёт в Турции и Иране. Несколько тысяч в Тунисе и Марокко. И человек четыреста было в Сирии перед тем, как там началась гражданская война. Но это жалкие осколки навсегда ушедшего мира восточного еврейства.

Об их землях и их имуществе речь никогда не заводилась. На протяжении десятилетий считалось, что не стоит возбуждать страсти: или окончится очередной арабо-израильской войной, или арабы убьют тех евреев, кто там ещё остался. Благо опыт погромов и резни у евреев был большой, а бредовых иллюзий европейского типа не было изначально. Не с чего и неоткуда им было взяться.

Так что повторим: говоря о землях, на которых расположены израильские поселения, мы в подавляющем большинстве случаев говорим о территориях, которые были евреями куплены. Причём не для разведения там куропаток, а именно под создание еврейского национального очага. Затем потеряны Израилем в ходе военного размежевания конца 40-х годов. И отвоёваны им в конце 60-х.

В муниципалитете центрального Гуш-Эциона, района, за возвращение которому «исконного арабского характера» бьются, не покладая и не смыкая всего, что им давно можно и нужно было бы покласть и сомкнуть, израильские правозащитники, автору демонстрировали иорданскую карту этой местности. Датированную серединой 50-х годов, когда никакого Израиля там и близко не было. Карта впечатляла. Синим на ней были отмечены участки земли, принадлежащие евреям. Красным – арабам. Надписи все были на арабском. Да и зачем в самом деле в Иорданском Хашимитском королевстве на кадастровых документах использовать ещё какой-то язык!

Так вот, регион, о котором идёт речь, был синим на три четверти. Стоит отметить честность иорданского картографа. Всё-таки британская школа, а с картами у англичан всегда было хорошо. И – маленькая подробность. Современная, 2010-х годов карта, на которой были отмечены еврейские поселения этого района, висела рядом, сделанная на прозрачной кальке. Наложив которую на изделие иорданского картографа, можно было наглядно убедиться – поселения расположены исключительно на синем фоне. И для того, чтобы в будущем не было проблем, и на всякий случай.

Зачем в этой связи российский МИД с упорством, достойным не столько дипломатов, сколько идиотов, регулярно шпыняет Израиль по поводу поселений, непонятно. Имея в запасе для предъявления России в качестве претензий бывшую Пруссию – она же Калининградская область, Курильские острова, когда-то независимую Туву и много прочих «брёвен в глазу», делать это со стратегической точки зрения самоубийственно. С тактической же – бесполезно.

Всё равно, сколько Израиль ни пинай, арабский мир любить Москву не будет. Точнее, до той поры, пока советские военные советники обучали в арабских государствах армии и их вооружали, советские дипломаты боролись с империалистической системой и мировым сионизмом, а советские инженеры за советские деньги строили и перестраивали местную экономику, СССР был арабам лучшим другом. А после как-то очень быстро перестал. Деньги у самих кончились – давать их перестали. Страна распалась. Воевать предоставили тоже самим – сколько можно? Ну и кому такая Москва нужна?

Осталась, вероятнее всего, инерция системы, в соответствии с которой российские дипломаты до сих пор работают. Положено осуждать поселения – осуждаем поселения. Опять-таки не мы одни. Европа их осуждает. Америка не поддерживает. Исламский мир против. Всё-таки в большой компании находишься, не в одиночку. А за компанию, как известно, чего не сделаешь. Хоть удавишься. Особенно если ты дипломат. Профессия эта только с виду благородна. Даже в облегчённом варианте, пока сидишь дома, понимая, что твоя работа – «лгать в интересах собственной страны», понятно, что дипломатическая служба собою представляет. А уж «в поле»…

Специфика профессии – ежели чего начальство напрямую не велит или не запрещает, рулишь противолодочным зигзагом. В рамках личных пристрастий и потенциального запаса разменов. Мы тебе то. Ты нам это. Лишь бы визитов было поменьше и поручения присылали не слишком идиотские. А поселения – чего их-то жалеть? Они не наши. Наши – это бывший Кенигсберг, и Пилау, и Шикотан с Итурупом и островками Хабомаи. Но их-то отбирать когда ещё будут… Правда, теперь наш ещё и Крым. Может, у дипломатов в голове хотя бы этот факт ситуацию с Голанами, Иудеей и Самарией немного прояснит?

Однако вряд ли. Как сказал бы старый гольд Дерсу Узала в дебрях Уссурийского края путешественнику Арсеньеву. Поскольку если люди не понимают, что со всеми теми, кто Израиль по поводу его поселений гнобит, у России отношения есть и будут впредь точно такими же, как и у еврейского государства, – что с них, убогих, взять?

Опять же интерес к глобальным проектам в среде политической, дипломатической и чиновничьей никуда с советских времён не делся. Ты им всем – неважно кому – даёшь экономическую помощь, и оружие, и денег. Называя это влиянием страны и отстёгивая в рамках этого процесса себе чуть-чуть. Немного, чтоб только хватило «клюв смочить». Как это действие у Марио Пьюзо называлось в бессмертной книге «Крёстный отец» – учебнике новорусской жизни. А государство – что государство? Б-г с ним. Оно большое, ему хватит.

Плюс лоббирование, которое никто не отменял. Да и времена не советские, когда за этим следили строго. Помнится, в начале 90-х месячный запас средств у палестинского посольства в Москве на «обсуждение вопросов», согласно информированным источникам, составлял пятьдесят тысяч. Долларов США – не рублей. А оно было не из самых богатых. Так что – кому дачу на средиземноморском берегу (в Сирии было особенно принято, да и климат способствовал), кому так, по мелочи. А что израильский агрессор поселения строит надо осудить – так это мы зараз. И агрессору от этого особо никакой головной боли. И дипломаты «в тренде». То есть в толпе других таких же дипломатов, которые тем же самым занимаются не без приятства для себя – не будем называть это корыстью.

А что на поселениях полно народу, который по-русски говорит и в рамках заботы о соотечественниках и собирании русскоязычного мира, анонсированных высшим российским руководством, искренне полагал, что именно он к этому миру относится, – так это их проблемы. Они, конечно, все к нему относятся. А некоторые составляют его красу, гордость и высший слой деятелей русской культуры. Ну так на это есть приёмы в День России и приглашения на ланч к послу – и из вежливости, и чтоб было кем похвастаться перед заезжими гостями.

Но тут нашла коса на камень. Поскольку, как известно, русские не отступают. И если уж они в Израиль прорвались и особенно идейные решили жить в поселениях, то пугать их можно, пока пугалка не отвалится. Тем более что для тех, кто каждый день ездит по дороге, на которой запросто можно получить камень в стекло от патриотических арабских подростков или пулю от их родителей, информационный шум, который создаёт «мировое сообщество» в целом и его дипломатическое крыло в частности, – устрашение оголённым причинным местом ежа. Крепкого, здорового телом и духом и с длинными колючками.

О том, что представляют собой в реальности еврейские поселения, мало кто знает. Как и о том, что строительство этих поселений осуществляется исключительно палестинскими подрядчиками. И в период замораживания этого строительства по требованию президента США разорялись именно они. А их бульдозеры, грузовики и прочую технику прятали, спасая от конфискации, поселенцы. Поскольку не только на строительстве поселений, но и в их промзонах работали и работают арабы с территорий. На момент написания данного абзаца – около тридцати тысяч. Что означает ежедневный кусок хлеба для четверти миллиона их родственников и членов семей. А кому там ещё работать? Израильтяне-то трудятся в основном в Израиле, за «зелёной чертой».

И вот именно этот процесс естественным ходом идущей арабо-еврейской интеграции для палестинского начальства, сидящего в Рамалле, – нож острый. Поскольку производит на потоке не зависящую от него финансово новую палестинскую элиту. У которой свои интересы. Направленные не на теоретическое строительство национального государства, а на сугубую конкретику. Благосостояние семьи. Образование детей. Безопасность. И если бы Палестинская национальная администрация им всё это давала – да здравствует раис Арафат и его верный последователь и соратник Абу-Мазен! А если нет – какая разница, на поселении работает человек или нет? Лишь бы ему на жизнь хватало.

Автор в своё время много ездил и по Газе, и по Западному берегу реки Иордан. Гостил и у поселенцев, и у местных арабов. И сделал железобетонный вывод: если б от них все отстали и не мешали им жить, они бы превосходно сосуществовали. Поскольку назойливо въедливые правозащитники защищают не угнетённых арабов от евреев-оккупантов и не «моральное право Израиля на существование», а своё персональное желание влезать в каждую з-цу без мыла. Организовывать провокации. Стравливать одних и других. При полной поддержке международной околополитической, антиглобалистской и левой израильской общественности, не говоря уже о палестинских властях. Для которых появление нормально уживающихся с израильтянами палестинских масс – страшный сон.

В конце концов, зря, что ли, Арафат всех, кто с израильтянами сотрудничал и торговал, изгнал и уничтожил?

При полном безучастии к их судьбе тогдашних израильских властей – в первую очередь Шимона Переса. Тысячи погибли. Десятки тысяч бежали. Мухтаров деревень – наследственных старост, которые контролировали ситуацию «на земле» для любого начальства, будь то турки, англичане или евреи, – вырезали. Местную полицию, на которую израильские службы безопасности полагались так же, как до них иорданские, кто не успел бежать, перестреляли. Бизнесменов, которые за двадцать пять лет израильского контроля выстроили нормальную систему сотрудничества с евреями, рэкетировали. И в лучшем случае подчинили «смотрящим» из числа спецслужб – мухабаратов. Подчеркнём: в лучшем. А уж в худшем…

В том же сегодняшнем Гуш-Эционе автора возили смотреть на новенький, с иголочки, супермаркет – типичный американский «молл», куда съезжались за покупками жители со всего района. И арабы. И евреи. Работали там все вперемешку. И поселенцы, и местные палестинцы, и израильские арабы. Включая мясной отдел, где здоровенные мясники со здоровенными, острыми как бритва ножами рубили коровьи туши, а не друг друга. И все были довольны. Кроме палестинского официоза. В связи с чем полиция ПНА машины местных жителей тормозила, проверяла и фирменные пакеты с покупками из этого супермаркета конфисковывала. В рамках борьбы с оккупацией и израильскими поселенцами. Понятно, чего им освобождённые от покупок несознательные палестинцы желали…

Как следствие, для русских поселения – самый цимес мит компот. Сравнительно дешёвое жильё, незагаженная природа и чистый воздух. По крайней мере, в Иудее, Самарии и на Голанах, возвращение которых Сирии израильское правительство больше не обсуждает – не с кем. Хотя из Газы поселенцев власти депортировали и поселения там уничтожили. В рамках величайшей глупости с односторонним размежеванием – «итнаткутом», которую на старости лет совершил Ариэль Шарон. После чего никакого мира и благолепия не возникло, а возник режим ХАМАСа. Который перерезал и изгнал из Газы конкурентов из ФАТХа, а потом приспособил сектор к непрерывным ракетным обстрелам израильского юга.

При этом русские в поселениях живут разные. К примеру, в посёлке Итав, на холме недалеко от Иерихона, – потомки субботников. То есть самых что ни на есть русских людей, пару веков назад перешедших в иудаизм. И сохранивших в первозданной чистоте тот самый генофонд русского народа, по поводу которого так страдают этого русского народа патриоты. Хотя все двести лет они закусывали традиционный для них самогон, настоянный на чёрной редьке и считавшийся эффективным афродизиаком, не салом, а гусиным смальцем.

Белые домики с зелёными крышами – как подсмотрели где-то в Голландии. Мужики – бородатые, косая сажень в плечах, серьёзные и домовитые. Непрерывно хлопочущие по хозяйству тётеньки в платочках. А чего, спрашивается, не хлопотать, если хозяйство есть? Весёлый молодняк – все как один или только что из армии, или готовятся туда идти. Такие еврейские казаки. Благо соседей, живущих под холмом, в арабской Удже, наполовину заселённой потомками суданских рабов, они честно предупредили, что тут, конечно, будут жить евреи, но не простые, а русские. То есть не те, к которым арабы привыкли. И если что, за всё будет спрос вдвойне. Камень кинут в машину – ряд бананов долой. А если что более серьёзное, так их предупредили. И пусть потом не обижаются.

Как легко догадаться, камень в машину кинули завтра же. После чего было снесено два ряда бананов. Мухтар примчался скандалить: говорили же, что снесут только один?! На что ему ласково сказали: так ведь твои ж нарочно? Нарочно. Проверить хотели, что ли? Ну проверили. За это два ряда. А в следующий раз вообще всё снесём. Капусту будете выращивать – и ею же питаться. Квашеной. И ведь сработало! Не было следующего раза – и до сих пор нет. Сколько лет прошло…

И вот тут вопрос: что гуманнее? Сразу дать по шее, чтобы потом не пришлось доводить дело до греха, или тянуть кота за хвост, пока кого-то соседи не убьют, а их за это придётся ловить, сажать в тюрьму и сносить дома? Если по-русски, то реагировать надо сразу. И так, чтобы жизнь маслом не казалась. Потом проще будет разбираться. Если же в рамках политкорректности и современного постмодернизма, так вообще никак не надо – сами должны прочувствовать и понять. А если не поймут, что с ними разговаривать? И вообще, чего тогда жить рядом с такими некультурными соседями? Уехать нужно в более цивилизованные края и парить там в эмпиреях в гармонии с собой и природой. Что не есть русский метод. И слава Б-гу.

Русские и элита

Израильская элита русских не любит – и правильно делает. Мало кому симпатичны люди с таким потенциалом. Пока за их выезд на Западе боролись, не отягощая себя пониманием того, что они сами для себя хотят, они многое успели. Получали образование. Работали. Делали карьеру и возводили объекты такого масштаба, которые за пределами Соединённых Штатов и Японии мало кто строил. А в результате, с точки зрения элиты – и американской, и европейской, и израильской, – начали о себе сильно много понимать.

Приехав в итоге в Израиль – кто, конечно, туда, а не в Америку или Германию приехал, – они в большинстве своём не зашлись от восторга. И не начали целовать покрытие аэродрома, увидев страну такой, как она была на самом деле: бюрократической, восточной и провинциальной. Вопросы старожилов – бывало и такое – насчёт того, какое впечатление на них производят телевизоры и холодильники, смешили в лучшем случае. Ну понятно, те, кто уехал из СССР через Польшу в конце 40-х, помнили совсем другую страну. Но всё же – до такой степени ничего не понимать в окружающем мире…

Однако же в Израиле русские в скорбь не впали. Мало ли они в своей жизни перестроили замшелых советских провинций под приличные места, годные для нормальных людей! На этом фоне Израиль с тель-авивской набережной, садами бахаистов в Хайфе, Эйлатом и прочими хорошо обустроенными объектами смотрелся очень и очень перспективно. И эта перспектива не обманула еврейско-русский глаз.

Отметим, что помоек в стране, текущей молоком и мёдом, по сей день предостаточно. В том числе по обочинам пересекающих страну современных автострад – квишей. Никто по их поводу особо не заморачивается. Не до того. Проезжая район крайот – пригородов Хайфы – или дальние окраины любого крупного израильского города, можно лицезреть унылые серо-асбестовые бараки, художественно украшенные длинными витками колючей проволоки, во дворе которых что-то ржавеет. Чистый сюр. Может, оно, ржавеющее, оставлено под паром – вдруг прорастёт. Или имеет отношение к абстракционизму. А может, ждёт израильского Лужкова – прибраться. Кто его знает?

Как бы то ни было, русские сошли с трапов многочисленных самолётов, которые их в Израиль привезли, почесали в затылке и начали усиленно работать. А что ещё делать человеку, который всю жизнь пахал и к этому привык? Копить на яхту? Грабить банки? Торговать наркотиками? Лечь под пальму и ждать, когда с неё спелый кокос свалится? Так он если свалится – как раз тебе на голову. Зачем маленькому человеку такое большое счастье? Не говоря о том, что в Израиле кокосы не растут.

Причём в принципе понятно, что если люди работают – это хорошо. Их затем и везли. Страны типа Израиля – переселенческие общества, стоят исключительно на работящих приезжих. До которых в этих краях никаких централизованных государств аборигены не создавали, хоть тресни. Не с чего их там создавать. И некому их поднимать. Вопреки расхожей политической мифологии о том, что всякому клану-роду-племени только дай – они как навалятся, да как построят себе независимую страну-государство! И как будут там жить-поживать, добра наживать…

А вот чёрта с два. Не будут. Точнее, будут, но не все. И тут израильские евреи – кроме харедим – дали сто очков вперёд не только соседям-палестинцам, но и израильским арабам. Которые пока что в строительстве страны и её государственных институтов как часть общенационального социума не замечены. Хотя среди них масса доброжелательных, достойных, трудолюбивых, симпатичных людей, которые с удовольствием помогают евреям строить Израиль – в личном качестве. Персонально. Потому что работать им хочется, а бороться с соседями, как их призывают арабские политики, – нет. Такие вот они извращенцы.

Израиль, вообще-то, страна, в которой общинный дух силён. Хочешь – идентифицируй себя на здоровье с теми, или с этими, и ещё вон с теми. Хоть по этноконфессиональному принципу, хоть по партийно-политическому. Исходя из ведомственной принадлежности или места, где живёшь. Так что евреи там бывают разные. И арабы бывают разные. И в их числе, а также не в их числе пребывающие мусульмане – тоже бывают разные.

Черкесы, например, друзы или бедуины в израильской армии служат – и как минимум этим стране очень помогают. И пользуются за это справедливым всеобщим уважением – хотя с бедуинами полно проблем на тему контрабанды наркотиков и захвата государственных земель. Так уж у них заведено – национальная традиция. Но сами они с арабами себя не идентифицируют. Хотя говорят по-арабски, и с точки зрения этнографической как минимум друзы и бедуины арабами являются.

Арабы-христиане идут в армию добровольцами, образованны и много работают – честь им за это и хвала. Хотя тоже всё больше выделяют себя из общеарабского социума, и многие их лидеры требуют покончить с «общеарабской солидарностью». Особенно после начала по соседству с Израилем «Арабской весны». Которая цену этой солидарности показала даже тем, кто не хотел замечать очевидного: радикальной дехристианизации Ближнего Востока за пределами двух неарабских стран: Ирана и Израиля.

Однако с точки зрения интеграции в общество арабского мусульманского населения – назови его хоть арабами Израиля, хоть израильскими палестинцами – политика отсутствия какой-либо направленной на это деятельности, десятилетиями проводимая израильской элитой по скудоумию её, провалилась с треском. В истеблишменте принято было это не замечать. Чего глаза колоть? Вот будет реализован «мирный процесс», возникнет рядом с Израилем демократическое, дружественное, демилитаризованное государство Палестина, и тогда… Но русские истеблишментом не были, и они это заметили и отметили.

Как отметили и то, что израильская политическая элита, несмотря на всё ее стремление «строить из себя меня», в массе своей провинциальна, не слишком образованна и кругозор её ограничен… ну, скажем, уровнем второго секретаря бобруйского горкома КПСС. И то если это случай Шимона Переса. А он в Израиле мыслитель и светоч не из последних. Скорей, из первых. Что прозрачно намекает на то, что собой представляют остальные.

Ну что поделать. Спасибо и за то, что есть. Сколько у евреев на одного Маймонида, Раши или Менахема Мойхер-Сфорима должно приходиться Пересов? Столько и есть. Что потопаешь, то и полопаешь. У многих и таких «отцов народа» нехватка. И откуда было взяться другим? В Палестину десятилетиями ехали или те, кто не мог устроиться на корабль, идущий в места с более привлекательным климатом, или те, кто бежал куда глаза глядят от очередной революции, войны или погрома. Не до жиру было.

Что до особо выдающихся персон, то Шафиров и Девиер, барон Ротшильд и Дизраэли, Эйнштейн и Киссинджер, Свердлов и Троцкий Израиль не строили. У них дел и в других местах хватало. Там они делали свою карьеру. Вели дипломатические баталии. Создавали империи. Решали вопросы мира и войны. Из людей такого калибра, кроме Жаботинского и Вейцмана, к созданию еврейского национального очага мало кто приложил руки и голову. А ресурсов у этих двоих было – кот наплакал. Да и откуда? Никаких государственных постов они не занимали. Армиями не командовали. Миллиардерами не были. Конечно, умные, образованные люди. Принять, поговорить, намекнуть на поддержку – этого они добивались. Всё остальное – по принципу «сама-сама»...

Элита пестуется не десятилетиями – веками. Школится и холится. Дрессирует сама себя, как это делают английские аристократы, – с сопливого детства. И тогда она чего-то стоит всерьёз. Причём в Израиле такие люди есть – и были всегда. Из старых европейских элит. И некоторые даже занимали кое-какие посты – вроде Аббы Эбана. Но они никогда не определяли «погоду» в первых эшелонах власти. Всегда оставаясь экзотическими растениями в общей для Израиля рабоче-крестьянской массе мелких, средних и крупных начальников. Что сильно сказалось на общем уровне этой власти. И тут приехали русские.

Первая большая алия, которая ни от кого никуда не бежала. Никаких мостов за собой не жгла. Никем не была изгнана или проклята. И в случае необходимости вполне могла вернуться по местам исходной дислокации. Если не в Сухуми или Душанбе, где шли бои, то в Москву, Киев и прочие мегаполисы «доисторической родины» – совершенно точно. Или съездить в Америку или Европу – поработать и попробовать себя там. Что примерно сто тысяч из миллиона человек, которые русскую алию в Израиль составили, на момент, когда автор пишет эти строки, и сделали. В большинстве своём продолжая жить ещё и в Израиле – по крайней мере часть года. И сохраняя в неприкосновенности израильское гражданство и израильскую ментальность. Такой вот «круговорот евреев в природе».

Любопытно, что в Израиле не только первое или «полуторное» (дети и подростки) поколение русских евреев, но и второе (третьего пока нет) сохранили многие обычаи и особенности своей культуры. К которым можно отнести, помимо кухни и чтения книг, владения русским языком и привычки смотреть российское телевидение, устойчивое празднование Нового года, команду КВН и съезды КСП на Тивериадском озере.

Ну и, кроме того, особо серьёзное отношение к 9 мая как Дню Победы – вместе со всей страной, в качестве её, страны, государственного праздника. Отмечание Женского дня 8 марта – что в Израиле в старые социалистические времена было, но к приезду русской алии 90-х совсем было заглохло – и вдруг воскресло вновь. И празднование 23 февраля. Причём не только среди ветеранов войны, но и среди перенявшей этот праздник как День защитника отечества (то есть Израиля!!!) молодёжи. Странно, но факт.

КВН израильтяне замечают мало, КСП воспринимают как фольклор, а вот Новый год, который элиты Израиля тупо воспринимают как праздник христианский, по обычной для них путанице его с Рождеством и незнанию советских реалий, шокирует эти элиты чрезвычайно. До состояния глубокомысленных дискуссий, которые ведутся уже четверть века, – насчёт того, представляют ли собой русские евреи настоящих евреев или они всё-таки русские. В прямом смысле этого слова. Тем более что попытки объяснить русским, какие праздники соблюдать евреям в Израиле нужно, а какие нет, встречают простой и ясный посыл по известному адресу.

На иврите это звучит, как ни смешно, «лех кэбэне мат». «Кэбэне» произносить слитно. Для тех, кто не владеет языком Библии и боится сказать что-то не то, «лех» означает «иди». Дальнейшее направление продвижения указано точно. Причём аборигены-сабры искренне уверены, что это какое-то заимствование из арабского. Ага. Такой арабский – хоть Коран на нём цитируй. Из чего следует, что уже первые поколения русских евреев на Святой земле, до- и послереволюционные, сталкивались с аналогичными ситуациями. И реагировали на них соответственно. Без колебаний и с сионистской целеустремлённостью.

Но не об этом речь. А о том, что к началу 90-х старые элиты одряхлели и ожирели – как это обычно с элитами и бывает. Левые начали терять власть и всё чаще сталкиваться с тем неприятным для них фактом, что сохранение позиций в прессе, университетах и судебно-юридической системе вовсе не означает, что их детей и внуков будут автоматически назначать на соответствующие посты в госкорпорациях. А тут и приватизация подоспела.

Ну, русскоязычному читателю чего про всё это объяснять? Он что, не понимает, что такое приватизация? И не видит на примере собственной страны, где бы он теперь ни жил, как обидно начальству, когда выгрызенный из общенародого достояния кусок может и не перейти к детям? Или внукам? Что приводит к разному – от коррупционных скандалов до революций. Цветных в целом и перманентного киевского Майдана в частности.

В Израиле до таких крайностей не доходило. Хотя «творожные протесты» старшего поколения «наследников Первого Израиля» из бывшей «золотой молодёжи» на бульваре Ротшильда в начале 2010-х были как раз из этой области – о чём ниже. Зато доходило – и, в нарушение всех израильских законов о запрете переговоров с террористическими организациями, в итоге дошло – до «процесса Осло». То есть прямых переговоров левого истеблишмента с ООП и Арафатом. Что по их идее должно было похоронить конкурентов из правого лагеря. И реализовалось с точностью до наоборот.

Арабские террористы обыграли еврейских политиканов и политиков-«теоретиков». Вся страна на четверть века оказалась заложником вялотекущей террористической войны. В конечном счёте израильский избиратель, которого слишком долго в его собственном доме взрывали и обстреливали, сильно поправел. В итоге чего левые власть потеряли, а правые получили. Но главным элементом их борьбы за власть с начала 90-х в Израиле стал «русский фактор». Поскольку на миллион грамотных, образованных, политически подкованных и не имеющих никаких сантиментов в отношении той или иной израильской партии избирателей оказалось далеко не просто произвести впечатление. И тем более его сохранить.

Русские в Израиле политикам цену знают. Со времён пленумов и съездов КПСС, трансляция которых по радио и телевидению всему населению СССР набила оскомину, уровень доверия к системе у них нулевой. Знамёна, лозунги, говорильня с трибун, обещания и призывы – вещь хорошая, когда они кого-то впечатляют. А если нет? И вот тут у истеблишмента Государства Израиль с русскими возникла проблема. Какой у них оказался в конечном счёте подход? Да в общем, простой. Обещанного, как водится, три года ждут. Так что – обещай им, не обещай... Есть результат – голосуют. Нет – извини. Не тот результат, который обещали, а противоположный, как оно с «мирным процессом» и получилось, – извини ещё раз. Можешь всей партией проследовать на политическую помойку, и привет семье.

К такому подходу израильская элита готова не была. Тем более, повторим ещё раз, потенциал прибывших в страну русских оказался на порядок выше того, на который чиновники, занимавшиеся алиёй и абсорбцией, рассчитывали. Если, разумеется, полагать, что они вообще на что-то рассчитывали. Как сказано выше, израильский патриотизм большинства новых репатриантов был на высшем уровне. Уровень их образования и опыт работы позволил Израилю совершить рывок в экономике, который без них был бы невозможен. Готовность к службе в армии у молодёжи превышала среднюю по стране. Но израильскую элиту всё это радовало слабо.

Автор уверен и в этой уверенности останется – в соревновании с новоприбывшими из СССР и стран постсоветского пространства израильская элита проигрывала качественно. Причём на своём поле. Приехали преимущественно ашкеназы – много и сразу. Светские. Готовые работать и воевать. То есть исполнилась мечта еврейского народа. Для которой, собственно, и создавали «Еврейское Агентство» и «Лишку». Горбатились как проклятые. Отбивались от соседей. И вдруг выяснилось, что при всём уважении русских к своим предшественникам и к истории страны они не собираются два-три поколения ходить строем по команде, голосовать, как предписано, и слушаться кого надо из правильных семей. Чистое разочарование.

Отметим – взаимное. Поскольку русские в своём понимании того, что представляют собой Израиль и его лидеры, по большей части опирались на антиизраильскую советскую пропаганду. А на что ещё они могли опереться? Именно эта пропаганда создала миф об Израиле такой силы, что не уехать туда на постоянное место жительства при любой возможности было глупо. Это ж страна, которая использует Соединённые Штаты и Запад в целом, как ей Б-г на душу положит. Центр управляющего всей планетой сионизма. И колыбель жидомасонского заговора. Что бы всё это ни означало. Звучало как набат. Грозно звучало. Многообещающе.

Ну, народ поехал. И приехал. И где тот заговор и те масоны? И тот мировой сионизм? И то пресловутое управление Соединёнными Штатами, «которыми их евреи вертят, как хвост собакой»? Нэмае его. Тю-тю. Но это ладно! А где хотя бы те титаны еврейской мысли и еврейского духа, имена которых полоскала вся советская пресса? Не все, не все, понятно – многие уже в лучшем мире (не в США, как определили «лучший мир» израильские студенты одного из близких друзей автора – университетского профессора и большого эрудита), но хотя бы некоторые?

В общем, израильская элита посмотрела на русских и поняла, что она разочарована. Не могут быть использованы по предполагаемому назначению в принципе. Амбициозны. Сами годятся на то, чтобы стать элитой, что с ними в Израиле вскоре и произошло. Очень независимы. Обмануть в принципе можно, но один раз – второй не купятся, поскольку обучаемы. Авторитетам не склонны доверять, приходится подтверждать делом. На что уже немногие из израильской элиты в начале 90-х были способны. Так что – ждали их, русских, ждали…

Правду сказать, русские посмотрели на израильскую элиту и тоже не почувствовали к ней большой любви. К Израилю – да. Страна хорошая. К израильтянам – по-разному. Кое с кем – идеальные взаимоотношения. К примеру, со стариками из «поколения 48-го года» и ветеранами прочих арабо-израильских войн. И уважать их было за что, и не строили они из себя ничего. Хотя героем там был каждый первый. Ну а с надутыми бюрократами чего церемониться?

В таких масштабах это для Израиля было явлением новым. Поскольку, если что там до того кому-то не нравилось – скатертью дорога. Мало ли куда через Израиль еврей может уехать, если ему там не по себе? Если, конечно, вернул стране кредиты, ссуду на квартиру – машканту – и «корзину абсорбции». Отношение к «йордим» в 90-х было очень плохим – примерно как к дезертирам. Однако русские предложили другую альтернативу.

Они приехали в страну, чтобы в ней остаться и поднять её до такого уровня, который в приличных обществах считается соответствующим тем местам, где живут евреи. Так что те, кто им в этом мешал, могли уехать сами. Куда хотели. В ту же Америку или Европу. И там, предаваясь ностальгии, клясть новоприбывших, сколько им будет угодно. Что, кстати, многие из них и делают. Автору таких, преимущественно в Штатах, выпавших из обоймы «детей старой элиты», известно много.

Наиболее показательный лично для него пример – Авраам Бург. Сын вечного министра религии времён Бен-Гуриона – фольклорного персонажа, умницы, большого патриота и верного соратника «Старика». На протяжении какого-то времени – глава «Сохнута». Член той самой «шестёрки Осло» из левацкой организации «Шалом Ахшав», которая втянула Переса в диалог с Арафатом. Претендент (по его собственному мнению) на пост премьер-министра Израиля. То есть то, что в еврейском государстве называется «принцем», а в других странах именуется «родился с серебряной ложкой во рту».

И? А ничего. Пустое место. Ноль без палочки. Озлобленный на весь свет, стареющий за границей человек, ругмя ругающий собственную страну и притравливающий на неё кого ни попадя – от Сороса до Обамы. А до приезда в Израиль миллиона русских, глядишь, и сделал бы свою карьеру – попутно похоронив страну. «Элита», понимаете ли. Дети отцов-основателей. Привыкшие к тому, что они тут небожители и всякая их придурь должна восприниматься как откровение Б-жье. Как, впрочем, и было, пока они на русских в своём же собственном Израиле не напоролись. Ну, всем не угодишь. Зато страна цела.

Русские и харедим

Тяжёлое это дело – пытаться разобраться в отношениях русских и ортодоксов в Израиле. С одной стороны, харедим по большей части те же русские евреи – по крайней мере, по их исконному происхождению. Ну, не совсем, конечно: при советской власти не жили, русский язык по большей части не знают и университетов не кончали. Хотя есть из этого правила исключения. Тот же самый любавический Ребе Менахем-Мендл Шнеерсон, да будет ему земля пухом, закончил не один университет, а целых два – не из последних. И русский язык у него был чистейший – интеллигентный и грамотный. Однако на то и исключение из правила, что оно одно.

Ортодоксы для русских – живое еврейское ископаемое, невесть как дожившее до наших дней. Только что из музейной витрины, ещё в нафталине, но со снятым ярлычком. Русские же для ортодоксов – гои гоями. То есть лица нееврейского происхождения. Да ещё с поправкой на то, что место своё все эти шиксы и а-шейгицы – то есть нееврейские девицы и хулиганистая шпана – знать не хотят. Причём упрямством, агрессивностью в критических ситуациях и способностью держать круговую оборону против толпы могут заткнуть за пояс даже сатмарского хасида. А уж круче «сатмариков» среди «харедов» мало кого можно найти. По крайней мере, если речь идёт о драке без правил или банальной поножовщине.

Сидеть в автобусе на задних сиденьях, чтобы не возбуждать в приличных верующих мужчинах греховных мыслей, как им по их женской природе раввинами положено, эти девицы, видите ли, не хотят. Ори на них, не ори – назад не пересядут. Скорее полицию вызовут.

И ещё большой вопрос, чем потом разборка с полицией закончится. Тем более что в Израиле с правами женщин всё ничуть не мягче, чем в Америке. Дискриминировать-то их, конечно, можно и, с точки зрения среднестатистического ортодокса, даже нужно, но только в своём, сугубо закрытом общинном кругу.

Чего «датишная» еврейская молодёжь, насмотревшаяся на старшее поколение и с него берущая пример, не понимает. Опять же лидеры ортодоксальных общин, следующие мрачному отношению к жизни желчного Шаммая, пока что в этой стране составляют большинство. Хотя либералы, следующие заветам его современника и вечного оппонента, терпимого к людским слабостям Гиллеля, в мировом ортодоксальном истеблишменте имеются, и не один. К примеру, упомянутый выше любавический Ребе Шнеерсон. Который в Израиле не жил, но последователей там имел достаточно – и был джентльменом высшей пробы. Жену свою, Хаю-Мушку, он любил искренне и нежно, хотя своих детей им Б-г не дал.

Его знали и высоко ценили не только в ортодоксальных еврейских Вильямсбурге и Кронгайте, но и во всём Нью-Йорке. Детей, рождавшихся у бездетных родителей, которых Ребе благословлял, называли в честь его и его жены. В том числе нееврейские родители, которым он помог, – а помогал он всем, и было их много. Отчего в Штатах встречаются латиносы, васпы и афроамериканцы (они же латиноамериканцы, белые протестанты англосаксонского происхождения и негры), которых зовут стопроцентно еврейскими именами Менахем-Мендл и Хая-Мушка.

Автор таких людей встречал, с ними разговаривал, и каждый раз история была одна и та же: родители не могли зачать ребёнка годами. Шли к Ребе, видя в нём свою последнюю надежду. Получали от него благословение – ребёнок рождался. Почему и как, Б-г весть. Какие у этого человека были способности, каков был механизм их реализации и как вообще такое может быть, автор не берётся даже предполагать. Но ведь было! Промямлить, что Ребе был экстрасенсом, – можно. Проясняет это не больше, чем убеждённость множества хасидов, что он был воплощением Спасителя – Машиахом.

Но это случай особый. Хотя, повторим, среди ортодоксальных раввинов встречаются удивительно светлые люди. Как, впрочем, и редкостные моральные уроды. Что в полной мере сказывается на их последователях, которые, как правило, своему учителю стремятся подражать даже в мелочах. В чём, строго говоря, слушатели еврейских колелей, йешив и бейт-мидрашим не отличаются от студентов мусульманских медресе (впрочем, и слово это однокоренное) или христианских семинарий.

Сравнение израильского ешиботника с украинским бурсаком нечасто можно встретить в этом мире. Однако, прочтя «Тараса Бульбу» и наблюдая сегодняшних еврейских сверстников сыновей старого казака, понимаешь, что разница там только внешняя. Буйное хулиганство царит в еврейских душах, измученных корпением над Торой и Талмудом. Тестостерон не просто гуляет в их среде – он у этих юнцов бьёт из ушей. Тем более что выхода эта энергия не имеет никакого.

В силу закрытости еврейской общинной жизни от окружающего мира с его соблазнами и невозможности реализовать себя в добрачных связях страдает еврейский молодняк чрезвычайно. В том числе дурью – на всю его голову, украшенную пейсами и бородками разной степени кудлатости. А также фирменными чёрными шляпами и очками с толстыми стёклами. Учёность учёностью, а необходимость ходить к окулисту никто не отменял.

Но, повторим, не дай им Б-г в автобусе напороться на израильскую феминистку. Или на солдатку с маленьким «Узи» – да, впрочем, и без него. Женщина в Израиле – не «друг человека», как на плакате у товарища Сухова в фильме «Белое солнце пустыни». Она там и есть человек. И если кто-то этого не понимает, так это полностью его проблема. Тем более если это группа одетых в чёрное, как вороны языческого Одина, дрыщей. От чего проистекает причина конфликта с русскими номер один.

О том, чтобы не ездить по субботам, у русских и речи нет. Притом что люди религиозные, а среди русских евреев есть и такие – особенно их много среди представителей национально-религиозного лагеря, – от вождения по праздникам и в шаббат воздерживаются. Но это свои. Камни в чужую машину они точно не бросают: мало ли какая у кого в субботу возникла нужда? А ортодоксы бросают. Отчего по их кварталам и тем городам, где они составляют большинство, типа иерусалимского Меа Шеарим или Бней-Брака, с вечера пятницы до истечения субботы лучше не ездить. Можно получить булыган в стекло – не хуже, чем от арабов на территориях.

Понять их можно. Святость субботы, то-сё. Дети на мостовых играют – не давить же? Поскольку дети и в обычные дни не склонны держаться в стороне от дороги, а уж в субботу, получив её, как они искренне полагают, в своё полное распоряжение… С одной стороны. Но камень в ветровое стекло – да хоть бы даже и не камень, а полный «детской неожиданности» памперс, который серийно используется харедим в качестве метательного снаряда, – вещь неприятная. И человека русского, вне зависимости от того, еврей он на все сто процентов или в каком-то ином соотношении кровей, автоматически заставляет браться мозолистой рукой за монтировку. Что опять-таки порождает тяжёлые конфликты.

Ну и много чего по мелочи. Отношение к смешанным бракам и детям, а также внукам от смешанных браков. Которые для русских евреев – нормальные евреи. А для харедим – гои, с которыми не дай Б-г поженить ненароком собственных отпрысков – кто бы на них покушался. Опять же монополия на заключение браков с постановкой традиционной для евреев хупы – реформистских раввинов в Израиле кот наплакал. Отчего множеству израильтян приходится ехать на Кипр, в Прагу и в другие места, где есть муниципалитеты – благо, как сказано выше, браки, заключённые за границей, в Израиле государство признаёт. А что их не признают ортодоксы, так это их личная проблема. Пускай хоть передушатся.

Плюс монополия на гиюр – переход в иудаизм. Что для многих смешанных пар вполне актуально. И в ортодоксальном варианте представляет собой редкий геморрой, вынос мозга и насилие над личностью. Понять харедим можно – по их представлению, так надо по традиции. А что любую традицию можно реализовывать с тактом, культурно и интеллигентно, а не в хамоватом стиле третьего зама предисполкома по идеологии советских времён, они даже не представляют. Что навевает мрачные подозрения русских евреев насчёт того, откуда этот самый стиль в упомянутые советские времена тогдашним провинциальным начальством был заимствован.

Причём особенно въедливые и подлые по этой части, как всегда, свои. Точнее, бывшие свои – русские евреи, прибившиеся к харедим. Не потому, что поверили в Б-га, – хотя такие тоже есть и они, как правило, люди приличные, – а по конъюнктурным соображениям. Что называется, «ряженые». Выслужиться перед новыми соратниками им нужно? Нужно. Вот они неофитов из себя и строят. Одно слово, сволочнейший народ. Не удавят, так прирежут, не прирежут, так заложат. Ни дна им, ни покрышки, ни спокойного сна. Ни в ясный день, ни в тёмную ночь. Сколько судеб эта падаль ползучая загубила… И кстати, бывших партийных и комсомольских активистов среди них особенно много. Чтоб они скисли, протухли и повесились на собственных кишках – да простят автора читатели с тонкой душевной организацией.

Ну что ещё? Привычки в быту. Из которых харедим до белого каления доводит Новый год и особенно новогодняя ёлка. Которая у русских израильтян Хануку не заменяет и не отменяет. Никакого отношения ни к Рождеству, ни к европейскому Сильвестру не имеет. И вообще, кому какое дело до нашего салата оливье, мандаринов и фильма Эльдара Рязанова «С лёгким паром»? Не говоря уже о «Голубом огоньке» и «Мелодиях и ритмах зарубежной эстрады». Или «Старых песнях о главном» на Первом канале российского телевидения. И основное во всём этом, на закуску, – Старый Новый год. Чего не понимает не только израильский ортодокс или простой израильтянин, но и какой угодно человек с Запада. Ну и Б-г с ними со всеми, которые с Запада.

Опять же – еда. Тут катастрофа. Поскольку русские чёрную икру едят – только давай. И осетрину трескают. И раков с пивом. А также креветок. Кальмаров в кляре и без. Миногу и угря горячего копчения. Сома и налима. Крабовые котлеты по-мэрилендски. И просто крабов: в виде консервов или горки варёных клешней, если краб камчатский. И свинину едят. И не как принято в Израиле, в виде стыдливо замаскированного под не пойми что «басар лаван», то бишь «белого мяса». А в качестве буженины, карбонада и откровенного до кощунства сала.

А после запивают люля-кебаб и мясной плов айраном. Да и вообще сглатывают мясное с молочным почём зря. Поскольку без сметаны борщ – не борщ, а издевательство над человечеством. Такое же, как кошерный коньяк, хотя и он на этом свете встречается, вместо «Курвуазье» ХО. «Наполеона». Или «Камю». Да хоть бы и «Арарата», «Кутузова» или «Касумяна» достойной выдержки.

Автор это знает по себе. Никто не встанет между ним и его свиной рулькой. Тем более что любопытство заставляет еврея пробовать экзотику, которая уж точно некошерна. Хвост аллигатора, к примеру. Виноградных улиток и лягушачьи лапки. Медвежатину и прочую дичину: от бобра и енота до барсука и дикого кабана. И что с этим поделать? Хочется же понять, на что похож енот (он, кстати, жирноват – бобр лучше) или удав (курятина курятиной). Любопытство не порок. Однако же, как говорит та же пословица, большое свинство.

Хотя... Специфика современной кошерной кухни, по крайней мере, продвинутой, которая в Израиле тоже встречается, – имитация некошерных, то есть трефных, блюд в ресторанах «глат кошер». То есть не просто «кошер» (с ударением на первый слог), а полный. Как конец света или толстенькая полярная лисичка песец – в неприличном прочтении и таком же смысле этого слова. Причём для самых ортодоксальных и ультраортодоксальных евреев. Понятно, что имитация креветок или крабов там будет сделана из плотной белой рыбы, а свинина тоже из чего-то, никакого отношения ни к кому, кто когда-то хрюкал, носил копытца и рыл землю пятачком, не имеющего, но определённого сходства с оригиналом поварам в таких ресторанах добиться удаётся.

Автора один из его друзей-хасидов как-то в такое место в Яффо привёл. Марокканский ресторан китайской (?!) кухни был строго кошерен. И имитировал именно китайскую еду – как мог. Причём даже и неплохо. Хотя понятно, что ничего молочного, кроме «парве» – то есть продуктов-заменителей, в основном растительного происхождения, что давало возможность потреблять их в каком угодно сочетании, – там не было и быть не могло. На этой базе в мире существует целая индустрия. Хотя доходна она только там, где есть большие и не окончательно замороченные, то есть не сдвинутые по фазе до состояния фанатизма (или идиотизма) ортодоксальные еврейские общины.

Возвращаясь к перекусу, о котором идёт речь, следует отметить, что Шмуэль, как звали достойнейшего представителя просветительской хасидской организации ХАМА, которая дружила и дружит с автором на протяжении «всего-то» чуть более четверти века, считая от того момента, когда пишется настоящая книга, был крайне заинтересован в экспертизе. Поскольку сказать ему, похожа или не похожа на креветки еда, которую ему выдавали за почти настоящую китайскую, мог из его знакомых только автор, имевший личный опыт близкого с креветками знакомства. Что с удовольствием и было сделано. Хотя, по чести говоря, креветки – это именно креветки, а имитация креветок – не более чем имитация креветок. И не надо крутить крутящееся. Дети от этого не родятся.

Ещё русские считают ортодоксов бездельниками и захребетниками. Как, впрочем, их характеризует и весь прочий нерелигиозный и умеренно религиозный Израиль. А ортодоксы, которые в Израиле зачастую действительно бездельники и захребетники, утверждают, что они за страну молятся, отчего она ещё совсем и не пропала. И ведь что интересно – в Европе или США, Австралии или Южной Африке никто их не содержит и не кормит. Ни спонсоры, ни государство. Ни тебе пожизненных стипендий. Ни прочей обязательной пока в Израиле халявы. Работай – и получай, что заработаешь.

Заработаешь миллион – твой будет. Миллиард – так и вообще ты молодец. Гутник в своё время в Австралии на горнорудном бизнесе его заработал. А в Америке такого народу вообще полным-полно. Хотя, конечно, пособия по безработице, фудстемпы и прочие «костыли для неспособных» там есть. Обеспечивают не так чтобы очень, но с голоду не пропадёшь. И тем не менее ортодоксальный еврей там часто финансист, компьютерщик, врач, юрист или инженер. Что с русской точки зрения как раз нормально. В отличие от сотен тысяч взрослых, ничем, кроме роли «вечного студента», не занятых израильских харедим.

О том, как русские относятся к службе в израильской армии, сказано выше. Как к армии относятся ортодоксы – тоже. Что означает пропасть в менталитете. Поскольку в Израиле армия – это святое. И для родителей, детям которых повезло попасть в боевые части – и у них армейские ботинки коричневые (автор не шутит). И для всех прочих. А большинство харедим армию игнорируют и отбиваются от неё как могут. Притом что армия от них тоже не в восторге. Хотя, конечно, есть среди них и те, кто в армию идёт. В особые, приспособленные для несения военной службы именно этим контингентом подразделения ЦАХАЛа. И делают они это с той фанатичной преданностью делу, которая отличает ортодоксальных евреев, чем бы они ни занимались.

Особая категория русских – «вязаные кипы». Наиболее типичными представителями которых являются многие поселенцы. На иврите, напомним, – «кипот сругот» (во множественном числе). Приверженцы учения рава Кука – национально-религиозный или национально-сионистский лагерь. Верующие они евреи? Ещё какие! Ортодоксальный у них иудаизм? Да. Но «с человеческим лицом». То есть без заморочек, загибов и халявы от правительства. С работой, службой в армии и преданностью идее строительства страны и государства. Которые – и страну, и государство – они в этой армии и защищают.

Любят их за это ортодоксы, как собака палку. Хотя с восточными евреями – «соблюдающими» традиционалистами, «масортим», они как раз общий язык находят. И даже без особого труда. Поскольку жизненные ценности у них близки. Те из Ирака или из Марокко. А эти с Украины или из Москвы. Но ходят в синагогу. Молятся. Держат посты. Едят кошерное. И в общем от живущего не в средневековье, а в современном мире, хотя и верующего еврея из Северной Африки или Машрика отличаются только тем, что в быту чаще едят не острый йеменский «суп из ноги», а харчо или уху. И дома говорят между собой по-русски, а не на джудезмо или хакеттия.

Главная проблема отношений этой категории верующих евреев с харедим, как мы уже говорили, – отток к «вязаным» ортодоксальных женщин фертильного возраста. Поскольку дома у них есть бытовые приборы, в семье – автомобиль, и муж работает. А детей не два десятка, и они не висят на шее матери, которая ещё должна и лавку содержать, чтобы хоть как-то прокормиться. Плюс дети умыты, одеты, сыты и ходят не только в синагогу, но и в приличные, причём вполне религиозные школы. То есть в конечном счёте все они встанут на ноги, выйдут в люди и будут кормить собственную семью, не забывая о престарелых родителях. И кому такой вариант развития событий не окажется по душе?

То есть конфликт, говоря совсем уж грубо, из-за баб. И здесь историческая логика не на ортодоксальной стороне. Ортодоксальный лагерь постепенно размывается. В том числе за счёт факторов, не имеющих к евреям, в том числе к русским евреям, никакого отношения. К примеру, за счёт арабского террора. В чём можно убедиться на примере Иерусалима, со всеми его проблемами в отношениях между различными общинами – и различными категориями евреев.

Как только выяснилось, что террористы взрывают всех подряд – и русских, и харедим, – в израильской столице возникло то, что можно назвать «фронтовым братством». Так, к примеру, малоизвестная за пределами Израиля ультраортодоксальная организация ЗАКА, занимающаяся выполнением заповеди о том, что даже маленькая частица человеческого тела должна быть похоронена, вызывает искреннее восхищение у всех, кто сталкивается с её работой.

Честно говоря, чтобы собирать части тел погибших, включая пролитую на асфальт кровь, нужно иметь даже не стальные нервы – нервов там никаких не хватит, особенно когда гибнут дети, – но настоящую веру. Притом что, делая эту страшную работу, которую кроме них, никто не смог бы сделать, ультраортодоксы волей-неволей сталкиваются со множеством светских израильтян, в том числе русских. Полицейскими. Врачами. Психологами. И сотрудничают с ними. Что создаёт мосты в общении, которые вряд ли могли бы возникнуть в других условиях.

Опять же – политическая обстановка в Израиле меняется. Многие ортодоксы голосуют не за узкосекторальные, а за общенациональные партии – в первую очередь относящиеся к правому лагерю. Который одновременно пользуется поддержкой большей части русской общины, «наевшейся» социалистических лозунгов до отвала. На чём в предвыборных штабах этих партий возникает пересечение политически активной молодёжи из обоих лагерей.

Разглядывать со стороны эту толпу ребят и девочек в пирсинге, рваных джинсах и майках с надписями, с одной стороны, и исключительно мальчиков в чёрных костюмах с чёрными галстуками, чёрных ботинках и чёрных шляпах, под которыми скрыты чёрные кипы, с другой, ужасно забавно. Так что, если и есть где-то на Земле «люди в чёрном», способные договориться с любыми инопланетянами, так это как раз еврейские, в том числе израильские, ортодоксы.

Молодёжь, как водится у молодёжи, не так зашорена, как старшее поколение. Хочет попробовать что-то новое.

Любопытна, как ей по возрасту и положено. Отчего возникают альянсы и мезальянсы, от которых родители с обеих сторон седеют раньше времени. И русские с харедим ещё больше проникаются «любовью» друг к другу. Хотя – кто его знает? Может, лет через сто-двести всё и утрясётся. Всё-таки Израиль – молодая страна. Хотя и расположенная на том же самом месте, где она и находилась несколько тысяч лет назад.

Русские и арабы

Русские против арабов в Израиле поначалу ничего не имели и иметь не хотели. Не их вина, что на тот момент, когда пишется эта книга, счёт русских к арабам появился, вырос и продолжает расти день ото дня. Понятно, что арабы – люди восточные – и для «белого человека» специфические. Но как раз к этому советские, они же русские евреи были более или менее готовы. Морально. Вот к тому, что евреи бывают неграми, как эфиопы-фалаши, арабами, как йеменцы или марокканцы, или индусами, как «Бени-Исраэль», они готовы не были. А уж к тому, что где-то евреи могут выглядеть, жить и вести себя так, как израильские ортодоксы…

Что до арабов – в СССР были азербайджанцы и узбеки, таджики и армяне, каракалпаки и киргизы и много кто ещё. Выглядели они не как русские или украинцы – ну так и евреи не все были голубоглазыми блондинами. По-русски говорили зачастую плохо, а старики вообще не говорили. Имели своё специфическое, не имевшее отношения к Русской православной церкви христианство или были мусульманами – и что? Татары тоже были мусульманами. И казахи. И много кто ещё. Однако жить по соседству с евреями им это не мешало – скорей наоборот.

Советский мусульманин советского еврея понимал как никто. Обрезание запрещали и тем, и другим. Ломали через колено и тех, и других. Опять же большинство евреев увидели Закавказье и Среднюю Азию со всеми их жителями только в войну. И если бы не тамошнее гостеприимство – притом что у местных самих было негусто, – мало кто выжил бы из этих беженцев. Отчего многие там после войны остались и жили до самого распада СССР. А те, кто вернулся, в большинстве своём сохранили о местных добрую память и неистребимые привычки, въевшиеся за пару лет, проведённых среди гор, мутноватых арыков и пыльных базаров.

У автора папа в Узбекистан попал подростком – успел уйти из Днепропетровска, когда в город уже входили немцы. Переплыл Днепр под бомбёжкой и ушёл. Плавал хорошо. Пару раз вспоминал, как люди прыгали с моста, который накрыло бомбами, летели вниз, а их относило ветром и разбивало о быки старого моста. Ещё дореволюционного, который сгорел в Гражданскую. А его пронесло мимо.

Как он добрался до Ташкента, куда бабушку эвакуировали с её институтом, не рассказывал никогда. Как-то добрался. С большими приключениями по дороге и в самом городе – но не об этом речь. Работал он там токарем на заводе, выдавая по семьсот – восемьсот процентов плана пару лет – газеты сохранились, с передовицами про трудовой подвиг. А в 44-м поступил в институт и уехал обратно на Украину. И всю жизнь ездил в отпуск только в Узбекистан.

Брал на работе отпуск в декабре – за что его там обожали. Наслаждался Средней Азией и её жизнью, которая, не пойми как и когда, умудрилась стать для него родной. Иногда залетал к родственникам в Ашхабад, откуда привозил в Москву невероятного вкуса дыни, длинные, с оранжевой или зелёной хрустящей мякотью, с коркой в мелкую причудливую сеточку. Но в основном проводил отпуск в Ташкенте.

Там он мог посидеть на могиле своего отца, дедушки автора, которого туда привезли с фронта, уже ослепшего. И там похоронили. Играл в нарды с друзьями – их у него было полно. Ездил в Самарканд и Бухару – смотреть на безумной красоты медресе, минареты и мавзолеи времён Тимура и Тимуридов. В предгорья к пастухам.

И на рыбалку – среднеазиатская маринка-«карабалык» в дальних арыках была непуганая.

Ходил в гости. На плов, со взвешиванием: сколько кто весил до еды, сколько после – на спор. На базаре перекусывал в обжорных рядах вкуснейшей едой, которую тогда в Москве никто не видел и не знал. Это теперь на каждом углу «Киш-Миш», «Чайхана номер один» и прочие заведения для публики разного достатка, где лагман, чучвара, самса, шашлык и прочее узбекское – ешь не хочу. И кругом тандыры, бесперебойно пекущие душистые лепёшки. Спасибо за всё это олигархам из списка «Форбс» и гастарбайтерам. А тогда?

Обратно под Новый год привозил он из Узбекистана деликатесы. Килограммов под сто – распихивал по безбагажным командировочным. Твёрдую конскую колбасу – казы. Сушёный барбарис и пахучую зиру – плов он дома всегда варил сам. И какой плов! Стопку украшенных узором из дырочек лепёшек, которые засыхали до каменного состояния, но, сбрызнутые водой, в духовке или на сковороде становились мягче пуха. Здоровенный длинный редис и зелёную маргеланскую редьку. Прозрачные кристаллы твёрдого тростникового сахара. Гигантские помидоры «бычье сердце» и желтую айву. Треугольные самсы с курдючной бараниной и сладким луком. Гигантские грозди винограда – удлинённые ягоды «дамских пальчиков» и лиловые круглые «ката-кургана» размером с небольшую сливу. Э, чего вспоминать! Вкус зимы – вкус детства.

Хотя, конечно же, автор пристрастен. Но детство-то у каждого одно. Кавказская еда – неважно, из какого региона, – наверное, не менее вкусна. Каждому своё. Для Российской империи, а затем Советского Союза Закавказье и Центральная Азия сыграли ту же кулинарную роль, что Индия для Британии. Специи. Рис. Мясо на углях. Экзотические овощи и фрукты. Восточные супы, выпечка, сладости. Пиалы с чаем. И империи-то давно нет, а привычки остались. Никуда не деться Верещагину от своего баркаса…

Так вот, арабы в Израиле ничем особенным не отличались от людей с Кавказа или из той же Средней Азии. Благо и там до самого конца Советской власти двести – триста тысяч арабов жило. А среди палестинцев и арабов Израиля, как известно, полно этнических курдов (которых в Армении хватало) и немало потомков греков, армян, грузин, туркмен и прочих народов Ойкумены. Этнически – люди как люди. Кто-то смуглый, чернявый. А кто-то и вовсе блондинистый, со светлыми глазами – мало, что ли, потомков крестоносцев в Галилее и на границе с Ливаном?

Опять-таки, кто не слышал – не поверит, но когда на шуке, то бишь на рынке, в Израиле араб окликает проходящую мимо девушку с предложением купить помидоры или арбуз, впечатление такое, что находишься в Кутаиси. Потому что «Эй, дэвушка! Памидор купи!» звучит так, словно человек всю жизнь тренировался выговаривать русские слова с утрированным кавказским акцентом.

Да простят автора выходцы из разнообразных регионов Кавказа. Он знает, что нет такой национальности – кавказец, не было её никогда и никогда не будет. Как нет латиносов, как в Соединённых Штатах именуют выходцев из Латинской Америки, включая мексиканцев, бразильцев или чилийцев, разница между которыми велика есьм. И азиатов нет – в диапазоне от малайцев до японцев. И африканцев. Примитивизация это, на уровне штампов, распространённых среди не очень образованных людей.

Но акцент такой, кавказский, в русском языке есть. И он для среднего русского уха абсолютно одинаков, вне зависимости от того, осетин говорящий или ингуш, армянин или азербайджанец, абхаз или сван. Хотя он может быть абсолютно неуловим – и у людей с большим сроком проживания за пределами обозначенного региона едва прослушивается, а у их детей и внуков не прослушивается вовсе, – но он есть. Как есть акцент украинский, еврейский, прибалтийский и все прочие – в ассортименте.

Если упомянутое сходство в произношении русских слов арабами Израиля и представителями древних и благородных народов Кавказа кого-то из них особенно сильно оскорбит, автора за это можно, например, зарезать. Он даже и не будет сильно против – стало бы людям легче на душе. Хотя, видит Б-г, обидеть никого не хотел и ничего особенного не имел в виду. А просто, как акын, что видит, то поёт.

Так вот, поначалу для русских евреев израильские арабы ничем от восточных евреев не отличались. Внешне – один к одному. Язык – что иврит, что арабский, кто его знал? И одеваются арабы в те же джинсы, ковбойки и футболки с кроссовками. По крайней мере, молодое поколение. Причём арабы-христиане выглядят зачастую куда более похожими на нормальных евреев в советском понимании этого слова, чем расхристанные до безобразия сабры или ватики.

Костюмы с галстуками. Белые сорочки. Приличная обувь. С одной стороны. И мятые шорты с ещё более мятыми майками – утюг они никогда в жизни не видели, что ли? – с другой. Плюс пыльные сандалии на босу ногу. И неистребимая привычка почёсываться там, где чешется – в потаённых глубинах мужского организма. Которой автор у евреев не наблюдал ни в СССР, ни в США или Канаде, ни в Европе. Почесушки на них всех чохом напали на исторической родине, что ли? Типа: скопируй обезьянку, будь ближе к матери-природе? Однако не будем увлекаться излишним натурализмом. А то дам из приличных семей и особо нервных девиц на выданье уже коробит.

Так вот, восточные евреи для непредвзятого русского глаза в Израиле выглядели точно так же, как местные арабы. А если эти арабы ещё и учились в СССР и знали русский – а их таких было там много, – так и вообще какие проблемы? Особенно если учились в одном с новым репатриантом городе, а то и в одном институте. Автор на всю жизнь запомнил, с какой теплотой его обнимал на сходняке палестинской мафии… точнее, конечно же, на встрече торговой и промышленной элиты с участием финансового советника Арафата, кудрявый, веснушчатый рыжеватый джентльмен – по виду типичный еврей, – узнав, что автор учился в Московском институте стали и сплавов.

«Брат! – говорило это чудо генетики на чистом русском языке. – Я в «Лумумбе» учился. Там же «Коммунка» напротив!» – из чего следовало, что действительно учился. Откуда бы ему иначе было знать, где в Москве расположено общежитие МИСиС «Дом Коммуны»? Кому не приятно встретить человека, с которым можно поделиться воспоминаниями о молодости? Араб он там, не араб... У тебя ностальгия. У него ностальгия. Есть о чём поговорить. Первый стакан водки. Первый мордобой – арабов в СССР били не меньше, чем евреев. В рамках пролетарского интернационализма, и особенно когда те начинали ухаживать за девушками, а какой араб не начнёт ухаживать за девушками!

Продлилось это всё ровно до второй интифады. Она же палестинское восстание. О чём автор, надо сказать, подозревал задолго до того. И хорошо зная русскую душу, говорил о том, что будет в арабо-еврейско-русских отношениях, если что вдруг пойдёт не так, лично Абу-Мазену. Нынешнему главному палестинскому начальнику, а тогда заместителю раиса Абу-Аммара, то есть Ясира Арафата. Своему тогдашнему с палестинской стороны визави, с которым его сдружили российские дипломаты.

Посыл был прост. Пока нет крови, русские арабов трогать не будут. Когда она, не дай Б-г, прольётся, спасать придётся кого угодно, но только не русских. Память долгая, хватка мёртвая, с либеральными заморочками проблем нет. И самих этих заморочек нет. Будут гасить, как Б-г черепаху – и традиционные проблемы с израильтянами покажутся арабам детским лепетом. И вот так оно, в конечном счёте, и оказалось.

Интифада Аль-Аксы надежду на то, что русские евреи с их отсутствием ненависти к арабам станут мостом между палестинцами и Израилем, похоронила. Тем более что израильские арабы интифаду поддержали. После того как взлетела на воздух дискотека «Дольфин», автору довелось говорить с родителями детей, которые там погибли и были искалечены, – кто бы из отечественных «борцов за права угнетённого палестинского народа» с ними пообщался. Особенно ему запомнился один отец, который там потерял дочку. Человек абсолютно русский. То есть не еврейский – ни с какой стороны. В Израиль он приехал вслед за женой.

Она у него была то ли дочкой еврея, то ли внучкой. И страна ему активно не нравилась. Ни местные бюрократы. Ни восточные евреи. Ни ортодоксы. Не его это всё было. И не его оставалось. Но когда у него террористы ни за что ни про что убили дочь, которую он любил и которая никому из них и вообще никому на свете ничего плохого не сделала, он озверел. Чётко и на всю оставшуюся жизнь осознал, что вот эти – враги. И что раз его враги – арабы, то их надо убивать. Всё прочее – слова, не имеющие никакого отношения к делу. И он такой был не один.

Можно сказать абсолютно гарантированно: и эта девочка, и Вадим Нуржиц, резервист, разорванный на куски толпой в Рамалле, куда они с сослуживцем заехали, перепутав дорогу, и все те, кого убили или искалечили в ходе «мирного процесса», – на веки вечные похоронили шансы политиков бесконечно спекулировать на «ближневосточном мире». По крайней мере, на русской улице. Поскольку цену жизни и смерти там знают не хуже, чем болтовне ни за что не отвечающих демагогов – из какой бы израильской партии или страны-«коспонсора» они ни были.

Что, кстати, не означает, что израильтяне, в том числе русские, арабов ненавидят в принципе. Тут всё индивидуально. Учатся вместе в школах. Общаются в быту. Дружат – в том числе семьями. Работают вместе. Ну а если араб отслужил в армии – так он вообще свой человек. Куда больше, чем тот же ортодокс, который упирается всеми четырьмя конечностями, не желая служить в ЦАХАЛе, скотина безрогая. То есть тут работает простая формула: свой – чужой. Ты к нам как человек – и наши к тебе как к человеку. Ты козью морду корчишь – и к тебе так же. А при случае можешь и огрести. Ну а уж если ты стране и собственным соседям гадишь – тогда не обижайся. И что тут непонятного?

Как говорит самый популярный политик израильского «русского лагеря» Авигдор Либерман, лидер партии «Наш дом – Израиль», «без лояльности нет гражданства». За что его арабские депутаты Кнессета и еврейские леваки в один голос называют «фашистом». Вне зависимости от того, представляют ли эти депутаты исламистов, националистов или коммунистов, среди которых, кроме арабов, в Израиле почти никого уже и нет. Забавные люди.

Организовали бы они фракцию Хаттаба и Басаева в российской Государственной думе или бен Ладена в Конгрессе США – хватило бы им приключений на всю оставшуюся жизнь. А в Израиле это проскакивает. Пока же они все вместе и каждый по отдельности каждый день убеждают израильских евреев, что израильские арабы или, по крайней мере, многие из них являются «пятой колонной», которой доверять нельзя. Во всяком случае, русских евреев убедить в этом им удалось. И ведь предупреждали ж дураков...

Русские евреи и русские русские

Нееврейские члены еврейских семей в Израиль прибывают с каждой алиёй. Поскольку, как еврея ортодоксальными правилами игры ни прессингуй, женится он в основном на тех, кого любит. И что особенно раздражает ксенофобную публику, за любимых же и выходит замуж. Или так уж сложилось, что будет ребёнок, и как порядочный человек... То есть это совсем не значит, что каждый еврей непременно порядочный человек. И процент счастливых браков в итоге примерно одинаков. Хоть при стопроцентном соблюдении галахических правил, хоть в смешанных семьях. Вероятность тут пятьдесят на пятьдесят. Или будешь счастлив, или нет. Что Б-г даст.

Даёт он, судя по многотысячелетней истории еврейского народа, евреям их брачных партнёров наобум. В качестве эксперимента. Всяких рас и национальностей. Цвета кожи и языковой принадлежности. Иначе евреи не представляли бы собой такой общепланетный Вавилон. Что в их собственном национальном государстве заметно куда лучше, чем во всех прочих странах. Причём всё это началось, что называется, не вчера. С древности началось. Как минимум с Руфи-моавитянки, праматери дома Давидова. А также мудрого, но катастрофически сексуально невоздержанного царя Соломона.

Так что либерализация общества и его, этого общества, бурный прогресс не сыграли никакой особой роли в стремлении еврея реализовать свой основной инстинкт – такой же, как у всех прочих людей на планете. А в рамках традиционного чадолюбия – и инстинкт создания домашнего гнезда. По результатам чего еврей женится. Или выходит замуж, если он – она. То есть женщина. Причём женится на ком попало. И выходит за кого придётся.

В эпохи, когда евреи не загнаны за очередной Можай, никого из них это особенно не волнует. Ну разве что позавидуют особенно счастливым. С возможными последствиями. Вот Урии-хеттянину, помнится, в своё время очень повезло с красавицей женой – и в связи с этим не повезло глобально. Хотя в истории он остался исключительно благодаря своему невезению. Но это во времена обычные, как у всех прочих народов. А их в еврейской истории было не так много.

В периоды, когда от национального еврейского государства оставались рожки да ножки, а самих евреев ласково принимает в свои объятия очередная диаспора, ситуация не так спокойна. Отношение отцов общины к межнациональным и межрелигиозным бракам меняется кардинально – и понять их можно. Одно дело ассимиляция в евреях. Тем более пока они сильны и многочисленны. Мало ли кто к сильному прислонится. «Как бы мне, рябине, к дубу перебраться», – мотив по-человечески понятный. Ничего такого особого в нём нет, и для улучшения генофонда это очень полезно.

Другое дело, когда желание очередной рябинки перебраться к своему личному, нежно ею любимому в качестве интимного друга дубу приводит к тому, что рябинкины родственники и единоверцы вырубают всю дубовую рощу. Напрочь. До последнего престарелого пня и малолетнего жёлудя. Что в еврейской истории было не исключением, а самым что ни на есть правилом.

Вот тут задумаешься, что важнее. Твоё, дуба, и прислонившейся к тебе рябины личное счастье – или физическое выживание всего коллектива. Откуда у евреев весь их набор брачных запретов, и предостережений, и романтических историй о несчастной любви, и бытовых анекдотов. А также немалое, кратно превышающее евреев по численности количество бастардов и потомков бастардов в окружающей среде. Среди которых много людей способных, талантливых и знаменитых.

Отметим, что автор, как человек консервативный, хотя и более или менее добродушный, говорит всё время об обычных семьях. Папа там, мама, дети. Бабушки, дедушки, внуки. И прочие дяди и тёти, племянники и племянницы, шурины и свояченицы. А также всякая другая родня классического образца. Ситуацию однополых пар он, искренне желая им всего хорошего в личной жизни, не рассматривает в принципе. Поскольку Элтона Джона с удовольствием слушает и Стивена Фрая смотрит и читает, но новации французского президента Франсуа Олланда и его соратников насчёт однополых браков полагает кретинизмом высочайшей пробы.

«Родитель номер один» и «родитель номер два» – это что-то с азимовского конвейера по сборке роботов. Не еврейское это дело. Люди так не размножаются. Хотя, впрочем, геи с лесбиянками как раз и не размножаются. Почкование пока что не тот метод. И усиками это получается хорошо только у клубники. Притом что помянутые однополые пары у евреев в принципе не редкость.

Оно так и на Западе, где эти пары вообще не редкость, и в Израиле, где население копирует западные ценности с избыточным усердием. Откуда гей-парады в Тель-Авиве и мордобой с харедим, которых в данном случае автор понимает как никто, при попытке провести гей-парад в Иерусалиме. Зачем – кто бы сказал? И почему эта реплика из времён римских сатурналий и восточных фаллических культов называется «парадом гордости»? Но это тема уже совсем для другой книги.

Возвращаясь к тому, с чего начат данный раздел, констатируем, что смешанные браки в еврейской среде были всегда и всегда останутся. Соответственно, в еврейском социуме – особенно во времена, когда за это уже никого не убивают, – имеется значительный процент нееврейских родственников: от трети до половины. А во втором и третьем поколениях это соотношение, как правило, увеличивается в пользу неевреев. То есть еврейский дедушка или еврейская бабушка – это центр семьи, её ядро. Вокруг них и нарастает семья. Если, конечно, это приличные дедушка и бабушка – бывают исключения по этой части даже у евреев.

Вся прочая семья по своему этническому составу может быть русской или арабской. Английской. Грузинской. Корейской. Азербайджанской. Чешской. Татарской. Венгерской, румынской, польской и украинской. Немецкой или чеченской. Да и вообще какой угодно. В Соединённых Штатах, например, у евреев повышен процент японских и китайских жён. Что не мешает всем перечисленным и неперечисленным породам и типам родственников в случае чего разделять судьбу еврейских членов семьи. В том числе в ссылках, гетто, концлагерях и принудительной эмиграции, куда евреев толкает судьба – если сложилось так. А уж кто ей в этом помогает – Сталин, Гитлер, Гомулка или Саддам Хусейн, – какая разница?

Поэтому среди примерно трети миллиона нееврейских членов семей олим, прибывших в Израиль с Большой русской алиёй с начала 90-х, есть представители всех этнических и этноконфессиональных групп Советского Союза, с которыми евреи создавали семьи. Их в Израиле, особенно не разделяя, и называют забавным словосочетанием «русские русские» – о чём автор уже упоминал. Да они и сами отлично понимают, о чём идёт речь. И все окружающие понимают, о чём идёт речь. И не слишком заметно, чтобы это кому-то мешало. В первую очередь им самим.

Впрочем, если присутствие этого замечательного и автору близкого народа в Израиле кому-то мешает, никто не отменял демократическое право этого человека собрать манатки и со всеми своими бэбихами отбыть куда-нибудь, где его тонкую душу ничто не будет ранить. Благо нормальный израильский народ по этому поводу не заморачивается. А заморачиваются либо левые и ультралевые – кому-кому, но им-то до этого какое дело?! Либо особо агрессивные лидеры харедимных общин. И просто сдвинутые на всю голову ортодоксы, теряющие электорат в пользу крупных правоцентристских партий – чтобы на них хоть кто-то обратил внимание. Впрочем, левых политиков последнее тоже касается. Поскольку избиратели от них уходят, а кушать им хочется всегда.

Ну и какие есть проблемы в Израиле у русских? Точнее, у этнических русских – вне зависимости от того, на самом деле они русские или татары, чуваши, литовцы и мордва? С израильской стороны – особо никаких. В стране все они присутствуют на законном основании. От еврейской родни ничем всерьёз не отличаются, да и ведут себя точно так же. То есть бытовые привычки, достоинства и недостатки у них те же. Скорее уж, те из них, кто не имел насчёт Израиля восторженных иллюзий, демонстрируют скорость интеграции в общество куда большую, чем их еврейские жёны и мужья.

Те на просторах СССР могли быть кем угодно и воспринимать себя в любом качестве. Хоть Владычицей Морской и Дядькой Черномором. Хоть гением всех времён и народов. Но, перебравшись на постоянное место жительства на историческую родину, столкнулись с тем, что там каждый первый может претендовать на то же самое. «Не думай, что ты тут один такой умный. Тут все евреи». Хор-рошая пословица. Точная. И куда яснее отражает реальность, чем многие думают.

Так вот, если человек еврей, да ещё еврей эмоционально активный, экзальтированный – а такого народу среди алии из СССР было много, – попав в Израиль, он вполне может в нём быстро разочароваться. И в лучшем случае стать мизантропом. А в худшем начать всё и всех клясть. Рвать и метать. Пилить родных и срываться на окружающих. И сам тянуть из себя (и, к сожалению, из всех прочих) жизненные силы. Пить их кровь и изливать на них желчь. Или что там ещё делают непонятые и неоценённые гении. Поскольку есть большая вероятность того, что в Израиль он сорвался, полагая, что не мог реализовать себя по достоинству в стране, откуда сорвался. Будь то Советский Союз или что угодно, возникшее на его руинах.

И вот тут есть большая проблема. Очень часто как был нереализован его потенциал «там», так и не может быть реализован «здесь». В том числе из-за отсутствия этого самого потенциала как такового. Поскольку если человек не выговаривает половину алфавита, то диктором на радио его брать не хотят не потому, что там все антисемиты. Что есть краткий пересказ старого анекдота, но и случаи такие автору доподлинно известны. Как, впрочем, и обратные. Иначе Левитан не был бы голосом из репродуктора, который знала вся страна, – и это при Сталине!

Опять-таки в Израиле евреев столько, что гениев может быть и перебор. Или просто по данной специальности рынок труда отсутствует. Вообще. Или, к примеру, в том числе мест, которое необходимо для реализации профессионального потенциала всех приезжих. Хороший шофёр всегда найдёт работу. А адвокат? Скрипач или пианист? Преподаватель русского языка и литературы? Специалист по борьбе с вредителями тайги, сохранению популяции китов и моржей или разведению в тундре северных оленей? В Израиле?!!

Да хоть бы и по широко распространённому в мире свиноводству. Ну, наверное, всю свою отмеченную трудовыми наградами и путёвками профкома жизнь с успехом занимался он повышением численности приплода и привеса. Беконностью сала. И прочими важными, а для Германии или Великобритании неоценимыми занятиями. Знает наизусть все породы, от украинской белой до вьетнамской вислобрюхой. И они его знают в лицо, по голосу и по списку работ в индексе цитирования – каждая по отдельности и все вместе взятые. До последнего пятачка. Но что он с этими уникальными знаниями в еврейском государстве делать-то будет – вот вопрос?

Причём автор не только не ёрничает, но даже и не иронизирует. Среди его знакомых есть отставной директор свиноводческого совхоза из Тюменской области – более всего по внешности похожий на кого-то из своих прежних подопечных. Хотя характером он от них сильно отличался – свиньи куда порядочнее. В Израиль этот мудрый человек, впрочем, не уехал. Приватизировал, что мог, в своём совхозе. Помаленьку, с оглядкой. Хотя и не без криминала. Прибыл в Москву в качестве застройщика – и много чего там возвёл. Хотя о качестве построенного история умалчивает. Есть такое подозрение, что Парфенон или египетские пирамиды, не говоря уже о римских акведуках, были крепче. В конечном счёте, обеднев, был поставлен спонсорами во главе большой и когда-то влиятельной еврейской организации общенационального масштаба. И довёл её до развала, начав с того, что сдал ей свой собственный офис под штаб-квартиру – за большие деньги.

Но от помянутого персонажа Израилю как минимум та несомненная польза, что он там не жил, не живёт и жить не будет. Поскольку хватка у него не та, а понимание того, что в еврейском государстве надо много работать или иметь очень много денег на беззаботную жизнь, присутствует. А что бывает с теми, у кого такого понимания не было, а в страну они уже приехали, мы рассказали. И подчеркнём ещё раз, во многом множестве раз спасли их от депрессии именно мужья и жёны, которые от Израиля ничего особенного не ожидали. Спокойно восприняли его таким, каким он был, – а в начале 90-х эта страна коренным образом отличалась от той, которой она, в огромной мере благодаря русским, стала к началу 2010-х. И начали, как могли, выгребать – в первую очередь ради детей. За что спасибо им большое.

Выучили иврит. Устроились на работу – зачастую став душой коллектива. Набрались от соседей и сослуживцев всякого разного, став куда более похожими на евреев –

и уж точно на израильтян (что далеко не одно и то же), чем их еврейские мужья и жёны. Заставили детей окончить школу с аттестатом зрелости. Притом что далеко не все дети в Израиле получают этот самый аттестат – багрут. Что в СССР было для ребёнка из еврейской семьи делом немыслимым! Отправили их в армию и встретили из армии. Помогли словом и делом, пока те учились в университетах. Обустроили себе и им квартиры и дома. Нормальная, в общем, жизнь. Не хуже, чем у людей. А в среднем – что ещё нужно человеку, чтобы встретить старость?

Понятно, что всё это именно в среднем. Среди «русских русских», вне зависимости от исходного их происхождения, в Израиле встречаются экзотические персонажи. Которые, к примеру, ведут борьбу за свой православный статус – кто их тянул в еврейскую страну? Требуют от Израиля национально-культурной автономии для славян. И прочими способами изумляют аборигенов, провоцируя очередную дискуссию о том, что наличие в семье из двадцати восьми человек одного покойного еврейского дедушки – не повод для репатриации. Ну да, Закон о возвращении, традиции алии, вклад большинства русских в развитие страны... Но ведь смотрите, эти что творят?!

И некоторые из них действительно, как бы сказать помягче... не очень. То свастику кто-то из обкуренного молодняка на заборе нарисует. То в армии попытается устроить дедовщину. То попросту сопьётся или подсядет на наркотики. Что, впрочем, в Стране Израиля распространено безо всяких русских. Поскольку рядом Ливан и палестинские территории. С наркотрафиком всё в порядке. И существуют политические партии, выступающие за легализацию марихуаны – как положено в свободном демократическом и либеральном обществе, со всеми свойственными обществам такого типа маразмами.

Но это экзотика. И если она есть в любой стране, почему ж её в Израиле не будет? С другой стороны, как автор в глубине души уверен, при соответствующем подходе к людям добиться от них правильного результата – не есть проблема. Вопрос лишь в том, что нужно понимать, на что тот или иной контингент реагирует, а что его ни в малой степени не колышет. И разговаривать с ним надо на понятном ему языке. То есть когда и если твой клиент – подзаборная шпана, абсолютно бесполезно высказывать ему претензии в формулировках в стиле Пушкина и Лермонтова. И граф Толстой тут тоже не прокатит. Хотя он был и глыба, и матёрый человечище, и единственный мужик в русской литературе…

Для разъяснения того, что в данном случае имеется в виду, автор позволит себе взять историю из жизни, рассказанную ему его старинным другом Велвлом Черниным, который уже возникал на страницах настоящей книги. Как читатель, возможно, помнит, – этнографом, поэтом-идишистом, историком и русскоязычным интеллигентом-израильтянином, живущим в поселении в самом сердце Иудейской пустыни. Так вот, майса, которую рассказал Велвл, относилась к службе в армии одного из его сыновей.

Сыновья у него были как на подбор. Крепкие, умные и чрезвычайно спокойные ребята. Трогать их с враждебными целями не рекомендовалось, поскольку спокойный как удав, но с правильными врождёнными инстинктами парень русско-еврейского происхождения – не самый подходящий объект для того, чтобы пытаться его обидеть. Тем более в ходе службы в армии. И вот в подразделении, где помянутый сын Чернина-старшего служил, образовался тяжёлый случай.

Случай был откуда-то с Урала. Вырос то ли в детдоме, то ли в условиях, по сравнению с которыми и детдом сошёл бы за счастье. Бывает. Имел в ретроспективе какого-то ни разу им не виденного еврейского деда. И как это у евреев принято, был разыскан, умыт, привечён в коллектив и отправлен в Израиль по молодёжной программе. Естественно, добровольно. А что, он был совсем дурак – отказываться от такой халявы? Позднее в рамках естественных процессов роста подросткового организма на сытных, хотя и кошерных харчах отрок вымахал лось лосем и был призван в армию. Куда пошёл. Но со своею внутренней сущностью никак не мог расстаться. И очень всех достал.

Однако в описываемый момент в этом доселе не очень достойном упоминания на страницах мировой литературы человеке произошёл крутой перелом. И он не то чтобы превратился в интеллектуала и тонкого ценителя балета – такой катастрофы с ним не случилось, но начал вести себя почти как нормальный человек, исправляясь прямо на глазах. И к завершению военной службы уже более или менее был похож на члена общества, которого можно было в это общество выпускать.

Понятный вопрос публики: как это было проделано? Ответ публике в израильском стиле: а вот так. То есть практически случайно. Шаббат как раз наступал. Народ двинулся в синагогу. Читатель, который, несмотря на всё написанное автором, до сих пор путает её с церковью, должен быть в очередной раз оповещён, что синагога у евреев – это никакая не церковь, а «дом собрания». То есть клуб. Может быть, самый древний из сохранившихся в цивилизованном обществе. Поскольку у папуасов и африканских племён есть «мужские дома», но общества эти цивилизованными не назовёшь. Хотя, по большому счёту, суть та же.

Так вот, не идти в синагогу, когда туда строем двинулся народ – если, конечно, в данном месте принято её посещение, что у евреев, особенно в Израиле, принято вовсе не везде, – означает отрыв от коллектива. А отрыв от коллектива в армии не приветствуется. Причём в любой армии мира. Поскольку ты-то сам как хочешь. Нет, к примеру, настроения молиться или не знаешь, как, – не молись. Но если коллектив куда пошёл, так нечего лежать на койке, маясь дурью. Ты поприсутствуй рядом – хотя бы для проформы. А то пойдут в атаку – ты тоже отлёживаться будешь?

И вот примерно это ему на чётко артикулированном и понятном до последнего слова русском языке и объяснили. С приличествующими случаю терминами. Закончив фразой, которая для него прозвучала, как труба для старого циркового коня: «Все идут, а ты не еврей, что ли?!» Что точно соответствует памятному отечественному «А ты чо как нерусский?». После чего в армии «как русские» единым строем в направлении, куда было сказано идти, двигались все. Включая татар, евреев и армян. И на турник. И на стрельбы. И на собрание части. С синагогами, помнится, в советской армии был дефицит. Так что ходили в другие места…

Было это грубо и неполиткорректно. Но понятно. Всё остальное до парня, о котором речь, не доходило. В одно ухо влетало. В другое вылетало, просвистев в пустоте черепной коробки. А бить человека ногами или дать пару раз по шее в израильской армии не принято. Но простое доброе слово в воспринимаемом им с детства стиле – дошло. И на него позитивно повлияло. Где и кроется ответ на вопрос «Что делать?». Который Николай Гаврилович Чернышевский задавал по совсем другому поводу, но в Израиле про это тоже часто спрашивают.

В смысле, что делать в еврейском государстве с неевреями? Точнее, с теми русскими, которые совсем никакого этнического отношения к евреям не имеют? А вот, оказывается, ничего. Кто сам интегрируется – так и ему будет хорошо, и стране. Причём абсолютное большинство народу составляют именно такие люди. Ну а кто совсем никак – объяснять надо. С какой стороны маслом хлеб намазан. И что лежит в сарае, на котором написано «дрова». Понятным слогом и в понятном стиле. И тоже будет ничего.

Однако же отметим напоследок: есть в современном Израиле что-то способствующее ускоренной ассимиляции там русских (в израильском смысле – «русских русских») и тому, что они проникаются этой маленькой ближневосточной страной. Привыкают к ней. Начинают говорить с ивритским акцентом. Интегрируются в израильское общество с удивительной лёгкостью. Воспринимают это государство и эту страну как свои, родные.

Примеров таких в жизни автора было не просто много – очень много. И примеры эти были самые неожиданные. Вроде превращения в типичных израильских ватиков со всеми их достоинствами и недостатками проживших достаточно долгое время на еврейской исторической родине этнических славян, тюрок и прочих братских народов СССР. Или, если быть точным, бывшего СССР. А также возникновения еврейской ментальности у нееврейских студентов ивритских отделений отечественных вузов. Что на проводивших соответствующие исследования социологов поначалу производило шоковое впечатление. А потом ничего, привыкли.

Впрочем, это в той же мере свойственно в отношении страны, где они жили и живут в настоящее время, и евреям. По крайней мере, было свойственно в СССР и остаётся в сегодняшней России. Там, где она пока ещё остаётся великой империей, а не загнавшей саму себя в угол провинцией, пытающейся найти мифические корни, которые страна давным-давно переросла. Так как с государством, которое, пусть даже теоретически, пока ещё построено для всех его граждан, ассоциировать себя имеет смысл. А вот с тяжело больной ксенофобией дырой племенного типа, уставшей сама от себя…

Глава 4
О вредоносности Нобелевской премии мира

«Мирный процесс» как самоликвидация государства. Машиах, коммунизм и мир на Ближнем Востоке как три источника и три составные части еврейской национальной идеи. Лидеры общины и лидеры государства. Научи дурака Б-гу молиться…

«Мирный процесс» как самоликвидация государства

Когда и если бы израильскому населению в качестве конечного результата мирных переговоров с Организацией Освобождения Палестины в ранних 90-х был предъявлен тот их итог, который явлен человечеству двадцать лет спустя, в его реакции можно было бы не сомневаться. Реакция эта вряд ли порадовала бы инициаторов «мирного процесса». Хотя, конечно, всегда есть некоторый шанс, что клинические идиоты, лишённые инстинкта самосохранения, в общем составе населения численно перевесят. Особенно с евреями – народом, массово верящим в чудеса, вплоть до детской наивности и старческого маразма. Что в обеих помянутых ипостасях на собственном примере продемонстрировал инициатор примирения с Ясиром Арафатом – Шимон Перес.

Старинная украинская поговорка советует не трогать лиха, пока оно спит. Что в полной мере соответствует экспериментам с государственными границами, уступками территорий и прочими кунштюками. Которыми, радуясь этой возможности, как оставленные без присмотра дети малые забытым на столе спичкам, балуется израильское начальство. Поскольку в мире больше никто таким волюнтаризмом не страдает. И ежели уж ему чего досталось, то держит крепко. А если он всё это, что от пращуров, предшественников по руководящему посту или просто случайно, по придури руководителя высшего ранга, в руки попало, крепко не держит, то будет как у Украины с Крымом.

Ну дал Никита Сергеевич Хрущёв на шестьдесят лет Украине подержать этот Крым. Из-за которого теперь большая катавасия в Европе, и США страдают всем составом своего Госдепартамента, и руководство НАТО обнаружило, что Россия с альянсом не друзья и не партнёры. Кто бы на этот счёт в России сомневался. Побаловались – хватит. Поигралась – отдай. Нравится, не нравится – спи, моя красавица.

Хотя, если бы не перманентный киевский Майдан, который то одну «злочинну владу» свергал, то другую… И не игры с украинским национальным духом и националистами всех четырёх незалежных президентов… И не их непрерывные попытки русских в Крыму разбавить и как можно больнее придушить – хоть с помощью «западенников», хоть через крымских татар… Может быть, оно б и обошлось.

Но карты так легли, что обойтись было никак невозможно. В итоге Крым, в рамках проведённого там референдума, оказался Россией. А прочий юго-восток Украины, на который так, как на Крым, до того не давили, вследствие наличия у него собственного авторитетного президента и иллюзий насчёт волеизъявления местных народных масс по примеру Киева и Львова, оказался ареной ожесточённых боёв. С высокой степенью вероятности перехода внутриукраинского конфликта в кровавую гражданскую войну. На что к моменту написания данной книги похоже больше, чем на мирное сосуществование различных частей Украины.

Понятно, что Украина не Израиль. Уготована ей «всего лишь» судьба Югославии, или всё там будет ещё хуже, чем на Балканах, неизвестно. Есть пара процентов вероятности, что от большой крови её каким-то Б-жьим попущением убережёт. Чего автору, у которого оттуда папа с мамой и любимая жена, очень бы хотелось. Так как на Украине остались друзья, родственники и могилы предков. При всём понимании того, что повлиять на то, что там происходит, не может не только автор, но и, похоже, американский и российский президенты, вместе взятые. Не говоря уже об украинском начальстве. На что б оно вообще хоть где-нибудь влияло…

Однако ж Украина Украиной, но в Израиле у автора живут мама, брат с семьёй, есть масса прочих родственников и множество друзей. Опять-таки еврейское государство в мире только одно, и для любого еврея оно является страховым полисом. По принципу, что если чего где будет, как на той Украине, то хотя бы в Израиль можно будет вывезти детей и внуков. Чем, кстати, многие украинские граждане, как только в их собственной стране запахло жареным, и озаботились.

Соответственно, любая серьёзная опасность для физического существования Израиля евреями воспринимается нервно. По крайней мере, евреями нормальными, из тех, кто не болеет антисионизмом и прочими тяжёлыми формами нервно-психических расстройств на национальной почве. А то, что «мирный процесс» ведёт не к миру, а к самоликвидации государства, – по крайней мере, русским евреям, пережившим коллапс Советского Союза, было ясно с самого начала. Причём именно самоликвидации – в точности по аналогии с роспуском СССР. Который исчез с карты вследствие казавшихся ему самому логичными действий Михаила Сергеевича Горбачёва со товарищи – и ведь все они были не из ЦРУ или Моссада, а из Политбюро.

Речь не о том, что все русские евреи по самой своей природе сторонники правых партий или ничего не понимают в демократии (вариант – в израильской демократии). И не о том, что они изначально ненавидят арабов. Как раз, как было сказано выше, ничего против арабов как таковых русские изначально не имели. Да и вообще по самой природе воспитания в большинстве своём как придерживались, так и продолжают придерживаться принципов интернационализма. Пролетарского или нет – об этом история умалчивает. Ну да – левых лозунгов и призывов они за историю Советской власти наслушались. В таком количестве, что требовать от них верить в построение социалистического общества ещё и в Израиле было бы уже чересчур.

Строго говоря, для того чтобы понять, что государство или прирастает территориями, или сокращается, или решает все свои проблемы с соседями и перестаёт с ними воевать (но только в определённый исторический период, после того как воевать в данном конкретном регионе перестают одновременно все), большого ума не нужно. А нужно знать историю в объёме средней школы. Хотя бы на три балла. Понимать, что Ближний Восток – не Швейцария и не Люксембург. И долго ещё ими не будет – если вообще будет когда-нибудь.

Тогда израильско-палестинский случай ясен. Диагноз ставится «на раз». Иллюзии не возникают. И без привычных агитаторам и пропагандистам розовых очков на глазах видно, что если уж Израиль начал уступать и отступать – тем более безо всякого повода для этого, который мог бы понять нормальный практично мыслящий араб, – как же его не добить? Это надо себя не уважать. Правда, помянутые агитаторы и пропагандисты «мира во всём мире», действующие в пользу «ближневосточного мирного процесса», готовы за него сорвать свои и перегрызть чужие глотки в любом количестве. Но с ними-то как раз всё ясно. Типаж знакомый – таких в КПСС было… Никаким дустом не перетравить. И в Израиле их не меньше. Основа-то одна. Совок, он и на берегу Средиземного моря совок.

Что в обычных ситуациях делает нормальное государство, если оно по каким-то своим дурацким или, наоборот, гениальным причинам не хочет напрямую контролировать какую-то территорию, а хочет безопасности и мира с соседями? Ну и чтобы ему глаза перестали колоть на международной арене, обзывая к месту и не к месту оккупантом? Оно даёт себе и окружающим шанс, но под строжайшим собственным контролем. То есть те из жителей будущего независимого государства, которые с существующим и пытающимся их обустроить силовым центром – в данном случае с Израилем – хотят и могут жить бок о бок, всё и получают.

Именно из их среды выбирается сильный лидер. А если сильного нет, то из наиболее для этой роли подходящего человека такого лидера делают. Убирают с его дороги всех соперников, особенно тех, кто с организаторами процесса нормально сосуществовать не хочет или не может. Отсекают ему пути отступления и измены. Чтобы шаг вправо, шаг влево был наказуем, как побег, а прыжок на месте считался провокацией. Герметично перекрывают все тропинки, по которым к нему могут прийти искусители, чтобы его перекупить. И лишь после того, как он докажет свою абсолютную лояльность, дают ему денег – под жёстким контролем. Чтобы на дело шли, а не разворовывались с полпинка.

Вот тогда и только тогда можно надеяться на результат. При сохранении в собственной среде консенсуса по отношению к «благородному варвару» – выражаясь языком римских императоров и византийских басилевсов. То есть готовности и, главное, способности его и его людей в случае чего раскатать в уйгурский лагман. Тоньше которого, как известно, из лапши мало что можно найти в этом подлунном мире. А так – конечно. Чего хотел – и он, и его народ, – они получат, и даже сверх того. Дёргаться смысла не имеет – хуже будет. И очень быстро. Тогда и понимание того, что, пока ведёшь себя конвенционально, у тебя всё есть, присутствует. И ощущение, во что всё это превратится, если перестанешь правильно себя вести, – тем более.

Примеры такие в мире есть, и даже совсем недавние. В том числе в отечественной, российской истории 2000-х годов. А вот с палестинцами всё развивалось совершенно по-другому. Так как система принятия решений в Израиле была и остаётся иной. И при всех недостатках российской вертикали власти для достижения соглашений с бывшими противниками она подходит куда лучше. В том числе с противниками, не являющимися государствами, а, как и палестинцы, претендующими на территориально-государственный статус, не брезгуя любыми средствами для его достижения.

Перес, начав диалог с Арафатом, боролся не с террористами, а со своими соперниками внутри Израиля. Что палестинский раис прекрасно понимал и блестяще использовал. В том числе – захватив для начала власть над палестинцами полностью. Перебив и изгнав соперников. И что особенно важно, тех, кто с Израилем сотрудничал. Что, с точки зрения автора, является предательством со стороны израильских лидеров. И преступлением, за которое они должны сидеть в тюрьме. А не в тех офисах, которые по сей день некоторые из них, начиная с израильского экс-президента хавера Переса, занимают.

Сама идея «мирного процесса» в том формате, в котором она была принята к реализации, раскалывала страну и её истеблишмент. Она с успехом их и расколола. И страну. И истеблишмент. На тех, кто был и остался прагматичен и практичен. И на наивных до остолбенения… как бы это сказать повежливее – чудаков. С той самой буквы «ЭМ», которая, как ясно любому русскоязычному человеку, тут не только вполне применима, но в данном контексте настоятельно необходима.

Старый палестинский террорист элементарно переиграл старых израильских политиков и генералов – не будем называть их старыми дураками из уважения к их сединам. И как переиграл! Они хотят с ним говорить? Ну, он не против. Чего же не поговорить с противником истинному революционеру. Но это стоит… – и дальше называется цена. Не обязательно в деньгах. Хотя деньги там тоже присутствовали, и было их много. Но и в территориальных уступках. В освобождении террористов. В льготах. Поставках того, и этого, и ещё вон того. Оказании услуг на VIP-уровне. Обеспечении безопасности. И так далее, и тому подобное.

При этом все первичные бумаги в виде красивых соглашений со всеми необходимыми для успокоения израильтян сроками и гарантиями были написаны, подписаны и скреплены рукопожатием. Под патронажем самого президента США. Под аплодисменты мировой политической и дипломатической элиты. Цена этим бумагам с подписями и гарантиям, правда, оказалась ноль. Что вскоре всей этой туповато-восторженной элите – и израильской, и международной, – лидер палестинской революции продемонстрировал более чем ярко.

Как он эффектно плюнул всем им в лицо, перед тем как вместо подписания финального соглашения начать интифаду Аль-Аксы! Как колобком катилась за ним, уходящим с переговоров, госсекретарь Соединённых Штатов Мадлен Олбрайт с её криком: «Мистер Арафат, постойте, подождите!» Как его упрашивали, что предлагали! Как он, ссылаясь на мнение саудовского короля, отказал египетскому президенту! Который единственный сказал ему в лицо: «Подписывай, собака!»

Правда, палестинское восстание, рассчитанное на то, что будет большая кровь, после чего Арафат потребует ввода в Иудею и Самарию западных миротворцев, а дальше под ними развернётся, как развернулись албанцы и босняки в Югославии, у него не получилось. Израильтяне подавили террористическую войну без тех потерь – и с их собственной, и с палестинской стороны, – на которые он рассчитывал. Но остаться на плаву, несмотря на то что с весны 1999 года ни о каких «соглашениях Осло» и ни о каком «мирном процессе» можно более не говорить, палестинцам удалось вполне.

Собственно говоря, с начала до конца для всего палестинского руководства «мирный процесс» был просто формой постепенной ликвидации Израиля. И остаётся таковой, хотя ракетные обстрелы и односторонние политические действия в ООН в настоящее время сменили террористов-самоубийц. Причём для левого израильского истеблишмента само по себе наличие этого «процесса», который ни к какому результату привести не мог, не может и не сможет, и это его лидерам яснее ясного, стало священной коровой, покуситься на которую не смеет никто. Табу, однако!

Это, с одной стороны, подчёркивает гениальность Ясира Арафата – Абу-Аммара и его ближайшего помощника и политического наследника Абу-Мазена, которые пошли на открытый диалог с Израилем. Совершенно точно рассчитав соотношение палестинских и израильских возможностей добиваться поставленных задач, нарушать свои обязательства и вести двойную игру. Пройдя «по бровке», на грани между Сциллой и Харибдой. Так как не дай им Б-г было получить палестинское государство. Что б они с ним делали? И зачем оно им сдалось?

С другой стороны – это заставляет сильно сомневаться в израильском руководстве. Оно что, коллективно сбрендило? Сошло с ума? Съехало с глузда? Решило покончить со своей страной и своими собственными карьерами и репутациями? Ну, всё может быть. Но если даже и так, почему именно таким странным образом? Или оно, высшее израильское начальство, попало в полном составе в плен к современному Вольфу Мессингу? И так и продолжает двадцать лет жить и работать под гипнозом? Не может же оно не понимать, что происходит? Или может? И если да, то почему?! И кстати, если нет – тоже почему?! Впрочем, кажется, найти ответ на этот вопрос всё-таки можно…

Машиах, коммунизм и мир на Ближнем Востоке как три источника и три составные части еврейской национальной идеи

Евреи – народ Б-жий, которых значительная часть населения нашей планеты почитает людьми таинственными и даже опасными, при ближайшем рассмотрении многих сильно разочаровывают. По крайней мере, в части таинственности. Опасны они преимущественно для самих себя, но этого всё равно никто не ценит. Однако если рассмотреть отдельно взятого еврея крупным планом, обязательно окажется, что где-то в глубине его души скрыта какая-нибудь идея. И это чисто еврейская специфика. Такая изюминка-сюрприз.

То есть еврею мало, что курица в кастрюле, дети в школе, жена довольна и родители не очень болеют – хотя всё это составные части еврейского понятия нормальной жизни. Ну и ещё нечитаная книжка на столе – под телевизор в углу или волчий вой за околицей, в зависимости от эпохи. Еврею непременно надо, чтобы в его жизни было что-то этакое. Не то чтобы ему непременно хотелось приключений на собственную пятую точку – хотя именно их он периодически и находит. Но тянет его к возвышенному, и всё тут. Вот хоть тресни, а тянет.

В связи с чем еврей периодически находит себе очередной геморрой и носится с ним по всему свету. Или устраивает жуткий гармидер вокруг себя. В итоге чего в каждой бочке он будет затычкой. И за каждую революцию, которую устраивают Троцкие, расплачиваются Бронштейны – по меткому выражению умного московского раввина Якова Мазе. Который пришел к этому печальному выводу, наблюдая за зарёй нового мира. Она, как известно, плохо кончилась для всех, кто её запалил, включая самого Троцкого.

Соответственно, нормальный еврей постоянно чем-то интеллектуально озабочен – что имеет смысл понимать, выходя за него замуж. Он может заниматься боевыми искусствами или распространять гербалайф. Писать стихи или строить воздушные замки. Кормить бездомных кошек и собак. Пристраивать беспризорных детей. Разыскивать следы посещения Земли инопланетянами или снежного человека. Сохранять историческое наследие – чьё угодно.

Может охранять природу в целом, тропический дождевой лес в частности или спасать конкретных китов. Помогать беженцам – вне зависимости от их происхождения. Бороться за права человека. Очень часто не того, кого надо, и борясь не с теми, с кем надо было бы бороться. Но тут уж как получится. Поскольку сам он всегда за справедливость и в этом совершенно искренен. Он просто зачастую не очень понимает, в чём именно она в данном случае состоит.

Особая еврейская стезя – религия. Тут еврею нет и не будет равных. Не случайно у всех нормальных народов максимум по одному пророку, а у большинства и одного нет. Живут же, ничего. А у евреев пророк на пророке и пророком погоняет. Что принято как данность всеми их соседями – и в христианстве, а также в исламе все еврейские пророки признаны в качестве таковых. Но поскольку евреям своих прежних пророков мало, те из них, кто придерживается ортодоксальной версии иудаизма, полагают, что Машиах – Спаситель человечества – ещё придёт. И ждут его.

Как правило, периодически появляющиеся претенденты на роль этого Мессии кончают плохо. Так что ждать его явно придётся до конца времён. Однако тут евреям на помощь приходит политика, которая в новые и новейшие времена с успехом заменила религию. По крайней мере в той её части, которая требует от еврея жертвенности, самоотречения и борьбы за торжество светлых идеалов. Поскольку чего-чего, но жертв, страданий, борьбы и идеалов там достаточно. Что как нельзя лучше демонстрирует идея построения хотя бы справедливого коммунистического общества – спасибо за неё товарищам Карлу Марксу и Фридриху Энгельсу.

Сама по себе идея замечательная. Светлее не бывает. А что в попытках воплотить её на практике перелопачено полпланеты – так лес рубят… Вот только в итоге, в составе щепок, которые по сторонам летят, евреи оказались в избыточном количестве. Едва ли не в большем, чем все прочие. По крайней мере, судя по их общей численности до и после начала соответствующего исторического процесса. Поскольку соотношение еврейского народа и его потерь от погромов, революций, войн и прочих неизбежных утрат, понесённых им из-за рывка человечества к справедливому будущему, не лезет ни в одни ворота.

И если кто-то полагает, что на Святой земле было иначе, так пусть забудет эту свою фантазию. Точно так же там было, как и везде. Основатели современного Израиля строили его не просто как еврейское государство, но именно как государство рабочих и крестьян. Отчего Бен-Гурион в своё время и отверг предложение бразильских банкиров перевести в Израиль все их капиталы в ходе очередного военного путча в их стране. Где все мулаты ходят в белых штанах и много диких обезьян, а также Педро. Чтобы не засоряли страну его мечты, Израиль, своим гнилым капитализмом, и частной собственностью, и эксплуатацией человека человеком.

И кстати, достойный наследник «Старика» премьер-министр Рабин в 90-е точно так же шуганул южноафриканских фермеров, искавших, куда им уехать из ЮАР после падения режима апартеида. Что все они теоретически восприняли с оптимизмом. Но сменивший расизм белых чёрный расизм и сопутствующая ему повальная уголовщина их несколько расстроили. Однако же им бы хотелось частной собственности на землю, к которой они на своих фермах, каждая из которых была размером со средний израильский округ, привыкли. А вот этого старый израильский истеблишмент допустить не мог.

Ну, что проехали, то проехали. Обратно не вернёшь. Отметим, что для большей части евреев, по крайней мере после подведения итогов Холокоста, приход Машиаха перешёл в чисто теоретическую плоскость. А распад СССР сыграл ту же роль для коммунистической идеи. Какой, в самом деле, коммунизм, когда на дворе приватизация, и перестройка, и новое мышление? В итоге свято место опять оказалось пусто. И вот тут на место прежних, павших за невозможностью их практического воплощения кумиров была очень удачно – как казалось её изобретателям, – найдена идея мира на Ближнем Востоке. Вписавшаяся в еврейский идеологический вакуум и заполнившая его собой так, как только может идея заполнить пустоту в головах и душах людей.

Повторим, триада выглядит так: Машиах – коммунизм – ближневосточный «мирный процесс». Три источника и три составные части еврейской национальной идеи в Государстве Израиль. Предмет чистейшей веры. А не строгих логических рассуждений, трезвого политического расчёта, убедительных выводов, основанных на неопровержимых фактах, и прочих материальных вещей. Которая не признаёт и не может признать ничего, что её опровергает. Откуда и следует всё, что можно не без изумления наблюдать в этом безобразии, которое унесло куда больше еврейских и арабских жизней, чем любая война с терроризмом.

Вера эта была и остаётся односторонней. Шимон Перес и его сторонники в мир с Арафатом верили. Проблема была в том, что Арафат верил совсем в другие вещи. И он, и его соратники, с успехом используя то, что они справедливо считали и считают удачно подвернувшимся коллективным еврейским идиотизмом, повели борьбу на уничтожение Израиля в новых условиях. За его же, Израиля, собственные деньги. При поддержке значительной части израильского истеблишмента. И на территориях, которые находились под полным израильским контролем. Мечта террориста – иметь таких врагов!

И собственно, почему они должны были отказываться от предложенного? Если левые в Израиле почему-то решили заместить веру в коммунистическое общество верой в мир на Ближнем Востоке, так не Арафат же их заставил это сделать. Сами подвизались. Он что, пытал их? Иголки под ногти загонял? Гипнотизировал? Обещал что-то особенное? Бегал за ними по всему свету, умоляя простить и принять в объятия? Менял хоть на йоту тон и смысл речей, обращённых к своим людям? Нет, нет и ещё раз нет.

Он был и оставался до самого конца абсолютно честным с ними всеми. Рабин, Перес и Клинтон хотели жать ему руку, уважительно называя раисом Палестины и наградив Нобелевской премией мира? Он, со свойственным ему высокомерием, в котором была доля подлинного аристократизма, дал им эту возможность. Они захотели превратить его из загнанного в угол революционера и террориста в государственного деятеля, принятого на высшем уровне? Почему бы и нет. Он позволил им сделать это.

Но вера в мир была не его верой, а их. Он-то верил в революцию. И государство было для него не более чем лозунгом – во имя продолжения бесконечной борьбы, ведущейся ради самой борьбы.

Попытка человека, незнакомого с тем, какой заряд адреналина получает революционер от самого процесса войны всех против всех, обречена. Революция для истинного борца – всё, а цель по сравнению с процессом борьбы – ничто. Так изначально обречена на неудачу попытка трезвенника и моралиста понять, что чувствует тяжёлый наркоман или заядлый алкоголик. Человек такого типа не просто не может, но и не хочет избавиться от своей зависимости. И даже понимая, что она его погубит, вряд ли откажется от героина или водки.

Хотя, конечно, верить в то, что подкреплённая изрядными деньгами проповедь вреда излишеств и пороков для человеческого организма кого-то излечит, не возбраняется. Да и финансовая поддержка тут не лишняя – она пойдёт на очередную бутылку или дозу. Как и использовал Ясир Арафат, а после него Абу-Мазен деньги спонсоров Палестинской национальной администрации. Значительная часть которых шла, и по сей день идёт, на поддержку антиизраильского террора.

Нет никакого другого объяснения, помимо слепой веры людей в то, во что они хотят верить, происходящего в отношениях израильтян и палестинцев в рамках «мирного процесса». Это даёт ключ к пониманию борьбы левого Израиля с собственной армией, которой израильские правозащитники как могут связывают руки в её противостоянии с террористами. С правыми политиками, чьи аргументы возвращают страну на нормальные позиции, предотвращая её постепенное самоубийство. С поселенцами Иудеи и Самарии, которые живут рядом с палестинцами и строят с ними общую экономику, собственным примером доказывая, какой преступной глупостью были «соглашения Осло».

Иначе пришлось бы признать, что наследники «Первого Израиля» поголовно сошли с ума. На что, судя по той исключительной изворотливости, с которой они борются за своё место под солнцем, не похоже. Тем более что в отношении госсобственности и в умении использовать профсоюзы для шантажа правительства в ходе споров из-за борьбы с засильем государственных монополий все они проявляют удивительный прагматизм. Его бы им реализовывать на переговорах с палестинцами – но нет. Тут они готовы обещать и отдавать всё что угодно.

Хотя сколько верёвочке ни виться – конец найдётся. И «мирный процесс» к 2014 году исчерпал себя. То ли сказалось приближающееся столетие Первой мировой войны. То ли двухсотлетний юбилей взятия британским десантом Вашингтона, в ходе которого англичане дотла спалили Белый дом и Капитолий. То ли просто «караул устал». Но после одностороннего решения Рамаллы об объединении ПНА с ХАМАСом, не признающим еврейское государство и борющимся за его уничтожение, скепсис охватил большинство поборников переговоров ради переговоров.

И палестинцев тут понять можно. Если даже и после этого бывший президент Израиля Шимон Перес повторял, что Абу-Мазена он продолжает считать партнёром… И при этом находился не на излечении в стационаре, а в президентском офисе… Что взять с глубоко верующего старика? Машиах уже не придёт. И коммунизм не придёт. Мировая революция отменена. Должно же у него хоть что-нибудь остаться? Ну, наверное, должно. Если бы он при этом тогда ещё и президентом Израиля не был…

Лидеры общины и лидеры государства

Огромная проблема Израиля в том, что он, похоже, настоящим государством пока ещё не стал. Точнее, его начальники ведут себя не как государственные деятели, а как общинные лидеры. Как будто за спиной у них не собственная страна, не из последних, а ожидающий погрома штетл. Торгуются с врагами – как будто те ими перестанут быть. Идут на территориальные компромиссы. Спрашивают всех кого ни попадя насчёт их мнения по вопросам войны и мира, к разрешению которых ни в одном состоявшемся государстве никого из внешних советчиков не подпускают.

Ну нет у людей соответствующего опыта. Не было никогда. И если на каком-то этапе они не опомнятся, так не исключено, что и не будет. Поскольку, если им самим свою страну не жалко – кто её обязан жалеть? И если они её защищать от многочисленных «доброжелателей» не готовы – кто её защитит? Причём тут речь не о врагах, а как раз о союзниках. Которые что могут, то и советуют. И если судить по результатам выполнения этих советов, выслушав их, следует, не раздумывая, поступать наоборот. Вне зависимости от того, обидятся они после этого или не очень. В конце концов, лучше иметь страну и обиженных на тебя советчиков, чем не иметь этой страны, зато тобой все будут довольны.

Помимо прочего – это о вопросе насчёт достижения мира с соседями путём его обмена на территории, контролируемые Израилем. Причём территории тут как раз настоящие, а мир теоретический. И таковым он останется, вне зависимости от того, кто и какие бумаги подпишет, какие обязательства на себя возьмёт и какие гарантии безопасности даст. Поскольку мировая история – это история войн. Мирные договоры фиксировали и фиксируют всего лишь состояние дел после победы. В итоге которой та или иная армия контролирует ту или иную территорию.

Отказ от территории, которую страна заняла в результате военного конфликта и тем более серии конфликтов, в которых она победила, есть нонсенс, свойственный, пожалуй, лишь Израилю. Тем более что в случае его переговоров с палестинцами отказ от земли происходит даже не в пользу государства, у которого территории были отобраны, а в пользу третьей стороны. Которая государством никогда не являлась и, вопреки тому, что по этому поводу думает и делает, а также придумает и сделает в ближайшем будущем Совет Безопасности или Генеральная Ассамблея Организации Объединённых Наций, не является.

Ну, про ООН что говорить. Соорудили когда-то малоинформированные амбициозные люди неработоспособную комбинацию и носятся с ней, как дурак с писаной торбой. Что этой малоосмысленной структуре свойственно и по другим поводам. Но в палестино-израильском случае её беспомощность как-то особо проявляется. Правда, тут и бюджеты виноваты. И налаженная работа по сбору финансов. И раскрученный бюрократический маховик не так-то просто перенастроить или, не дай Б-г, остановить. Однако ООН – всего лишь международная организация. Хотя и большая. Ответственность у неё за результат – ноль. Соответствующих прецедентов в отношениях с соседями не имеет. А если брать отдельные страны…

Не стоит вспоминать о том, как сформированы границы Франции и Великобритании, России и Соединённых Штатов – особенно Соединённых Штатов. Поскольку кто-кто, но уж великие державы себя не особенно стесняли на протяжении всего того периода, пока могли себе это позволить. И судя по их нынешней политике на Балканах, в Восточной Европе и на Ближнем и Среднем Востоке, ничуть себе не изменили. Хотя технологии идут вперёд, и собственные потери теперь принято минимизировать. Да и противника больше не уничтожают под корень. По крайней мере публично.

Соответственно, соседняя с США Мексика в своё время именно благодаря этому соседству лишилась половины территории. Островное Пуэрто-Рико стало «государством, свободно ассоциированным с Соединёнными Штатами Америки». Расположенные недалеко от экватора Гавайские острова из королевства превратились в штат и стали родиной президента Барака Обамы – стоила ли эта игра свеч? Флорида перестала быть владением Испании. Ну и так, по мелочи, – в разных морях и океанах. Хотя Аляску и Луизиану американцы у России и Франции всё-таки купили. Видимо, в компенсацию за земли, отобранные, невзирая на договоры, подписанные «большим белым отцом из Вашингтона», у отправленных в резервации индейцев, – привет Гойко Митичу и фильмам киностудии «ДЕФА».

Когда и если бы Вашингтон, округ Колумбия, вдруг оказался настолько демократичен и справедлив, что вернул всем вышеперечисленным сестрам по серьгам, предложения американского госсекретаря Керри, выжимающего из Израиля мирный договор с ПНА по принципу «вынь да положь», были бы объяснимы. Ну не хотят больше люди, чтобы реяли где-то их «звёзды и полосы», – имеют право. Почему тогда израильский бело-голубой «кахоль ве лаван» должен развеваться в Иорданской долине и на Голанах? Но своё-то кровное они помрут – не отдадут. Тут как раз американский принцип предельно ясен. Всё, что моё, – моё. Всё, что твоё, – моё. И всё, что между нами, – тоже моё. Кто не спрятался, они не виноваты.

Примерно то же с «гордыми бриттами». Ну, предположим, Гонконг у них Китай отжал. Кто б мог подумать, что к моменту истечения срока аренды Китай будет тем, чем стал, а Великобритания ужмётся до того состояния, которое приобрела с распадом Британской империи после Второй мировой войны. Когда с одной стороны по ней бронированным катком прошла деколонизация, а с другой – верный американский союзник выставил счёт за помощь и поддержку в той войне. И оплатить его пришлось, что называется, с процентами и привязкой к индексу цен. Отчего и база в Индийском океане на атолле Диего-Гарсия теперь американская, и много что ещё.

Однако же в Шотландию, Уэльс, Северную Ирландию (несмотря на её террористов) и Фолкленды (невзирая на многочисленные аргентинские претензии и ставшую их следствием войну) Лондон вцепился зубами. Война не война, а Маргарет Тэтчер чётко продемонстрировала, кто в правительстве Её Королевского Величества единственный мужчина. Отчего «Юнион Джек» пока что в этом мире уважаем. Несмотря на то, что из израильтян англичане давят фарш ещё хуже американцев. Так как евреев у них меньше и они не так влиятельны, а арабов и пакистанцев много и с ними надо считаться.

Тот факт, что именно Великобритания в Палестине с 20-х до 40-х имела мандат Лиги Наций, как-то особенно её подвигает на агрессивные дипломатические усилия – за счёт еврейского государства. Хотя, вспоминая, насколько бесславно Британия потеряла свои колонии, с какой кровью, бросая всё на произвол судьбы, из них уходила и какие мины в отношениях между туземцами на будущее закладывала... Кому тут говорить, а кто бы мог в полной мере использовать конституционное право промолчать, говорит в таких случаях пословица.

Но нет в Британии Конституции, и не было никогда. Молчать насчёт ближневосточного «мирного процесса» она не будет. Хотя сама никому ничего отдавать не намерена. И повторять референдум, которым опять грозит Шотландия, насчёт её, Шотландии, от Соединённого Королевства отделения, тоже не будет. Своё – оно своё и есть. Попробуй отними. И кстати, Северной Ирландии это тоже касается. Белфаст там или не Белфаст. Ольстер не Ольстер. Католики не католики. Перетопчутся. Не та на Альбионе погода. Поотдавали уже всё что могли кому только могли. Так можно окончательно без страны остаться.

И эта логика в Европе – и не только в Европе – является окончательной, бесповоротной и необсуждаемой. Ни огромные Бразилия и Китай, ни малая Швейцария, ни крохотные Лихтенштейн и Сан-Марино, не говоря уже о Монако, никому ничего никогда не отдадут. Ни пяди земли. Ни метра границы. И обсуждать это с ними так же бесполезно, как просить Г-да сделать тебя умным и богатым, когда и если родился ты на этот свет нищим дураком. Для самоуспокоения, разве. Не более чем.

Но это если понимать, как мир устроен по-настоящему. И чувствовать, что если что-то твоё сегодня, так вовсе не обязательно оно будет твоим завтра. И тем более – всегда. Своё удерживать надо. Драться за него. Демонстрировать, что ты за каждый холм и каждую паршивую ложбину кому хочешь свернёшь шею и перегрызёшь глотку. Руки-ноги ему переломаешь и выдернешь, откуда они там у него растут. И вот тогда тебя не тронут. Понятно, что охают. Обзовут. Обидят всячески – словесно. Но будут от тебя держаться двадцать пятой дороги. Поскольку связываться с тобой – себе дороже.

Однако для этого надо, чтобы высшее начальство страны чувствовало себя не габаями местечковой синагоги, сиречь синагогальными старостами, а государственными мужами – обоего пола. Тогда и только тогда это получается. Вне зависимости от того, какая именно это страна, каких она размеров и в каком окружении находится. А так... Надувай щёки, не надувай... Если так уж карты легли, что ты полный шлимазл, не стоит строить из себя хахама. Простофиля – он простофиля и есть. И только в народных сказках он похож на мудреца.

Опять же, надуваясь без достаточных для этого оснований, всегда есть возможность не то чтобы обязательно совсем опозориться, в виде большой детской неожиданности, хотя и это бывает. Но, например, произвести неприличный в обществе звук. И выветрится быстро, а осадок останется. И запомнится, что ты не президент и не премьер, а «гроссе какер». В переносном, политическом смысле этого понятного русскоязычной публике без специального перевода словосочетания. Нехорошо – а куда деться?

И вот так оно с израильским высоким начальством и его страданиями по поводу мира во всём мире и «мирного процесса» в отдельно взятом Израиле и произошло. Были люди как люди. Воевали. Строили страну. Их за это боялись, уважали и немножко ненавидели. Так им приспичило, чтоб их полюбили. С чего они взяли, что в этом мире кто-то кого-то должен любить, помимо жены, детей и прочих близких родственников, непонятно. Зачем им межгосударственная любовь, тем более в такой извращённой форме, – непонятно. Но хочется этого им так, что аж зубы у них скрипят.

Возможность потери шансов на международное признание, ласковое поглаживание по голове и аплодисменты мировой общественности приводят их в такой ужас, как будто мир переворачивается. И именно их он по голове краешком вот-вот и шандарахнет. Что, собственно, и значит быть галутным евреем. Жить в убожестве и униженном состоянии средневековой диаспоры. И только стремиться выглядеть иначе.

То есть внешне, по форме, они гордые ватики и сабры. А внутренне, по содержанию, – шинкари и мелкие лавочники. Искательно заглядывают барину в глаза. Не обиделся ли? Не рассердился? Не перестанет ли поддерживать в ООН? Не включит ли санкции? Причём не то что международному магнату вроде США – ему-то, может быть, и стоит. Но каждой проезжей мелкой шляхте! И это израильские дипломаты и израильская пресса демонстрируют каждый Б-жий день.

А результат? Что называется, кого поймали, того и бьют всем миром. Не обсуждал бы Израиль с кем надо и с кем не надо права человека – так и не приставали бы к нему насчёт этих прав. А так – с кого за них спрос? С Израиля спрос. А с кого ещё? В Африку ехать – там убить могут. В Индию – тоже могут. Да и большая она слишком. Внимания ни на кого не обратит. К арабам или афганцам опасно. Китай не склонен пускать к себе чёрт знает зачем чёрт знает кого. Вот и остаётся один Израиль.

Страна маленькая, комфортная. Ругать себя любит – хлебом не корми. Отели удобные – поборолся за права угнетённых палестинцев и к ужину вернулся. Пресса активная и на правозащитников падкая. Правительство удобное: дискутирует любые вопросы. Не всем составом, но, как правило, пара-тройка недовольных политикой премьера министров найдётся. Про парламент не стоит и говорить: там критиков – каждый второй. Да и законодательство замечательное. Льготы правозащитным фондам гарантированы вне зависимости от того, кто их финансирует. Хоть Иран. Хоть монархии Персидского залива. Хоть европейские посольства – напрямую.

В другой стране это назвали бы вмешательством во внутренние дела и отправили бы дипломатов и правозащитников из страны с волчьим билетом. Но только не в Израиле. Где под демократией понимают анархию. Под правозащитной деятельностью – шпионаж и борьбу за уничтожение собственного государства. Иногда искреннюю, бесплатно. Ну а если за спонсорские – так даже и не за очень большие. Поскольку душа просит.

Понимают это те, которые там, наверху, Израилем правят? Изредка складывается такое впечатление, что да. Противопоставляют этому что-то действенное? Ну, тут как сказать. По крайней мере говорят, что вот-вот противопоставят. То есть пугают противника, как гопники того подсвинка из анекдота: «Зарезать-то мы его не зарезали, мамо, но покоцали сильно. Будет наперёд знать». И почему это всё именно в Израиле происходит? Кроме того, что его руководство пока что никакие не государственные деятели, а всего лишь лидеры местечковой общины – и не из самых крупных, другого ответа у автора нет. Хотя само о себе оно, ясен пень, думает иначе.

Научи дурака Б-гу молиться…

Вот был Израиль, и были у него премьер-министры. И понимали они все, начиная с Бен-Гуриона и заканчивая Шамиром, что провинциальны. Необразованны. И воспитаны не так чтобы очень уж хорошо. Хотя их это ни в малейшей степени не останавливало в управлении государством. Поскольку кого-кого, но столичных, рафинированных и образованных евреев на планете во все времена было до чёрта. Вот только своего еврейского государства ни у кого из них не было. А если они, что бывало довольно часто, какими-то странами и государствами (что не одно и то же) управляли, пусть даже самыми могущественными, – то вовсе не в качестве евреев.

Именно это понимание того, что сегодня еврейское государство у тебя есть, а завтра его может и не быть, при всём том, что основатели его, несомненно, были провинциалами и сущей деревенщиной – в еврейском понимании этого слова, – их самих и их страну на протяжении десятилетий спасало. Трезвая самооценка часто выручает тех, кто на неё способен. И высокая политика тут мало чем отличается от ситуаций чисто бытовых. Однако тут мы не случайно говорим обо всём этом в прошедшем времени. Поскольку к управлению Израилем пришли новые лидеры. И вот эти были уже с амбициями – в личном качестве.

Еврейского политика, и политики израильские тут не исключение, часто губит страсть к публичному признанию его заслуг. Вот ведь сидел он, заняв круговую оборону, никого не слушал, и мало находилось желающих на верхушке мирового истеблишмента его учить жизни и что-либо ему советовать. Поскольку что за толк был уважаемому политику мирового класса тратить на Израиль своё время и политическую валентность? Всё равно советы его там никому не были нужны.

Поступали израильтяне, как им было нужно с точки зрения обеспечения безопасности и элементарного выживания, а не по рекомендациям старших товарищей и посторонних, ни за что не отвечающих лиц. Войны выигрывали, террористов отстреливали и в переговоры с ними не вступали. Одно слово, скучный народ. Никакого простору для творческих импровизаций.

Но это в прошлом. Новая генерация израильских начальников постепенно забыла, что государство у них не с начала времён и никем не гарантировано, что оно у них будет всегда. Как-то стёрлось из памяти. Опять же, пока в мире шла война двух идеологических систем и сверхдержавы с их союзниками и сателлитами шли стенка на стенку, война была рядом каждый Б-жий день. Начаться могла совершенно неожиданно. И существовало ощущение опасности. А как Советского Союза не стало...

Наступил конец истории. Мы, либеральное и прогрессивное человечество, победили супостатов, ура! Силы зла повержены. Кто «мы», кого конкретно победили, – это уже второй вопрос. А тут и первого-то никто не задавал. Ну, под шумок как-то быстро не осталось ни СССР, ни «Варшавского договора», ни мировой социалистической системы. Ни союзников у арабских диктаторов, поставляющих им вооружения и военную технику. Ни спонсоров у арабских террористов, тренирующих и поддерживающих их деньгами. Ни социалистического блока и стран Третьего мира социалистической ориентации, по команде из Москвы коллективно притаптывающих Израиль в ООН. Сплошная лепота и благорастворение воздухов. С ударением на второй слог.

Опять же пошла Большая русская алия. Сто тысяч олим-хадашим. Они же «новые репатрианты». Двести тысяч олим. Полмиллиона олим. И какой человеческий материал! Да простят читатели эту терминологическую евгенику, сильно попахивающую временами Великой Октябрьской Социалистической... Поскольку отцы-основатели Израиля не были чужды революционного запала и революционной же риторики. Время такое было. Все ею баловались. И алия для них была именно что материалом. Из которого надлежало строить новое общество, населённое новыми евреями. По поводу чего с самого начала XX века происходит непрерывный, трогательный в своей запальчивой бессмысленности спор: что в израильтянине осталось от еврея и один это народ или уже не один.

Так вот, когда счёт репатриантов в конце 80-х – начале 90-х пошёл на сотни тысяч, и кто среди них не был инженер, тот был учёный, университетский преподаватель или врач с понятной и простительной прослойкой музыкантов, израильское начальство сильно вдохновилось. Не то чтобы оно не верило в свои собственные партийно-идеологические догмы. Верило всегда. В душе. Но как-то уж очень уж долго и сложно наступало светлое будущее. Тягомотен и медлителен был процесс «киббуц галуйот». То есть «собирания диаспор» на еврейской исторической родине. С натугой шёл. Без энтузиазма со стороны этих самых диаспор.

Что могло по-настоящему поддержать идею о строительстве еврейского национального очага в условиях левантизации Израиля и постепенной деградации социалистической идеи с явной перспективой потери влияния в стране старых элит? Эфиопская алия? Поедешь куда угодно, когда голод, войны, эпидемии. И вообще – живёшь в Африке, а предлагают переселиться в страну, о которой писали книги поколения твоих предков. Молились за неё. Мечтали о ней. Детям заповедывали её помнить. А она, оказывается, уже на своём историческом месте кем-то восстановлена. И вполне получилась развитая страна. По африканским меркам так и вообще Запад. Если смотреть на неё из Эфиопии, а не из Канады, Соединённых Штатов и Европы.

Однако в качестве дополнительного бонуса русская алия 90-х – преимущественно ашкеназская алия. Просто мечта сионизма, а не алия. Причём грузинские, горские и бухарские евреи, вошедшие в её состав, – люди, хоть и несколько более традиционные, чем москвичи и киевляне, но с точки зрения цивилизационной абсолютно европейские. Что не могло не радовать тех, кто помнил, каким был старый ишув. Времён молодости Рабина, Переса или Шарона. Ностальгия вообще великое дело. В том числе для политиков и генералов. А также генералов, ставших политиками.

То есть люди в Израиле поняли, что им попёрло. Старый союзник, в одночасье ставший врагом в 1967-м, исчез с географической и политической карт. Его наследники никакими антиизраильскими настроениями не болели – скорей наоборот. Помогать враждующим с еврейским государством арабским соседям они не могли. Не с чего было. Да и не до того. Население Эрец-Исраэль начало стремительно расти: сбылись пророчества, в которые после приостановки эмиграции из СССР в начале 80-х уже не очень верилось. Хотя их по инерции ещё произносили. Опять-таки холодная война окончилась – казалось, навсегда. Настали новые времена. Как говорили в детстве автора: мир, дружба, жвачка…

И вот тут настало время пожинать плоды и Нобелевские премии мира. Зря, что ли, израильские политики мучились и страдали столько лет? Терпели. Унижались. Хитрили и ловчили. Отсиживались, пытаясь добиться, чтобы о них и их стране хоть ненадолго забыли. Перестали засыпать её в ООН незаслуженными оскорблениями. Создавать по любому поводу и без него международные комиссии по расследованию того, и этого, и ещё вон того. Шпынять и травить. Обвинять и подзуживать. Останавливаясь перевести дух только после очередной оглушительной победы израильской армии, чтобы немедленно начать всё сначала.

Понять, что евреи не имеют никакого шанса на то, чтобы стать таким же народом, как все прочие (по крайней мере, в глазах этих народов), и Израиль не станет в глазах соседей по планете таким же государством, как они сами, его руководство так и не смогло. И до сих пор не может. Ну да, была такая идея у Теодора Герцля. И сделали евреи в рамках её воплощения всё, что смогли придумать. А также много того, что, кроме них, никто не стал бы даже обсуждать. Но ведь бесполезно ж оказалось всё. То самое, что Израиль Зингер, в качестве главного бюрократа Всемирного еврейского конгресса, охарактеризовал как «Израиль стал евреем среди наций».

То есть сколько чего кому ни демонстрируй, любое проявление мирных намерений со стороны соседей по Ближнему Востоку – не более чем передышка или смена тактики. Не удаётся напрямую уничтожить, будут постепенно гнобить. Исподволь, многое обещая и ничего не собираясь выполнять. Вразбивку по времени – поскольку торопиться-то куда? Тем более что международное сообщество по любому имеет два с лишним десятка арабских государств и вдвое больше стран исламского мира.

Соответственно, боевой отряд дипломатов, политиков и бизнесменов, который на них завязан, не в пример тем, чья биография имеет отношение к Израилю, насчитывает тьмы и тьмы народу. И он оказывает масштабную поддержку не только любым инициативам по осуждению еврейского государства, в том числе в ООН, но и любой авантюре ставших антиподом Израиля палестинцев. Ну не создали они своё государство. Не выполнили ничего из того, что обещали. Так ясно же, что во всём этом Израиль виноват! Причём ясно это и доброй половине израильских политиков. Еврей-идиот – страшная сила.

Хуже только еврей-начальник, охваченный жаждой немедленного сотворения добра в особо крупных размерах. Вот все израильские премьеры после Шамира такими в итоге и оказались. Правые или левые – неважно. Великие полководцы и управленцы «от Б-га», вроде Шарона. Крепкие военные профессионалы, наподобие Рабина или Барака. Ветераны политических баталий, каким был и остаётся на момент, когда пишутся эти строки, Перес. Авантюристы, вынесенные на вершину власти волей случая, как Ольмерт. Или популисты с хорошо подвешенным языком, правильной биографией, амбициозной женой и умными советниками, примером которых может служить Нетаньягу.

Объяснением того, что с ними всеми случилось после того, как они вдруг поверили в окончательную победу над всеми врагами Израиля, служат для автора слова израильского генерала иракского происхождения и тогдашнего лидера левой «Партии Труда» Фуада (Бен-Элиэзера), сказанные им об Ариэле Шароне в Москве в начале 2000-х, в гостинице «Прага». Хозяин этого заведения, владелец знаменитого «Черкизона» Тельман Исмаилов, гостеприимный, как только может быть гостеприимен горский еврей, «накрыл поляну». Гостя приветствовали раввины, профессора и светские еврейские лидеры, среди которых присутствовал автор – в качестве президента Российского еврейского конгресса. Обстановка настраивала.

Главный повар «Праги», необъятных размеров добродушный сириец-христианин, чья семья была вынуждена бежать из Сирии после прихода к власти Хафеза Асада, потеряв всё (отчего израильское руководство он всегда кормил с особым удовольствием), принёс кофе и десерт. И маленький, с одутловатыми щеками, смуглый Фуад, решив поделиться с аудиторией чем-то, по его понятиям, важным, задумчиво сказал: «Арик думает о своём будущем. Его начало волновать, какое место он займёт в истории. И то, что он готовится сделать, перевернёт ситуацию на Ближнем Востоке, окончательно доказав, что Израиль ради мира готов на всё».

Автор, который тогда уже более или менее понимал, на что способен израильский политик, которого заботит место в истории, внутренне похолодел. И правильно сделал. Не прошло и нескольких месяцев, как Шарон, перевернувший израильскую систему партий и партийных блоков, создав центристскую «Кадиму», вставший во главе правительства, получившего беспрецедентную поддержку избирателей, которым он обещал безопасность, вывел из Газы войска и эвакуировал оттуда израильских поселенцев. Называлось всё это безобразие «односторонним размежеванием». На иврите – «итнаткут».

В итоге никто Израилю спасибо не сказал. К власти в Газе пришли, вырезав боевиков ФАТХа, террористы ХАМАСа. Сектор превратился в плацдарм для ракетных обстрелов израильского юга. Благо не использовать такую редкую возможность Иран и радикалы из суннитских террористических группировок никак не могли. Преемникам Шарона волей-неволей пришлось решать вопросы противостояния с Газой, вплоть до военных операций, по масштабам немногим уступающих настоящим войнам, что вызвало шквал критики Израиля на международной арене. Об усилиях исламистов по «прорыву блокады Газы», которые привели к острому кризису в отношениях с Турцией после инцидента со снаряжённой при поддержке турецкого руководства «Флотилией свободы», и не говорим.

Шарон же, впавший в кому вскоре после того, как он своим «итнаткутом» поставил Израиль на грань гражданской войны, так и остался для арабского мира не человеком, который вернул арабам Синайский полуостров, откуда после Кэмп-Дэвидского договора с Египтом именно он изгнал израильских поселенцев и сектор Газы, а «палачом Сабры и Шатилы». Что, с точки зрения его многочисленных врагов, более чем справедливо. Хотя к резне в этих лагерях беженцев, устроенной ливанскими маронитами после убийства президента Жмайеля, он отношения не имел.

То есть, чтобы читателю, который не обязан разбираться в ближневосточных реалиях, что-то стало ясно: ливанские христиане в начале 80-х перебили палестинцев в память о погроме христиан в середине 70-х в ливанских Чекке и Дамуре. Которые, в свою очередь, стали следствием разгрома палестинского лагеря Тель-Заатар... Как, собственно, и полагается в нормальной арабской гражданской войне. Где все воюют против всех, мирное население уничтожает кто угодно, и нет ни фронта, ни тыла. Что демонстрируют события в Ираке, Сирии и всех странах «Арабской весны». Но что бы где ни произошло, виноватыми в конечном счёте всё равно оказались евреи. Точнее, персонально Шарон.

Он, согласно знавшему ситуацию Фуаду, которому нет никаких оснований не верить, задумался о своём месте в истории. То есть сделал то же, что до него делали Перес, Рабин, Нетаньягу и Барак. А после Ольмерт, Ливни и ставший премьер-министром во второй раз Нетаньягу. Каждый из которых любил свою страну. Но не мог устоять перед искушением пожать руку очередного американского президента или госсекретаря. Быть принятым на высшем уровне в Европе. Услышать в свой адрес аплодисменты и комплименты зала в ООН или на очередной конференции в очередной монархии Персидского залива.

То есть израильские политики и государственные деятели, которых не сломили войны и террор, не заставили сдаться санкции и бойкот и не запугала блокада, повелись, как дети малые, на элементарный развод. Поскольку никаким более приличным словом их бурную деятельность, направленную на строительство палестинского государства «рядом с Израилем», назвать невозможно. Очень хотелось им решить простым и быстрым способом застарелый конфликт. Так хотелось, что, когда выяснилась его неразрешимость, признаться в этом оказалось выше их сил. Вот они ни в чём до сих пор и не признаются.

Лавируют. Объявляют моратории на строительство поселений. Отбиваются от нападок в ООН. Терпят угрозы объявить Израиль государством апартеида. Убеждаются в том, что все гарантии мирового сообщества не стоят бумаги, на которой они написаны, как это в Ливане после войны 2006 года им было продемонстрировано. И всеми силами пытаются не выпасть из обоймы. Поскольку руки им жмут? Жмут. Интервью мировая пресса у них берёт? Берёт. Про «мирный процесс» их корреспонденты спрашивают? Ну, понятно, что это труп настолько давний, что оживить его не в силах ни царь Соломон, ни Хоттабыч. Но ведь спрашивают! Nobless oblige.

И вот уже одна война, и другая, и третья. И ракетами Израиль засыпали – с севера на юг, с юга на север. И террористов выпускают по которому уж разу – и они возвращаются к террору. И в тюрьмах для них все условия – от мобильных телефонов до получения за государственный счёт высшего образования. Что бесит полстраны, которая за это высшее образование для собственных детей должна платить. Но кружение вокруг «перспектив мирного процесса» всё продолжается и продолжается. Как там у классика? «И дольше века длится день»?

Хотя понятно всем, кроме них самих, что роль они играют дурацкую. И для страны она опасна. И для тех же несчастных палестинцев от всего этого никакой пользы, кроме вреда. И ноблесс их этот пресловутый, хоть в Красном море его утопи, хуже не будет. Однако шоу должно продолжаться. Вот они его по мере своих сил и способностей и продолжают. Маленькие провинциальные амбициозные люди, которые почему-то решили, что они могут сыграть с «большими парнями» в большую политику. И начали раскручивать процессы, справиться с которыми у них не было ни сил, ни ума, ни таланта, а свернуть их не хватает смелости. И опять-таки ума.

Поскольку хитрости там много. Интригу ведут – как пишут. Но ум и хитрость – вещи разные. По крайней мере, если глядеть на них не с трибуны израильского Кнессета, из коридоров офиса президента или из канцелярии премьер-министра – Рош а-мем-шела, – а со стороны. По-обывательски. С позиций человека, которому будет та или иная партия во главе страны или нет и станет тот или иной политик главной шишкой в этой стране – по барабану. А вот само существование этой страны его почему-то волнует. И понимает он, что с такими политиками ей врагов не надо. Поскольку получается классическая ситуация со стаей львов, возглавляемой бараном. Просто даже неудобно как-то получается…

Глава 5
О советах, советчиках и фраерах

Война по-израильски, или Русские не отступают. Муэдзин как символ сионизма. Страна советов и советчики. Фото в Конгрессе. Государство как фраер. Сколько нужно президентов? Творожная революция и мировой финансовый кризис

Война по-израильски, или Русские не отступают

Воюет Израиль часто. Такие соседи попались. Хотя особого удовольствия от этого никто в стране не испытывает. Но как-то привыкли. Привыкнешь тут, когда что ни декада – то очередной бабай. Ну, дальше всё понятно. Мобилизация, народ уходит на фронт, воздушные тревоги, бомбёжки, ракетные обстрелы, очередная победа, разбор полётов на тему, что не так (всегда с точки зрения прессы и оппозиции что-нибудь не так), – и ждать до следующего раза. Который будет, к бабке не ходи.

В 90-е была надежда, что этот замкнутый круг удастся разорвать. «Мирный процесс», Перес – голубь мира, историческое рукопожатие Арафата с Рабином и так далее. Голубое небо, розовые слюни, Нобелевская премия мира – на троих. Чтоб им всем на том и на этом свете икалось до скончания века. Но как-то быстро всё вернулось на круги своя. Без малейшего шанса на вечный мир и даже наоборот. Поскольку с начала 2010-х годов вокруг Израиля сплошные террористы, в том числе там, где их раньше отродясь не было. Так как была раньше вокруг Израиля военная диктатура, которая вольностей не любит и населению бегать с оружием туда-сюда не позволяет. Для этого у неё армия есть. Была диктатура, но вся сплыла.

«Арабская весна», однако. Пробуждение масс. Свобода. В том числе всех и всяческих уголовников, экстремистов и прочих радикалов. А арабскому радикалу главное что? Бить по сионистскому врагу из всех имеющихся в наличии стволов. Он для начала перебьёт по соседству и в своей собственной стране всех, кто не вписывается в его понимание нового правильного мира. Будь то мир в рамках салафитского Халифата или государства шариата, построенного по модели «Братьев-мусульман». Потом немножко повоюет между собой, деля добычу. Но потом непременно – Израиль. С клятвенными обещаниями Б-гу насчёт непременной победы над «яхудами», скорого завоевания Иерусалима и прочего стандартного набора молодого бойца мирового джихада.

Так что воевать израильтянам с этим весёлым и доброжелательным народом, который в России называют «бородатыми зайцами», до скончания времён. Специфика географии. Не Швейцария – сортов сыра всего ничего, все мечети при минаретах и цена жизни на три порядка меньше. И своей. И чужой. Точнее, чужой особенно. И с правами человека всё хорошо. Не говоря о толерантности и прочих европейских выдумках. Вот стоит страна, а вокруг неё – чистое средневековье. Раннее. Не по технологиям – там и самолёты летают, и в отелях кондиционеры, и телевизоры на полстены. Но по ментальности – во весь рост. Чужой – иноверец и инородец? В расход. И как от них всех отбиться, кроме войны? А никак. Понимать надо. И принимать действительность как она есть.

Итак, про войны Израиля с соседями в общих чертах более или менее ясно. Конкретно же выглядит это с русской точки зрения примерно так… Напомним для читателя, который каким-то образом пропустил всё вышесказанное, что под русскими мы в данной книге понимаем не только собственно русских, но и татар, украинцев, корейцев, азербайджанцев и прочих нееврейских членов еврейских семей родом из бывшего СССР, а также русских евреев, с которыми они в Израиль приехали. Уяснил это себе невнимательный читатель? Едем дальше. Стало быть, Израиль. Война. Время года неважно. Время суток неважно. С кем, по какому поводу, какой длительности и интенсивности война – тоже неважно. Не до мелочей.

Телефонная увертюра из личного опыта автора в рамках его регулярного общения с мамой, живущей примерно в десяти километрах от ливанской границы. Минимальные сведения о состоянии дел на фронтах. Насчёт ближнего тыла информация несколько более развёрнутая. Например, удаётся узнать, что шумы в телефоне имеют место быть, потому что сейчас как раз обстрел. Это вокруг ливанские ракеты взрываются. Но это мелочи, и разговаривать о них нет никакого смысла. Потому что мама сидит в «хедер бетахон». То есть в особой укреплённой комнате со стальной дверью и стальными же ставнями на окне – от осколков, – которая есть в каждой приличной израильской квартире. И самое главное, кошки сидят вместе с ней – обе. И Молли. И Пуся.

Тема кошек особенная. Поскольку, помимо упомянутого дуэта, есть ещё две уличные кошки, которые живут на участке – «гине». Правда, их там от осколков с одной стороны прикрывает стена дома, с другой – склон, и живут они не на открытом пространстве, а под черепичным навесом, который с Ливана не простреливается. По крайней мере, пока стоит сам дом. Если же он стоять перестанет, вопрос перестанет быть актуальным. Что с точки зрения безопасности кошек неплохо. А также демонстрирует, что, хоть маме и под девяносто, но с чувством юмора и спокойствием духа у неё всё в порядке. Обстрелянный человек. И не такое видала.

Мама действительно видала в жизни разное, и бомбили её неоднократно. Поскольку в годы её детства и юности дедушка, как офицер советского военно-морского флота, служил на всех флотах и всех фронтах, начиная с Дальнего Востока в 30-х, где были японцы, до Белого, Балтийского и Чёрного морей в 40-х, где были немцы. И строил там укрепрайоны, порты для субмарин и много что ещё. Так что к тому, что с неба можно ждать не только дождя, мама привыкла, что называется, генетически. Благо в семье воевали и в Первую мировую, и в Гражданскую. Ну ещё одна бомбёжка или ракетный обстрел. Эка невидаль.

Тут главное, чтобы никого не зацепило. Поскольку война войной, но на работу ездить надо. От дома самое близкое попадание было метров двести – рвануло на каменистом склоне, в заповеднике, на который выходит балкон. Что не есть проблема. Тянущиеся почти до самой ливанской границы невысокие горы с родниками и крутыми ущельями, на одной из которых стоит Монфорт – полуразрушенный замок крестоносцев, рыцарей Тевтонского Ордена, – неплохое прикрытие.

Бьют навесом. Что снижает точность попадания, но повышает вероятность того, что ракета долетит до населённых районов. И от машины брата, который как раз ехал на смену на свой завод в промзоне Тефен, стоящий на красивом холме неподалёку от Маалота, одна такая взорвалась метрах в ста. Очень живые и красочные были ощущения. Ну, жизнь такая. Взорвалась и взорвалась. Бывает. Опять-таки, когда все люди в стране с большей или меньшей вероятностью живут в одинаковых условиях – это примиряет с действительностью. Дети-то в армии служат у всех.

Вероятность того, что погибнешь из-за прямого попадания или в теракте, есть, но она куда ниже, чем опасность, подстерегающая среднего израильтянина на дороге – в авариях гибнет народу куда больше. В этой зоне риска особенно выделяются мотоциклисты – для байкеров закон не писан, гоняют они как оглашенные, и собрать их потом по частям не всегда удаётся даже израильским хирургам. Хотя опыт у них такой, какого большая часть стран не имеет – фронтовая хирургия вообще делает то, на что мало кто способен. И это не только израильская специфика: в России, начиная с Пирогова, было так же.

Если же вернуться к условиям израильского существования, то миротворческие усилия мирового сообщества и собственного начальства привели к тому, что в Газе – ХАМАС, в Южном Ливане – «Хизболла». Все они палят по еврейскому государству, как заведённые – бизнес у них такой. Ну и по велению души тоже. Так что зона ракетных обстрелов включает полстраны с юга и столько же с севера. С некоторой промежуточной полоской в районе престижных кварталов вилл северного Тель-Авива и приморской Герцлии-Питуах, до которой пока что ни с севера, ни с юга не долетает – к искреннему сожалению всего остального Израиля (сегодня туда всё долетает, но это мы про прежнюю войну).

Куда податься бедному еврею? Да, в общем, некуда. Однако все, кто может, в периоды обострения на фронтах, как всякие нормальные люди, перевозят семьи в центр страны. И вот тут мы опять возвращаемся к кошкам. Поскольку, во-первых, «они не дождутся» – в смысле противника. И никто из семьи, включая старенькую маму, никуда не едет, хотя друзья приглашают и будут рады видеть у себя сколько угодно. А во-вторых – кошки. Бросить?! Ну понятно, рады будут и кошкам. И за это большое человеческое спасибо. Но всё равно – не получится никак. Почему?! Потому что.

Такой классический израильский ответ. «Лама? Каха». Что мы вас будем затруднять? Вода есть, электричество есть, «хедер бетахон» есть. Телевизор работает. Спишь на своей постели. Пересидим. И не такое было. И ведь действительно было. Не поспоришь. Правда, было давно. Шестьдесят пять лет прошло с начала Великой Отечественной до Второй Ливанской. Однако было. Что называется, каким ты был, таким ты и остался. То самое, что называется «русские не отступают», – в израильском варианте.

Опять же дел полно. В двух домах осталась одна семья – мамы, брата автора и его, брата, жены. Дочки выросли и учатся в университетах – одна в Иерусалиме, другая в Хайфе. Достаточно далеко от фронта, чтобы по их поводу не заморачиваться и спать спокойно. А тут от уехавших в центр страны соседей тоже остались кошки. Которых надо кормить и подливать им воды. Регулярно. Звери-то не понимают, что война. Они и так нервничают.

Хотя обычная кошка – зверь умный и под обстрел не лезет. Но это обычная.

На первом этаже – дом трёхэтажный – по участку тоскливо бродит соседский кот, красивый и, как все красавцы, на редкость тупой. Ошалевший от того, что остался в полном одиночестве. Поскольку по кошачьей привычке решил прогуляться невесть где, именно когда хозяева уезжали. И спрыгнул с террасы на участок, когда уже никого не было и дом был заперт. А лезть наверх он, видите ли, боится. То ли он всегда только сверху вниз умел. То ли решил ввести это правило в рамках военных действий. И орёт эта животная прифронтовая единица день и ночь, потому что жрать хочет. Жалобно орёт.

Плюс ещё и на улице живёт небольшая, но сплочённая кошачья команда, с которой вообще непонятно, что делать. Поскольку они кошки вольные – то есть бесхозные. Бывает такое в Израиле. Подкармливали их всем миром. А теперь – кто их кормить будет? То есть это для мамы и брата и есть настоящая проблема. Бомбёжки – это так, факт текущего существования. Попадут – не попадут. А проблема кормления котов, особенно идиота, плачущего на нижнем этаже, стоит серьёзно. И решается она со всей суровостью законов военного времени.

Проще всего с котами уличными. Они не кочевряжатся. Кормят – едят. Дальше сама-сама. Корм закупили оптом, с голоду никто не помрёт. Наоборот, хорошо: движения почти нет. Поскольку кто в Израиле главный враг бродячего кота? Если, разумеется, не считать дикого шакала, который на окраине Маалота-Таршихи водится в большом количестве и с котами не дружит, как и положено представителю семейства собачьих. То есть при случае может схарчить за милую душу. Главный враг кота в Израиле – автомобиль. Специально давить никто не будет, но попасть под машину случайно можно на раз. Спасибо ещё, что в маленьких городах, расположенных на склонах холмов, дороги змейкой. Извилистые – не разогнаться. А так как война – машин мало. Туда броди, сюда броди. Свобода!

Ну, уличных котов накормить между обстрелами – не проблема. Не привыкать. У Джанни Родари в его «Джельсомино в Стране Лжецов» этим занималась добрая тётушка Кукуруза, и больше всего похоже, что именно эту экологическую нишу с определённого периода жизни мама и заняла. То есть лето не лето, зима не зима – кошариков накормят, погладят и доброе слово скажут. Особенно котятам. Что у большинства соседей вызывает одобрение. Не у всех, в стране не без урода, но у большинства – таки да. И то хорошо.

Проблема с плачущим на разрыв души котом-идиотом с нижнего этажа в принципе тоже разрешима, хотя и сложнее. Вытащить его наверх не получается, поскольку он убегает. Решив, видимо, что ловят его исключительно для того, чтобы отправить на фронт, сшить из него шубу или для каких-то других особо извращённых целей. Приходится спускаться по приставной лестнице на его участок, чтобы засыпать в миску корм и налить воды, приноравливаясь попадать между обстрелами. И раздражает это страшно. Поскольку дел и так полно, да и на улице лучше лишний раз не торчать. А что делать? Живое же существо. Хотя и тупое, как сибирский валенок.

Потом война кончается, ракеты перестают летать, и всё возвращается на круги своя. Во всяком случае, хозяева к оставшимся без призора котам возвращаются. Счастливы все – особенно кот с нижнего этажа. И так до следующей войны. Причём если читатель полагает, что автор его по каким-то своим, авторским причинам вводит в заблуждение и так не бывает, он может спать спокойно. Именно так и бывает. Главное в телефонных разговорах с мамой – выяснить, что у них на самом деле происходит. Поскольку говорить об этом она не желает. Её беспокоят не все эти мелкие неприятности, которые пройдут и нечего на них тратить время, а то, что она недавно видела по российскому телевидению. Там такое показывают! Это же просто ужас!

К примеру, как раз в вечерних новостях сообщили, что обострился кризис в экономике и он может распространиться на чёрную металлургию – а корпорация у автора как раз в этом секторе хозяйства. Или опять что-нибудь в свойственном ему эпатажном стиле сказал Жириновский – и весь Израиль это обсуждает. Или кого-то из российских «власть имущих» поймали на разворовывании очередного мешка с деньгами. Какой позор, и как же им не стыдно! Или давно не звонили внуки – как у них дела? От неё ничего не скрывают? Все здоровы? Ничего не произошло?

Мама – детектор лжи и Вольф Мессинг в одном лице. Война вокруг её не интересует. Ракеты, взрывающиеся недалеко от дома, её не интересуют, и говорить о них она не хочет. Состояние собственного здоровья её тоже не интересует, и слова лишнего о нём, здоровье, из неё не вытянешь. Переживает она только за тебя, живущего в России, где никакой войны нет и не предвидится. В Чечне всё стихло. Терроризм на Северном Кавказе и в Москве – не большая новость, чем в Израиле. Да и спонсоры у него те же. Августовская, 2008 года, война с Грузией ещё далеко. На Украине про «Правый сектор» никто и не слыхал. Да и вообще – бои на Украине?! Кого? С кем?! Зачем? Бред. Кто б знал, что там начнётся в 2014-м…

В общем – нормальная такая ситуация. Россия – Израиль. Качели. У них война – мы за них переживаем. У нас что-то не то – они за нас. В промежутке все вместе переживаем за кого-нибудь третьего. Парадоксальное отношение к жизни. Западники не поймут. Они и не понимают, и даже не стараются. Странные люди живут в стране Народа Книги. И в стране Народа Бутылки, как любовно характеризовал Россию поэт-матерщинник Игорь Губерман, большой любитель выпить и поговорить по душам в хорошей компании, – тоже странные. Нерациональные. Не понимает их европейская душа. И оттого не любит и боится.

Так уж получилось, что автору часто приходилось бывать в Израиле во время войны. Хотя в 90-е и 2000-е это были уже не те войны, что раньше. Существованию страны ничто всерьёз не угрожает – не та уже страна. Сама кого хочешь удавит – хотя единственное, на что надеется, – что от неё все отстанут. О чём на страницах этой книги ещё будет написано не раз. И самое странное, что это на самом деле так.

Менее воинственный народ, чем израильтяне, встретить трудно. О войне всуе особо не говорят. Не хорохорятся попусту. Не входят в раж. Никого не обещают стереть с лица земли. Даже политики предупреждают, а не истерят почём зря. Но если придётся – собрались, вломили, ушли. Или разбомбили-улетели. По принципу «на сотый раз и идиот поймёт». Что действует, хотя и не до такой степени эффективно, как они на это надеются. Поскольку после каждой войны начинаются разборки на тему, так ли её вели. Или не так. И если что пошло не так – причём не у себя, а, скажем, слишком много народу у противника погибло, – то не было ли тут злого умысла? И если был, то чей персонально и кто из генералов в этом виноват? Что смазывает впечатление от победы и провоцирует очередного врага на очередной конфликт.

Но не о том речь. В одну из поездок автора в Израиль как раз была в разгаре Вторая Ливанская война, и обстреливался весь север, включая города у Тивериадского озера и Хайфу, где как раз в Технионе учился сын друзей, у которых он, как правило, в израильских поездках мирно пребывал. Дело было вне зоны обстрела. Поскольку туда, где они жили, ничего не долетало. И сообщило им израильское телевидение о том, что вот как раз закончился очередной обстрел Хайфы. И попало туда-то и туда-то. А туда, куда явно целились, не попало. Всем привет. Прогноз погоды – конец выпуска новостей.

На дворе была ночь. Не самая глубокая. Так, часов десять-одиннадцать. Темно. Но по израильским понятиям – самое время для финальной поездки к родственникам и друзьям. Там это нормально. С протоколом плохо, но с человеческими отношениями самое оно. Не то чтобы все ко всем ездили именно по ночам, но живёт страна круглосуточно. А кое-где и вообще всё только под утро успокаивается – как в Тель-Авиве. Особенно к северу от больших приморских отелей. В районе электростанции, на деревянной набережной, где расположены многочисленные кафе, дискотеки и летний кинотеатр.

Соответственно, не было ничего особенно удивительного, что сообщение об обстреле, который был, но закончился, вызвало у друга автора, с которым он к тому времени был знаком лет тридцать – с первого курса Московского института стали и сплавов, – и его любимой жены естественную для нормального русского израильтянина реакцию. Благо назавтра был выходной. Реакция эта заключалась, во-первых, в телефонном звонке – сын ответил, как всегда, был рад и подтвердил, что спать пока не собирается. Второе действие было не столь предсказуемым, но понятным. Что называется, сели – поехали.

А чего не поехать? Хайфа же. Не Бейрут. Часа полтора-два. По пустой дороге скорее полтора. Митяева и Городницкого в дорогу поставить – музыка скрашивает. И по коням. Захватив для ребёнка, чего Б-г послал. В виде свежеприготовленного салата, курочки и чего-то ещё из домашней пищи. Будет ещё обстрел – значит будет. Карма. На то есть свои правила поведения. Не будет – просто повидать, чтобы от сердца отлегло, и по домам, баиньки. Такая правильная во всех отношениях реакция на сообщение из прифронтовой полосы.

Правду сказать, израильская армия – армия особая. Всё рядом с домом. На выходные дети ездят отъедаться к папе-маме. Если нет увольнения, родители заскакивают к чаду. Останавливаются за углом военной базы, чтоб чадо не смущалось, и прикармливают выскочившего за ворота сержанта, или кто он там со своими лычками, по потребности души ребёнка. Суши, китайской лапшой с креветками из ближайшего некошерного «Тифтама» или пиццей «Четыре сыра» – как закажут. Автор в такого рода мероприятиях участвовал не раз.

Ну, тут дитя было даже уже и не в армии, всё проще. Шли быстро. Летней ночью в Израиле по хайвею ездить на дальние дистанции – одно удовольствие. Жары нет. Дороги хорошие. Пробок нет. Всё освещено. Что ещё нужно человеку для полного счастья? Так что доехали быстрей, чем собирались. Ребёнок – красивый бугай, отслуживший армию в серьёзных частях, родителям и московскому другу семьи был по-настоящему рад. Хотя его девушка, очаровательное создание цвета корицы с кардамоном из индийских евреев, сильно засмущалась и исчезла в своей комнате. Еда была воспринята с искренней благодарностью. Постирушки быстро собраны и сданы родителям – взвалить это на предков не отказывался ещё ни один студент в мире. Война войной, а стирка и еда по расписанию.

Обратно добрались тоже быстро с чувством исполненного долга. И спать легли в нормальном настроении. Поскольку для Израиля присутствие войны в жизни всех, кто там живёт, – это данность. И относиться к ней надо как к явлению природы. Хамсин – ветер с песком из пустыни. Дождь. Снег – тоже бывает. Война. Всё проходит, и это пройдёт. Жизнь продолжается – она в этой стране идёт непрерывно. И во время войн. И в перерывах между ними.

Что, в общем-то, происходит и во всех прочих странах. Но в некоторых люди забыли, что война на планете где-нибудь идёт всегда. Расслабились. И разучились радоваться тому простому факту, что живы они сами. Живы их близкие. И значит, всё пока ничего. Хорошо всё. Поскольку длительная мирная жизнь нормального человека от состояния постоянной готовности к неприятным сюрпризам отучает почти везде.

В Израиле это не так – там уровень мобилизационной готовности, не в пример прочим развитым странам, высокий. Жизнь чувствуется во всей её полноте. А уж у русских – которые, как мы говорили, ни при каких обстоятельствах не отступают, – она вообще бьёт ключом. И это, отметим, без всякого искусственного допинга. Поскольку чего-чего, но адреналина в этой стране у них всегда хватает…

Муэдзин как символ сионизма

Израиль – это страна, где евреи арабов жутко дискриминируют. Постоянно, по всем направлениям и безо всякой причины. Просто какая-то страна апартеида. Так ей мировые лидеры и говорят, постоянно угрожая статусом Южно-Африканской Республики. Санкции прилагаются – смотри новейшую историю ЮАР. Когда проваливается очередной раунд палестино-израильских переговоров, из-под какого-нибудь тернового куста обязательно выползает бывший американский президент или нынешний госсекретарь и говорит: страной апартеида будете! Под санкции ООН попадёте! И ждёт: подействует или нет?

Как, спрашивается, эти переговоры могут не провалиться, если арабы подписать ничего путного не могут и не хотят – да, вообще-то, с самого начала и не собирались, они не для этого их начинали. Что до евреев, то они ещё не до конца сошли с ума, чтобы подписывать всё, что им их «союзники» подсовывают. Так что пока угрозы не подействовали. Что само по себе характеризует американскую дипломатию в её лучших проявлениях.

Зато в любом израильском городе, большом или маленьком, куда ни приедешь, с утра тебя разбудит муэдзин. Для тех, кто не в курсе, – это не еврейский персонаж. Это такой голосистый араб. Который пять раз в день, как положено по всем канонам ислама, пронзительными руладами вызывает правоверных с минарета ближайшей мечети на молитву. Называется «азан». Протяжный долгий крик нараспев, разной степени мелодичности, зависящей от наличия или отсутствия у данного конкретного муэдзина музыкального слуха. Появившийся по причине того, что молиться мусульманину надо регулярно, а наручных часов в те века, когда возник ислам, не существовало.

Не то чтобы не было их только у простого населения, а эмиры и султаны могли в своё удовольствие пользоваться швейцарским «Брегетом», японскими «Сейко» или немецким «Глашюттом». Их вообще ни у кого в мире не было. Не изобрели их ещё. Ни каминные и напольные.

Ни настенные, с кукушкой и без. Ни на цепочке, для жилетного кармана, – мечта вора-щипача и скупщика краденого. И как без них только народ обходился? А ведь обходился же!

Солнечные стационарные были – садовые. А где ещё их ставить? Вещь редкая, дорогая. Водяные были – во дворцах. И прочие тяжёлые стационарные дурынды разной степени замысловатости и точности, но примерно одинаковой громоздкости. Их не то что носить в кармане или на руке – с места стронуть было невозможно. Возить же их за владыкой на слоне или верблюде было совершенно бесполезно. Какой в этом смысл? Ну, теоретически возить, конечно, можно. Хватило бы дури. Но потом-то что? Снимать. Устанавливать. Проверять. Пока узнаешь, сколько времени, озверевший от ожидания монарх голову отрубит – и слугам, и слону, и часовых дел мастеру.

Муэдзин для исламского мира оказался приемлемым выходом из ситуации. Профессия древняя, почтенная. В Израиле встречается на каждом шагу. Притом что страна, как мы помним, еврейская. И тем не менее, христианские колокола там по всем положенным праздникам в урочные часы бьют. Муэдзины на пятикратную молитву правоверных мусульман собирают. Пронзительно-гнусавые еврейские шофары на соответствующие даты трубят. Так что в Израиле для туриста именно муэдзин является символом сионизма. Поскольку их в этой стране слышишь куда чаще, чем церковные колокола, сконцентрированные в крупных христианских центрах – Иерусалиме, Назарете и ещё нескольких точках.

Опять-таки в шофар трубят раз в год по обещанью. Точнее, в канун еврейского Нового года – в течение месяца элул, что есть обычай сравнительно поздний. А также во время богослужения на сам этот Новый год – Рош а-Шана – и в день общенационального траура и покаяния Йом-Кипур. А муэдзин зовёт на молитву ежедневно – и не один раз, а, как уже сказано, пять. Его слышишь, где бы ты в Израиле ни жил. В Иерусалиме. Тель-Авиве. Хайфе. Негеве или Галилее. Поселениях Иудеи и Самарии – мечетей там, понятное дело, нет, но в соседних арабских деревнях они есть. И ничего. Все уживаются друг с другом. Нормально живут. Не кашляют.

Может, оно кого и раздражает – не без этого, но что поделаешь? Приходится терпеть. Такая региональная специфика. Это в сверхдемократичной Швейцарии местные жители запретили мусульманам, которые там обосновались, строить при мечетях минареты. Да и муэдзина там не услышишь. Молиться – молись. Дома или в специально отведённых местах. Но чтобы соседей беспокоить – думать забудь. И даже не заикайся про то, чтобы дополнить местную традицию своими архитектурными изысками и изменить ландшафт с церковными колокольнями, разбавив колокольни минаретами. Толерантности тебе? Равных прав с аборигенами? А вылететь из страны без права на возвращение не хочешь?

И главное, никто на свете слова не говорит, что Швейцария – это страна апартеида. Хотя решает там всё, что решается, не толерантность высокого начальства, от результатов воплощения которой на практике население потом начинает крутиться как ветряная мельница, а голосование этого по большей части несознательного населения. По отдельно взятым кантонам и коммунам. Чего хочет либеральная Женева, мало кого интересует за её пределами. Консервативный Цюрих или Гштаад, как правило, хотят другого. И добиваются своего – вне зависимости от того, кто что по этому поводу думает или говорит. А если это кого-то из европейских политиков расстраивает, так это не швейцарская проблема.

Желающие строго укорить Израиль за то, какая эта страна агрессивная и нетерпимая к арабам, могут съездить в Саудовскую Аравию, Йемен или Египет, проверить, как там обстоят дела у христиан. Не стоит даже заикаться о евреях – их в регионе практически не осталось: немного в Тунисе, Марокко и Турции да средних размеров община в Иране. И всё. Из нескольких миллионов, которые на Ближнем и Среднем Востоке жили ещё в начале XX века! Но христиане там в это время составляли четверть населения. А в Сирии, Ираке или Палестине – куда больше. И где они теперь?

Осталось два процента – по БСВ в целом. До десяти процентов в Египте, где коптам в правящей элите мало кто рад, и нет у них ни малейших перспектив. Хотя с новой военной хунтой есть шанс протянуть ещё немного. В отличие от «Братьев-мусульман», которые правили в АРЕ всего-то год после свержения президента Мубарака. Но церкви и соборы там в этот период горели, как свечи, кресты с них сбивали – есть там такое народное развлечение. В итоге примерно треть миллиона христиан покинули родную для них египетскую землю, сбежав куда глаза глядят.

В Ираке, после десятилетнего пребывания в этой стране оккупационного американского контингента, на предмет установления там демократии и свержения диктатуры Саддама Хусейна, христиан осталась десятая часть. О Сирии и говорить не стоит. Гражданская война там на момент, когда пишется настоящая книга, в разгаре, и у христиан в ней меньше шансов уцелеть, чем у всех прочих жителей страны. Поскольку если кого-то террористы на Ближнем Востоке громят с особенным удовольствием, то это христианские общины. А в Сирии против президента Асада воюют не просто исламисты, а самая что ни на есть «Аль-Каида». Будь то её местный клон «Джабхат ан-Нусра» или их враги – салафиты из «Исламского государства Ирака и Леванта».

Что до Ливана, страны, которая в своё время и образована-то была на месте бывшего автономного района, выделенного из турецких вилайетов под давлением европейских великих держав на том основании, что заселён он был преимущественно маронитами, греками, армянами и приверженцами прочих христианских общин, то численно они там более не доминируют. Да и вообще за пределами Ливана живёт больше местных христиан, чем в самой стране. Поскольку демографию не обманешь. Рождаемость в христианских семьях ниже, чем у мусульман. В исламском населении Ливана у суннитов она ниже, чем у шиитов. Что характерно и для прочих стран арабского Ближнего Востока.

Соответственно, привилегии, которые когда-то были у одних, умножаются на ноль их соседями. Которые, становясь большинством, припоминают бывшим хозяевам жизни всё. Причём именно теми методами, которые в регионе приняты – хотя в той же Африке принято и не такое. Особого внимания ООН это не привлекает. Они там заняты Израилем и его отношениями с палестинцами. Хотя любой сторонний наблюдатель, особенно если он за происходящим в данном уголке Средиземноморья наблюдал на протяжении двух десятков лет, может отметить, что в Израиле, вопреки истерикам, которые ему периодически закатывает ЮНЕСКО и прочие неровно дышащие в его адрес международные конторы, будущее ближневосточного христианства под вопросом не стоит.

Как не стоит оно в Иране. При понимании того, что меньшинства – зороастрийцы-парсы, евреи и христиане – в этой стране живут под жёстким контролем, по прописанным раз и навсегда правилам, и не дай им Б-г отклониться от генеральной линии. В случае чего им может быть не просто плохо, а очень плохо. Хотя с отношениями между суннитами и шиитами в том же Иране всё не так благостно. Старая вражда. Плюс опасения по поводу сепаратизма – христиане, евреи и прочие мелкие группы никуда не денутся, а сунниты, особенно те, что живут на окраинах страны – туркмены, курды и белуджи, – денутся вполне. И ещё как!

Так вот, в регионе, вообще-то, все традиционно притесняют всех. Сунниты шиитов и наоборот. Салафиты, монопольно правящие в Саудовской Аравии и Катаре, всех остальных – в пределах государственных границ. Этноконфессиональные меньшинства – везде. И исключения крайне редки. К примеру, в Омане ибадиты, сохраняя жёсткий контроль на границах и полностью выкорчевав любые проявления внутриполитической, общественной и религиозной самодеятельности, особенно никого не притесняют. Торгуй. Живи в своё удовольствие. Правда, землю в Султанате в собственность никто, кроме аборигенов, купить не может, сколько поколений там ни живи, – но такие в этой стране правила игры. По сравнению с соседями так даже очень ничего.

Соответственно, когда мы говорим об Израиле, имеет смысл понять, что это еврейское государство не потому, что все его жители живут только и исключительно по еврейским законам. Религиозное право и соответствующее этому праву судопроизводство там у каждой общины своё. У христиан, друзов и мусульман свои суды. Свои храмы и праздники. Полная свобода исповедания веры и исполнения всех соответствующих этой вере обрядов. И прочие привилегии современного общества, не слишком характерные для Ближнего Востока. Отчего храм и сопутствующие ему сады бахаистов, религия которых зародилась в Персии, находятся как раз в Израиле – в Хайфе. Являясь украшением и туристической достопримечательностью этого расположенного на спускающихся к Средиземному морю горных террасах города.

Всё вышесказанное для израильтян – нормально. Никого не удивляет, что Иерусалим – город, основное население которого составляют восточные евреи, ортодоксы и арабы. С серьёзным христианским, причём далеко не только арабским, присутствием. То есть город в высшей мере ориентальный. Благо еврейские ортодоксы с их патриархальным укладом по всем своим жизненным параметрам скорее напоминают арабов из самой замшелой глубинки, чем современных евреев. И кстати, чувствуют себя с ними куда легче. Поскольку общество западного типа со всеми его характерными проявлениями – наподобие публичных проявлений однополой культуры вроде гей-парадов – их бесит. И арабов бесит. Легко понять, почему.

Автору во время проведения в Иерусалиме очередного съезда Всемирной сионистской организации, членом совета директоров которой ему довелось быть, пришлось наблюдать полушабаш-полуцирк под радужными знамёнами, который за каким-то чёртом организаторы вознамерились провести именно в этом городе, а не в традиционно ими выбираемом в качестве жертвы Тель-Авиве. Нельзя сказать, что мордобой был большой, – обошлось без кровопролития. Благо правоохранители бдили и обеспечивали закон и порядок. Но было не без шансов на него…

Полиция в Иерусалиме натренирована на славу. Без чего тяжёлые стычки армян, греков и арабов-христиан во время схождения Благодатного огня могли бы разнести Храм Гроба Господня вдребезги и пополам. Про то, что происходит после очередного теракта или в случае, когда и если кто-то из лидеров ультраортодоксальной еврейской общины задумал по какому-нибудь поводу потрясти муниципальную казну и отправил на демонстрацию протеста своих ешиботников, не стоит даже упоминать. Но и без этого святой город трёх авраамических религий, он же единая и неделимая столица Государства Израиль, – место не самое спокойное. Евреи там не менее буйные, чем мусульмане. По крайней мере, часть евреев. Да и среди христиан встречается много народу, который полностью оправдывает категорическое нежелание британского военно-территориального руководства начала XX столетия признавать этих туземцев своими братьями по вере.

Однако, что характерно, идея гей-парада сплотила всех. Ортодоксы-евреи, мусульмане и христиане объединились в едином порыве, требуя от мэрии пресечь и запретить. Все те светские арабы и соблюдающие традицию неортодоксальные евреи, которые обычно от своих жестоковыйных сородичей держались подальше, шарахаясь от этих на всю голову сдвинутых «мешугасов» как чёрт от ладана, были с ними совершенно солидарны. Да и русские евреи, которых полно в окраинных кварталах города, типа Неве-Яков (именуемого ими Ново-Яковкой) и Пизгат-Зеэв (молчать, господа гусары, молчать!), возмущались не меньше. То есть друг друга они, может, по отдельности и не любили. Но оказалось, что «голубое» братство и его «розовую» противоположность, единую с гомосексуалистами в проведении «Парада гордости», они не любят ещё больше.

Парадоксальным образом единение «иерушалайми» всех национальностей и религий смогла вызвать только провокационная идея прохода по их городу толпы, которая была бы там уместна разве что во времена римских сатурналий или пары столетий вавилонского владычества за шесть веков до того. Астарта там, Мардук, храмовые блудницы… Самое то – с точки зрения аналогий с современными гей-парадами. Ну и реакция городской толпы соответствующая. Поскольку в этих вопросах евреи, арабы, греки, армяне и все прочие расхаживающие по иерусалимским улицам представители рода человеческого особенно друг от друга не отличались никогда и вряд ли будут отличаться впредь.

С другой стороны, если муэдзин – символ сионизма, так почему бы нет? Ни в какой из мусульманских постсоветских стран Центральной Азии или Закавказья азана в таких масштабах не услышишь. Точнее, или его вообще не услышишь, или услышишь в глухой провинции. А в Израиле – пожалуйста. Специфика места и жанра. И ведь американцы, европейцы и прочая полудурочная бригада борцов за чужие права с этой страной бьются за права человека, не покладая рук и языка… Хотя, судя по ситуации на Украине того 2014 года, когда всё вышенаписанное укладывается автором на бумагу, оно у них везде так. Где пройдут, там всё и развалят. Если, конечно, им это сделать дадут более или менее беспрепятственно. Что, по крайней мере, в отношении России и Израиля пока ещё не так.

Страна советов и советчики

Как шутили когда-то в Советском Союзе, «у нас страна Советов, потому что все всем советуют». Не то чтоб непрерывно и везде – но вообще-то народ это любил. Особенно по поводу вещей, которые его не касались по определению. Например, как одеваться – или как не одеваться. Особенно это беспокоило пожилых женщин с несложившейся личной жизнью и представителей среднего партийного и профсоюзного звена. Как воспитывать детей –

тоже, как правило, волновало тех, у кого с собственными детьми ничего не получилось. Что читать и слушать – или не читать и не слушать. Солженицын там, или Бродский. Джаз. Рок. Блюз. Ну, тут уже трудились серьёзные ведомства с серьёзными полномочиями.

Толку, правда, от всех этих советов было… Точней, его не то чтобы не было совсем. Но ровно противоположный. Поскольку изгадить человеку настроение, испортить карьеру или, если дело серьёзное, сломать жизнь советчики могли. Но принести пользу – никогда. Их всех, кстати, словно по одним лекалам производили и до сих пор производят во всём мире. Этой сволочи разной степени придурковатости, включая депутатов парламента, в СССР было полно. И в России по сей день хватает. В Китае со времён «Большого скачка». В США с эпохи маккартистской истерики. И так далее, и так далее, и так далее…

Израиль в этом качестве в мировой практике не исключение. Советовать там любят. И делают это совершенно по-советски. Что ни сосед, то гений-энциклопедист. По крайней мере в политике. Вопросами методов воспитания детей, ширины брюк и музыкальных стилей население и высокое начальство не заморочены – и то хлеб.

С ориентацией на вытравливание идеологически чуждого и иностранного там тоже трудно. Все отовсюду приехали. Кто не из СССР, тот из Румынии, Ирака или Йемена. Деньги же в страну, текущую молоком и мёдом, на протяжении большей части современной истории поступали преимущественно из Соединённых Штатов. Так что с критикой – хоть капитализма, хоть социализма, – особо не разгонишься. Приходится терпеть. Зато в политике полная свобода самовыражения.

Опять-таки мир не видывал ещё государства, которому все со всех сторон старались бы подсказать, как надо жить. Как воевать или не воевать с соседями. Как соблюдать права человека в общении с собственными гражданами и с жителями контролируемых Израилем территорий. Кому эти территории отдавать и какой на них должен быть после этого государственный строй (идея, что отдавать никому ничего не нужно, не рассматривается). Как вести себя в ООН и в регионе, и при каких условиях те страны, которые в этом регионе, помимо Израиля, существуют, готовы будут с ним как-то уживаться. Хотя, вообще-то, они и без этих советов с ним как-то уживаются. И даже возникает впечатление, что это совершенно не израильская проблема.

Наивные вопросы типа «А не пошли бы все эти советчики куда подальше?» вызывают в израильском истеблишменте оторопь. Как это? А мировое сообщество, в котором израильские дипломаты так стараются Израиль закрепить? А с таким трудом налаженные связи с лидерами великих держав? А обязательства, которые были даны – отметим, без всяких на то оснований или соответствующего согласования с руководством страны, если давали их отдельные политики и дипломаты. Или, наоборот, согласования с парламентом, если давало эти обязательства руководство страны. Которое тоже легко на помине и его в Израиле не то что отпускать на вольные хлеба – его нужно за руки и за ноги держать.

О законодательстве промолчим. Чего смешить народ?! В сегодняшнем Израиле так часто говорят о необходимости принимать «болезненные решения ради мира» именно потому, что в грош не ставят законы. Являются Голанские высоты неотъемлемой частью Израиля, на которую распространён его суверенитет? А наплевать. Будут вести с Сирией переговоры о Голанах. И если бы не ослиное упрямство Асада – не Башара, а его батюшки Хафеза Асада, – так и отдали бы израильтяне сирийцам Голаны. Американский миллиардер и посол Рональд Лаудер по просьбе своего однокашника Биби Нетаньягу на эту тему очень старался и почти договорился.

Отдали бы их вместе с водными источниками, которые составляют треть всего того, что у евреев есть по части помыться, напиться и личные вещи постирать. С огневыми позициями, занимая которые, видишь всю Галилею как на ладони и держишь её под прицелом, как сирийцы её под прицелом до 1967 года и держали. И с перспективой получить какой-нибудь дружеский подарок – химический или биологический – в озеро Кинерет.

То самое, которое Море Галилейское, оно же Тивериадское озеро. И помимо того, что там Иисус по воде пешком ходил, оно является единственным в Израиле значительным природным резервуаром пресной воды. Без которой на Ближнем Востоке не живут. Благо вопрос о заключении Израилем мирного договора с Сирией в 90-е годы стоял на повестке дня вполне серьёзно. Ну, Б-г упас. А то, если бы его тогда израильтяне сдуру подписали, в 2014-м «Аль-Каида» контролировала бы Голаны, как она контролирует половину Сирии.

Да что Голанские высоты с их друзами, горой Хермон, вишнёвыми садами и прочей круглогодичной зеленью, об Иерусалиме, вечной, единой и неделимой столице Израиля, переговоры вести в этой стране нельзя по определению. Ни с кем, кроме лично Г-да Б-га. Что никому из израильских официальных лиц не мешало говорить о его разделе с кем угодно. Обещать невыполнимое. Блефовать, надеясь, что проскочит. Проявлять готовность отдать завоёванные еврейские святыни за ломаный грош. И делать это совершенно серьёзно. Один израильский премьер-министр за другим эти переговоры вели на глазах всей страны. Отметились с начала 90-х все без исключения.

Ну с чем это сравнить? Вот, скажем, задумает кто-нибудь из российских президентов – для приколу или с большого бодуна – заключить мир с татаро-монголами. Неважно, что Каракорум более не является столицей половины мира, а Казань вообще столица национальной республики в составе Российской Федерации. И где тот улус Джучи и Золотая Орда, а где Монголия и Татарстан? Предположить-то мы это можем? Можем. На основании реального примера переговоров Израиля и палестинцев. Вот и представим себе этот любопытный процесс.

Понятно, что появится персонаж, с которым будут говорить. И он себя почувствует как минимум Сотрясателем Вселенной. Что он не Чингисхан и не Батый, со стороны понять несложно. Но ведь с ним говорят большие боссы?

с ним. Коспонсоры у этого процесса есть? Найдутся. ООН в процесс вовлечена будет? Кто б спорил. Куда конь с копытом, туда и рак с клешнёй. За чем же дело стало?

И будет он свои условия выдвигать – одно за другим. А советчики будут проводить челночную дипломатию. И страшно сердиться, что их дорогое время и ещё более дорогие советы недостаточно ценят и не хотят выполнять то, что они там советуют. Хотя без всего этого вялотекущего процесса, куда они втёрлись, кто бы их знал и кому бы они были нужны?

Причём партнёры у потомков великих князей и государей императоров подобрались бы… Ну, в общем, несерьёзные партнёры. Ты им обещаешь Лубянку и Старую площадь, а они требуют Красную. Ты им про ГУМ, а они ещё и ЦУМ хотят. И «Детский мир». И весь Арбат – и Старый, и Новый, который Калининский проспект. Готовы оставить гостиницу «Зарядье» – её всё равно снесли, но требуют Тверскую и Кузнецкий Мост. Кристальные в своей глупой жадности люди. Одно слово – партнёры по переговорам о мире.

Да и с Кремлём у них затык. Поскольку ты им всё – ну кроме разве что Спасской башни. А они морду лица воротят и требуют в комплекте. Весь, до последнего часового. С курантами, зубцами и булыжной мостовой. И что тогда делать с такими партнёрами? Гнать взашей? А вдруг уйдут? Понять, что ты дурак и страна твоя из-за тебя явная дура, и кончать надо с этим балаганом, пока ещё не поздно? А как же советчики? Посредники? И прочие участники процесса? Им-то что говорить? И куда они теперь, безработные и непристроенные, денутся? Дилемма…

Проницательный читатель понял, что автор измывается. И делает это, не слишком заботясь, чтобы получилось тонко. Не тот случай. Что называется, гротеск, бурлеск и море неуместного еврейского сарказма. Поскольку тут политики политиканствуют. Дипломаты дипломатничают. Или, ежели угодно, дипломатствуют. Годами. Строят на этом карьеры. Стараются – вот уже скоро второе поколение. Если же брать с самого начала процесса, так даже и не второе – четвёртое. Считая по четверть века на одно. И что, всё зря?

Ну, зря. Предложи американцу поделить с американскими же индейцами, неважно какими, город Вашингтон, округ Колумбия, притом что они имеют на это право большее, чем Арафат на Иерусалим, что он скажет? И скажет ли что-нибудь вообще? Не говоря уже о том, чтобы всерьёз решать, кому достанется Белый дом, кому Капитолий и по чьей территории будет протекать река Потомак. А в израильском варианте речь идёт именно об этом. Ну, русский аналог «мирных переговоров» мы уже описали. Ухохотаться и не жить. Как говорит в таких случаях современная молодёжь, «убей себя об стену»…

Но это только если мы себе представим на минуту на месте израильтян, о которых речь, русских или американцев. Да хоть бы и китайцев или японцев. Персов. Арабов. И вообще кого угодно, кроме опять-таки израильтян. Тут нужно понять, что израильские политики к законодательству собственной страны относятся так легко всегда. Правые они или левые. Патриоты или конформисты. Военные гении или идиоты-популисты. Похоже, ни у кого из них просто в голове не укладывается, что закон зачем-то принимали и его преступать нельзя.

Просто нельзя. И всё. На то он и закон. И если сказано, что с террористами переговоры не ведут, так их и не ведут. А если их ведут, то переговорщикам надо не премии мира выдавать и сажать в правительство, а украшать их белы руки блестящими стальными браслетами с цепочкой и сажать в тюрьму. Как предателей родины. Где им, вообще-то, самое место. Вне зависимости от чистоты изначальных намерений, возраста, партийной принадлежности и прочих не имеющих особого отношения к делу подробностей. И единственным смягчающим их вину обстоятельством может являться ссылка на то, что это они не сами. Им так посоветовали.

Лучше бы тебе, старый дурень, посоветовали пойти и утопиться, скажут их духовному лидеру родственники жертв террора, которому этот гений израильской посредственности открыл путь в страну, – и будут правы. Поскольку это же до какой степени надо совесть потерять, чтобы назвать «жертвами мирного процесса» тысячи евреев и арабов, погибших за двадцать лет его миротворческих усилий! Но топиться он как раз не хочет.

Он ещё по миру не везде поездил. Не на всех мирных конференциях выступил. Не все интервью раздал. Не все аплодисменты слышал. И в президентских апартаментах ему куда комфортней было, чем в тюрьме. Тем более что один израильский президент там, в тюрьме, сидит – его предшественник. По идиотскому обвинению в изнасиловании. Хотя вся страна понимает, что приставать-то он к своим секретаршам наверняка приставал. Все пристают. И пользовался взаимностью. Все пользуются. Но насиловать?! Не тот расклад. Да и зачем?

Для тех читателей, кто за израильской политикой и светской жизнью во всех её деталях не следит и настоящую книгу читал невнимательно, укажем, что сидит Моше Кацав. Сажать же, причём давно, нужно Шимона Переса. Который во время написания настоящей книги наконец-то перестал быть президентом. Сажать в качестве человека, на руках которого, кроме крови полутора тысяч израильтян, кровь тысяч и десятков тысяч палестинцев. Погибших в развязанных лидерами террористов конфликтах с Израилем или уничтоженных боевиками из служб безопасности Арафата, структур, контролируемых его наследниками, террористами ХАМАСа, «Исламского джихада» и прочих объединений бандитов и убийц. С которыми Перес полагал возможным договориться и заключить союз…

Впрочем, повторим, он всё это не сам. Ему советовали. Леваки из невразумительной и маловлиятельной группы «Шалом Ахшав», которых он ввёл в «Партию Труда», протащил в правительство и отдал им на откуп важнейшие для Израиля направления деятельности, в каждом из которых они наворотили такого, что и за сто лет не разгрести… Партнёры по социалистическому интернационалу – леваки из Европы и стран Третьего мира, для которых существование Израиля было и остаётся досадной помехой. Чиновники американского Государственного департамента и бюрократы ООН, которым кол на голове теши – они будут держаться за миротворческие проекты, которые никому, кроме них, не нужны. И много кто ещё. Благо у кого-у кого, но у Переса знакомых было до чёртиков.

Лучше бы он жену свою слушал. Соню. Всю жизнь она была в тени – и напоследок ушла из его жизни, отказавшись последовать за ним в президентские кущи, когда Перес, уже под девяносто, вместо того чтобы завершить политическую карьеру, выжал-таки из Кнессета назначение президентом. Его на этот пост не избирали – назначили. Ни разу никаких выборов он не выиграл, словно заколдованный. Было ясно: если у него появится хоть какой-нибудь конкурент, он проиграет. Ну и зачем обижать амбициозного старика напоследок? Назначавшие думали: кому и какой от него в этом возрасте может быть вред?

Какой от Переса может быть вред в каком угодно возрасте, он доказал немедленно, став президентом. Поскольку быть фигурой церемониальной, как это в Израиле положено, он не хотел. Интриговал как заведённый. Портил правительству обедню как мог. И даже – в самый канун своего девяностолетия (!) – всерьёз обсуждал возможность прервать карьеру на посту президента Израиля, чтобы выступить в качестве лидера объединённого левого лагеря. Что само по себе показательно. Как в отношении левого лагеря, который никто не захотел возглавить, кроме девяностолетнего старика, у которого по сравнению с прочими кандидатами была хоть какая-то харизма. Так и в отношении самого этого старика.

Но эта книга не о Пересе, хотя он не раз ещё появится на её страницах. Талантливый и в чём-то яркий молодой человек, на которого упал взгляд Бен-Гуриона, слушал рассказы «Старика» о мировой революции. Стоял у истоков израильской ядерной программы. Вытаскивал государство из гиперинфляции в начале 80-х – и ведь вытащил, вопреки предсказаниям скептиков. Из песни слова не выбросишь. А в 90-е с головой ушёл в процесс налаживания отношений с палестинцами. И до сих пор верит, что ещё один-два раунда переговоров, ещё немного уступить, и мир будет достигнут. И втянул в это всю страну. И затащил массу мировых лидеров – Перес умел организовывать процессы такого рода как никто.

Всё-таки не случайно соратники Бен-Гуриона по левому лагерю так не любили Семёна Перского. То ли что-то чувствовали. То ли просто он был среди них чужаком. С уходом в отставку «Старика» вся политическая элита Израиля полагала карьеру Переса конченой. И ошибалась: он пережил всех, с кем начинал. Последним из его вечных оппонентов из жизни ушёл Ариэль Шарон, с которым они были абсолютными противоположностями. И к которому Перес, спутав карты палестинским лидерам, ушёл в правительство только что созданной «Кадимы», после того как проиграл праймериз в «Аводе» малоизвестному и не пользующемуся доверием старого истеблишмента профсоюзному лидеру марокканского происхождения Амиру Перецу. Причудливыми путями ведёт Г-дь свой избранный народ!

Будем честны: не с Переса началась длинная череда советчиков, точно знающих, как Израилю будет лучше. Хотя именно с его подачи они оседлали внешнюю политику страны. Как в те же 90-е годы, с подачи Михаила Горбачёва, случилось сначала в СССР, а потом и в России. Хотя первый российский президент Борис Ельцин был полной противоположностью Пересу. И по своим человеческим качествам. И по масштабам власти. И по функциям, которые выполнял. Но именно в 90-е, при Клинтоне, – сошлось.

Ну, в Израиле раньше это тоже было. Киссинджер там. Трумэн. Эйзенхауэр. Советы их начали в Иерусалиме выполнять как раз с Генри Киссинджера. Который так ловко уломал Бегина на Кэмп-Дэвид именно потому, что на Израиль ему было наплевать. И на Египет, по большому счёту, тоже. Не наплевать ему было на собственную карьеру. И он её таки построил. За счёт еврейского государства и без большого профита для арабов, но это уже была их проблема – не его.

Он был американский гражданин. И старался он не для истории как таковой, а для конкретного американского гражданина. Себя. А то, что попутно он доказал, что еврей из Германии всегда найдёт нужные аргументы, чтобы обойти на повороте польского еврея, как он сам обошёл и обдурил Бегина, так это у него почти случайно получилось. По ходу проводимой комбинации. Которую все последующие дипломаты, государственные чиновники и политики Соединённых Штатов пытаются с Израилем повторить. Благо опыт у них в этом есть…

Фото в Конгрессе

Что нужно в этой жизни еврейскому политику или общественному деятелю? Включая лидеров Всемирного еврейского конгресса, Всемирной сионистской организации, общин, фондов и Государства Израиль во всём многообразии тех позиций и постов, которые они в этом самом еврейском, но демократическом государстве имеют? Не в части личной жизни, будущего детей, а также бизнеса или карьеры? Правильно. Сфотографироваться в Конгрессе США ему нужно.

Фотографируется он в Конгрессе везде. Рядом с американским флагом. Рядом с пойманным в коридоре или принимающим его в своём кабинете конгрессменом – рука в руке, улыбки сверкают, хозяин фигурой и выражением лица олицетворяет американскую демократию. Хотя зачастую выражает то лицо, чем садятся на крыльцо… Ну, если кто-то думает, что Государственная дума чем-то отличается в лучшую или, напротив, худшую сторону от Конгресса США, так пусть думает иначе. Ничем она не отличается. Из самых крупных отличий – Конгресс более загорелый, мускулистый и не настолько видно, до какой степени ему на избирателей наплевать. Тренировка лицевых мышц приносит результаты не только в сценическом искусстве.

Фотографируется еврейский лидер и официальное израильское лицо около рамки, на которой его дотошно проверят на предмет запрещённого к вносу – как-никак, Конгресс. Его и его обитателей всякие любители Америки взорвать могут – даже до теракта «9/11» там, насколько автору помнится, так было. Не то что пистолет или кинжал типа «сувенир а-ля кавказский горец» не пронесёшь. Вообще ничего не протащишь без сканирования, включая себя самого. И правильно. Но фотоаппарат или мобильный телефон со встроенной камерой – сколько угодно.

Чай, Конгресс – не ЦРУ. Главное, чтобы батарейка в гаджете была заряженной, чтоб на проверке видно было, что он именно фотографировать, а не для того чтобы из этой штуки кого-то пристрелить. Как в Афганистане пристрелили «корреспонденты» из «Аль-Каиды» Ахмад-Шаха Масуда. О чём автору в деталях поведал широко известный и в России, и за её пределами журналист Аркадий Дубнов, потомок великого еврейского историка и автора теории автономизма Семёна Дубнова, погибшего в рижском гетто. Он (Аркадий, а не Семён) остался в живых в момент гибели Масуда совершенно случайно. Поскольку поселили его с террористами в одну комнату. Пресса же. Однако именно в тот день он уехал в творческую командировку по стране. Что называется, Б-г упас…

Возвращаясь к искусству фотографии в официальной обстановке, отметим, что люди снимают друг друга не только в Конгрессе. Но и в Белом Доме, и в прочих известных интерьерах. Однако в Белый Дом на приём, чтоб не в толпе туристов, пойди ещё попади. В Конгресс добраться проще. Причём в те времена, когда его строили, никаких фотоаппаратов не было. Камеры в мобильные никто не устанавливал. Да и телефонов тогда не было. Не то что мобильных. Никаких. И совершенно непонятно, зачем такое здание было вообще нужно? Не портреты же с посетителей писать?

Автор преувеличивает совсем чуть-чуть. Поскольку толпы высокопоставленных гостей что из-за границы, что из американской провинции ведут себя в официальной обстановке высшей исполнительной и законодательной Соединённых Штатов точно так же непосредственно, как нефтяники Тюмени, газовики Кашагана или фермеры Небраски и их жёны с волосами цвета накрученной на бигуди соломы. Или пакли. Что называется, «Тагил рулит». Хотя «Наша Раша» немного из другой оперы, но подмечено точно до «застрелиться и не жить».

Зачем матёрому, состоявшемуся и зачастую состоятельному еврею, тем более если он израильтянин, конгрессова грусть? Что ищет он в краю далёком, что кинул он в краю родном? Кой чёрт ему плотная, как тунцовый стейк, ладонь американского конгрессмена? Не говоря обо всём этом озабоченном мировыми проблемами человеке? Добраться до которого – надо поймать помощника, вписаться в график, найти тему для разговора, да и вообще не выглядеть слишком большим идиотом. Иначе выражение лица на снимке будет недостаточно доброжелательным. Насколько бы члены Конгресса США к идиотам ни привыкли и сколько б их самих таковыми ни являлось, но идиот идиоту рознь. А еврейский идиот, как хорошо известно из еврейской истории, «это что-то особенного».

Не то чтобы в Конгресс, как на советскую Выставку достижений народного хозяйства, толпами шли одни только евреи и преимущественно израильтяне. Ничуть. Туда идут все. Греки и итальянцы, китайцы и афроамериканцы, немцы и шведы, латиносы всех типов и славяне всех мастей. Кто в Америке живёт или в неё приехал погостить к родне и друзьям, тот и идёт. Но всё равно – зачем? Магия места? Поставить фотокарточку на письменный стол или комод, чтобы небрежно бросить родне: «Это я в Конгрессе США»? Повесить эту фотографию в сортире для прикола? Нет ответа.

А вообще – зачем человек делает то и это на тему увековечения своего никому, кроме ближайших родственников и друзей, не интересного присутствия на этом свете? Царапает на скале, дереве или историческом памятнике своё имя. Снимается на фоне Сфинкса и пирамид, Кремля и Рейхстага, Эйфелевой башни и Вестминстерского аббатства. Называет своим именем звезду в небе или свиноферму. Или чужим – улицу в родном городе. Увечит природу и насилует зрение окружающих – зачем?! Чтоб зафиксировать, что «Киса и Ося были здесь»? А ведь, наверное, именно за этим.

Правда, в качестве побочного эффекта у части человечества возникает легенда о том, что «хвост вертит собакой». На тему израильского лобби и того, что оно управляет США. Или, наоборот, Америка управляет Израилем. Или это всё евреи. Которые управляют и Израилем, и Америкой. Иначе что они в американском Конгрессе в таком количестве делают?

Идея о том, что люди просто пришли сняться на его фоне и в принципе им по барабану, что там решают, не прокатывает. Тем более евреи – народ разговорчивый и писучий. В том числе их израильская разновидность. То есть зашли как бы из любопытства, но ведь приехали откуда? Со Святой земли приехали! А Америка страна христианская. По преимуществу. И христианство это, какие бы дикие формы оно там ни принимало, самое настоящее. Подлинное. Положено в храм ходить – вся страна в него ходит. Каждый в свой, но ходит. А тут живые представители избранного народа. Есть о чём поговорить. Да и Голливуд со времён «Бен-Гура» создал маленькому еврейскому государству рекламу…

Соответственно, учитывая традиционную «неразговорчивость» евреев, переходящую в израильскую хуцпу, хочешь не хочешь, но с израильской делегацией разговоришься. Для сведения читателей, незнакомых с ивритом, «хуцпа» – это дерзость. Соответственно, тот, кого она отличает, – «хуцпан». Ещё одно значение этого слова – наглость. Сверхнаглость, если быть точным. Она же – напор. А в отдельных случаях – та самая простота, которая хуже воровства. Когда сказать могут всё, спросить могут всё и в принципе сделать могут тоже всё.

Например, остановить танковую армию, имея в запасе несколько случайно вышедших сирийцам в тыл машин, как Авигдор Кахалани на Голанах в Войну Йом-Кипура. Или перебросить четыре своих прорвавшихся к Суэцкому каналу танка на африканский берег в стыке между двумя египетскими армиями, как сделал Ариэль Шарон в той же войне. После чего из героического прорыва египтян на Синай получается большой котёл и полный швах всей армии Садата. Всего-то было в 1973-м. Едва сорок лет прошло…

Однако что есть – то есть. А что было, то было. Где тот Израиль, где та армия, где те генералы? «Бароны стареют, бароны жиреют», – писали братья Стругацкие и были правы, как только могут быть правы люди слова, размышляющие о делах людей войны. Никто не прорывается больше в тыл врагу в еврейском государстве. Ни через какие высоты. Ни через какие каналы. Не потому что разучились – умеют до сих пор. А техника такая, что и не снится героям прошлых войн. Но с командирами проблема.

Им не до боёв. Их заботит международный имидж. Они утверждают, что страны, а на самом деле – их собственный. Они опасаются международного суда, поскольку войны не обходятся без жертв, а жертвы нынче не в моде, хоть бы это сто раз были террористы и они сами напросились. Им понравилось зарабатывать и понравилось быть политиками. А разве политик может позволить себе вести себя как фронтовой генерал? У него же тогда никто интервью брать не будет. И в Конгрессе США могут руку не пожать. Катастрофа!

Поэтому идут войны за войнами и операции за операциями, в результате которых мало что меняется. Пара лет – и в Газе, и Южном Ливане оказывается ещё больше ракет, чем до того, как израильская авиация и артиллерия их в очередной раз отутюжила. И когда нужно продемонстрировать спонсорам террористов «героическое сопротивление сионистскому агрессору», весь Израиль оказывается под огнём. Причём началось всё с приграничных районов, но на тот момент, когда пишется эта книга, – именно что весь. С юга до севера. Включая Тель-Авив, Иерусалим, Хайфу и ядерный реактор в Димоне.

Резервистов призывают. А потом или используют бездарно, как во Вторую Ливанскую войну, либо останавливают в шаге от победы, как в ходе операции «Литой свинец», либо тянут кота за хвост, не отдавая давно назревшей и перезревшей команды о проведении в Секторе Газа сухопутной операции. Что по-русски означает попросту «зачистка». Кому угодно, даже лицам сугубо гражданским в Израиле понятно, что без этого с террористами, хоть тресни, ничего не сделаешь. Но высшее военно-политическое командование страны продолжает вместо этого ёрзать танками и шурудить самолётами туда-сюда – с нулевым итоговым результатом.

Просто у него, руководства, больше нет цели победить в войне. Поскольку победить оно может, но что делать с этой победой, не знает. Или знает, но не может и не хочет этого делать. Его главная задача – чтобы ему руки продолжали жать в Конгрессе. Чтобы у него оставалась возможность фотографироваться в правильных интерьерах в правильной американской компании. Включая президента США. Любит этот президент Израиль, не любит – неважно. Зато пресса любит репортажи с его участием.

Чистый паноптикум. Путина им в премьер-министры, что ли? Так ведь не пойдёт. Во-первых, не еврей. Во-вторых, не политик. С ума он сошёл, что ли, проходить тот лабиринт интриг, подсиживаний и предательства, который нужно пройти, чтобы прорваться в израильские премьеры?

В итоге Государство Израиль на общем ближневосточном фоне превращается во фраера. Того самого, из многочисленных анекдотов и фольклорных еврейских историй. И именно в этом качестве воспринимается соседями. Которые на своём опыте и чужих примерах уяснили, что и как можно сделать Израилю, чтобы почти не рисковать. Простой ведь на самом деле принцип. Укол – отход. Укус – отход. Удар – ответный удар – обращение к мировому сообществу о чрезмерном применении силы. Работает!

Государство как фраер

«Ани ло фраер!» – это вопль израильской души. Означает дословно «я не фраер». Что-то среднее между «хрен тебе» (цензуре успокоиться – имеется в виду, конечно же, острая овощная приправа, употребляемая к холодцу, – а что ещё?) и «мы не пальцем деланные», удесятерённое эмоционально. А ведь посмотреть на палестино-израильские отношения последних нескольких десятилетий – действительно, не государство, а чистой воды фраер. И в войнах побеждает. И экономику раскручивает на зависть Европе и в пример Америке. И вообще, и в частности, и сбоку, и с тылу, и спереди – загляденье, а не государство. Но та-а-кой фраер! Поискать. Причём обидеться на тебя, когда ты им это говоришь, могут. И обижаются. Но задуматься и попытаться трезво оценить ситуацию, не говоря уже о том, чтобы её исправить, – это не еврейское дело. Мозги там им всем меняют, что ли, выдавая израильский даркон?

Ну, попытаемся взглянуть на ситуацию трезво и со стороны. Понятно всякому, кто хочет и может что-то понять, что в конечном счёте главным в том, когда и как окончится палестино-израильский конфликт (хотя не факт, что он когда-нибудь окончится), является текущее состояние дел. И в противостоящих палестинских лагерях, и в самом Израиле. Какое бы давление ни было оказано на них извне и какая бы финансовая помощь ни была им предоставлена, лишь от самих израильтян и палестинцев зависит их будущее.

Хоть завали их деньгами по самую макушку – ничему это не поможет. Что, кстати, американцы и европейцы в отношении палестинцев, по тупости своей и презрению к ним как к аборигенам, и делают. Старая схема – купи туземца за бусы и поломанный мушкет. И они ещё не понимают, почему она не работает! Жаботинского надо читать. Про то, что арабы гордый народ. Деньги возьмут, но делать будут лишь то, что сами захотят. Ёжик тоже птица гордая. Не дашь пинка – не полетит.

Свой привкус во всё происходящее добавляет то, что политика Израиля в отношении меньшинств, основы которой были заложены ещё в догосударственный период, сильно напоминает советскую национальную политику. Так как построена она была на той же теоретической базе и с теми же ошибками. Из чисто израильской специфики – разве что восходящее к практике иудаизма негативное отношение к прозелитизму, контролю над неевреями и включению их территорий в состав еврейского государства.

В любом другом ближневосточном (и не ближневосточном) государстве этнические меньшинства были бы ассимилированы, взятые под контроль в результате войны территории присоединены, а их население взято под контроль с предоставлением гражданства, как палестинцам в Иордании, или без него, как в Египте. Кому не нравится, может выйти вон. Или лечь костьми – в прямом смысле слова. Без сантиментов и прочих цирлих-манирлих. Но только не в Израиле. Еврейское же государство. Понимать надо.

В Израиле, несмотря на все перегибы первых десятилетий, сохранение арабских и прочих национальных традиций в нееврейских общинах было и остаётся предметом государственной политики. До такой степени, что в 90-е годы министры от левых партий эти традиции удерживали вопреки требованиям самих общин, лидеры которых настаивали на интеграции. Иврит вам, друзы и черкесы, в арабских школах на уроках по математике и прочим наукам? Оставить вам арабский только на уроках языка, литературы и Корана? А вот не будет вам иврита. На своём учитесь, родном. И нечего рассказывать, что детям вашим потом нужно в университеты израильские поступать и математика на арабском им там до лампочки.

Примерно так ответствовала покойный министр образования Государства Израиль от движения «Шалом ахшав» Шуламит Алони ходокам от национальных общин. И не дала им предать её и прочих левых и ультралевых товарищей понимание того, как в арабском секторе Израиля должна быть жизнь устроена. Что иллюстрирует, как это было в нашей собственной стране после революции. Хорошо, когда такие исторические примеры есть. Ещё лучше, если не в собственной стране. А то 90-е на дворе, а тут Надежда Крупская, Клара Цеткин и Роза Люксембург в одном лице…

В особенно гипертрофированной форме израильские выверты сознания относительно аборигенов проявились на взятых под контроль в 1967 году территориях Иудеи, Самарии, Голан и Газы, дезориентировав их население напрочь. Последнее ожидало обычной для региона смены верховной власти. И было вполне готово демонстрировать лояльность новому начальству в обмен на защиту и социальные блага. Как на Востоке и положено.

Вместо этого оно получило от этого начальства информацию о том, что новая власть никого не будет присоединять и вернёт территории «арабскому миру» в обмен на заключение им с Израилем мирных договоров, хотя некоторые из территорий (Восточный Иерусалим и Голанские высоты) аннексирует. Что, впрочем, не скажется на статусе их жителей. Частично же застроит территории израильскими поселениями, опять-таки не меняя статус жителей соседних палестинских городов и деревень.

Говоря проще, палестинцы поняли, что стать частью Израиля им не предлагают, а то, что возвращение под контроль Египта, Иордании или ООП – смертный приговор для тех, кого там посчитают коллаборационистами, они и так знали. Практика подтвердила эти прогнозы. Ну, как-то всё продержалось два десятка лет, но уже к концу 70-х зашаталось, а к концу 80-х и вовсе всё пошло наперекосяк. И не из-за арабов. Поставив себя на их место – что им было делать при таких вывертах сознания у оккупирующей стороны?

Отношения палестинцев и израильтян пережили «медовый месяц» в 1967–1973 годах. Те, кто помнит, как всё было, говорят, что тогда израильтяне не то что на арабские рынки за дешёвыми и качественными продуктами ездили, но и нянечек палестинских к детям брали. Однако после того как Израиль провёл переговоры в Кэмп-Дэвиде и уступил Египту Синай, население территорий окончательно убедилось в том, что его «сдадут». Как следствие, победа ООП над Израилем в глазах палестинских арабов стала только вопросом времени.

«Соглашения Осло» оказались только первым шагом к добровольной капитуляции израильских политиков перед Арафатом. Последующие два десятилетия закрепили эту тенденцию. Израиль раз за разом отдавал территории, не получая взамен безопасности ни на гран. Сегодня понятно, что, продолжая двигаться в этом направлении, можно только исчерпать лимит итогов военных побед 60–80-х годов. Кто бы умный сказал, что делать после этого?

По скромному мнению автора, причина текущего состояния палестино-израильского конфликта не в генетическом противостоянии арабов и евреев. Или в том, что ещё очередные гении вместо генетики придумают. А в идеализме и полном отсутствии опыта реального государственного управления у израильской элиты. В итоге чего с тех пор как истеблишмент Израиля принял на вооружение теорию «территории в обмен на мир», он безуспешно пытается воплотить её в жизнь.

Кэмп-Дэвид, Мадрид, Осло и все последующие саммиты и переговоры – этапы этого бессмысленного процесса. Каждый из них позволяет очередному израильскому премьеру добиться лавров миротворца за счет национальных интересов, заложив основы нового, более глубокого и ожесточённого противостояния. Любопытно, что политику такого рода ведут как правые, так и левые партии, разница между которыми минимальна. На этой базе Шарон на рубеже веков и создал «Кадиму» – рыхлую «партию власти», составленную выходцами из «Ликуда» и «Аводы».

В свою очередь русскоязычные избиратели, настроенные против территориальных уступок и за сохранение системы социальной защиты населения, представителем которых стала партия «Израиль-Бейтейну» и ее лидер Авигдор Либерман, отличаясь электоральным прагматизмом, создали «право-левый» маятник. То есть премьером в современном Израиле становится тот, за кого проголосуют «русские».

Ортодоксы, традиционалисты (партия ШАС) и представители электорального «болота» – центристы, состав которых меняется от выборов к выборам, – как правило, голосуют за правительство в обмен на социальные блага, предоставленные их группе. И против него, если таковых не просматривается.

Особую позицию занял национально-религиозный лагерь. Его руководство, пытаясь не конфликтовать с правительством, растеряло электорат: поселенцев, академический истеблишмент и военных, выступающих против территориальных уступок за счёт безопасности страны. Как следствие, старый истеблишмент МАФДАЛа потерял место под солнцем именно в тот период, когда общественные настроения были на стороне его идеологии, – в пользу новых лидеров типа Нафтали Беннета.

При этом израильские СМИ, суды и прокуратура в большинстве своём сформированы из сторонников левых групп типа движения «Мерец», политическое будущее которых целиком связано с «процессом Осло». По мере сил реализуя заданную «миротворческую» программу, они осваивают гранты, природа которых в любом нормальном государстве вывела бы их за рамки лояльных граждан и оформила в качестве «пятой колонны». Но тут уже специфика израильской демократии, плавно переходящей в анархию, с элементами не то чтобы балагана… А впрочем, именно что балагана.

Современная израильская публика задает политическим лидерам неудобные вопросы. Пересматриваются не только итоги курса, которым Израиль движется с начала 90-х, но и такие ещё недавно незыблемые постулаты, как «наследие Рабина». Даже в его убийстве всё чаще обвиняют не «правых экстремистов», а соратников по партии, обеспокоенных тем, что Ицхак Рабин в качестве премьера мог замедлить реализацию «соглашений Осло». Хотя, вообще-то говоря, в элите Израиля нет ни понимания того, куда должна двигаться страна, ни где именно проходят «красные линии», которые она не может пересекать.

Можно сказать, что политика Израиля в отношении ближневосточного урегулирования – балансирование на проволоке с завязанными глазами. Оно преследует единственную цель: взять власть и удержать её в руках тех, кто за неё борется. Именно этим объясняется то, что такие политические авантюры «бывшей элиты», как «женевская инициатива» Йоси Бейлина, представителя левого лагеря, не занимавшего на момент её выдвижения никаких постов, никем не уполномоченного вести переговоры с палестинцами и о чём-либо с ними договариваться, воспринимались в ЕС как элементы реального политического процесса.

Понятно, что интересы страны не имеют ничего общего с израильской партийной политикой, которую характеризуют авторитаризм, вождизм, лоббирование в личных интересах, коррупция и засилье партийного аппарата. Как следствие, Израиль переживает кризис доверия населения к институтам власти. Критике подвергаются президент, премьер-министр, руководители ключевых министерств и государственный контролёр, руководство спецслужб и полиции, профсоюзные лидеры. Единственное, в чём расходится публика в отношении каждой из упомянутых фигур, – превалируют ли в их деятельности личные или групповые интересы.

Особенно заметна на фоне паралича элиты активизация общества, формирующего внепартийные группы и движения. Возможно, потому, что алия из бывшего СССР, коренным образом изменившая структуру израильского общества в 90-е годы, пополнилась репатриантами из Аргентины, Франции, Эфиопии и других стран, не являющимися автоматическими сторонниками той или иной партии.

В ходе насильственной эвакуации армией восьми с лишним тысяч поселенцев Газы сформировалась стратегия пассивного сопротивления. Так что к началу 2010-х годов активного сопротивления можно было ожидать в случае попыток эвакуации поселений Западного берега – «итканcута», а также Голанских высот. Однако события «Арабской весны», гражданская война в Сирии и противостояние с ХАМАСом после его формального объединения с ФАТХом свели вероятность такого развития событий к минимуму. Кто, кого и откуда в такой атмосфере будет в Израиле выселять?

В то же время риск дестабилизации внутриполитической обстановки в Израиле в ходе его размежевания с палестинцами высок вне зависимости от территориальных уступок. И здесь имеет смысл вспомнить, что Израиль является непризнанной – «теневой» – ядерной державой, которая заслуживает значительно большей вежливости в отношении к ней со стороны мирового сообщества, чем это принято. Так что эвакуировать четверть миллиона хорошо вооружённых поселенцев, не говоря о жителях еврейских кварталов Восточного Иерусалима, невозможно физически, независимо от того, какие обещания, кем и кому именно были или будут даны в будущем.

Армия, учитывая негативный опыт «итнаткута», ухода из Ливана, Второй Ливанской войны и операций в Газе, не поддержит в этом правительство. Хотя ЦАХАЛ готов к новым масштабным операциям по зачистке Газы, кампании против Сирии или атаке на иранские ядерные объекты. Тем более что экономика Израиля, как показала Вторая Ливанская война 2006 года, модернизирована настолько, что развивается даже в условиях военных действий и противостояния терроризму.

Вопрос в том, готово ли к силовым сценариям руководство Израиля и не попытается ли оно в критический момент переложить ответственность за безопасность своей страны на Америку. Чему прохладное отношение президента Обамы к выполнению союзнических обязательств США перед Израилем не способствует. Мир не видел такого разочарования евреев в американском президенте, как то, которое Барак Хусейн Обама спровоцировал политикой своей администрации. Ну, жизнь такая. Мало ли что его предшественники и он сам кому-то гарантировали…

В отсутствие стратегии действия руководства Израиля в сфере диалога с руководством ПНА определяет тактика. При этом палестинская сторона последовательно нарушает все свои обязательства, в том числе письменные, действуя против Израиля в одностороннем порядке в ООН, и это для неё ничем особым не кончается.

Израильтяне понимают, что говорить на палестинской стороне не с кем и в ПНА нет никого, кто мог бы выступить в качестве настоящего партнёра, но играют в игру «ничего не вижу, ничего не слышу». Поскольку никто в Израиле не понимает, что делать, если разогнать палестинское руководство. Управлять палестинцами, как в период «до Осло»? На это израильский истеблишмент не готов. Легко было уничтожить сложившееся с 1967 года силовое равновесие – попробуй восстанови его опять.

В промежутке между вспышками военной конфронтации левое израильское лобби, пытаясь реанимировать финансовые потоки, выстроенные в 90-е годы вокруг «процесса Осло», требует продолжения выплат ПНА средств, удерживаемых Израилем в оплату таможенных сборов и налогов с палестинцев, работающих в стране. Знает кошка... Но тут ничего не лечится.

Военный истеблишмент выступает за борьбу с террором, но левая часть его готова к «болезненным уступкам», требуя замораживания любой поселенческой деятельности. Отказываясь от прямого диалога с ХАМАСом, они пытаются наладить контакты с этим движением через посредников. При этом левые колеблются в выборе партнёра по диалогу, пытаясь то сохранить в этом качестве Абу-Мазена, то заменить его сидящим в тюрьме за террористическую деятельность Баргути, популярным на палестинской улице.

Правый лагерь добивается развития поселений, отказа от передачи Голанских высот Сирии, присоединения к Израилю поселений и долины реки Иордан. Осуждая «процесс Осло», он отказывается от диалога с ХАМАСом, хочет минимизировать экономические связи с ПНА, зачистить Газу и вернуть ЦАХАЛ в «Филадельфийский коридор» на границу с Египтом. Наконец, он требует лояльности израильских арабов государству или лишения их гражданства этого государства.

Ультралевые группы полагают необходимым снос не только поселений, но и «стены безопасности», полный уход с территорий и возвращение Сирии Голанских высот. Плюс отказ Израиля от ядерного статуса в обмен на «гарантии безопасности со стороны мирового сообщества». С их точки зрения, диалог с ХАМАСом и «Хизболлой» необходим так же, как отделение религии от государства и расширение финансирования ПНА Израилем. Без комментариев.

Секторальные же израильские партии, в случае выделения средств на их приоритетные проекты, поддержат правительство вне зависимости от своей предвыборной платформы. Что типично для всей истории израильской политической системы. Хотя впервые система эта столкнулась с трезвым пониманием значительной части населения того простого факта, что кто-то в ней таки фраер. Или правительство и олицетворяемое им государство. Или политики. Или Народ Израиля – то есть электорат. И не сказать чтобы электорату было безразлично, держат его за фраера или нет. Евреи вообще народ обидчивый. И памятливый. Что видно хотя бы по Торе и Талмуду…

Сколько нужно президентов?

В Америке президент – на самом деле президент. Символ и лидер нации. Хотя, конечно, есть Конгресс, и пресса, и Верховный суд. И в случае чего они его поправят. Моника Левински там или война в Ираке… Опять-таки в Штатах все прекрасно знают, что бывают президенты умные и глупые, сильные и слабые. Но шоу должно продолжаться, и оно продолжается – третий век идёт, между прочим.

Свои законы, свои ограничения, свои несообразности вроде системы выборщиков, но способностей к эволюции у этой системы не отнять. Католик не может стать президентом (и ведь не мог – антикатолические настроения в Америке доминировали на протяжении всей второй половины XIX века)? Так вот вам Кеннеди. Быстро убили, но ведь был избран! Негр никогда не станет президентом? А вот вам Обама, получайте удовольствие. Осталось избрать разве что женщину, еврея, гея, русского и китайца. Для полноты ассортимента и завершения торжества американской демократии.

В России президент – много больше, чем просто президент. На худой конец он царь. А по большому счёту – император. Самодержец Всероссийский. Отец нации. Надёжа и опора. И не «орёл наш дон Рэба», а, судя по Крыму, самый что ни на есть Верховный главнокомандующий. Демиург и распорядитель кредита доверия. Гарант Конституции и символ того, что она вообще есть. Нравится это, не нравится…

Ну, тут, понятно, много чего и помимо него понаверчено: Государственная дума там, Центризбирком, Совет Федерации, Верховный суд и прочие демократические инстанции. Кому б от той демократии был толк… Где-то на подтанцовке – пресса. Много более независимая, чем о ней думают, оттого что она как Украина: от неё ничего не зависит. Пиши и говори, сколько хочешь. Хоть весь упишись. Но толку – как было при СССР, так, в общем, и осталось. Даже меньше. Однако же бывает и много хуже в этом мире.

В Израиле президент – что-то вроде Британской королевы. Не Елизаветы и тем более не Виктории, а нынешней. Должность символичная, престижная. Заповедник для пожилых честолюбивых политиков или нечестолюбивых и позитивных «пятых колёс до возу» при сильном премьер-министре. Такой почётный Белый Кролик в Зазеркалье.

Кто из читателей не в курсе – это Льюис Кэрролл. «Алиса в Стране Чудес». Есть такая книга в мировой литературе. Написана, когда сегодняшнего Израиля не было и в помине. Но многое там как будто списано с него. По крайней мере похоже. Во всяком случае, королевская игра в гольф с фламинго и ежами – стопроцентно формирование израильской правительственной коалиции. Пока ты как следует прицелился, партнёр уже сбежал и роет что-то под кустом себе на ужин. Ну и ещё по мелочи. Но это о другом.

Специфика Израиля в том, что там каждый первый – потенциальный президент. И если б только у него было время – не отвлекали дети или внуки, не нужно было кормить семью или болеть за любимую футбольную команду, не очередная война или очередная склока с соседями, – он бы всем показал, как нужно управлять страной. Очень народ политизированный.

Вообще-то это издержки всеобщей грамотности, умноженные на долгое пребывание на планете и хорошую историческую память. Плюс темперамент. Минус понимание того, что человек на самом деле собой представляет. Не тот, который «звучит гордо» или «ищу человека». А именно данный конкретный персонаж, горячо обсуждающий и осуждающий, будучи полностью уверен, что он точно знает, «как надо».

На что это похоже? На сумасшедший дом это похоже. На цорес и гармидер. На пожар в одесском борделе во время наводнения – если б в Одессе бывали наводнения. На жизнь в Израиле это похоже, и ни на одну страну больше. По крайней мере нормальную страну. Чтоб они все, нормальные, были все здоровы. Жизнь эта напоминает итальянское кино эпохи неореализма, перемещённое из Северного Средиземноморья в Средиземноморье Восточное. Левант Левантом, а какая разница!

Ладно ещё, когда в стране первое лицо никакой не президент, а премьер-министр, хотя правительства меняются с такой же регулярностью, как времена года. Да и парламентские выборы проходят сплошь внеочередные. Ну никак не держатся в Израиле правительства. Летят досрочно. Одни сменяются другими, те третьими – и это уже правило, с которым страна смирилась и сжилась. Никто даже не понимает, что делать, когда выборы проходят в срок, так это непривычно. Как, впрочем, и в Италии. Темперамент один, что ли?

Но, в отличие от Италии и Франции, а также прочих стран Евросоюза, Израиль – страна воюющая. Причём, чем больше он от войн пытается уйти и их избежать, тем меньше ему это удаётся. Позволим себе предположить, учитывая, кто у него в соседях и что у самих этих соседей творится, что так оно и будет до скончания времён. А когда полстраны фронтовики, а все, кто не фронтовики, – их семьи и соседи, ты ими давай, покомандуй. Очень интересно на это посмотреть со стороны.

Как там назвал Израиль ядовитый и точный в определениях Эфраим Севела, после чего на него в этой стране обиделись? Страна вооружённых дантистов? Ну да. Такая хорошо вооружённая разговорчивая и экспрессивная страна. Полная пикейных жилетов, в свободное от болтовни, размахивания руками, беспорядочной личной жизни и поджаривания кебабов, аппетитно поедаемых под пиво с круглыми питами, салатом, жаренной во фритюре картошкой и хумусом, время выполняющих функции танкистов. Лётчиков. Десантников. Артиллеристов. А что им ещё делать? Или ты врага подстрелишь. Или он тебя. Места такие.

И вот ты в этой стране президент. А там, напомним, каждый президент. Поскольку это не Россия, не Франция и не США – Израиль. Что с этим делать? И вот тут начинается интересное. Каждый ищет своё. И обязательно находит. Причём не обязательно в виде хобби – выращивания цветов, аквариумных рыбок и кактусов. Но и в политике. На худой конец, в околополитической деятельности.

Активность израильтян в этих сферах сильно раздражает. Но завораживает. Драйв и кайф, с которыми граждане этой единственной в своём роде страны погружаются во все её проблемы, – бич политического истеблишмента, но именно эти граждане становятся спасением государства. В прямом смысле. Как во Вторую Ливанскую войну, в ходе которой выяснилось, что израильская служба тыла всё, что могла провалить, провалила, зато все, кто мог кому-то помочь, активно этим занимались.

Тащили к себе из зон обстрела в центр страны родственников и друзей. И незнакомых людей, с которыми только что познакомились в социальных сетях. Подвозили одиноким старикам воду и лекарства. Организовывали летучие команды мотоциклистов, которые в свободное от работы время заменяли собой ушедших на фронт почтальонов и курьеров. Причём всё это делалось абсолютно добровольно именно потому, что в стране каждый президент. То есть, говоря высокопарно, её население обладает высокоразвитым чувством гражданской ответственности.

Может, оно действительно так и надо? Точнее, может, оно только так и надо? В конце концов, в чём смысл жизни человека? Чтобы только себе и в крайнем случае своим? Или чтобы вокруг у всех всё было более или менее нормально? То есть понятно, что кому как. Но при всех издержках израильской жизни в такие моменты понимаешь, что такое «один за всех и все за одного». Причём от состоятельности или её отсутствия это не зависит. И старинная поговорка, что у богача сердце твёрже камня, тут не работает.

У автора довольно много знакомых еврейских миллиардеров. Не миллионеров – этих что грязи. А именно миллиардеров. Больших парней из списка «Форбс». Живут они все в разных странах: в России, США или Израиле. Некоторые в Европе. Так уж получилось. Прихотливая судьба записного общественника и активиста, прогнав через комсомол, оперотряды и много что ещё, завела автора в еврейскую общественную жизнь. Где он на много лет застрял – до самого Российского еврейского конгресса, первым председателем совета директоров и третьим президентом которого был.

Сие тема совсем отдельная. После Владимира Гусинского и Леонида Невзлина, сиречь «Моста» и ЮКОСа, в первое президентство Владимира Владимировича Путина место это считалось расстрельным, и на него никто особо не претендовал. Вот товарищи по организации туда автора и воткнули – по принципу, что если что случится, так скрипач не нужен и его не жалко... Соответственно, раз уж РЕК был не только общественной организацией, но и фондом, без денег ему было никак. Надо же было что-то раздавать старикам, учёным и раввинам. Откуда и предприниматели.

Они ранжировались в соответствии с дотациями. Как это в еврейском мире и принято. Кто дал поменьше – один статус. Кто побольше – другой. С миру по нитке… Хотя бюро президиума ежегодно выкладывало по четверти миллиона зелёных американских рублей на человека. В начале процесса. И почти по четыреста тысяч – в конце пребывания автора в помянутом руководстве организации. Поскольку в стране имела место быть инфляция, а в Конгрессе – рост масштабов деятельности. Благотворительность вообще довольно дорогое дело.

Так вот, давали эти деньги точно так же. С драйвом и кайфом. Легко и непринуждённо. Практически все под честное слово, хотя и с оформлением по правилам финансового оборота и российского законодательства. Но – «мужик сказал – мужик сделал». Слово – как подпись на векселе. Хотя и с пониманием того, кому, зачем и на что именно дают. Ну был там оперативный резерв, но ведь свет сошёлся клином не только на евреях. Другим, которые неевреи, тоже надо. Так что тратили с душой – и с головой.

На казачьи сёла, подтопленные на Северном Кавказе, – раздавать ездил лично главный раввин России Адольф Шаевич. На сирот, в том числе военных – шли войны в Чечне. На талантливых студентов-израилеведов – именно нееврейских. Поскольку за евреев платил «Фонд Ротшильда» и прочие профильные национальные структуры, а способные дети из бедных семей не виноваты, что высшее образование в стране превратилось в кормушку для университетского начальства. Но это всё особый разговор и тема для отдельной книги.

К чему всё вышесказанное вспомнено: среди людей, которые благотворительности не чурались, хотя и без каких-либо конгрессов, был Гайдамак. Не представитель славного сословия повстанцев XVIII века, полубандитов-полугероев, чьи подвиги прославлены украинским фольклором, а Аркадий Шмуэль-Лейбович. Самый что ни на есть еврей.

Его биография могла бы послужить Александру Дюма в качестве источника для написания десятка авантюрных романов. Ибо в ней было всё. Франция и Израиль. Россия и Казахстан. Войны на Балканах и гражданская война в Анголе, в завершении которой в пользу ангольского правительства он сыграл едва ли не решающую роль. Ордена и попытки ареста. Большие деньги и большой риск.

Очень неординарный человек. Пытавшийся стать мэром Иерусалима, что торпедировал весь израильский истеблишмент, не терпящий сильных новичков, играющих по своим правилам, по этому случаю против него объединившийся. Хотя тенденцию – мэр из числа предпринимателей, а не чиновников, отставных генералов и политиков – он уловил абсолютно точно. Спонсировавший десятки проектов, программ и учреждений – часто без малейшей благодарности. Странно доверчивый по отношению к людям, иногда не заслуживавшим этого.

Так вот, Гайдамак после начала Второй Ливанской войны, в ходе которой волонтёрское движение охватило весь Израиль, открыл свой собственный, лично им финансируемый – и немаленький – лагерь, в котором могли жить люди из обстреливаемых районов. То есть в личном качестве заменил собой службу тыла в масштабах крупного военного округа.

В этом лагере были не только места для временного пребывания и питания. Но вообще всё, что в таких случаях необходимо. Охрана и служба безопасности. Медпункт и детская площадка. Организованный досуг для лиц всех возрастов. И прочие тридцать три удовольствия. Получил он с этого что-нибудь, кроме головной боли и траты очередного мешка с деньгами? Чёрта с два. Ну и зачем ему всё это было нужно? А низачем. Чтобы было именно так, а не иначе. Очень характерное, типично еврейское поведение.

Еврей – и, соответственно, израильтянин, – как правило, к чему-то привержен. Что-то любит. Что-то или кого-то ненавидит. И непременно реализует это на практике, часто не в одиночку. Собственно, именно потому, что евреи – народ, в котором идеи и воззрения часто претворяются в организованные группы, движения, религиозные и политические партии, которые живут бесконечно долго, и возникла поговорка о том, что в еврейском мире структуры только возникают – закрыть их невозможно.

Каждый еврей немножко президент – качество, которое возникло не вчера. Каждый еврей немного Авраам, Моисей и Яаков. Или пророчица Дебора – если речь о дамах. Немного судья или пророк – перечислять можно до морковкина заговения. Много их у евреев было. И немного царь. Саул, Давид или Соломон в лучшем случае. Иеровоам или Ирод в худшем. Чуть-чуть фарисей и патриарх – хорошо ещё, если добряк и умница Гиллель, а не мрачный угрюмый Шаммай, не любивший ни самого себя, ни род людской.

В каждом еврее сидит теолог и религиозный лидер – Рамбам или Раши, рав Кук или Ребе Шнеерсон. Есть что-то от революционера – Троцкого или Свердлова. Какие-то гены дают еврея-бандита – Багси Сигала, Меира Лански или Мишку Япончика. Или чекиста – Бабель знал их всех поимённо. Генерала – от Якира до Шарона. Учёного – Эйнштейна или Ландау, тут выбор зашкаливает. Финансового гения или гения предпринимательского дела – Ротшильда или Фридмана, Блаватника или Якобашвили, всё равно.

Каждый еврей отчасти писатель. И хорошо если это братья Стругацкие или Веллер, а то ведь в ком только не прорезается писательский зуд. Кто его знает, к чему он приведёт. Или музыкант – не Рубинштейн, так Ойстрах. Юморист, как Райкин, Кишон и Жванецкий. Маэстро песенного жанра или киноартист, как Утёсов и Бернес, Дастин Хоффман и Грегори Пек. Ну, в общем, читатель понял.

Президентство – привычное для еврея занятие. Отчего и вечная привычка советовать из лучших побуждений. Вообще такое впечатление, что еврей готов советовать кому или чему угодно. Партии, которая была в СССР наш рулевой, и любой партии власти, которая её в этом качестве заменит. А также партии-аутсайдеру, которая хочет чем-то стать, но никак не может. Потому что «не выходит каменный цветок».

Еврей будет советовать мелкому бюрократу и крупному чиновнику. Откуда в генерал-губернаторстве Виленском и была при царе должность «умный еврей при губернаторе». Которая у турок так и называлась – «хахам-баши». Что переводится примерно так же, поскольку хахамы – это еврейские мудрецы. То есть евреев и их советов турецкие султаны не чурались…

Еврей, хоть тресни, будет советовать, подсказывать и рекомендовать египетскому фараону, персидскому царю царей, римскому императору, королю и могольскому султану. Премьер-министру, президенту, собственной тёще и соседу по даче. Натура у него такая. Привычка помогать. Нужно, не нужно. Хотят этих его советов или не хотят. Раздражают они или воспринимаются с благодарностью.

Не случайно автор, знакомый с этой особенностью собственного народа, написав книгу «Если б я был русский царь», подзаголовок которой обозначен как «Советы президенту», отметил, что главное, что нужно сделать, чтобы президенту помочь, – не лезть к нему с советами, если он их сам не просит. Некогда ему в них разбираться. Недосуг. Хотя советчикам, если это настоящие советчики, что в лоб, что по лбу. Такая специфика жанра. И обижаться на них бесполезно.

Кстати! Не от евреев ли набрался американский Госдепартамент, который упорно лезет во всё и советует всем на планете? И не привычка ли советовать человечеству, как ему одеваться и готовить гамбургеры, молиться и воевать, строить государство и торговать, воспитывать детей и вести половую жизнь, – следствие восприятия себя Америкой как пупа земного? Что она со всем простодушием плохо воспитанного, но доброжелательного отца большого семейства и пытается нести неблагодарному миру – чадам своим и домочадцам.

Отчего ей так трудно и непривычно с Израилем, который все эти советы пропускает между ушей, Россией, которая сама себе режиссёр, и Китаем, выслушивающим нотации США со снисходительностью старого мудрого дракона, позволяющего молодому наглому щенку на себя подтявкивать. Что вызывает американо-израильские кризисы, провоцирует холодную войну между Москвой и Вашингтоном и даст много интересного в будущих отношениях Вашингтона и Пекина.

Отметим напоследок – как делал Дейл Карнеги в своей великой книге, которую в России в 90-е перечитало полстраны, отмечая в конце каждой её главы основное. Каждый из евреев – чуть-чуть президент. Каждый! Откуда то немного напоминающее анархию состояние израильской политической системы и израильского общества, которое можно наблюдать в этой стране.

И как ни странно, именно это состояние позволяет ей выстоять в условиях, которые похоронили бы более жёсткую систему. Что особенно любопытно для обитателей одной из таких систем, в столице которой как раз и пишется эта книга. Хотя… Кто там сказал, что строгость российских законов сильно смягчается необязательностью их выполнения?

Творожная революция и мировой финансовый кризис

В те дни, когда автор сидел над настоящей книгой, человечество – и его самого – отвлекали от прочих проблем события на Украине, плавно перешедшие из провинциального путча в новую холодную войну. Операция «Нерушимая стена» в Газе, в ходе которой весь Израиль оказался под огнём. Наступление боевиков «Исламского государства Ирака и Леванта» на Ирак, в результате которого это государство как единое целое перестало существовать, зато, как чёртик из коробочки, на свет Б-жий явился независимый Курдистан – всего-то через сто лет после того, как «мировое сообщество» это курдам пообещало.

Хотя более того отвлекала автора экологическая катастрофа местного масштаба, в рамках которой часть «Подмосковной Швейцарии» – Истринского района Московской области, где он построил небольшую усадьбу в стиле «русский модерн», – стала напоминать плохо прибранную помойку. После чего автор и его соседи получили возможность оценить работу теоретически существующих в области природоохранных органов, а также милиции, прокуратуры и местной власти в ходе их встречи с предпринимателем Юрием Валерьевичем Брусенцовым, имя которого в книге заслуживает упоминания не меньшего, чем Ясира Арафата. Ибо крови у жителей деревни Леоново и лично у автора он выпил больше.

Благодаря всему перечисленному книга запоздала в издательство минимум месяца на три. Однако Крым отошёл России, Украину уже не спасти, Россия более не интегрируется в Европу и вообще никуда не интегрируется – наконец-то сама-сама. Хотя головной боли с западными санкциями у неё будет много, на десятилетия. Ираку конец. Афганистану конец настанет после того, как оттуда уйдёт американская армия.

Что до Израиля, он или отобьётся от террористов, или под давлением миротворческой и дипломатической международной общественности пойдёт с ними на перемирие. То есть максимум через два-три года война в Газе начнётся опять. Судьбу же вырубленного в Леоново леса и заваленной речки ведает один Г-дь Б-г – и немного сражающееся за них население.

Но это всё о внешнем. Всё проходит, и это пройдёт, сказал классик. Правильно сказал. А между тем в Израиле, в промежутках между войнами и терактами, жизнь кипит, бурлит и колосится. В воздухе носятся идеи. Скрещиваются мнения. Каждый второй – гений. Да и первый, если присмотреться… Когда только успевают все эти люди жениться и рожать детей, не говоря уже о том, чтобы выпивать и закусывать квантум сатум? По потребности, если следовать кухонной латыни, которая с отменой в Советском Союзе классического гимназического образования сменила строгий язык Цицерона и Сенеки на отечественных просторах…

Так вот, насчёт закусывать. Поскольку про выпивать – воздержимся. Ибо начальство с рвением, которое внушает смутные подозрения насчёт его, начальства, способности хоть к чему-то путному, озаботилось в России нулевым промилле. Отменит его Дума или нет, никто не знает. Однако нарываться на очередной виток цензурного маразма автор хочет так же, как хотел бы себе головной боли, ломоты в костях и воспаления седалищного нерва одновременно. То есть никак.

Откуда следует: ни слова об алкоголе. О водке «Кеглевич», дешёвой, но полюбившейся отечественным политикам начала 90-х, которые в Израиле пили именно её, презрительно отвергая дорогие шведские сорта. Чем повергали в изумление ресторанную обслугу и заставляли зеленеть от стыда дипломатов. О холодном пиве, столь восхитительном в жару с маленькими пирожками-бурекас с сыром и шпинатом.

Не говоря уже о только что снятом с огня кебабе с перцем и хацилим – баклажанной пастой-пюре. Не будем говорить об арабской анисовой водке – араке, мутно-белой в момент употребления, после того как её разбавят водой. Хотя её вкус на любителя, которым автор не является. Навеяло из Жванецкого, что ли? «Унесите всё… и мы лучше подохнем на этом турнике»… Великий человек!

Поговорим о еде. Однако, поскольку об израильской еде говорить можно бесконечно и тема эта неисчерпаема, хотя и многократно раскрыта в книгах куда более талантливых и плодовитых писателей, чем автор, включая лучшую из них, «Книгу о вкусной и нездоровой пище, или Еда русских в Израиле» пера незабвенного, но покойного Михаила Генделева – поэта, солдата, бонвивана и кулинара, – поговорим о еде в политике. Такое тоже бывает.

Может ли коробочка творога «коттедж» опрокинуть правительство? Точнее, почти опрокинуть? Ну это смотря где. В Израиле может. Хотя, отдадим должное правительству, оно таки устояло. И справилось с творожными бунтами, ограничив их распространение тель-авивским бульваром Ротшильда и не дав перевести их в творожную революцию. Что на полном серьёзе на глазах у ошалевшей от такой наглости страны пытались реализовать творческие массы левой интеллигенции, озабоченной несколькими жизненно важными для Израиля моментами.

Во-первых, она, эта самая интеллигенция, потеряла монополию на власть. «Чёртовы русские», как нервно сказала как-то автору пребывавшая в постоянном художественном беспорядке дама с какой-то кафедры Тель-Авивского университета, когда очередной её запрос на грант в очередное министерство не получил там немедленного одобрения. Напротив, получил он там то, что в отечественном фольклоре именуется «полный отлуп». За бессмысленность, вторичность и отсутствие в её работе хоть какого-нибудь толку – но кого это могло утешить!

Во-вторых, у неё, левой интеллигенции, элементарно кончились «старые деньги». То есть были проданы все «бабушкины квартиры» и всё, что с них было получено, – проедено. А приватизация шла мимо кассы. По крайней мере – *этой* кассы. Не то что в добрые старые времена, когда с одного непыльного хлебного места можно было плавно переместиться на другое. Зайти на чай к дедушкиному другу или дядиному фронтовому товарищу. Повесить старику тазик лапши на уши – и получить своё. Обидно, сил нет.

Наконец, в-третьих и в-главных, перспектив был ноль. Новая власть перестала искать у профсоюзов одобрения и начала бороться с портовой, железнодорожной, диспетчерской и прочими мафиями. Причём в этом ей сочувствовала вся страна – естественно, кроме тех, кто терял монополию на всеизраильский шантаж в пользу своего отраслевого клана. Она, эта власть, не делила страну на более или менее равные ломтики между классово близкими, а давала привилегии реальным инвесторам. Вписаться в ряды которых у внуков старого ишува, потомков отцов-основателей, было не с чего. Поскольку гей-парады-то они освоили, но с реальностью у них было плохо. Да и работать они не любили.

Природа и на детях часто отдыхает. А уж на внуках… Евреи тут не исключение. И в Израиле они не исключение. И в Америке. И в Европе. Разве что перетряхнёт всё так, что становится не до интеллектуального багажа и наследства поколений. Но тут у человека стержень должен быть. Чтобы сжал зубы и прорвался. Получил своё собственное место под солнцем, а не пробавлялся тем, что досталось по наследству. На что не все способны. И не все хотят.

Однако при всём том солнце встаёт и садится, день и ночь сменяют друг друга и в Израиле, и вокруг него, а денег хочется. Что есть парафраз старинной народной песни «Любовь приходит и уходит, а кушать хочется всегда». А власти в руках у близких, знакомых и родственников нет и, похоже, уже не будет. И вот тут – что делает еврейский левый интеллигент в Израиле? Сначала он изобретает мирное урегулирование и под это дело на плечах восторженной публики проходит в дамки. Ездит по миру, обменивается визитками, выдвигает инициативы и становится министром. Хорош-шо пошла!

Потом дело сбоит. Начинается непонятное – с перетыку на переляк. Потом вообще всё останавливается. А там становится ясно, что и его надули, и страну надули. И надо не носить его на руках, а гнать поганой метлой, в том числе из власти. Что медленно, но шаг за шагом происходит. Быстро не получается, народ в стране наивный до слёз, отходчивый и на чудо надеяться привык. Но чудес всё нет и нет, а терроризм есть, и левые теряют своё кровное уже совсем без перспектив вернуться к кормушке.

А на дворе при этом мировой экономический кризис, которого никто из них не ждал. Нет, они, понятно, патриоты. И в глубине души понимают, что Израиль не Греция и не Исландия, которым совсем тошно. Еврейское государство с проблемами справляется, но это не их заслуга. Их – это такое состояние страны, в рамках которого каждая война – экономическая катастрофа, а мировая рецессия – хлад и град, мор и холера Б-жьи, в которых никому не уцелеть.

Однако, как не использовать сложившуюся ситуацию? И на бульваре Ротшильда – где же ещё, если процессы экономические! – возникает палаточный городок протеста. Правда, причина этого протеста напоминает анекдот про то, что люди с жиру бесятся, так они с него и в самом деле бесятся. Однако пресса им сочувствует. И профсоюзы сочувствуют, солидарны и готовы всячески поддержать. И оппозиционные партии мысленно с ними. Хотя светиться в их рядах депутаты от оппозиции как-то не очень готовы. На что причин у них много, и все как одна веские.

Проблема в том, что все маргинальные протесты тут смешались в один, и какие-то они неубедительные. Кто-то ходит под красным знаменем в майках с Че Геварой и требует немедленного наступления марксизма-ленинизма в отдельно взятом за жабры Израиле. Чем насмерть отпугивает выходцев из СССР, которые в этом кино уже были и едва-едва из него выбрались. Кто-то настаивает на свободе употребления лёгких наркотиков. «Алей Ярок» эта не прошедшая в Кнессет партия любителей марихуаны называлась. Мило и даже экологично. «Зелёный листок», стало быть. Но главное – творог.

Так получилось, что израильтяне едят много молочного. И зернёный творог, он же «коттедж», является продуктом широко распространённым. Не настолько, как хумус или пита, без которых стол израильтянина скуден и пуст, но всё-таки едят его многие. И вот то ли какие-то исследования показали (кто и когда их проводил, непонятно), то ли каким-то исследователям показалось, что цена на этот самый творог безбожно завышена. И даже неясно, магазины её завышают, торговые сети или производитель – корпорация «Тнува», но это непорядок, жить с которым просто совсем уже невозможно.

Откуда мораль: правительство в отставку. Долой эксплуататоров-капиталистов. Власть народу, творог потребителю. Не дадим пить кровь трудящихся. Остановим грабительскую приватизацию. И много что ещё. Звучит как издевательство, но ведь на самом деле было так. И если почитать израильскую прессу, именно эта бульварно-творожная клоунада была главным и определяющим, что решало, есть у Страны Израиля будущее или его нет.

Тут можно сколько угодно крутить пальцем у виска. Поскольку власть такая хитрая материя, что потерять её можно на чём угодно. Хотя бы даже и на творожке, которому вся цена – ноль без палочки. По крайней мере в Израиле. Где часто всё решают на выборах не проценты, а доли процента. Ветераны и зубры политических баталий могут проиграть на партийных праймериз непонятно откуда взявшимся авантюристам. Избиратель привык выбирать из нескольких десятков партий, и вовсе не факт, что он не выберет чёрт-те кого.

Точнее, он практически наверняка выберет чёрт-те кого. И потом с этими людьми надо будет как-то уживаться в одном правительстве до следующих выборов, когда их партия с вероятностью, близкой к ста процентам, исчезнет в пространстве, уйдя в историю. Поскольку то, что в мире набирает обороты глобальный финансовый кризис, в палатках протеста на бульваре Ротшильда никого не волнует. А волнует их: попасть в прессу – это раз. Нагадить правительству и лично премьер-министру хоть чуточку – это два. Сказать своё, заветно-бессмысленное, кому-нибудь, кроме жены и двух-трёх собутыльников, – это три.

Ну и довольно. Поскольку в победу над правительством никто из них не верит и что с ней делать, если вдруг правительство падёт, не представляет. Повторим: сюжет раскручен прессой, но протестующие – маргиналы. Программы у них нет. Планов, достойных хотя бы пятиминутного рассмотрения, нет. А есть большое раздражение и желание публично выпустить пар. Что все они в конечном счёте и делают. Пока жильцы окрестных домов, которым надоедает этот передвижной табор и сопутствующий ему бардак, не достают полицию и муниципалитет так, что лагерь протеста сворачивают.

Параллельно цены на «коттедж» снижаются до нормального уровня. Правительство же не без интереса запускает механизм, который позволяет ему хотя бы на первичном уровне понять, что происходит с потребительским рынком. Не только с творогом или, к примеру, с молоком. Но и с квартирами, цены на которые выросли действительно безбожно, так что купить себе жильё израильские молодожёны уже не могут ни в какую рассрочку. И с прочими товарами первой необходимости. То есть кое-какая польза от всего описанного всё-таки присутствует.

Правда, есть она для всех, кроме организаторов творожной революции. Поскольку они не только не прорвались к власти и не сбросили министров-капиталистов, но добились как раз обратного эффекта. Проверки выявили, «кто сказал мяу». И оказалось, что монополии просто в очередной раз решили заработать на населении страны. А поскольку монополии в Израиле являются наследственными доменами левого истеблишмента, то и драконить их нужно было, по мнению правительства, давным-давно. Начиная то ли с Управления портов, то ли с Управления железных дорог, то ли с Электрической компании – «Хеврат Хашмаль», в которой вообще коммунизм настал. Для её работников и, главное, для её руководства. Ну вот и повод. Спасибо «творожникам»!

Процесс пошёл, и кто в нём виноват? А теперь уже никто. Палатки на бульваре зачем-то ставили? Ставили. На правительство давили? Давили. Ну и не обижайтесь. А результат никто под желаемый для протестующих масс подгонять не обещал. Тут уж как вышло. Что в полной мере характеризует израильскую демократию. Поговорить – пожалуйста. С большим человеческим удовольствием. Похулиганить в меру – сколько угодно. Что до того, какие будут оргвыводы…

Отметим: кризис был на самом деле. И кое-где он всё ещё идёт. А кое-где он только начинается. Шатаются гиганты. По сравнению с Израилем переживающие не самые лучшие свои времена Италия или Испания – страны первого ряда. Хотя они ни с кем не воюют, терроризм в них редок и не идёт ни в какое сравнение с израильским и они могут рассчитывать на кредитную подушку Евросоюза, которую еврейскому государству никто не предлагает и предлагать не намерен.

Однако государство это умудряется как-то со всем справляться. С кризисом. Войнами. Террором. И даже с собственным внутренним халоймесом. Который для него куда хуже, чем кризис, войны и террористы, вместе взятые. Причём справляется не без изящества. Что заставляет поневоле вспоминать отечественные протесты на Болотной площади и явно неадекватную реакцию на них – с обеих сторон.

С одной – зашкаливающий восторг. Хотя собрание коммунистов, анархистов, фашистов, националистов, исламистов, сторонников однополых браков и вылетевших из властной обоймы «бывших», слегка разбавленное творческой интеллигенцией, производило эффект настораживающий. По принципу: и те, которые есть, плохи, но если эти придут… С другой – странно выглядели толпы вдруг откуда-то взявшихся горячих сторонников власти. Неубедительно выглядели. И собирал их незнамо кто. Творогом они занялись бы, что ли? Хоть вместе. Хоть порознь. Глядишь, и страна бы процветала. Кризис же. Экономический.

Хотя, как выяснилось после того, как зашаталась Украина, не всё то кризис, что кризисом зовут. Как выяснилось после исторического Майдана, санкции – экономические, технологические и политические, не только израильский специалитет. И перестрелки на границе с использованием артиллерии и танков. О беженцах и вовсе умолчим…

Глава 6

Об ооновском цирке на конной тяге

Израиль как еврей среди наций. Кому нужна ООН и почём она – оптом и в розницу. Антисемитизм как основа прав человека. Дураки – старые и не очень

Израиль как еврей среди наций

Как уже сказано, глобализация исламистского радикализма и терроризма привела к тому, что Израиль превратился для их сторонников в идеальный тип врага, «еврея среди наций», как грубо, но точно сказал в своё время Исраэль Зингер – многолетний глава исполнительного аппарата Всемирного еврейского конгресса. Усилия антиизраильского лобби в ООН и других международных организациях закрепили этот образ до состояния классической матрицы.

Историческим рубежом, поставившим мировой антисемитизм в форме антисионизма на прочную юридическую и бюджетную основу, превратив его в часть официальной политики мирового сообщества, стала проведённая в 2001 году в южноафриканском Дурбане конференция ООН по расизму и ксенофобии. Скандал, помнится, был большой. Однако процесс пошёл.

Последующие мероприятия ООН, вроде конференции в Женеве, закрепили тенденцию, отдав структуры, эксплуатирующие темы ксенофобии и расизма, в руки антиизраильского лобби. При этом вся борьба с превращением этих структур в новый «Дер Штюрмер» пошла прахом: первым своим решением конференция в Женеве одним пакетом приняла все антиизраильские резолюции Дурбана. К слову, в бюджете, принятом ООН в декабре 2007 года, были заложены расходы на проведение в жизнь этих самых решений. Сумма была не то чтобы запредельная, но достаточная – более шести миллионов долларов. Американских – не канадских, не австралийских и тем более не новозеландских.

Доминирование в арабском и исламском мире и распространение за его пределами массовой культуры, использующей образ Израиля как символа мирового зла и главного врага человеческой цивилизации, – реальность сегодняшнего дня. При всём желании автора найти здесь повод для оптимизма, он не находится, хоть тресни. Исламофашизм, как и идеология Третьего рейха, распространяет с помощью новых технологий штампы и стереотипы, которые использовало ещё ведомство д-ра Йозефа Геббельса для борьбы с «всемирным еврейским заговором». В том числе адаптированные для детской – любого возраста, а также подростковой аудитории. Через музыкальные клипы и мультипликацию, интернет и комиксы, телевидение и печатные СМИ внедрить в мозги молодняку можно что угодно.

В нагнетаемом в глобальных масштабах массовом психозе демонизацию Государства Израиль дополняет традиционный образ еврея – эксплуататора и заговорщика. Запад тут выступает как «агент мировой закулисы» и «крестоносцы», а лидеры стран исламского мира – как «вероотступники, безбожники и слуги сионистов и крестоносцев». Именно эта эсхатологическая картина мира определяет воззрения нового поколения палестинцев и формирует установки, которым будет следовать палестинская молодежь.

Вообще-то говоря, палестинский вопрос в мировой политике возник как продолжение и зеркальное отражение вопроса еврейского. Классический политический антисемитизм нашел свое продолжение в антисионизме, а фашистская идеология и пропагандистская практика XX века в веке XXI составили основу агитационно-пропагандистского и идеологического комплекса исламского мира. Распространён он во всех социальных слоях, от жителей сельской глубинки и городских окраин до образованного среднего класса и элиты.

Евреи и Израиль занимают в этой субкультуре место главного врага, а палестинцы – невинной жертвы. Историкам и культурологам хорошо известно, что роли такого рода и связанные с ними стереотипы в политической и культурно-религиозной мифологии устойчивы на протяжении длительных периодов. Они могут пережить и ситуации или персонажей, давших им начало, и цивилизационный комплекс, который их породил. В современном исламском мире антиизраильская и антиеврейская пропаганда, религиозная, идеологическая и политическая, поставлена на поток. Она доминирует в образовании, СМИ, общинной и религиозной жизни.

Как следствие, реализация какой угодно израильско-палестинской «Дорожной карты», которую израильтянам навязывают американцы, не прекратит конфликт Израиля ни с палестинцами, ни с исламским миром. Причина здесь та же, по которой и через две тысячи лет после отделения христианства от иудаизма многие христиане и целые их сообщества, включая предстоятелей восточных церквей, продолжают обвинять евреев в распятии Христа.

Цель антиизраильской пропаганды – не выстраивание современного толерантного исламского (или палестинского) общества, а возрождение мифологизируемого прошлого в борьбе с заранее выбранным врагом. Халифат, «праведный ислам» или «свободная Палестина» должны возникнуть не в результате компромисса, позволяющего соперникам сосуществовать, а после победы палестинцев, арабов и мусульман над евреями. Вариант – «сионистами и крестоносцами», Израилем и США или Россией. Плюс над неверными как таковыми, а заодно и над правителями арабских стран. «Вероотступниками» для исламистов, «феодалами и эксплуататорами» для палестинских националистов.

В недавнем прошлом в исламском «пантеоне зла» присутствовали и «безбожники-коммунисты», но распад СССР перевёл его наследников на Ближнем и Среднем Востоке в категорию побеждённых. О чём лидеры исламского мира, даже те, кто пытается найти в России противовес Америке, говорят открыто, предрекая Израилю судьбу Советского Союза. Впрочем, эффективная борьба с исламистским терроризмом на территории России и помощь, которую Москва оказала Дамаску в ходе гражданской войны в Сирии, вернули её в список приоритетных целей «Зелёного интернационала».

Не сосуществование с Израилем, но борьба с ним, противостояние ему, в крайнем случае поглощение и растворение его – та цель, к которой, как принято считать на Ближнем Востоке, необходимо стремиться палестинцам. Это как основу закладывают в процессе воспитания палестинской и арабской молодежи семья, общество и система образования, от детских садов до университетов. Её развивают исламские, в первую очередь арабские и иранские, и тем более палестинские средства массовой информации.

ООН, коспонсоры «мирного процесса» и «мировое сообщество» не предложили этой разрушительной идеологии никакой альтернативы, хотя в палестинском случае именно они де-факто являются главными спонсорами этой системы. Единичные попытки палестинской и арабской интеллигенции построить такую альтернативу своими силами не опираются на необходимые организационные, финансовые и информационные ресурсы. Отдавая должное усилиям людей, пытающихся в таких условиях создать позитивную палестинскую идеологию, нельзя не отметить, что если они и имеют шансы на успех, то разве что в очень и очень отдалённом будущем.

Впрочем, о каком успехе здесь может идти речь? Израиль для арабов – шайтан, израильтяне не являются и не могут являться людьми. Так же, впрочем, как евреи в целом. Если евреев в исламском, в первую очередь арабском мире упорно называют потомками обезьян и свиней, о каком сосуществовании с ними может идти речь? И о каком сосуществовании с исламским миром Израиля можно говорить, пребывая в здравом уме и твердой памяти?

Автор не раз пытался обсуждать это с еврейскими левыми интеллектуалами. Пользы от таких бесед было немного, но определённое понимание того, как устроено мышление этих интеллектуалов и как они реагируют на реальность, они давали. Особенно яркими были два случая. Один – из собственного опыта и второй, о котором рассказали.

Первый относился к Родосскому форуму. Межрелигиозный диалог на острове Родос на протяжении многих лет организовывал от России Владимир Якунин, более известный как главный железнодорожник страны. Он успешно командовал РАО «РЖД» и на момент написания данной книги продолжал им командовать. Соответственно, автор в тот год, о котором идёт речь, числился президентом Российского еврейского конгресса. В каковом качестве на Родос и был зван.

Секция, на которой он выступал, была секцией Ближнего Востока. То есть, по мысли оргкомитета, должна была его олицетворять. Соответственно, присутствовали на ней леваки из Израиля, сирийцы, ливанец, палестинцы, невнятный иорданец-христианин, пара подтянутых иранцев с военной выправкой, у которых только на лбу не светилась надпись «Корпус стражей исламской революции», и изрядное количество московских и питерских востоковедов. Плюс очаровательная Мона Халил, журналист из Египта – полуегиптянка-полурусская. И трое израильских учёных из настоящих, которых автор на свою голову уговорил приехать на Родос: профессора Алек Эпштейн, Велвл Чернин и Зеэв Ханин.

Скандал случился на выступлении Алека Эпштейна, человека левого, насколько можно быть левым, оставаясь объективным, чрезвычайно толерантного и трепетно относящегося к правам человека. Он почти закончил свой доклад, исполненный надежд на мирное окончание палестино-израильского конфликта. Осталась завершающая фраза, тянувшая минуты на полторы. Однако по мнению иорданца, который как раз вёл секцию, время он исчерпал. О чём профессору сказали чрезвычайно грубо, потребовав очистить трибуну сию же минуту.

Профессор Эпштейн кротко указал, что все выступавшие до него арабские коллеги говорили не просто сверх лимита, но перебирали его минут по пять, и попросил дать завершить выступление, клятвенно заверив председательствующего, что будет краток, как только возможно. Последующие пятнадцать минут почтенный иорданский джентльмен потратил на то, чтобы при посильной поддержке присутствующих на секции участников из арабских стран рассказать проклятому израильскому оккупанту в мелких деталях, кем в их глазах является он, его ближние и дальние родственники, его страна и все евреи, вместе взятые.

Говорить было не с кем и не о чем. Автор ушёл, послав председательствующего на понятном тому английском языке по широко известному адресу с клятвенным обещанием сообщить о нём в иорданское Управление общей разведки и канцелярию короля, от души грохнув дверью. Израильтяне тоже ушли.

Последнее, что осталось в памяти от этого дурдома, – как израильский коммунист, всю свою жизнь потративший на борьбу за освобождение контролируемых палестинских территорий, ледяным тоном высказывал сирийскому коллеге всё, что он теперь про него и таких, как он, думает. Большим открытием было для товарища, что он арабов считал людьми, а они евреев – и, главное, его персонально – унтерменшами. Очень обиделся.

Впрочем, потом, в кулуарах, иорданец, поймав автора за лацкан, бормотал какие-то извинения. Очевидно, сильно вдохновило упоминание родных для него инстанций, куда его фамилия могла попасть в качестве возмутителя спокойствия и нарушителя конвенции. Да ещё ливанец, зажав в углу Чернина, жаловался ему на сирийцев – от всей своей страны и себя лично. Кто бы сомневался насчёт знаменитой на весь мир арабской солидарности!

Вторую историю рассказал близкий товарищ и коллега автора по Институту Ближнего Востока, с которым много студентов было обучено, книг издано и конференций пройдено. Случилось этому московскому профессору попасть на мероприятие в Индии, в городе Мумбае. Который при англичанах был Бомбей. Причём задолго до знаменитого теракта, поставившего этот мегаполис на грань коллапса. В конце 90-х.

Конференция была посвящена не Ближнему Востоку, но проблемам экологии. Которые в Третьем мире велики суть. Отчего на неё собралось изрядно народу из этого самого мира. В числе которых, естественно, были представители стран исламских. И вот тут начались сюрпризы. Во-первых, впервые за множество веков индийским службам безопасности пришлось поставить охрану у городской синагоги – здания более чем исторического. Во-вторых, участники-мусульмане обнаружили в зале израильскую делегацию. И понеслось.

Мероприятие мгновенно превратилось в непрерывное осуждение Израиля как главной экологической проблемы современности. Выяснилось, что никакие вопросы экологии в мире не обошлись без зловредного израильского либо еврейского начала. И до той поры, пока Израиль будет осквернять собой планету, об исправлении её экологии нечего и говорить.

Особенно забавным было выступление представителя израильтян, который, очевидно, решил объясниться и провести черту между израильскими правыми и израильскими левыми. Он что-то мямлил про то, что «бывают и хорошие израильтяне», когда его решительно прервал палестинец. «Хорошие? – сказал этот достойный защитник прав своего народа и борец с оккупацией. – Вроде тебя, что ли? Ну, может и так. Но я знаю ещё лучших израильтян. Они все мёртвые». И под аплодисменты зала сел на место.

О чём говорить с людьми, которые искренне считают, что хороший еврей – мёртвый еврей? Хороший израильтянин – мёртвый израильтянин? Которые не будут выполнять никакие обязательства, подписанные ими на переговорах с Израилем, просто потому, что гарантии безопасности, данные евреям, – это харам. То есть грех.

Чему при желании можно найти обоснование в Коране, даже не будучи большим специалистом в теологии.

Не будет же Аллах наказывать правоверного за нарушение слова, данного врагу? Тем более что враг этот не человек, а, как сказано выше, порождение свиньи и обезьяны. О чём все они пишут и говорят совершенно открыто. Никого не стесняясь и ни от кого не скрываясь. И собственно, почему с ними вообще после этого нужно иметь дело? Но тут мы, как всегда некстати, вспоминаем об ООН. Организации, с точки зрения израильской – и не только израильской, – удивительно ханжеской и подлой.

Кому нужна ООН и почём она – оптом и в розницу

Редкая статья о палестино-израильском конфликте обходится без упоминания о планах Лиги Наций и ее преемницы ООН по разделу Палестины на арабское и еврейское государства с выделением Иерусалима в анклав, находящийся под международным управлением. В советские времена Организация Объединённых Наций не была священной коровой. Скорее платформой для дипломатических сражений. В постсоветские надежд на неё было много. Неясно лишь, с чего.

В 90-е ООН отметилась в ходе распада Югославии (что б хорошего она тогда сделала) и попала в целый ряд скандалов из-за геноцида хуту и тутси в Африке, который не смогла или не захотела остановить, и финансовых афёр в ходе реализации иракской программы «Нефть в обмен на продовольствие».

В 2000-е США демонстративно проигнорировали её, атаковав Ирак. И кстати, Иран сделал то же самое, развивая свою ядерную программу невзирая ни на какие резолюции Совета Безопасности. И что? В 2010-е ООН продемонстрировала двойные стандарты в отношении гражданских войн в Ливии и Сирии. О войне на Юго-Востоке Украины, которую она «не заметила», не стоит даже вспоминать. Что говорить об Израиле...

Бен-Гурион, знавший цену этой всемирной говорильне, не случайно презрительно звал её «УММ-шмум». И совершенно справедливо утверждал, что важно не то, что говорят в её стенах, а то, что израильтяне делают сами для себя. Тем более что количество резолюций по Израилю в ООН зашкаливает, двойные стандарты в отношении палестинских и прочих беженцев планеты бросаются в глаза, а абсолютная зацикленность на арабо-израильском противостоянии производит такое впечатление, что других проблем в мире просто не осталось.

Как следствие, традиционный набор штампов, используемых в ходе дискуссий о палестинском государстве, его границах, столице и правах палестинских беженцев, в обязательном порядке включает упоминания о международном праве, резолюциях ООН, комитетах и комиссиях ООН и прочем словесном соре, любезном политикам, дипломатам, журналистам и представителям академических институтов. Мало кто задаётся вопросом о том, где, когда и кого привели к успеху планы Организации Объединённых Наций.

Между тем государственные границы в Африке и Азии, прочерченные по меридианам, параллелям или с применением циркулей в Лондоне и Париже «белыми людьми», не отвечающими и не собиравшимися отвечать за последствия своих рекомендаций, привели к большему количеству конфликтов, чем если бы все эти границы оказались результатом установления естественного силового баланса конфликтующих сторон.

Идея о том, что «сила права должна заменить право силы», хороша в теории, но имеет столь же мало общего с действительностью, как и резолюции ООН. Которые, впрочем, принимают совсем не для того, чтобы их выполнять. Они являются лишь ходами и контрходами игроков в описанной еще Редьярдом Киплингом «Большой игре», которую никто не отменял. Относиться к ним всерьёз?

И тем более воспринимать как директивы к действию?! Ну-ну. Вольному воля.

ООН, которую публика полагает чем-то вроде мирового правительства, за десятилетия своего существования, помимо трудоустройства армии чиновников, с успехом выполнила только одну функцию: клапана для выпуска пара. Она была и остаётся нейтральной площадкой, которую великие державы, победившие в своё время во Второй мировой войне, используют для разрешения противоречий между ними «без драки».

ООН, вопреки представлениям широкой публики, не запрещает, не предотвращает и неспособна останавливать войны. В лучшем случае она, при определённых условиях, может быть использована для того, чтобы оформить то или иное согласованное за кулисами решение «больших парней». Не более чем.

Хороший пример – Ирак. ООН выдала международной коалиции мандат на проведение первой Войны в заливе – в 1991 году Ирак был разгромлен. ООН отказалась выдать мандат на вторую Войну в заливе – несмотря на это, в 2003 году Ирак был разгромлен ещё раз и надолго оккупирован США и их союзниками. А потом брошен ими на произвол судьбы – и кто бы ООН спросил!

Наличие в ООН комитетов и комиссий, миротворческих миссий и агентств, проведение ею сессий и конференций, генеральных ассамблей и заседаний Совета Безопасности держит «в тонусе» и «при деле» несколько десятков тысяч человек, которые и являются столь часто упоминаемым в прессе «мировым сообществом». На деле это не более чем группа высокооплачиваемых бюрократов, публично выступающих от имени человечества и без малейших на то оснований полагающих себя его представителями – за большие деньги.

В сфере государственного строительства успехи ООН более чем скромны, включая печальные результаты деколонизации. Скорее они отрицательны. И привели не столько к появлению на мировой арене состоявшихся государств, сколько государств фиктивных. Пример – многочисленные государства Африки, обладающие формальными атрибутами этой государственности, но не имеющие самого необходимого.

У них нет и не предвидится ни в какой перспективе сколь-нибудь устойчивой и хоть как-то развивающейся экономики. Нормальной социальной сферы. Работающих законов. Стабильности. Безопасности населения. Наконец, преемственности правящей элиты, действующей не в сиюминутных личных, а в национальных интересах. И что с того, что десятки таких стран состоят в ООН? Им это сильно помогает? Или кому-то ещё?

Решения и институты ООН – крайне зыбкий фундамент для выстраивания на их основе палестинской государственности. Не потому, что это государственность палестинская. Но потому, что в реальном мире государства возникают не благодаря решениям – всё равно чьим, – что та или иная страна должна быть основана к соответствующей дате.

Становление государства – результат политической воли и политического реализма правящей элиты. Её способности идти на компромисс. А также готовности населения строить и защищать свою страну, не атакуя без нужды сильных соседей. Все прочие факторы вторичны. Именно поэтому Израиль как государство состоялся вопреки всему, а Палестина, которая имела куда больше, чем «семь нянек», – нет. Несмотря на действующий в отношении неё с начала 90-х годов режим абсолютного благоприятствования.

Справедливости ради отметим, что несостоятельность международной бюрократии в государственном строительстве относится не только к эпохе после возникновения ООН, но и к предшествующим периодам мировой истории, а также ко многим соглашениям, заключённым без этой всемирной говорильни. Так, результаты Хельсинкского совещания по безопасности и сотрудничеству в Европе не пережили распада социалистического лагеря, расцветив независимыми государствами карту бывшего СССР и вызвав тектонические геополитические потрясения на Балканах.

Из соглашений XX века по Ближнему Востоку, которые не были реализованы, можно вспомнить хотя бы Севрский договор, в соответствии с которым турецкая Восточная Анатолия делилась на Курдистан и Армению. И кстати, Стамбул и зона проливов по ним выделялись под международное управление, как четверть века спустя было предложено сделать с Иерусалимом. Однако ни геноцид армян, ни борьба курдов за образование собственного государства, ни обещания, данные им великими державами, не привели ни к какому результату, натолкнувшись на твёрдое сопротивление кемалистской Турции.

И дело тут даже не в том, что это была именно Турция. Позднее нейтральные зоны, выделенные Великобританией союзным ей племенам на границах Саудовской Аравии с Ираком и Кувейтом, исчезли с карт, мгновенно поделённые этими странами, как только на территории этих зон были обнаружены запасы нефти. Сделал что-то по этому поводу хоть кто-то? Например, ООН? С-час. Разбежалась она что-то делать ради каких-то племён!

А провал референдумов ООН по Западной Сахаре и воссоединению Кипра? И ведь как они были разрекламированы! Какие речи произносил по их поводу тогдашний генсек ООН Кофи Аннан! Отличная иллюстрация «эффективности» мирового сообщества на Ближнем Востоке. Очень духоподъёмно. И заставляет ждать результатов «мирного процесса» с удвоенным оптимизмом.

Особый вопрос – эффективность миротворческих контингентов ООН, так называемых «голубых касок», немаловажный в свете инициатив по введению их в Газу. Каски-то они на самом деле голубые. В прямом смысле этого слова. Красивые такие каски. Проблема только в том, что ни в одном из множества случаев, когда шла война или происходил геноцид мирного населения, миротворцы ООН никого не разделили и не разоружили, ничего не предотвратили и никого не спасли.

В лучшем случае они фиксировали происходящее для будущего международного суда, которого нужно ещё было дождаться. Это же не гаагский процесс «акционеры ЮКОса против России» 2014-го. Где на кону десятки миллиардов не стоят, там суд нетороплив. В обычной ситуации ооновцы исчезали с линии огня ещё до того, как кто-то начинал стрелять. Ссылались они при этом на свой «ограниченный мандат». Так было не только в Африке и на Ближнем Востоке, но и на Балканах.

И кстати, это относится и к их роли в основных центрах производства наркотиков. Афганистан доказал, что пользы от присутствия воинского контингента Организации Объединённых Наций в стране, являющейся мировым чемпионом по выращиванию опиумного мака и производству героина, – ноль. Или меньше, чем ноль. Да и в самом деле, с наркобаронами не стоит ссориться. Они могут отдать специально обученным людям приказ открыть огонь на поражение. Сами они стрелять не будут, упаси Г-дь! Они страной командуют.

Исключением из вышеперечисленных позорных ситуаций являлись случаи, когда конфликт носил сугубо ограниченный характер. При этом желательно было, чтобы его участниками являлись регулярные воинские подразделения. И чтобы задача противникам ставилась в условиях жёсткой воинской дисциплины и эффективной вертикали власти. То есть дееспособными и вменяемыми правительствами, с которыми был налажен рабочий контакт и было о чём говорить. Тогда конечно. В таких условиях и миротворцы ООН на что-то годились.

Именно такой характер носили действия турецкой армии на Кипре. А также израильтян и сирийцев в Ливане и на Голанских высотах. Вот там и только там миротворцы ООН действовали «успешно». Когда же в Ливане им пришлось иметь дело не с армией Сирии, а с партизанами «Хизбо.ллы», их эффективность стала равна чему? Правильно. Нулю она стала равна.

И что с того, что мандат на разоружение «Хизбоrлы» у них был, и резолюция ООН соответствующая была принята, и правильно была оформлена, и все-все-все, кто надо, были за неё? Ну, были. Шейха Насраллу и его бойцов только забыли спросить. Да и Иран их как поддерживал, так поддерживать и продолжал. И Сирия, от которой они зависели не меньше, чем от Ирана.

Палестинский ХАМАС настроен на жёсткое сопротивление любым внешним силам, которые попытаются взять его под контроль. К 2014 году он выстроил эшелонированную многоэтажную систему подземной обороны под Газой, включающую арсеналы, бункера, командные пункты, заводы по производству ракет средней дальности и систему тоннелей, позволяющих её боевикам скрытно перемещаться по всему сектору и атаковать Израиль на его собственной территории. Не говоря о том, чтобы поддерживать контрабандную торговлю через египетскую границу, невзирая на операции египетской армии.

На момент, когда пишется настоящая книга, ХАМАС – организация самодостаточная, не меньше, чем ливанская «Хизболла». Он опирается на поддержку Катара и Турции, да и Иран, прервавший его финансирование после того, как ХАМАС предал Башара Асада в Сирии, открыв джихадистам дорогу в центр Дамаска через подземные тоннели в лагере беженцев Ярмук (опять тоннели!), в военном противостоянии с Израилем, безусловно, на его стороне.

И что с такой организацией смогут сделать миротворцы ООН? Разве что прикрыть собой её позиции от израильских контратак, проводимых в ответ на ракетные обстрелы. Чего они сами наверняка не хотят, но на что рассчитывают все те государства, которые в ООН лоббируют их ввод в Газу. Что до ХАМАСа, то они, судя по ливанскому опыту, не смогут ни разоружить его, ни остановить атаки против Израиля. По крайней мере, пока руководство этой организации или его спонсоры не примут соответствующее решение.

И кстати, они наверняка не смогут остановить атаки против Израиля террористических и криминальных группировок Газы, не входящих в ХАМАС и не подчиняющихся ему. А это со времён Ясира Арафата остаётся излюбленной тактикой противников Израиля. Она позволяет продолжать атаки во время перемирий, не подвергая себя риску ответных акций израильского ЦАХАЛа. Такой террористический вариант отечественного «я не я, и корова не моя».

Вообще-то говоря, готовность израильского руководства обсуждать с руководством ООН возможность введения миротворческого контингента в Газу говорит не о целесообразности и тем более эффективности такого шага, а о борьбе в израильском истеблишменте, периодически заставляющей политиков принимать крайне сомнительные решения. У всех бывает. Евреи тут не исключение.

Однако в ходе операции «Нерушимая скала» в Газе летом 2014 года чиновники ООН были пойманы за руку на прямой поддержке ХАМАСа. Высокопоставленные чины привозили его руководству в обход таможни в собственном багаже миллионы долларов наличными. Точнее – по тринадцать с половиной миллионов в месяц «на зарплаты персоналу». Что в общей сложности составило за несколько лет круглую сумму в восемьсот девяносто миллионов долларов, переданных ХАМАСу кэшем. А то ведь ракеты – они денег стоят…

Ну и помимо денег, по доброте душевной, от чистого сердца. Бюрократы поменьше скрывали в школах и больницах ООН склады ракет – и передавали их боевикам после того, как эти склады были обнаружены. Машины «Скорой помощи» транспортировали террористов к местам атак. Что перечеркнуло последние остатки доверия к ООН, если они у израильского руководства ещё были. Не повезло организации – засветилась…

Антисемитизм как основа прав человека

Ну вот, мечтали евреи о собственном государстве, мечтали и довымечтовывались. Чай, долго по планете странствовали. Себе голову морочили. Другим. Основывали религии, из которых две стали мировыми. И сильно обогнали иудаизм во всей совокупности его сект, групп и направлений по числу сторонников. Защищали многое множество государств, где жили, подданными которых были и налоги которым платили. Или не платили. Поскольку оптимизацию налогов придумали не в Российской Федерации в конце XX века, а там и тогда, где и когда появились деньги.

Открывали евреи вместе с прочими бродягами планеты новые континенты и новые страны. Сражались с аборигенами и диким зверьём. Мёрли от чумы, холеры, туберкулёза и прочих неаппетитных причин. А также от соседей по планете, которые их не любили именно за то, что они евреи. От крестоносцев и испанской инквизиции до украинских петлюровцев с бандеровцами и немецких подразделений СС.

И вот свершилась мечта еврейского народа, и получили евреи собственное государство. Которое, напомним, теоретически должно было покончить с антисемитизмом, как минимум европейским. По крайней мере, так полагал провозвестник Израиля Теодор Герцль. Так как отцы-основатели – Давид Бен-Гурион, Берл Кацнельсон и прочая бригада практиков из первой половины прошлого столетия – ни о чём таком уже особенно не думали. Времени на это у них не было. Работы было много.

Да и опыт войн – и Первой мировой, и тем более Второй – сохранению идеализма не способствовал. Тут не до антисемитизма – тут отбиться бы, и то хлеб. Погромы были и до Октябрьской революции страшнейшие, а уж в Гражданскую войну в России – того хуже. Что до концлагерей и гетто, тут оптимизм отбило даже у самых записных весельчаков. И их легко понять. Но кто Освенцима не проходил… А кто его сегодня проходил? Сколько их таких осталось?

Однако, повторим, во времена довоенные – вегетарианские (хотя о том, что они именно таковы, никто в Европе не подозревал)… То есть до августа 1914 года, ровнёхонько за сто лет до того, как пишутся эти строки, идея интеллектуальной элиты человечества была в том, что как появятся у всех наций их национальные государства, так все проблемы Европы и в целом Евразии это решит.

Почему решатся проблемы, с какого дьявола они вообще так думали, что им стоило на карту посмотреть и осознать, что все народы в Австро-Венгерской империи, и в империях Российской и Персидской, и в Оттоманской Порте живут чересполосно и провести границы между ними без проблем никак нельзя, – кто его знает? Поблызилось. Икается, отметим, до сих пор.

Понятно, что евреи к концу XIX столетия раздражали всех в цивилизованном мире до крайности. Даже не в рамках классического антисемитизма – церковного или бытового, который, впрочем, никто в Европе не отменял и отменять не собирался, – но именно из-за того, что времена настали новые, просвещённые. В рамках которых еврей впервые массово появился в приличном европейском обществе.

Конец религиозной сегрегации означал выход еврейских масс на политическую, профессиональную и деловую европейскую арену. То есть, говоря попросту, свободную конкуренцию, в которой евреи внезапно оказались на высоте. Что довольно быстро привело к появлению немецкого, австрийского, российского и прочих разновидностей антисемитизма. В том числе парламентского.

Ну, дело прошлое. И партий, откровенно называющих себя антисемитскими, больше в европейских парламентах нет. Да и не нужны они после Холокоста – бороться не с кем. Однако «дело Дрейфуса», «дело Бейлиса» и прочие варианты патриотических идей о евреях как исконных предателях родины (любой), потребителях крови христианских (в азиатских провинциях Российской империи мусульманских) младенцев и прочие хорошо известные по сей день выражения любви и доверия к евреям со стороны окружающего населения были реальностью. И в этой реальности евреям приходилось со своими соседями сосуществовать. Периодически прерываясь на мероприятия типа Кишинёвского погрома, после которых сосуществовать было больше некому.

Испытывали они при этом радость от такого соседства? Ну, Захер-Мазох, конечно, с исторической точки зрения, еврейский персонаж, но не до такой степени. Причём в войну евреев били все, и это как-то можно было понять. Привыкли. Натренированы были на Хмельнитчине и прочих непотребствах минувших варварских эпох. Но ведь и в самое что ни на есть мирное время продолжалось то же самое!

Евреев обвиняли во всех грехах, причём со всех возможных сторон. Революционеры – в конформизме по отношению к властям и в возникновении капитализма. Консерваторы – в революционных настроениях и участии в волнениях. Либералы – в ортодоксальности и нежелании влиться в новую, цивилизованную жизнь. Власти – по ситуации, во всём сразу или порознь, в зависимости от того, с какой стороны грозили неприятности. Поскольку парламентская или непарламентская оппозиция бушует за стеной – не есть главный вопрос. Но переводить стрелки надо вовремя. А на евреев спускать толпу – одно удовольствие.

Кто хочет, может почитать соответствующую литературу. Её в открытом доступе много – и авторы из лучших. Кто не хочет, может не читать. Покойников не спасти, всех тех, чьи жизни были походя искалечены, – тоже. И репутаций загубленных не исправить. Да и с чего? Одним евреям, что ли, доставалось? А грекам и армянам? Ассирийцам и всем прочим христианам – в Турции? Где геноцид был до еврейского Холокоста – и кого бы он в Европе волновал…

Возможно, и даже наверняка, еврейский вопрос от прочих типов ксенофобии отличало только то, что он расцвёл в тех самых странах, которые претендовали – и претендуют до сих пор, что было радостно наблюдать в ходе распада Югославии в 90-е или украинского кризиса 2014-го, – на статус цивилизованных. Кичливость «Атлантического сообщества» по поводу своей цивилизованности – оборотная сторона жуткого расизма. Евреям это самое сообщество продемонстрировало не самые лучшие из своих качеств.

Хотя, отдадим должное, расовая теория и концентрационные лагеря возникли всё-таки не в Германии, а в Великобритании, и даже не в связи с евреями. По крайней мере, чучела для коллекций европейских музеев (в прямом смысле слова) набивали не из них, а из представителей более экзотических народов. Да и в концлагеря первыми поместили южноафриканских буров. И к жителям Индии или африканских колоний относились без особых церемоний. Туземцы, они и есть туземцы. Чего с ними турусы на колёсах разводить? Как там у Мэкки Ножа в «Трёхгрошовой опере» Бертольта Брехта, насчёт того, какая очередная разноцветная раса настоящему англичанину на дороге попадётся и что с ней, которая попадётся, нужно делать?

Ну ладно. Погромы погромами. Геноцид геноцидом. Однако же, когда развеялся дым и рассеялся пепел – а было и того, и другого в Европе после шести миллионов евреев и куда большего числа неевреев, перемолотых во Вторую мировую, много, – выяснилось, что надо куда-то девать недобитых. По крайней мере, недобитых евреев. Поскольку принимать их Америка не хотела категорически. Она и так была евреями переполнена – с американской точки зрения. А тут ещё какие-то.

Не для того их сдали Гитлеру, закрыв въезд в «Страну обетованную», чтобы впускать оставшихся в живых. Что, кстати, касалось не только США, но и Канады. А также прочих стран Западного полушария. Которые с большей охотой принимали бывших нацистов, чем их жертв. И до сих пор наци там процветают – от аргентинской Барилочи до Верхнего Манхэттена. Периодически отвлекаясь на ностальгические экскурсии в те страны Европы, откуда их в своё время вышибли советские войска, – вроде сегодняшней Украины. Но это Новый Свет.

Жить в Старом Свете евреи, пережившие войну, могли с большими поправками. Да и не все были способны на такое. Вот возвращаешься домой – а там соседи, которые тебя ловили и сдавали. И ладно бы одного тебя, но они ведь охотились и за твоими детьми. Убивали стариков родителей. Делили твою мебель и разбирали по своим комодам тарелки и подушки – не пропадать же добру. Или для развлечения пускали из них пух. Весело же пустить пух из еврейских подушек?

Живут они в твоём бывшем доме – попробуй верни его. Мостят дороги могильными плитами с ближайшего еврейского кладбища. Чего хорошему тёсаному камню пропадать? Устраивают на местах массовых расстрелов стадионы и общественные туалеты. Раскапывают расстрельные рвы на предмет поисков еврейского золота – или хотя бы золотых коронок, которые можно из черепов выломать и продать. И при случае с охотой добьют тебя вместе с твоими чадами и домочадцами, чтоб только в глаза твои больше не смотреть. Совестно же им. Тоже ведь люди. Понимают, что делают. Проще прибить и не вспоминать больше. Как в польском Кёльце.

Убийцам вообще, как правило, не нравится соседство с недобитыми жертвами. Тем, кто предавал, – с теми, кого они предавали. Что в таких ситуациях испытывают жертвы, не нужно даже и пытаться представлять. Тут проще уехать куда угодно. Хоть к чёрту на рога. Хоть в Палестину, к англичанам. Которые, говоря по чести, восторга от возможности пригреть послевоенных евреев не испытывали, но тут Британию поправили со всем тем удовольствием, которое СССР и США испытывали, поставив её на уготованное ей место: на задворки первого ряда.

Так что Израиль как еврейский национальный очаг, обещанный избранному народу ещё Б-г знает когда (ну, курдам тоже много чего примерно в те же годы посулили), возник. Голосование в ООН великие державы провели. Арабские соседи новичка в свойственной им манере поздравили из всех стволов – и не один раз. Хотя испытали немалое и весьма острое разочарование, которое длится по сей день: евреи отбились. И отбиваются всё лучше. А дальше началось всё то, о чём читатель наверняка знает.

Вдруг выяснилось, что Израиль – классический очкарик в классе, наполненном одними хулиганами. Не в прямом смысле. Была охота связываться со страной, которая способна уничтожить противника под корень. Поскольку что бы соседи Израиля ни делали для того, чтобы он сдал ядерные арсеналы, сам факт наличия у него соответствующего потенциала они учитывают – и крепко учитывают. Но притравить на него международную общественность в ООН – это святое.

Как там в советское время говорили народу партия и правительство про то, что сионизм – форма расизма? Ну вот примерно так же вели и ведут себя те, кому поперёк горла евреи. И те, кто борется с Израилем. И те, кто полагает его или союзником, или инструментом регионального влияния Америки и борется против него, чтобы насолить американцам. И все прочие. В том числе те ближневосточные страны и отдельно взятые персонажи, кто полагает, что святое дело – Израиль притравить на собственных врагов. Поскольку верят в то, что он способен отправить на тот свет кого угодно.

Формула простая: есть у тебя тот, кого нужно быстро и эффективно убрать, – сделай так, чтобы он поссорился с Израилем. Желательно до уровня, при котором будет принято решение о его ликвидации. После чего предавайся публичной скорби и призывай на голову израильтян все мыслимые кары, земные и небесные. Работает, отметим, до сих пор. Когда израильская армия бомбит ХАМАС и «Хизболлу» в Саудовской Аравии, двор ликует. Но во дворцах, за закрытыми дверями. На публике он ведёт себя скорбно, осуждая сионистов, требуя остановить агрессию против мусульман и совершая прочие ритуальные политические телодвижения в том же роде. Так принято. Места такие. Заведено не ими, не им и останавливать процесс…

Так вот, с какого-то момента повелось, что Израиль – главная проблема мира с точки соблюдения прав человека. Десятки миллионов беженцев в Африке – неважно. Миллионы в арабском мире: в Ираке, Сирии, Ливане, Иордании, – неважно. Более сорока миллионов погибших после Второй мировой войны в войнах, гражданских войнах, геноциде и прочих «развлечениях» стран исламского мира против нескольких десятков тысяч в конфликтах арабов и израильтян – что с того? Кто главная проблема международного сообщества? Израиль. Какие беженцы – забота всего Ближнего Востока? Палестинцы. Чью агрессию надо ограничить? Израиля. А кого ещё?!

Поистине трогательно, что кампании против Израиля по вопросу соблюдения прав человека, как правило, возглавляют страны, у которых с этими правами собственные – и не самые маленькие – проблемы. Ливия. Сирия. Иран. Об арабских монархиях Персидского Залива и эрдогановской Турции даже и не говорим. Как в своё время, хотя оно четверть века как кончилось, было и в СССР, и прочих странах социалистического содружества. Как там у Высоцкого? «Как мать говорю и как женщина»... И ведь, что характерно, никакого антисемитизма! Только антисионизм. Очень удобно.

С момента, когда СССР перестал существовать, антиизраильская истерия в России осталась на долю маргиналов – отдельно взятых политологов и журналистов. Ну, как-то в 90-е политики и парламентские депутаты присматривались к этой теме, но после того как Путин весной 2005 года съездил в Освенцим, осознали, что были не правы. Не все. Но те, кто этого не понял, сошли на нет со скоростью не то чтобы «быстрее собственного визга», но вполне достаточной для превращения России в куда более внятную с точки зрения отношений с Израилем страну, чем многие государства Евросоюза.

Закрыло ли это тему? Да ни в жизнь! Помянутые выше страны исламского мира стали её разрабатывать, как золотую жилу. Борьбу с Израилем за права палестинцев они готовы вести до последнего палестинца. И собственно, провоцируя конфликты в Газе и на Западном берегу реки Иордан – в Иудее и Самарии, на это и рассчитывают. Иран тут вне конкуренции. Хотя Турция, пусть не поддерживающая террористические группировки антиизраильской направленности оружием и боеприпасами – по крайней мере напрямую, – в ООН и прочих международных структурах играет не менее активную роль.

Плюс Катар. Плюс саудовцы – периодически прекращающие притравливать на Израиль мир, когда он ликвидирует их собственных врагов, в том числе прикормленных Ираном и Катаром. Плюс новые влиятельные игроки исламского мира – Малайзия, Индонезия и Пакистан. Казалось бы, что им-то до Израиля? Тем более что в каждой стране свои «скелеты в шкафу» – и их не то что просто много. Но на порядок больше, чем можно предъявить израильтянам, как ни старайся. Однако так уж повелось.

Ну, да, в Пакистане идут погромы шиитов и христиан, жестоко притесняют ахмадийя и потоком идут конфликты на национальной почве. В Иране грустно быть суннитом, хотя в Саудовской Аравии шиитом быть куда печальней. В Ираке, Сирии, Ливии и Йемене идёт война на истребление между шиитами, суннитами, радикальными салафитами, суфиями и всеми прочими – включая племена и кланы, враждующие на протяжении столетий.

Копты в Египте и христиане всех прочих деноминаций в Машрике, берберы в Алжире и курды в странах, где они живут, йезиды и мандейцы в том же Ираке преследуются кем угодно. Их убивают, изгоняют, грабят. Неважно. Главное – это нарушение прав человека на территориях, контролируемых Израилем. Резня на палестинских территориях между ХАМАСом и ФАТХом – неважно. Главное, сфокусироваться на противостоянии Израиля и палестинцев. Чума тут даже не по Шекспиру, «на оба ваши дома», а на всех тех, о ком идёт речь. И все они её в полной мере заслужили.

Бюрократы ООН – до генерального секретаря включительно. Политики. Эксперты, специализирующиеся на натравливании мирового сообщества на Израиль вопреки не только логике и здравому смыслу, но и элементарным фактам. Журналисты, которые подделывают уже не только свидетельства очевидцев, но и телевизионную картинку – не случайно телевизионные фальсификации с мест боёв на современном мировом медиасленге называют «Палливудом». То есть «Палестинским Голливудом». Наконец, члены многочисленных комиссий и комитетов, особенно ведомств, занимающихся правами человека. Которые не очень их волнуют, пока не возникает «заказ сверху». Лоббируемый или оплаченный, неважно.

Бюрократу всякая мзда сгодится. А уж про Россию нужно ему говорить и писать из-за Украины, про Сирию (за что спасибо Дохе, Эр-Рияду и Анкаре) или про Израиль – какая разница? Профессионал – он на то и профессионал. Любую поляну освоит с первого раза. Тем более кто мог предположить во времена Советского Союза, что кто-то приравняет к Израилю Россию и попытается использовать против неё все те политические технологии, которые Москва во времена холодной войны использовала, подзуживаемая арабскими странами, против Израиля? Ирония судьбы…

Дураки – старые и не очень

Можно ли было решить проблему израильско-палестинского конфликта, не доводя его до катастрофической стадии? Когда, с одной стороны, у палестинцев нет ни одного лидера, который мог бы что-то обещать Израилю с тем, чтобы ему поверили, и выполнить свои обещания без того, чтобы его убили. С другой – израильтяне понимают, что говорить им не с кем и не о чем. А с третьей – международные посредники исчерпали и лимит доверия, и те чудодейственные рецепты, которыми они кормили избирателей и прессу? Вообще-то, да.

Иудею и Самарию, а при определённых условиях и приложении некоторых усилий и Газу спокойно можно было интегрировать в Израиль. Причём такие планы были. И даже в левом лагере – под конец 80-х, как альтернатива соответствующим предложениям правых. Ничем всё это, по большому счёту, не отличалось от проекта кантонизации, предложенного Авигдором Либерманом.

На момент написания настоящей книги – израильским министром иностранных дел и лидером правоцентристской партии «Наш дом – Израиль». Которого за это немедленно обозвали в левой прессе фашистом, как это вообще принято в еврейском государстве. Где не только политических противников, но и просто не слишком симпатичных данному конкретному журналисту людей фашистами клеймят почём зря. Такое национальное развлечение.

Идея интеграции предполагала опору на реальность. А не на умозрительную теорию вроде «мира в обмен на территории». Притом что если теория не совпадает с практикой, считается, что тем хуже для практики. В Израиле политические бредни такого рода называют «концепциями». И если большой политический начальник говорит «моя концепция...» – сливай воду. Будет не просто плохо, а очень-очень плохо. Все, в противоположность старинной детской сказке, будут жить недолго и не очень счастливо, хотя, вполне возможно, умрут в один день.

Соответственно, никаких Америк предложения по интеграции не открывали. Нужно было трезво оценить палестинское население и разделить его на категории: те или иные христианские группы, те или иные национальные или субконфессиональные меньшинства (курды, алавиты, потомки суданских негров или боснийцев, евреев и самаритян, черкесов и чеченцев, etc.), те или иные племена и кланы. И с ними, начиная с тех, кто готов был в израильское общество влиться с самого начала, работать.

Общаться с дружественными лидерами. Заменять недружественных. Нейтрализовывать враждебных, но не представляющих опасности. Ликвидировать опасных. Обеспечивать нормальное функционирование инфраструктуры, образования – а не подготовки из детей будущих террористов. Здравоохранения. Пенсионной системы. Развивать экономику – в том числе во взаимодействии с экономикой Израиля. Минимизировать коррупцию и криминал.

Тоже мне, бином Ньютона! Так и только так на протяжении всей современной истории нужно работать с каким угодно населением территории, взятой под контроль государства. Любого государства. СССР и США, Китая и Ирана, Индии и Пакистана, Вьетнама и ЮАР. Лю-бо-го. Если высокое руководящее начальство в нём, этом самом государстве, не окончательно сбрендило, а выполняет свои начальственные функции не то чтобы хорошо, но хотя бы удовлетворительно. Хотя в отношении Израиля тут как раз есть вопросы…

Причём не обязательно предоставлять интегрируемому населению с самого начала все права, которые имеют аборигены. Тут главное – вопрос лояльности. Служишь в армии – не служишь в армии. Работаешь на страну или тратишь свою жизнь на борьбу с ней. Поддерживаешь внешнего врага и террористов, действующих внутри своей страны, или противостоишь им. Просто, как шпала. Трёхмерная фигура, дерево, креозот. А если шпала бетонная, так и без дерева с креозотом.

В Соединённых Штатах есть гринкарты. И многое множество людей по ним живут годами и десятилетиями. Работают, передвигаются по миру, пользуются всеми правами – но не голосуют. И как-то это всех устраивает. Прибалтийские республики со своим русскоязычным населением поступили куда менее корректно – в страны ЕС оно, не имея гражданства, не впускается. Однако же за их права в ООН не борются. Евросоюз молчит по этому поводу, как онемевший. Да и американцев это не волнует. О прочих ситуациях такого рода умолчим. Перечислять их – никакой книги не хватит.

Работает описанная выше интеграционная стратегия везде. И в Израиле бы сработала. Но евреи же не случайно пишут справа налево. Решить проблему простым человеческим путём, как все? Как можно! А помучиться? И старые (Шимон Перес), а также и не очень старые (Йоси Сарид, Йоси Бейлин, Авраам Бург и прочие герои Палестины) клинические идиоты… Ну ладно, пусть просто дураки… Так вот, старые и не очень старые еврейские дураки решают пойти своим путём. Чем они при этом думают, непонятно. Скорее всего, седалищными мышцами. Поскольку в головах там пусто – думать нечем.

Понятно, почему. Логика этих мыслительных процессов описана многократно и имеет отношение не к стратегии или даже тактике, но исключительно к дикой малограмотности, беспредельному волюнтаризму и отсутствию элементарной способности к самокритике. Причины – исключительно внутренние, эгоистические. Этих не любим, тех ненавидим, с теми блокируемся, а избиратель… Что избиратель? Обещали что-то этому избирателю? А пускай потерпит.

Что чётко характеризует систему отношений между политическими лидерами и страной, хотя и страна эта еврейская, и лидеры евреи. В гробу они видали все свои предвыборные обещания. В белых тапочках. Хотя вокруг них не Украина, не Малайзия и не Франция – Израиль. С теми соседями и теми проблемами с этими соседями, которые у него есть.

Ну, соответственно, тут даже жаловаться некому. И не на кого. Что сказало населению руководство Израиля после победы в Шестидневной войне? Что завоёванные территории для него разменная монета. Торговые люди, однако! Дети и внуки шинкарей. Неистребим идиотизм избранного тобой народа, Г-ди! И вразумить их невозможно – они же не просто евреи, они израильтяне. И многие с хорошими военными биографиями.

А что при этом они остались мелкими швицерами и крупными шмоками (без перевода, читатель, просто запомни эти слова для ругани в еврейской компании – ещё можно сказать на идиш: «д'ганце шмок», – так лучше звучит), так этого они понимать не будут. Зачем? Кому охота смотреть на себя со стороны?

То есть вот настал критический исторический момент. И нужно было просто перестать строить фантастические теории и произвести минимальные телодвижения, чтобы решить застарелый палестинский вопрос. Просто и со вкусом, благо Ясир Арафат потерял всю поддержку, которая у него была в арабском мире, а СССР исчез с карты и перестал с Израилем бодаться. Но выбор был сделан в пользу ровно противоположного решения.

Хотя, на взгляд такого лузера (кто из читателей не знает современного аглицкого языку – слово оное означает человека, который проваливает всё, за что берётся), как Шимон Перес, которого нельзя было не то что к стране допускать, но и к командованию ЖЭКом, как раз всё было логично. Напомним ещё раз. Значит, есть старый враг, и он попал в беду. Заключаем старого врага в объятия. Выручаем его из беды. Даём ему денег и чего он там ещё хотел. Например, государство. И вуаля! Имеем быструю победу на всех фронтах.

Враг стал другом и партнёром. Дипломатический прорыв и победа мирового значения. Решается проблема с соседями. Решается проблема с оккупированными территориями. И главное, там ничего не надо делать – всё решит бывший враг, а теперь партнёр. Чудны дела твои, Г-ди! Спасибо Тебе!

По результатам все живут под вечно мирным небом, человечество аплодирует и выдаёт Нобелевские премии мира оптом (и ведь таки выдало!), а правые лидеры и главный среди них – ненавидимый Пересом Шамир с его вечным скептицизмом и пессимизмом – повержены навеки. Избиратель отдаёт монополию на власть левым партиям. И добавим, вот тут-то они и проводят приватизацию – исключительно для своих. Занавес.

Последующее понятно. Провалы по всем направлениям. Отказ признать это. Мантры о «мирном процессе». Заклинания о единственном решении проблем – дипломатическом. Односторонний уход отовсюду, откуда только можно уйти, и его прискорбные, хотя и легко предсказуемые последствия. Военные операции и просто войны. Некомпетентность тех, кто по должности не имеет на неё права, – столь же массовая, сколь последовательная. И прочие, казалось бы, несвойственные Израилю особенности текущего момента.

Две маленькие иллюстрации, предметно описывающие тип мышления людей, о которых идёт речь. Касающиеся святого для этой маленькой воюющей страны сюжета – оборонной промышленности. Каковая, она же военно-промышленный комплекс, только и делает существование Израиля возможным – вопреки всему, что этому противоречит, начиная с кретинизма её, этой промышленности, начальства.

В ходе операции против ХАМАСа в Газе в 2014 году по населённым пунктам Израиля было выпущено четыре с половиной тысячи ракет. Что означало бы сотни и тысячи жертв среди гражданского населения – а между тем их было только шесть. Военных, погибших в бою, мы тут, понятно, не считаем. Хотя вообще-то их было более шестидесяти. Причина – система противоракетной обороны «Железный купол».

Израильтяне иногда называют её «Свинцовым куполом». Абсолютно гениальная, хотя и дорогостоящая оборонительная машинерия, разработанная исключительно для защиты военных объектов. Но позволившая эффективно прикрыть от ракетных обстрелов всю страну. Авторов нужно было носить на руках, платя им любые деньги, чтоб только продолжали работать. Ставить им памятники. Называть в их честь улицы и города – если бы в Израиле была такая традиция. Которой там в отношении живых людей, в отличие от многих стран почившего в бозе социалистического содружества, нет.

Так вот, система эта пробила себе дорогу с колоссальным трудом. Против неё были все. Армейское руководство, которое считало, что бюджет можно потратить более толково – у каждой службы были свои приоритеты, в которые дорогущее железо не входило. Минфин – поскольку финансисты вообще не очень счастливы, когда им предлагают оборудование, которое влетает им (вообще-то, госбюджету, но, с их точки зрения, именно им, лично) в немалый шекель.

И наконец, против был государственный контролёр. Есть в Израиле такая фигура, в теории полезная и нужная, на практике же лезущая во всё, что этого юриста касается, и во всё, что его не касается. Причём в военных и политических вопросах, в которых, с его точки зрения, без него никак, фигура эта, как правило, ориентированная на левые теории, суёт стране в колёса все палки, какие только может.

Ну, тут история окончилась счастливо. Систему приняли на вооружение. И поставили в войска к тому моменту, как она понадобилась на практике. А теперь внимание! Что было бы с Израилем в ходе войны в Газе, если бы её не приняли? Или даже приняли, но из-за проволочек, бюрократической неразберихи и финансовой политики, напоминающей курс дядюшки Скруджа на экономию звонкой монеты любыми способами, она к началу войны на своём месте не стояла? Правильный ответ – плохо бы было. Шлехт.

История вторая посвящена сюжету, который не столь оптимистичен. Войдя в той войне в Газу, израильская армия напоролась на тоннели. Большие тоннели. Маленькие. Целые сети тоннелей. Система бункеров. Подземные заводы по производству ракет, в том числе среднего радиуса действия, которые из Газы доставали до крупнейшего города израильского севера – Хайфы. Бетонированные, армированные, кондиционированные, электрифицированные и вообще оборудованные на загляденье, хотя прорыты они были в очень сложных грунтах. Хорошие инженеры проектировали.

Тоннели оказались сюрпризом более чем неприятным. Поскольку помимо перевозки товаров контрабандой из Египта – о чём Израиль хорошо знал, но факт этот игнорировал по всем направлениям, за исключением ракет – вдруг выяснилось, что по тоннелям можно перемещаться под всей Газой, заходя ЦАХАЛу в тыл. И выходить на израильской территории, чтобы захватывать заложников. А также делать много чего ещё. Притом что захватывать и разрушать их израильтяне могут лишь с серьёзными потерями среди своих военнослужащих.

Главной проблемой было то, что определять на расстоянии, где что прорыто и какое оно там, под этой самой землёй, израильская армия не умела. Нечем ей это было делать. Как полагали все, пока не разразился грандиознейший скандал. Как выяснилось, такой прибор не просто существовал и был предложен армии израильским профессором, но был ею успешно отвергнут года за два до того, как он этой армии понадобился в Газе.

Изобретение завернул военный спец с погонами, насколько помнится, полковника, командовавший в армии отделом по новым технологиям. Причём не по техническим, а исключительно по идеологическим причинам. Он, видите ли, был сторонником левой партии «Мерец». И полагал, что блокада Газы на предмет того, чтобы туда не завозили чего не надо и завозили только то, что надо – через погранпереходы и таможню, – неэтична.

Исходя из его политической логики, которая для него была важнее профессиональных обязанностей, было бы неправильно для Израиля разрушать тоннели, по которым идёт контрабанда. А про все прочие тоннели он не думал. Как, впрочем, про них в Израиле никто особенно не думал. Хотя после похищения капрала Гилада Шалита, которого пришлось менять на тысячу двадцать семь террористов, пора было бы включить мозг.

Так вот, пока ученики профессора, которые воевали в Газе, не начали ему после боёв задавать вопрос, где же прибор, с которым они в университете работали, не было у них никаких перспектив. Ни у профессора. Ни у прибора. А потом, конечно, появились – пресса подняла крик.

Причём если бы помянутый сторонник поддержки права палестинского народа на тоннельную контрабанду не встал на пути профессорской разработки, она в войсках появилась бы года за два до того, как началась война. То есть её бы и опробовать успели. И поставить на вооружение. Что много жизней бы спасло.

Хорошая история? Ну, какая есть. Подлинная. И если кто-то полагает, что разбор полётов приведёт к тому, что офицера, о котором речь, не то что посадят за предательство, но хоть привлекут к ответственности, он сильно ошибается. Не та страна. Максимум уволят.

Но что тут хотеть, когда в Израиле и семьи террористов, убитых в ходе операций по их задержанию, получают положенные им пособия в связи с потерей кормильца, и арабские депутаты Кнессета открыто требуют уничтожения своей страны. И много чего ещё там происходит удивительного – сильно за гранью маразма.

Откуда и проистекает малоизвестный аспект палестино-израильского противостояния – проблема лояльности арабского населения Израиля еврейскому государству. Поскольку не случайно представители ряда мусульманских общин Израиля – друзы, бедуины и черкесы – служат в израильской армии. Как служат в ЦАХАЛе многие христиане – в качестве добровольцев. Хотя схватка в руководстве арабской христианской общины по этому поводу нешуточная.

Несмотря на провокации пропалестинских активистов в отношении мусульман-военнослужащих в общем и военнослужащих-арабов в частности, представители национальных и конфессиональных меньшинств в Израиле не только несут службу в боевых частях, но и формируют основу ряда подразделений коммандос, пограничной стражи (МАГАВ) и общевойсковой разведки. И в большинстве своём представители этих общин голосуют не за арабские, а за общеизраильские партии, часто правоцентристские.

Ситуация значительно отличается от модели поведения палестинских арабов-мусульман, граждан Израиля, лишь немногие представители которых идут на военную или альтернативную службу. Лидеры этой общины в Кнессете, поддерживаемые левым еврейским лобби, демонстративно подчёркивают свою лояльность не государству, в парламенте которого заседают, а ПНА и ХАМАСу, заходя далеко за те рамки, которые им позволили бы пересечь в любой нормальной стране.

В итоге арабы-мусульмане Израиля с начала 90-х годов оказались заложниками курса своих лидеров, поведение которых на фоне интифады Аль-Аксы, Второй ливанской войны и противостояния с ХАМАСом убедило остальное население страны в том, что эта община нелояльна государству и вывод ее за рамки «национального консенсуса» оправдан. В итоге казавшиеся изначально уделом правых экстремистов идеи о возможности лишения израильского гражданства арабов Израиля усилиями таких их лидеров, как Азми Бшара и Ханин Зуаби, стали легитимной частью дискуссии о будущем Государства Израиль.

«Идеологическая палестинизация» арабского истеблишмента Израиля заставила его пропагандировать идею, что израильские арабы – это оккупированные евреями палестинцы. Это не могло пройти бесследно. В итоге переход дискуссии о лишении этой группы населения израильского гражданства и социальных пособий в практическую фазу встал в Израиле на повестку дня. Понятно, что правый лагерь поддержит такое развитие событий, а левым израильским партиям будет сложно оспорить логичное завершение их собственного курса на «прекращение оккупации».

При этом речь, в отличие от выселения из Газы израильтян, не идёт о том, что кого-то откуда-то будут выселять физически. Люди, которых лишат израильского гражданства, если такое решение будет принято, продолжат жить в своих домах, расположенных в тех же деревнях и городах. Вот только паспорта у них будут не израильские, а палестинские. Социальные пособия и прочие льготы они будут получать не от Израиля, а от ПНА. Или ХАМАСа.

Да и голосовать на выборах в израильский парламент они не будут. Что логично – не хочешь быть израильтянином арабского происхождения, не будь им. Хочешь Палестины? Получи. Только не жалуйся потом. Ты ж палестинец? Ну и вперёд, в демократическую независимую Палестину. Как бы она ни выглядела на самом деле. А выглядит она не очень…

Кстати, помимо прочего, это означает потенциальный прирост населения будущего палестинского национального образования, вне зависимости от того, будет ли оно иметь реальный или формальный государственный статус, на полмиллиона-миллион человек за счёт израильских арабов. Поскольку тем из них, кто захочет сохранить израильский паспорт, придётся доказывать лояльность государству. В том числе – проходя армейскую или альтернативную службу.

Хотя проблема эта крайне важна, разговоры о двойной лояльности части арабов-мусульман Израиля и связанных с этим перспектив изменения их статуса остаются вне рамок дискуссии вокруг палестинского государства. Тема скользкая. В её обсуждении не заинтересованы ни израильское или палестинское руководство, ни коспонсоры «мирного процесса», ни тем более арабские депутаты Кнессета, играющие описанную выше роль. В том числе потому, что это неожиданное следствие «процесса Осло» очень подчёркивает его деструктивный характер.

Впрочем, народ голосует ногами. И судя по опросам, даже вечно всем недовольные арабские жители Восточного Иерусалима, которые гражданами Израиля не являются, хотя имеют статус его постоянных жителей, в случае, если арабские кварталы города включат в состав палестинского государства, попросту переедут в Израиль. По крайней мере, жить в палестинском Восточном Иерусалиме с гарантией останутся процентов пятнадцать. Не более того.

Поскольку Израиль они, может, и не любят. Но что такое палестинская администрация, представляют себе за двадцать лет её функционирования по соседству с ними куда как хорошо. Нэма дурних, как говорят в таких случаях на Украине, иметь на свою голову такое счастье. В ПНА администрации претензий не предъявишь. И не подемонстрируешь. Чай, не Израиль…

Глава 7
О союзниках и партнёрах

США как единственный союзник США.
Америка и её евреи. Америка и христиане.
Иметь таких друзей… Европа и левые.
Китай: «В каком отеле вы все остановились?»
СССР и вечность

США как единственный союзник США

Оценивая внешнюю политику США, касающуюся Израиля и палестино-израильского конфликта, приходится учитывать большое число институтов и лоббистских групп, которые эту политику формируют. При этом нет ничего более далёкого от истины, чем расхожее утверждение о том, что политика эта является произраильской, формируется исключительно еврейским лобби и служит щитом, ограждающим Израиль от внешних угроз.

Эта точка зрения, популярная в советской пропагандистской литературе времён холодной войны и «Антисионистского комитета советской еврейской общественности», до сих пор распространена среди ветеранов холодной войны и националистов. Однако это их персональная проблема. Антисемитизм помогает вере в международные заговоры, направленные против России. Реальная ситуация сложнее и не похожа на предлагаемые вниманию невзыскательной публики штампы.

Нет, разумеется, евреи в Штатах есть и они на самом деле одна из самых влиятельных конфессиональных общин. Благо их там около шести миллионов. А если учитывать потомков смешанных браков, которых в США не меньше, чем в России, то то ли вдвое, то ли втрое больше. Мусульман (напомним, что на Западе еврей – в первую очередь религия, а не национальность) тоже примерно шесть миллионов. Но с влиянием у них похуже.

Американские мусульмане постепенно набирают электоральный вес в некоторых штатах, и лоббирование арабских монархий Залива помогает им «приватизировать» центры ближневосточных исследований и университетские кафедры соответствующего направления. Но после теракта «9/11» трудно всерьёз рассчитывать склонить американцев на сторону противников Израиля. Расклад не тот.

Политика же США, если говорить именно о ней, учитывает интересы только одной страны: Соединённых Штатов Америки. Правда, подвержена изменениям в соответствии с происходящим в окружающем мире и с флуктуациями внутриполитического баланса интересов. Помимо личных симпатий и антипатий того или иного президента, вице-президента или государственного секретаря, на эту политику влияет позиция ведомств: Госдепартамента, Пентагона, Министерства обороны, ЦРУ и других, менее известных в России.

Правда, в прошлом на американскую политику в отношении Израиля влияло ещё и его противостояние с СССР. Хотя Израиль для американцев и здесь был разменной монетой. «Авианосцем» он был, может, и непотопляемым, но сдать его, причём даже не ради национальных интересов Америки, а во имя собственной карьеры, было делом святым. Все этим пользовались, пользуются и пользоваться будут, от Киссинджера до Керри.

Однако после распада Советского Союза и социалистической системы этот фактор потерял былое значение. Российско-израильские отношения, к примеру, интересуют высшее американское начальство только в экономической и военной сфере. То есть американская администрация, вне зависимости от её партийной принадлежности, последовательно пресекает любые попытки реализации российско-израильских (а также китайско-израильских) проектов в энергетике и военно-технической сфере.

Палестинцы в американской элите традиционно опираются на Госдепартамент и госсекретаря. Чиновники внешнеполитических ведомств всей планеты – и Госдеп не исключение – исходят из собственных профессиональных и карьерных соображений, учитывая наличие в мире нескольких десятков исламских государств и одного еврейского. В исламском мире им платят большие взятки и предоставляют «золотые парашюты» под пенсию. То есть синекуру в газовых, нефтяных и прочих корпорациях. На чьей, спрашивается, стороне должны быть симпатии дипломата, которому ещё семью кормить?

Напротив, американские военные и представители разведывательного сообщества имеют наработанные годами связи с израильтянами. Кроме того, они вынуждены, исходя из профессиональных обязанностей, противостоять атакующим американские интересы исламистам. Причём палестинцы в рядах террористического подполья играют важную роль.

Но это только с одной стороны. С другой – арабские пакеты заказов на вооружение и военную технику в десятки миллиардов долларов. Хорошо оплаченные командировки на военные базы в исламском мире. И те же «золотые парашюты». А у военных и разведчиков тоже есть дети. И почему они должны жить хуже, чем дети дипломатов?

Да и представители высшего американского военного командования на Ближнем и Среднем Востоке видят в Израиле не только партнёра, союзника и тыловую базу, но и главное препятствие в заключении прочных военно-политических союзов со странами исламского мира. Это, в частности, определило отношение к Израилю экс-госсекретаря и генерала Колина Пауэлла, в период операции «Буря в пустыне» превратившегося в лоббиста арабских интересов в США. Но тут хотя бы что-то можно объяснить.

С течением времени, однако, циничных прагматиков в руководящих креслах ведомств и организаций США сменяют чистой воды теоретики. Чем они руководствуются, кроме личных интересов и фобий, не знает никто. Так что один Г-дь Б-г знает, что стоит за клиническим идиотизмом миротворческих идей госсекретаря Джона Керри, пытающегося в интересах Катара спасти обстреливающий Израиль ракетами ХАМАС от жёсткого военного ответа – а именно это в разгар военного противостояния 2014 года он и делал.

Параллельно с прямыми контактами с Израилем Штаты активно развивают систему неформального регионального блока с его участием. Подъем радикального суннитского терроризма и активизация в регионе Ирана, которая беспокоит его арабских соседей, позволили им создать механизм координации армейских и разведывательных структур Израиля и ряда стран арабского мира. В котором, до определённого момента, США играли центральную роль.

Формально они продолжают её играть – открыто с Соединёнными Штатами мало кто рискует ссориться. Но после прихода к власти президента Обамы, благожелательно настроенного к исламистам, сотрудничество Израиля с ОАЭ, Египтом и Иорданией (а «за кадром», как это ни парадоксально, и с Саудовской Аравией) продолжается в рамках реализации внешнеполитических интересов этих стран без прямого участия Вашингтона. Хотя и не во всех ситуациях.

Любопытна двойственная роль, которую играет в арабо-израильских и американо-израильских отношениях военно-промышленное лобби США. Кооперация Америки с Израилем в производстве и сбыте вооружений дополняется успешным подчинением израильского военно-промышленного комплекса американскому, включая превентивную ликвидацию конкурентных проектов. При этом поставки американского оружия ведутся и в Израиль, и в страны арабского мира, хотя Иерусалим, действуя через Конгресс США, более или менее сохраняет баланс с соседями в уровне получаемых из Штатов военных систем.

В целом, исходя из соотношения сил в американской внутренней политике, США стремятся выдержать баланс интересов в арабо-израильском и палестино-израильском противостоянии, как они его понимают, сохраняя роль арбитра для заинтересованных в Америке, хотя и в равной мере недовольных ею сторон. Так, Конгресс много лет назад проголосовал за перевод посольства США в Иерусалим, что лоббировал Израиль. На практике это решение не исполняется ни демократическими, ни республиканскими администрациями, чтобы не раздражать арабские государства.

Статус привилегированного союзника, который имеет Израиль, с американской точки зрения означает не только выделение ему масштабной экономической и военной помощи, но и автоматическое подчинение израильской политики американским интересам, в том числе в вопросах безопасности. В этом не было бы ничего страшного, если б по соседству с Израилем были расположены цивилизованные европейские страны. Однако в реальной ситуации ему приходится защищать себя самостоятельно, без особой надежды на США, но и без оглядки на Вашингтон, что крайне раздражает американскую элиту.

Впрочем, израильско-американские отношения буксуют не только на этом. Можно вспомнить, как передача Израилю (союзнику США) секретной информации, касающейся Ирана (противника США и Израиля), привела к пожизненному тюремному заключению по обвинению в шпионаже в пользу Израиля американского гражданина Джонатана Полларда и санкциям в отношении лоббистской организации АИПАК, напоминающим по своим масштабам времена борьбы Вашингтона с «советской угрозой».

Точно так же можно вспомнить о том, как поселенческая политика Израиля и аннексия Восточного Иерусалима и Голанских высот, повторяющие действия Штатов в схожих исторических ситуациях, демонстративно осуждаются официальным Вашингтоном. Да и подписанный в середине 90-х годов российско-израильский газовый контракт не был реализован исключительно вследствие интриг экс-госсекретаря США Мадлен Олбрайт.

Американское давление привело к ликвидации программы производства истребителя-бомбардировщика «Лави», отказу Израиля от поставок в Китай беспилотных летательных аппаратов и выходу из российско-израильского контракта на поставку туда самолетов, а также торпедировало тендер на поставку в Турцию российско-израильских вертолетов «Эрдоган». В конечном счёте всё это окончилось для авиационной промышленности Израиля многомиллиардными потерями, охлаждением отношений с Россией и Китаем и осложнениями с турецким генералитетом.

История отношений США и Израиля демонстрирует, что в кризисных ситуациях именно стратегические интересы Израиля оказываются разменной монетой, которой США платят исламскому миру за ошибки в собственной политике, полагая, что это оправдано американскими интересами, будь то интересы национальные или личные – того или иного чиновника. Не случайно американо-израильские отношения всё чаще подвергаются в Израиле острой критике со стороны политиков, прессы и самой широкой общественности. Довести до чего традиционно проамериканских израильтян было оч-чень трудно. Но их, что называется, достали.

Впрочем, всё это началось не с администрации Обамы. Многие в Израиле помнят, как Франклин Делано Рузвельт поддерживал «баланс отношений» и со своими еврейскими друзьями, и с откровенными антисемитами из своей администрации. Вследствие чего он закрыл «двери Америки» перед европейскими евреями, пытавшимися спастись там в годы Холокоста, не сделав исключения даже для детей. Как Гарри Трумэн, несмотря на хорошие личные отношения с Нахумом Голдманом, создателем Всемирного еврейского конгресса и Всемирной сионистской организации, долго колебался под давлением Госдепартамента, стоит ли Соединённым Штатам признавать Государство Израиль.

Да и сегодня израильтяне видят в режиме реального времени, что экс-президент США Джим Картер и один из наиболее авторитетных экспертов «старого истеблишмента» Збигнев Бжезинский на протяжении многих лет ведут антиизраильскую политику. И понимают, что миротворчество Билла Клинтона обошлось их стране так дорого, как не обходилась ни одна война. В связи с чем они не слишком оптимистичны в отношении того курса, которым в вопросах ближневосточного урегулирования будет двигаться администрация США, если её возглавит Хиллари Клинтон.

Тесные связи, налаженные в своё время руководством Израиля с Рональдом Рейганом, контрастировали с курсом, которым в американо-израильских отношениях двигались его преемники – президент Буш-старший и госсекретарь Джеймс Бейкер. Впрочем, хотя бы опасения израильтян по поводу президентства Буша-младшего не оправдались. Но зато они полностью оправдались в отношении Барака Обамы и его команды.

Поговорка «не бывает бесплатных завтраков» не случайно возникла именно в США. Платить за американские интересы на Ближнем Востоке должен именно Израиль, потому что делать это там больше некому: кредито- и дееспособным, с точки зрения дипломатов, является один лишь он. В том числе потому, что никто, кроме Израиля, ничего никому никогда уступать не будет. Пока вопрос о том, что американская поддержка обходится Израилю слишком дорого и цена её может стать неприемлемой, носит теоретический характер. Но не исключён его переход в область практической политики.

Отношения США с палестинцами прошли период жесткого неприятия в годы, когда ООП опиралась на СССР, однако демарш Рудольфа Джулиани, в бытность его мэром Нью-Йорка отказавшегося принять Ясира Арафата, был уже исключением. Отношения с ООП, а затем ПНА переживали взлеты и падения, но действующий президент Палестины Абу-Мазен являлся и является в США персоной грата, что бы он ни делал. Нарушает он свои и своего предшественника Арафата обязательства по отношению к Израилю или нет, он это делает совершенно безнаказанно.

До столкновения Израиля с ХАМАСом, произошедшего летом 2014 года, лидеры этой военно-политической организации были персонами нон грата для американского руководства. Однако нет никакого сомнения, что лоббирование госсекретарём Керри интересов ХАМАСа в ходе израильской военной операции «Нерушимая скала» являлось прелюдией к его признанию Белым домом легитимным партнёром, по образу и подобию того, как это было с ООП и Арафатом.

Неважно, лоббирование Катара и Турции тому причиной или крайне неприязненные отношения, сложившиеся между президентом Обамой и премьер-министром Нетаньягу. Нелюбовь Обамы к президенту Египта ас-Сиси или желание поэкспериментировать «на кошках». Выбор в пользу Дохи и «Братьев-мусульман» в ущерб Эр-Рияду, который «Братьев» и ХАМАС, как неотъемлемую часть этого движения, на дух не воспринимает, или что-либо ещё.

Понятно, что это приведёт (и на момент написания этих строк практически привело) к очередному предательству США и отказу от всех ранее декларированных принципов американской политики в отношении Израиля. Но тут ничего не поделаешь. Америка – она и есть Америка. Большая страна. Что делает, то и делает. Точнее, делает, что хочет. Потом может попытаться исправить. А может и не попытаться. Слон в посудной лавке по сравнению с ней – балерина.

Верхом политики такого рода стал прямой запрет президента Обамы на поставку ракет для вертолётов, танковых снарядов и авиатоплива Армии обороны Израиля с расположенных в этой стране складов Пентагона без его, президента, личного распоряжения. Хотя президент США и государственный секретарь к такого рода вопросам не имели и не должны иметь никакого отношения. Решать тут всё по американским законам должно исключительно военное ведомство. Ну ещё может влезть Конгресс – с запросом или чем-то эдаким. Но президент?! В разгар войны? Хо-р-роший союзник. Преданный и верный.

Следует помнить, однако, что, в отличие от американской элиты, которая поддерживает «мирное урегулирование» и прочие кунштюки палестино-израильских отношений не только из практических соображений, но и следуя догмам политкорректности, среди американского населения доминируют произраильские и антипалестинские настроения. Что легко объяснить, даже если вспомнить одно только демонстративное празднование «палестинской улицей» результатов теракта «9/11»…

Америка и её евреи

Мы уже проходились в этой книге по израильскому лобби в США, читатель. Не так чтобы подробно. Вскользь. Что называется, без души. Ну, лобби и лобби. Больше всего в том разделе, где оно было упомянуто, речь шла не об американских партиях или религиозных группах, а о структурах, ведомствах и компетентных организациях вроде Белого дома, ЦРУ, Госдепартамента и Пентагона. Пунктиром, чтобы в американской визе автору отказали не со стопроцентной гарантией.

Не то чтобы она была необходима до зарезу. Но посещать американскую родню надо – пусть время от времени. Особенно любимую тёщу, которая по возрасту прилетать в Россию уже вряд ли сможет. Там через океан по воздуху надо – поездом никак. Тоннеля под Аляской нет, и, судя по начавшейся с лёгкой руки президента Барака Обамы новой холодной войне, не будет его ещё оч-чень долго. Если вообще он когда-нибудь будет.

Опять-таки национальные парки и музеи в Соединённых Штатах замечательные. Ездить и ходить по ним – одно удовольствие. Много симпатичных городов – лучший из них, на вкус автора, Сан-Франциско. Дороги, передвигаться по которым можно не растрачивая нервные клетки. И масса друзей – как и у половины населения России.

Но кого бы это волновало – и в Штатах, и в России. У начальства своя логика. Хотя, по чести говоря, отечественная в случившемся в процессе написания данной книги бое горшков, разводе и разладе как раз понятна. Американскую же понять нельзя. Вот есть у вас единственная страна в мире, которая вас может уничтожить. Ну понятно, что ценой собственного существования, – что с того? И хочет она с вами дружить. Но на понятных ей условиях. Которые везде прописаны, но их никто не соблюдает – и вы, если вы Америка, кроите их исключительно под себя, как Б-г на душу положит. Чего с ней ссориться? Чего такого непонятного она хочет и что такого делает? Странные люди гавайцы...

Так что, с учётом всего вышесказанного, пожмём плечами и продолжим про лобби Израиля в США. Не как про это знает каждая отечественная собака из агитпропа, а как оно на самом деле есть. А на самом деле в Америке есть израильское еврейское лобби – так называемый старый истеблишмент, включающий массу ссорящихся, спорящих и конфликтующих организаций – политических и общественных.

Это Американский еврейский конгресс и Американский еврейский комитет (который упомянутый конгресс терпеть не может). Всемирный еврейский конгресс (не путать с уже упомянутым Американским конгрессом, который в него формально входит, но на самом деле сам по себе) и Американский ОРТ – а также, отдельно от него, Американский женский ОРТ. В чём в чём, но в феминизме американки впереди планеты всей.

Для тех, кто этого не знает, ОРТ – это Организация ремесленного труда, которую более века назад основали в Российской империи три еврейских филантропа: Бакст, Поляков и барон Гинзбург. Изначально – система профтехучилищ, рассчитанных на то, чтобы еврейская молодёжь получала специальности, которые её, молодёжь, смогут прокормить. Сегодня – образовательная империя. Состоящая из школ, колледжей, гимназий и университетов с компьютерным, биотехнологическим и прочими высокотехнологичными уклонами, от США и Израиля до Индии и Уругвая.

В описываемый истеблишмент, представители которого составляют Конференцию основных еврейских организаций Америки, знаменитую «Канференс оф президентс» с её вечным главой исполнительного аппарата Малколмом Хонлайном, входят лидеры общенациональных еврейских конгрегаций. То есть основных религиозных еврейских общин США: современных ортодоксальных (их так и называют по-английски, modern ortodox), консервативных и реформистских. Наличие которых великолепно объясняет, как вообще евреи, при том что они народ скандальный и упёртый, дожили до наших дней.

Метод прост. Не нравится, как у тебя в общине, а точнее, в твоей семье принято, – делай свою общину. И заводи там свои собственные порядки. Приживётся – вот тебе и новое направление еврейской религиозной жизни. Не приживётся – еретическая секта. Вымрет она или останется редким этнографическим экзотом на радость путешественникам – как пойдёт. И так бывало. И этак. И промежуточные варианты были вроде ставшего мировой религией христианства или перешедших в ислам среднеазиатских чала, турецких денмё и последователей лжемессии Саббатая Цви.

Подготовленный читатель знает, разумеется, в чём разница между описанными выше направлениями. Но если вдруг случайно в школе этого не проходил, позволим уточнить. Ортодоксальные евреи, к которым, кстати, относятся и разнообразные хасиды во многом множестве их, хасидов, типов, носят чёрные кипы и зачастую прочую традиционную сбрую и еврейскую традицию блюдут очень строго. До такой степени, что многие евреи во времена Просвещения, когда гетто для проживания древнего еврейского народа перестали быть обязательными, к строгости этой не то чтобы охладели, но просто напрочь перестали понимать, на кой она нужна. Классический пример тут – Карл Маркс.

И тут в Германии (а где же ещё!) в конце XVIII века возник консервативный иудаизм. В соответствии с которым можно быть евреем, но образованным и современным. Слушая в синагоге орган не худшего качества, чем у соседа в кирхе или католическом соборе. Одеваясь не в лапсердак и штраймл на потеху публике, а в партикулярное платье по моде. Разговаривая на понятном населению языке и на нём же имея, помимо иврита, который никто не думал отменять, красиво оформленные молитвенники и прочую религиозную литературу. Можно было учить светские науки в гимназиях и университетах – откуда неизбежная дружба с неевреями. Что называлось – быть немцем, венгром или французом Моисеева закона. Хотя им это в Холокост не слишком помогло.

Ответом на эту, как полагали ортодоксы, ассимиляционную ересь (насчёт того, была ли это ассимиляция или обычная для евреев на протяжении всей их истории аккультурация, у автора своё мнение, которое, впрочем, не имеет никакого отношения к теме данной книги) было возникновение современных ортодоксов. Которые по-своему, оставаясь со своей и окружающих точки зрения еврейскими ортодоксами, осваивали мир. Как это делают в Израиле последователи рава Кука. Они же национально-религиозный лагерь – «вязаные кипы».

Хотя, говоря по чести, разница между «консерваторами» и «вязаными» с течением времени стирается, и не исключено, когда-нибудь исчезнет окончательно. Тем более что еврей может перейти из одной общины в другую без особых проблем. Точнее, у ортодокса проблем будет море, но исключительно в его бывшей общине. А поскольку мир велик и в замкнутых ультраортодоксальных сообществах, изолированных от него, живёт не так уж много евреев, это скорее исключение, чем правило. Хотя в иерусалимском квартале Меа Шеарим оно действует.

Наиболее широко представленные в Америке реформисты – тоже немецкий продукт. С широко распахнутыми для неофитов дверями: гиюры – обращения в иудаизм – у них очень распространены. Смешанные браки – пожалуйста. Дети от этих смешанных браков могут воспитываться в любой религии – хоть родителей, хоть выбрать себе что-то третье. Опять-таки, поскольку это Америка (хотя эта мода дошла и до Европы), разрешены однополые браки и встречаются женщины-раввины. Что, на взгляд автора, смотрится по-идиотски, но он, автор, вообще человек традиционный. Хотя и атеист, каким, кстати, был Давид Бен-Гурион.

Но мы, читатель, что-то многовато уделили внимания религиозным структурам США. Хотя есть среди них такие… Те же реструкционалисты, например. Которые, по меткому выражению замечательного этнографа и известного еврейского общественного деятеля, не раз упомянутого автором в его книгах, Михаила Анатольевича

(Мики) Членова, полагают важным не просто есть сало с мацой, но делать это именно в пост Йом-Кипура. С истинно еврейской убеждённостью в собственной правоте эпатируя себя и окружающих, чтобы все видели… Собственно, тут даже неважно, что именно видели. А чтобы видели, и всё. Чтоб всем им мало не казалось. Такая, очень похожая на израильских леваков, загогулина мозговой или, скорее, безмозглой деятельности.

Вернувшись к старому еврейскому истеблишменту США, мы обнаружим в его рядах Бнай-Брит – единственную в мире еврейскую масонскую ложу. Которая возникла в XIX веке, потому что тогда евреев ни в какие масонские ложи не брали. А брали туда только христиан. Что было для евреев обидно, поскольку престижно же – а не берут. Ну, создав свою собственную ложу, они из положения и вышли.

Получилась милая, ничем не похожая на отечественную патриотическую страшилку клубная система. Дамы с пятичасовыми чаепитиями – можно ли в англосаксонском мире без файв-о-клока? Благотворительность – умеренная, чтобы не плодить бездельников. Немного миссионерства – в хорошем смысле этого слова, только среди евреев. Точнее, среди заблудших еврейских душ, отошедших от религии, которых в еврейском народе предостаточно.

Отдельная пчела, которая гонит отдельный еврейский мёд, – Антидиффамационная лига Бнай-Брита. Каковое название, кстати, переводится как «Сыны Завета». Хотя «брит» у евреев заодно обозначает обрезание: удаление хирургическим путём крайней плоти у мужчин, которое в случае нормального традиционного еврея производится в младенчестве и никаких проблем не причиняет. А в случае еврея советского, необрезанного, если он по велению души или из-за стадного чувства на это решился, – в возрасте вполне взрослом. Что очень больно, мешает ходить и вести семейную или, напротив, беспорядочную половую жизнь. Уж тут у кого какая есть.

Но «Сынами Обрезания» членов Бнай-Брита звать не стоит. Не поймут. Зачем обижать приличных людей.

Тем паче что упомянутая АДЛ во главе с Абрахамом «Эйбом» Фоксманом – структура дельная и исторически храбрая. Занимается эта контора борьбой с диффамацией. То есть с клеветой. Точнее, борется с практическим антисемитизмом. Не только с тем, что на работу или в университет еврея не берут (а ведь не брали – и процентную норму на евреев в том же Гарварде отменили не так давно) или в больницу не принимают (ни врачом, ни медбратом, ни пациентом – тоже было), но и куда более тяжёлыми случаями.

Повторим: не брали в Америке евреев никуда, как, впрочем, и негров. Которых теперь вежливо зовут афроамериканцами. А также католиков – во времена более давние. Откуда еврейский университет «Брандайс». Еврейские госпитали – «Мозес Монтефиоре Медикал центр» и «Маунт Синай». Еврейский спортклуб «Маккаби» – точнее, всемирное спортивное движение «Маккаби», наследником которого в Голландии, кстати, является футбольный клуб «Аякс». И много что другое.

А в южных штатах евреев просто вешали – не ежедневно, но достаточно часто. Ещё в начале XX века. Суд Линча ведь не только к неграм применим. И традиционная на американском юге надпись «евреям, собакам и неграм вход воспрещён», которую можно ещё увидеть кое-где в глубинке, – тоже Америка. Против которой АДЛ десятилетиями и воевала – отметим: по большому счёту, победив.

В Штатах крайний расизм и ксенофобия легко сочетаются с политкорректностью, зачастую переходящей в такой же расизм и ксенофобию. Только в отношении людей с другим цветом кожи. Или не такими, как модно в данный исторический момент, сексуальными вкусами. Или тех, кто курит. Когда лёгкие наркотики – это нормально, а табак оказывается самым страшным из грехов человеческих… Ну, Америка, она и есть Америка.

Еврейский истеблишмент Соединённых Штатов включает множество исторических организаций разной направленности. ХИАС, специализировавшийся на организации эмиграции евреев из очагов напряжённости, в том числе из Российской империи и СССР, по всему миру. Кроме Израиля, куда вёз «Сохнут». НАЙАНА – Нью-Йоркская ассоциация новых американцев, первоначально специализировавшаяся на обустройстве евреев именно и только в этом городе, крупнейшем по численности еврейского населения на планете. И понаторевшая в этом так, что правительство стало с её помощью решать проблемы с прочими группами иммигрантов. «Эдьюкейшнл Алаянс» – то есть «Образовательный альянс», специализация которого понятна из его названия. И так далее, и тому подобное.

В старом американском еврейском истеблишменте представлены и университеты. Точнее, главы их попечительских и академических советов, а также ректоратов. Поскольку университет в Америке – кузница кадров. А еврейский университет – кузница еврейских кадров. И экспериментировать с образованием и наукой, как в современной России, где кто не Фурсенко, тот Ливанов, в Штатах не дают ни здравый смысл, ни традиция.

«Йешива Юниверсити», «Хибру Юнион Колледж» и «Теологическая семинария», помимо того, что готовят раввинов для ортодоксальной, реформистской и консервативной общин, дают самое всамделишное высшее образование высокого уровня. Хотя, конечно, по соседству есть и такие «фабрики дипломов», как «Туро-колледж». Но это не первая лига – максимум третья. Деньги приносит, и ладно. Однако же его руководство на присутствие в высшем эшелоне истеблишмента и не претендует.

В элите не без прессы и не без денег. Так что там присутствуют Еврейское телеграфное агентство и газеты – тоже еврейские. А также Объединённый американский еврейский распределительный комитет – знаменитый «Джойнт», который не без выгоды для своего руководства и менеджеров раздаёт еврейским общинам диаспоры выделенные им спонсорами деньги.

И кстати – спонсоры, спонсоры. Куда же в США без них. В том числе главные частные фонды страны, многие из которых – фонды семейные. В Америке проще завещать деньги фонду и посадить детей в его исполнительный аппарат на большую зарплату, чем просто что-то им оставить. Налогами замучают. Не то чтоб социализм, но что-то вроде. А может, и хуже. Заработать – зарабатывай, как Б-г даст. Но сохранить в семье – это чёрта с два.

Наконец – последние по порядку, но не по значению, городские и региональные еврейские Федерации, из которых сформирована Объединённая еврейская община США – или, на сленге исполнительного аппарата, попросту «Джуйка», до 2000-х именовавшаяся «Юнайтед Джуиш Аппиал-Федерэйшн». Поскольку в 70-е она была собрана из двух главных денежных мешков еврейской Америки: «Юнайтед Исраэл Аппиал», который занимался сбором денег на Государство Израиль, и собиравшей на местные еврейские программы «Джуиш Федерэйшн». Чтобы не переходить друг другу дорогу и не толкаться в одни и те же двери.

Эта структура – главный кошелёк еврейской Америки. Она и делит собранное на местные нужды и заморские проекты – overseas. Хотя несчитаные докризисные миллиарды от сбора средств – фандрэйзинга – с началом мирового экономического кризиса 2008 года сильно уменьшились. Да и доходы от вложений в трасты и фонды-эндаументы уменьшились в разы. У евреев США обнаружились свои пирамиды. Одна только афёра Мэдоффа «убила» миллиардов двадцать. Долларов, естественно.

Всё выданное на Государство Израиль передаётся ему через Еврейское Агентство для Израиля – «Сохнут», который теоретически контролирует Всемирная сионистская организация. Хотя кто там кого контролирует, ещё большой вопрос. Тем более что творится в Еврейском национальном и Еврейском земельном фондах при ВСО – «Керен га-Йесод» и «Керен Каэмет ле-Исраэль», – сам чёрт не разберёт.

Автор по молодости, состоя в руководстве этих фондов через членство в совете директоров ВСО от России, пробовал разобраться. И понял, что если что-то там и ясно, то только то, что ничего не ясно. Знакомые материи для тех, кто помнит 90-е в России. И для 2000-х не менее знакомые.

Всё, что сверх того у американских евреев выделено – на Украину, Эстонию или на Эфиопию, попадает в «Джойнт». И даже не всё воруется по дороге. С одной стороны, евреи считать всё-таки умеют. С другой, среди менеджеров этой конторы есть толковые и мотивированные. Хотя их там не то чтобы подавляющее большинство. Но они есть.

Некоторые из них, вроде «Эппи» – канадца Сеймура Эпштейна или израильтян Сары Боген и Ицика Авербуха, отметились как люди по-настоящему замечательные. А на некоторых, вроде главного начальника по всему бывшему СССР англичанина Ашера Острина и его финансового директора Эли Малки, пробы ставить было некуда. Хотя на первый взгляд и не скажешь…

Однако это всё лобби произраильское. Но в США есть не менее, а нынче скорее даже более активное антиизраильское еврейское лобби. Включающее такие диаметрально противоположные социальные группы, как ультраортодоксальные сатмарские хасиды, левые и ультралевые – троцкисты, анархисты, социалисты, etc. Как местные евреи, так и бывшие израильтяне.

Самое последнее его достижение – «J7». То есть организация, которая теоретически как бы за Израиль. И состоит в значительной мере из бывших его граждан, в том числе высокопоставленных. Но почему-то борется за мир на Ближнем Востоке именно так, чтобы напакостить израильскому правительству по максимуму. Ну, леваки. Что с них взять. Тем более Сорос им деньги даёт, Обама их с распростёртыми объятиями принимает…

Американская демократия приветствует разные мнения. Так что если президенту США осточертели евреи, которые просят за Израиль, он легко может подобрать тех, которые не будут его расстраивать. И даже наоборот, будут душить Израиль, чтоб ему, президенту Америки, не приходилось наступать на горло собственной песне. Кто там сказал, что она, Америка, – главный союзник и главный гарант существования еврейского государства? Ну, языком трындеть не мешки ворочать. Говорить демократия никому не мешает. Даже способствует.

Америка и христиане

Значительно серьёзней, чем еврейское, в пользу Израиля в Америке выступает протестантское лобби. Наиболее известны в этом качестве баптисты и представители пресвитерианской, англиканской и прочих церквей. Хотя далеко не все их прихожане и клир разделяют произраильские симпатии, но израилефилов в них если и не большинство, то очень и очень значительная часть. Хотя среди представителей этой значительной части есть и воинствующее антимусульманское крыло с вполне экстремистскими воззрениями.

Причина этого несколько экзотического пристрастия верующих христиан к евреям и еврейскому государству состоит как раз в том, что они верующие. Причём не так, как это принято в современной Европе или не менее современной России – по привычке, не очень заморачиваясь и не напрягаясь, а по-настоящему. Со всеми плюсами и минусами такой веры.

Все они полагают, что Б-г в Библии дал чёткие недвусмысленные указания о своей поддержке Народа Израиля, грядущем Втором пришествии мессии и Страшном Суде, с которым каждая такая группа связывает собственные чаяния по поводу воскрешения и попадания в рай. Причём Страшному Суду должно предшествовать собирание евреев на Святой земле и возрождение Государства Израиль. В чём с ними солидарно большинство мормонов, также входящих в американское израильское лобби.

И кстати, все они совершенно справедливо полагают, что ни про арабов, ни конкретно про палестинцев, ни, в более широком смысле, про мусульман в Библии не сказано ни слова. Поддерживать их в противостоянии с евреями и тем более пытаться строить на Святой земле палестинское государство для них – ересь и неверие в Б-га. Откуда их реакция на всё, что происходит в арабо-израильском конфликте. Позиция бесхитростная, но прямая и последовательная.

Есть, впрочем, в Америке и антиизраильское протестантское лобби консервативной элиты, традиционный антисемитизм которой с наступлением эры политкорректности практикуется в скрытых формах. Автору помнится высокопоставленный представитель этой породы американцев, с которым ему довелось пообщаться на экспертной посиделке в швейцарском Гштааде. Мероприятие было организовано отечественной организацией ПИР-центр, не очень известной широкой публике, но обладающей абсолютным авторитетом в профессиональных кругах.

Достойный джентльмен, как и положено американцу, очень уважал себя, свою страну и своего президента Обаму, поскольку был наследственным демократом. О прочем мире он судил с непробиваемым апломбом, на окружающих смотрел сверху вниз и единственный раз вышел из себя, когда речь зашла о ядерном потенциале Израиля. Что для него было – нож острый. И именно это он по поводу Израиля и его руководства (надо отдать ему должное – слово «евреи» не прозвучало ни разу, хотя висело в воздухе) автору высказал.

ПИР-центр и его основатель и бессменный руководитель Владимир Орлов работали и в огромной мере олицетворяли собой – и на тот момент, и в дни, когда пишется эта книга, а этой организации исполнилось двадцать лет, – борьбу российских экспертов за сохранение режима ядерного нераспространения. И как положено экспертам, которые ещё с советских времён скептически относились к ядерной программе Израиля, пировцы ей симпатизировали мало. Однако к самому Израилю они относились вполне объективно.

Так вот, это остро контрастировало с американским подходом. Там было столько даже не неприязни – ненависти… Частично замешенной на обычной ксенофобии. Частично на классическом церковном антисемитизме, характерном для времён ранней реформации с её фанатизмом. Однако, как выяснилось, никуда не девшемся и в начале XXI века.

Впрочем, что зацикливаться на протестантах? В Соединённых Штатах не они одни являются практикующими христианами. Можно говорить об американском израильском (в большинстве своём латиноамериканском и итальянском) и антиизраильском (в основном ирландском и польском) католическом лобби. Хотя этнические границы здесь могут быть размыты.

Несмотря на то что у католиков многое зависит от официальной позиции Ватикана, который вынужден лавировать между Иерусалимом и палестинской Рамаллой из-за значительного числа приверженцев римско-католической церкви в арабских странах, находящихся под постоянной угрозой – в прямом, физическом смысле этого слова, – США есть США. И американские католики куда меньше оглядываются на Святой Престол, чем их собратья в других частях света.

Разделение существует и в афроамериканской общине США. Её традиционное для времен Мартина Лютера Кинга самоотождествление с Народом Израиля породило такой феномен, как «негры из Димоны» – эмигранты из США, прибывшие на Святую землю, веря, что они и есть истинные евреи. Однако на рубеже 70–80-х годов в «Чёрной Америке» широкое распространение получили радикальные исламские идеи. Следствием их стал антисемитизм радикалов из «Чёрных пантер» популиста Луиса Фаррахана и сенатора Джесси Джексона.

При этом антиизраильская деятельность всех перечисленных лоббистских групп, кроме, пожалуй, чёрных мусульман, отнюдь не означает их симпатий к палестинцам. Ксенофобия и расизм тех слоёв населения, которые унаследовали народный или элитарный антисемитизм, широко распространённый в Америке до реформ президента Кеннеди 60-х годов, действуют в отношении всех «инородцев» и «иноверцев». Включая мусульман в целом, арабов и палестинцев в частности. Не в меньшей мере, чем в отношении евреев и Израиля.

Отметим, что традиционно пропалестинскую политику ведёт большинство фондов и объединений американских мусульман. Это же касается нефтяного и, как это ни странно для человека со стороны, университетского лобби. Во-первых, оба лобби заинтересованы в контактах с монархиями Персидского залива. Во-вторых, если говорить именно об университетах, они заражены ультралевыми настроениями. Так что поддержка арабов как угнетённого народа против Израиля как символа капитализма (смешной парадокс, если вспомнить об израильском социализме, противостоявшем в начале XX века арабским феодалам) с университетской стороны обеспечена.

Особенно усилились антиизраильские настроения в американских университетах в 90-е годы с ростом в их стенах влияния антиглобалистов, а также появлением в США сотен тысяч студентов из стран арабского мира, Пакистана и Ирана. Хотя, с другой стороны, это несколько охладило антиизраильские настроения в чисто еврейской студенческой среде.

В 2000-е годы студенческие клубы, объединения американских мусульман, мечети, исследовательские центры и кафедры ближневосточных исследований университетов США почти полностью попали под контроль саудовских фондов и фондов малых монархий Персидского залива, инвестировавших в них достаточно средств, чтобы превратить эти организации в эффективный инструмент своего влияния. Исполнительный аппарат всех этих структур, в первую очередь религиозных, пополнили палестинцы и выходцы из пакистанских деобандских медресе – по большей части приверженцы самых радикальных исламистских течений.

Впрочем, при ближайшем объективном и профессиональном рассмотрении понятно, что конфликты, подобные палестино-израильскому, не исключение, а правило последних двух столетий. Начало им на Ближнем Востоке положил распад Оттоманской Порты в XIX–XX веках. События на Балканах и в Закавказье, в Судане и Ираке, Ливане и израильско-палестинском «котле с неприятностями» – лишь отдалённое эхо этой геополитической катастрофы. Такой же, как конфликты между сегодняшней

Эфиопией и её исламскими соседями, после распада бывшей империи эфиопских негусов – хотя и в несколько меньших масштабах.

Раздел империи и становление на её обломках нескольких национальных государств везде и всегда сопровождаются вытеснением, а часто и уничтожением этнических и конфессиональных меньшинств. Так было в Европе. Так происходит и на Ближнем и Среднем Востоке, где как шагреневая кожа сжимаются общины зороастрийцев и бахаистов в Иране, мандейцев и йезидов в Ираке, евреев и христиан по всему региону.

Особенно любопытна, в связи с традиционным для США агрессивным христианским миссионерством и претензиями Америки на роль защитницы христианства в масштабах всей планеты, реакция её политического руководства на притеснения христиан на Ближнем и Среднем Востоке. Точнее, почти полное отсутствие какой бы то ни было внятной реакции даже на наиболее вопиющие случаи, вплоть до геноцида, – в исламском мире.

Пока что христиане Ближнего Востока и его периферии в совокупности по-прежнему насчитывают миллионы, а с учетом общин Южного Кипра, Египта, Судана и Эфиопии – десятки миллионов человек. Однако число их в исламских странах неуклонно падает. И это несмотря на то, что христиане сыграли важнейшую роль в становлении национально-освободительных движений арабского мира. Они даже вошли в правящую элиту стран, освободившихся от колониальной зависимости. Бутрос Гали в Египте и Тарик Азиз в Ираке играли в новейшее время не менее значимые роли, чем христианские визири средневековых владык.

Общей тенденцией Ближнего и Среднего Востока является стремительный рост исламского экстремизма и исламизация всех групп элиты – военной, государственной и предпринимательской. Это относится не только к египетским коптам и христианам Ирака, Сирии и Ливана, но и к христианам Палестины, значительно уменьшившихся в числе со времени воцарения в Газе и Иерихоне администрации Ясира Арафата.

Население региона, со времён императора Адриана называемого в европейской традиции Палестиной, включающего Государство Израиль, Западный берег реки Иордан и Газу, в настоящее время насчитывает более десяти миллионов человек. В том числе около шести миллионов евреев, свыше четырёх миллионов арабов-мусульман и несколько сотен тысяч арабов-христиан.

Точные данные, предоставляемые по христианам израильской статистикой, резко контрастируют с весьма приблизительными цифрами по территории, контролируемой Палестинской национальной администрацией (ПНА). Что объяснимо: число христиан, живущих под властью ПНА и ХАМАСа, уменьшается год от года – и в относительных, и в абсолютных цифрах.

Из ста шестидесяти тысяч израильских христиан сто двадцать пять тысяч арабы. Большая часть оставшихся – армяне и выходцы из республик бывшего СССР. Самая большая христианская община Израиля (двадцать тысяч человек) живёт в Назарете. За ним идут Иерусалим, Хайфа и Шфарам.

В настоящее время из прибывающих в страну репатриантов, преимущественно из государств постсоветского пространства, Франции и Эфиопии, около тысячи в год – нееврейские члены семей новых репатриантов, попадающие, согласно статистике, в категорию христиан. Спорным является статус многих нееврейских выходцев из СССР, но далеко не все из них – в том числе славяне – полагают себя христианами.

По прогнозам, в 2020 году число христиан в Израиле составит сто семьдесят четыре тысячи человек. Несмотря на абсолютный прирост, их относительная доля в арабском населении упала с двадцати процентов в 1949-м до менее восьми в 2014 году. Однако это не вопрос дискриминации, а проблема исключительно демографическая. Христиане более образованны и богаты – и, соответственно, рождаемость у них ниже, чем у мусульман. Да и ниже, чем у евреев.

На палестинских территориях число христиан составляло к началу 90-х годов, когда Израиль подписал с ООП соглашение «Газа-Иерихон», около десяти процентов от общего населения. То есть около трёхсот пятидесяти тысяч, с учетом христиан Восточного Иерусалима. Вифлеем и Рамалла были в период израильского контроля городами почти стопроцентно христианскими. В настоящее время на территории ПНА христианское население составляет максимум четверть от первоначального. Выдвигаемые по этому поводу обвинения в адрес Израиля «во имя спасения христианства Палестины» имеют мало общего с реалиями.

Уже к началу интифады 2000 года, через шесть лет после подписания «соглашений Осло», Рамалла, столица христиан Западного берега, была мусульманской на две трети. К масштабному исходу христиан из Палестины – преимущественно на Запад, привели рэкет со стороны палестинской полиции и сил безопасности и открытая поддержка властями ПНА дехристианизации Газы и Западного берега.

С началом интифады ситуация ещё более осложнилась. Превращение Вифлеема в главный плацдарм для нанесения ударов по Иерусалиму сделало всех его жителей, в первую очередь христиан, заложниками боевиков. Это произошло и с жителями Рамаллы после начала осады Ясира Арафата израильской армией в его резиденции в Мукате.

Особенно трагичной оказалась судьба христиан Газы, которых там осталось менее двух тысяч. Впрочем, инцидент вокруг вооружённого захвата боевиками храма Рождества Христова в Вифлееме и их противостояния с израильской армией, которая ради спасения святыни отказалась от штурма, показал, что христиане Палестины не могут рассчитывать даже на номинальное уважение их прав соотечественниками-мусульманами, где бы они ни жили.

Демографическая ситуация на Ближнем Востоке однозначно складывается не в пользу христиан. В отсутствие традиционно игравших роль козла отпущения евреев, почти полностью покинувших регион, гражданские войны, конфликты и революции в первую очередь бьют по ним. Действия «Джабхат ан-Нусра» в Сирии и «Исламского государства Ирака и Леванта» в Сирии и Ираке, к сожалению, показывают это на примерах более чем многочисленных.

Пока что в регионе только Марокко, Турция и Иран защищают от физического уничтожения остатки своих христиан и осколки еврейских общин. В Тунисе же, Египте, Сирии и Ираке «Арабская весна» стала переломным моментом в судьбе христиан, оказавшихся главной мишенью исламистского произвола.

Бич восточного христианства – появление в ходе палестино-израильского «мирного процесса» и «демократизации» Ближнего Востока территорий, на которых ведется война «всех против всех» и единственной реальной властью является власть террористов. В конкретно палестинском случае погром как следствие «мирного урегулирования арабо-израильского конфликта» – цена, которую христиане Палестины заплатили за иллюзии мирового сообщества о необходимости «прекращения израильской оккупации» и построения «Государства Палестина».

Стоило ли проводить этот эксперимент, чтобы через двадцать лет после взрыва эйфории по поводу «Нового Ближнего Востока» единственным местом на Святой земле, где христиане были в безопасности, осталось еврейское государство? Вопрос более чем риторический. Однако в США его стараются не задавать.

Жёсткая произраильская позиция самаритян Наблуса (Шхема) и острая дискуссия о границе возможного раздела иерусалимского Старого города, точнее, о будущей принадлежности его армянского и христианского кварталов, – следствие печального опыта жизни христиан Палестины под юрисдикцией ПНА. Опыта более чем практического.

Он диаметрально противоположен благоглупостям коспонсоров «мирного процесса» и идеям «миротворцев», призванным сохранить статус-кво между Государством Израиль и террористическими группировками типа ХАМАСа. Однако не похоже, что американские администрации, на время правления которых пришлись попытки примирения Израиля и палестинцев, хоть в малейшей степени готовы были учитывать этот опыт. Что называется, если практика не совпадает с теорией, тем хуже для практики. Очень по-американски…

Иметь таких друзей…

Попробуем взглянуть на отношения Израиля и Соединённых Штатов не с российской точки зрения, а с точки зрения американской. В конце концов, мало ли что русские о Штатах думают. Президенту Бараку Обаме не нравится президент Владимир Путин, автору не нравится Барак Обама… Может же быть, во всём сказанном автором никакой объективности нет, а есть только его злобные клеветы, вызванные резким ухудшением российско-американских отношений по инициативе нынешнего хозяина Белого дома? Хотя вроде автор – человек нерусский, но евреи, которым Израиль небезразличен, как известно, Обаму тоже не жалуют.

Чем Америка, как, впрочем, и Россия, а также Израиль, по-настоящему хороша – всегда в этой стране найдётся кто-то, кто будет, сколько ему линованной бумаги ни пихай, писать поперёк. Как во время оно заметил Курт Воннегут – тоже, между прочим, американец. Вот такие люди нашлись и с прямотой римлян высказались по поводу того, каким другом является для Израиля Америка. И не один раз.

Оставим, как ни прискорбно, в стороне фундаментальный двухтомник израильского профессора Алека Д. Эпштейна «Ближайшие союзники? Подлинная история американо-израильских отношений». Увы, но он будет издан только осенью того года, когда пишется настоящая книга. При всём желании автора сослаться на сведения, приводимые д-ром Эпштейном, делать это неэтично. Его знакомство с рукописью в качестве президента Института Ближнего Востока, для которого она была написана, не предполагает её цитирования до появления в печатном виде.

Предупреждения о том, что уже было между США и Израилем, на основании которых легко было экстраполировать, что будет между ними, появлялись задолго до того, как палестино-израильские отношения вошли в окончательный клинч, что с ними в 2014-м и произошло. Одно из наиболее ярких предвидений такого рода относится к 1993-му году. Вышло оно в преддверии подписания «Соглашения о принципах» между лидером ООП Ясиром Арафатом и премьер-министром Израиля Ицхаком Рабином при участии президента США Билла Клинтона.

Известный американский еврейский общественный деятель Ирвин Москович вместе с Элен Фридман, исполнительным директором организации «Американцы за безопасный Израиль», подготовил материал, который был опубликован под заголовком «Должна ли Америка гарантировать безопасность Израиля?». Ниже приведены цитаты из этой более чем показательной бумаги. Если бы она не была подготовлена американцами, живущими в США, автора можно было бы обвинить в предвзятости. Но, повторим, это американский документ.

Итак, Москович и Фридман напоминают, как в декабре 1957 года, при президенте Эйзенхауэре, посол Израиля Аба Эбан получил из рук госсекретаря Джона Фостера Даллеса «Меморандум о помощи», в котором говорилось: «Америка приложит все усилия для обеспечения предотвращения размещёнными в Газе войсками ООН продолжающейся вооружённой инфильтрации в Израиль». Кроме того, США гарантировали Израилю право свободного прохода его судов по Тиранскому проливу.

В 1963-м президент США Джон Ф. Кеннеди подтвердил это обещание. Однако, когда 17 мая 1967 года президент Египта Гамаль Абдель Насер приказал чрезвычайным силам ООН покинуть Газу и Синай, они ушли без малейшего сопротивления, а Соединённые Штаты не предприняли ровно ничего. Войска Египта без помех заняли Синайский полуостров. Итогом стала Шестидневная война.

7 августа 1970 года в результате дипломатических усилий администрации Никсона было подписано прекращение огня в Войне на истощение, которую Египет вел против Израиля. Это соглашение включало обещание США поддерживать прекращение огня. Однако, когда Египет нарушил договорённости, США не вмешались. Израиль вынужден был принять участие в ещё одном раунде переговоров. Египет тем временем передвинул свои ракеты к Суэцкому каналу и в 1973-м использовал их против Израиля в Войне Судного дня.

В 1975-м США подписали «Совместный Меморандум о Соглашении», гарантируя, что Америка «не признает ООП до тех пор, пока ООП не признает право Израиля на существование и не примет резолюции СБ ООН 42 и 338». Немедленно после этого политическое руко-дство США начало «искать подходы» к Организации Освобождения Палестины.

В марте 1988-го госсекретарь Джордж Шульц в нарушение американских законов встретился с Эдвардом Саидом Ибрагимом Абу-Лугардом, членами ПНС и ООП. 14 декабря 1988 года Арафат объявил о своем согласии на признание Израиля. После чего президент Рональд Рейган со спокойной душой аннулировал обещание 1975 года, объявив о недействительным.

Государственный департамент США десятилетиями игнорировал, оправдывал и не замечал террор ООП против Израиля. Так, когда 6 июля 1989 года в итоге теракта был сброшен в ущелье израильский автобус, администрация президента Дж. Буша-старшего этого «не заметила». Замалчивание террора ООП продолжалось и при администрации Клинтона.

Когда в марте 1978 года Израиль провел рейд против террористов в Южном Ливане и занял узкую полосу приграничной территории, президент США Джим Картер вынудил израильские силы уйти и заменил их ооновскими промежуточными силами в Ливане – ЮНИФИЛ. Их задачей в теории было защищать Израиль от террористов. Однако в июне 1978 года триста террористов

ООП вновь заняли юг Ливана. ЮНИФИЛ помогал им разведывательной информацией и демонстрировал открытое сотрудничество с ООП. Израиль не мог отвечать из опасений поставить под удар войска ООН. Голландские, ирландские, норвежские, французские, шведские и непальские войска, входившие в их состав, сотрудничали с ООП.

Казалось, ситуация изменится при президенте Рейгане, более дружественном к Израилю, чем Картер. Тем более что бездействие и прямое попустительство ООП со стороны войск ООН привело к войне в Ливане, в результате которой Ясир Арафат и основные силы ООП вынуждены были эвакуироваться в Тунис. Но после того как в октябре 1983 года двести сорок два американских морских пехотинца были убиты в казарме в результате подрыва террориста-самоубийцы, армия США покинула Ливан. Страна была предоставлена самой себе.

Впрочем, всё это относится к эпохе до прямых контактов израильского руководства и ООП. Изменилось ли что-либо после выхода на «мирный процесс»? Ну, кому как. Если полагать, что сам по себе процесс важнее результата – можно радоваться жизни. Если же рассчитывать на мир – в том примитивном смысле, который вкладывается в это слово обывателями, неспособными с благодарностью жертвовать собой ради торжества хитроумных политических комбинаций, тут всё гораздо хуже.

Израиль 13 сентября 1993 года подписал «соглашение Осло». 24 сентября 1995 года – «соглашение Осло-2». В январе 1997 года – соглашение по Хеврону с гарантиями госсекретаря Уоррена Кристофера. В 1998-м – «меморандум Y» (в русскоязычной прессе – соглашение «Уай-плантейшн»). В 1999-м – соглашение в Шарм аш-Шейхе. Нарушены были все. И это не исключение, а правило. Другой вопрос: если вас обманули раз, и два, и три, зачем продолжать? По крайней мере, зачем это бессмысленное хождение по кругу, как осёл за морковкой, продолжать евреям? В конце концов, классическое «Б-г троицу любит» – поговорка не еврейская.

США поддержали идею о создании палестинского государства. Поддержали раздел Иерусалима – «вечной и неделимой столицы Израиля» и требования отказа еврейского государства от его восточной части. Поддержали передачу Израилем Голанских высот Сирии (входившей на момент переговоров в составленный госдепартаментом США список стран, спонсировавших терроризм). Поддержали требования ухода Израиля из Иудеи и Самарии с выселением оттуда двухсот тысяч евреев (к октябрю 2012 года число их составило более семисот тысяч, с учетом оспариваемых арабами районов Восточного Иерусалима).

То, что эти люди, переселение которых не решит палестинских проблем, превратятся в новых перемещённых лиц, которых на Ближнем Востоке и без того более чем достаточно, не американская проблема. Что всё это ставит под угрозу существование Израиля – тоже. Как не стала такой проблемой судьба восьми с половиной тысяч жителей еврейских поселений, насильственно изгнанных израильским ЦАХАЛом из Сектора Газа.

При этом уход из Газы не завершил конфликт Израиля с палестинцами, как объясняли инициировавшие «итнаткут» левые во главе с Пересом, а дал шанс на захват там власти ХАМАСу. Понятно, что предоставленным израильтянами шансом эта террористическая организация воспользовалась блестяще, превратив Газу в плацдарм для непрерывных атак на Израиль, а мирное население сектора в заложников политики, провоцирующей одну военную операцию Израиля за другой.

Нежелание израильского руководства возвращаться в Газу и брать её территорию под контроль понятно. Признавать ошибки никто не любит. Исправлять их политики любят ещё меньше. Откуда светлая идея демилитаризации Газы под контролем и под гарантии то ли «мирового сообщества», то ли ООН. Авторы её, правда, не привели ни одного примера, когда такого рода демилитаризация была успешно реализована и гарантии выполнены.

Процитируем в этой связи трёх человек, слова которых точно характеризуют, чего все эти гарантии стоят – оптом и в розницу. Аба Эбан, знаменитый (особенно в СССР – из-за фамилии) министр иностранных дел Израиля, знакомый отечественному читателю ещё по ерофеевской книге «Москва–Петушки», сказал в 1956-м году: «Гарантии безопасности не годятся в качестве замены оборонной мощи».

Министр обороны США Роберт Макнамара в 1967-м объявил, что «Израиль должен сохранить за собой командные высоты к востоку от границы 1967 года. Для обеспечения оборонительной глубины Израиль нуждается в полосе шириной порядка пятнадцати миль на Голанах» (что превышает находящуюся в настоящее время под контролем Израиля территорию, отвоёванную им у Сирии).

Наконец, сенатор Генри Джексон сказал в 1973-м фразу, столь же гениальную, сколь точную: «Значительная часть истории международных гарантий – это история стран, которые потеряли свою территорию, свою свободу и даже своих сыновей и дочерей».

Так что руководство Соединённых Штатов борется за дело мира (преимущественно за чужой, в том числе израильский, счёт) с такой же интенсивностью и такими же разрушительными последствиями, как Советский Союз времён холодной войны. Что в корне противоречит мировой практике, которую воплощает римское «хочешь мира – готовься к войне».

Хотя, с точки зрения инфантильных политических временщиков, вроде президента Обамы, они, требуя, чтобы «здесь и сейчас» были реализованы все их бредовые теории, не виноваты в последствиях своих действий. Кто угодно – только не они. И вот это уже не про Израиль. Точнее, не только про Израиль. Но и про Ирак, Афганистан и Украину.

Интересно, что было бы с Европой, если бы во Вторую мировую войну союзники воевали по тем правилам, которые Соединённые Штаты и следующее в их фарватере «мировое сообщество» предписывают Израилю? Пожалуй, Третий рейх и в XXI веке оставался бы европейской реальностью… Впрочем, на себе не показывают. Совершенно бесполезно задавать соответствующие вопросы американским дипломатам и политикам «новой школы». Это примерно так же конструктивно, как открывать двери головой. Что израильское руководство знает на своём примере.

Известный политолог Пол Эйдельберг подсчитал, что за последние две тысячи пятьсот лет Западная Европа (включая классическую Грецию и Римскую империю, территория которых Европой не ограничивалась) пережила около тысячи войн. То есть в колыбели европейской и в целом западной цивилизации война шла каждые два с половиной года. Откуда легко понять, что война – норма международных отношений, а мир – не более чем подготовка к войне. Так что мирные договоры вполне могут быть бесполезны. А могут быть и вредны. Зависит это от содержания договоров и условий их выполнения – или невыполнения.

В 1969-м Лоуренс Бейленсон написал свою «Ловушку договора», в которой проанализировал известные мирные договоры вплоть до римских времён. Вывод его был неутешителен: договоры заключают только для того, чтобы их нарушить. Более того, договоры, гарантирующие той или иной стране территориальную неприкосновенность, бесполезны для страны, получившей такие гарантии. Точнее, хуже, чем бесполезны, так как создают ложное ощущение безопасности. Впрочем, эти договоры полезны для стран или, в палестинском случае, организаций, лидеры которых намерены их нарушить в удобный момент.

Впрочем, что мы всё про Израиль, право! Повторим: американская политика была, есть и будет такой, как она есть, не специально в израильском случае. Просто она такая. Примеров более чем достаточно. Наиболее показательные – из истории Юго-Восточной Азии. Кто помнит, ещё в 1954 году по инициативе США был создан Коллективный оборонный договор Юго-Восточной Азии – СЕАТО. Регион был объявлен образцово-показательной зоной «сдерживания коммунизма». Результаты впечатляют…

В разгар завершающей фазы Вьетнамской войны 14 ноября 1972 года президент Ричард Никсон подписал договор по защите Южного Вьетнама, который гарантировал американские карательные акции в случае необходимости, если соглашение будет нарушено Северным Вьетнамом. Эти гарантии провалились с треском, а в 1973 году американские войска были полностью выведены из Вьетнама. Кто победил в войне, можно не спрашивать.

В 1954 году президентом Дуайтом Эйзенхауэром был подписан «Договор о взаимной обороне между США и Республикой Китай» (на острове Тайвань). В 1976-м президент Джимми Картер заявлял: «Мы обязаны по договору гарантировать свободу Формозы, Тайваня, Республики Китай». Однако 15 декабря 1978 года договор был аннулирован тем же Картером, который объявил о прекращении поставок оружия Тайваню и полном признании Красного Китая.

Что называется, бизнес, ничего личного. Реалистичная политика реальных политиков. Вот и надейся на них после этого. Вообще-то говоря, иметь таких друзей – врагов уже не надо. И это Штаты! Которые на порядок более симпатизируют Израилю, чем государства Евросоюза или чиновники ООН. Хотя бы потому, что даже если американский политик не любит эту страну в персональном качестве, американские избиратели относятся к ней так, как относятся. А игнорировать их совсем политики не могут.

Европа и левые

Европейская политика, касающаяся палестино-израильских отношений, отличается от политики американской. Европа в этом, как и в прочих внешнеполитических вопросах, не является единой: определённые общие закономерности могут быть выявлены, но курс Брюсселя может значительно отличаться от курса, проводимого конкретной европейской страной.

Левые, социалистические и лейбористские партии всех типов, доминирующие в европейском политическом истеблишменте, отдают свои симпатии палестинцам, опираясь в этом на своих израильских партнёров – местные левые и ультралевые партии. Это же касается антиглобалистов, «новых европейцев» из стран исламского мира, а также неонацистов и ультраправых, антисемитизм которых, если они его выражают в форме антисионизма, приобретает право на легализацию в европейском политическом пространстве.

Пересмотр истории Европы, ревизия Холокоста и итогов Второй мировой войны важны для нового поколения европейской политической элиты. Она предпочитает забыть не только о том, что шесть миллионов евреев и сотни тысяч европейских цыган были уничтожены в «колыбели современной цивилизации», но и роль, которую играли в этом геноциде местные коллаборационисты. Тем более что на постсоветском пространстве – на Украине и в Прибалтике – националисты выступают против России, как раньше, в рядах вермахта и СС, боролись против СССР.

Симпатии, которые проявляли к фашизму видные политики довоенной Европы, легли в основу курса, которого придерживаются в палестино-израильском противостоянии их наследники. Люди эти готовы возложить всю ответственность за ближневосточные проблемы на Израиль, хотя бы для того, чтобы не вспоминать о роли собственных стран в арабо-израильском конфликте.

В первую очередь это касается Великобритании, политика которой в огромной мере способствовала укреплению противостояния арабов и евреев на его ранних этапах. Распад британской колониальной империи в Азии, частью которой была не только Палестина, но и Индия, арабский Машрик или Кипр, везде и всюду сопровождался одними и теми же событиями. Раскол британских доминионов и подмандатных территорий на исламскую и неисламскую части – не исключение, а правило. Как и последующий обмен населением и сопровождающая его резня. А также неизбежные территориальные претензии и войны между новообразованными соседями.

Всё это такая же часть арабо-израильских отношений, как отношений между Индией и Пакистаном. И в том, и в другом случае конфликт оказался неразрешённым на протяжении десятилетий, с той разницей, что в индо-пакистанском противостоянии число погибших исчислялось пятью миллионами человек, а количество беженцев и перемещённых лиц на порядок превышало эту цифру.

Поражает, насколько бросающееся в глаза сходство в истории конфликтов между бывшими колониями западной и восточной окраин Британской Азии игнорируется исследователями. Случайность или закономерность, что войны между Израилем и его арабскими соседями в 1948–1949, 1967 и 1973 годах практически совпадают по срокам с индо-пакистанскими 1947–1948, 1965 и 1971-го? Параллель, заставляющая говорить не столько об уникальности арабо-израильского конфликта, сколько о том, насколько близки исторические процессы, развивающиеся в схожих условиях.

Правоцентристские партии Евросоюза, для которых традиционно нелюбимые ими, но привычные евреи представляются меньшим злом, чем агрессивные «новые мусульмане Европы», недавно переселившиеся туда из консервативных стран исламского мира, а Израиль выступает в роли неожиданно важного союзника в противостоянии радикальному исламизму с его «новым джихадом», являются на текущий момент его союзниками. При этом даже политики, представляющие правоцентристов в европейских правительствах, вынуждены считаться с исламским электоратом, интересами европейских компаний в исламском мире и зависимостью от арабской и иранской нефти и газа.

Арабское, иранское и пакистанское лобби в Европе значительно мощнее, чем в США, а еврейские общины и организации слабы, малочисленны и менее влиятельны. Сказывается и то, что исламистские радикальные структуры, используя европейское законодательство и социальные гарантии, «освоили» европейское пространство, ежегодно пополняя свои ряды эмигрантами из Африки, с Ближнего Востока, из Южной и Юго-Восточной Азии, число которых в совокупности составляет миллионы.

Сложная система приоритетов в отношении к Израилю европейских держав зависит от того, насколько велики их еврейские общины (крупнейшие из них живут во Франции, Великобритании, Германии, Швейцарии и Бельгии). На ней сказывается история преследования евреев в той или иной стране: как правило, уровень отношений с Израилем обратно пропорционален чувству исторической вины перед евреями. Поэтому они у Израиля прочнее всего с Германией, Италией, Испанией и Португалией.

На симпатии и антипатии в отношении происходящего на Ближнем Востоке влияет, насколько сильны в том или ином европейском государстве исторические фобии в отношении евреев – как в Австрии и Франции. А также то, влиятелен ли в этой стране арабский бизнес, как влиятелен он в Греции, где расположены штаб-квартиры крупнейших палестинских корпораций.

На отношениях с Израилем сказывается то, насколько левые настроения царят в местном интеллектуальном истеблишменте – как в Великобритании, где родилась идея бойкота израильских университетов. А также то, насколько велика и влиятельна местная мусульманская община, самые крупные из которых – во Франции, Германии, Бельгии, Великобритании, Испании, Италии.

Отношения зависят от того, составляют ли ядро этой общины турки, пакистанцы или арабы. От уровня нелегальной иммиграции из стран исламского мира. От того, до какой степени криминогенную среду создают иммигранты, как в Италии, Испании, Великобритании и Франции. От уровня антиамериканизма, почти всегда ведущего к росту антиизраильских настроений, и уровня террористической опасности, в противоположность ему создающей настроения в пользу Израиля.

Зависят эти отношения от истории Холокоста в данной конкретной стране и наличия или отсутствия там проблем, связанных с еврейским имуществом. Как в Бельгии, Дании, Швейцарии, Нидерландах и Норвегии, где эти проблемы есть. От вовлечённости той или иной страны в «миротворческий процесс» на стороне палестинцев и израильских левых, как в Скандинавии. От уровня экономических связей с Израилем, главным торговым партнёром которого являются страны Евросоюза. И от того, зависит или нет конкретная страна от этих отношений в военно-технической сфере, как государства Восточной Европы.

Влияет на отношение европейцев к ближневосточному мирному процессу и то, что этот процесс – аналог доведённых до логического результата теорий о самоопределении, которые привели к распаду Югославии и питают сепаратизм в Бельгии, Италии, Испании и Северной Ирландии. Особое место в этом пасьянсе занимают военно-политические амбиции того или иного государства в рамках НАТО и миротворческих миссий ООН. А также наличие или отсутствие в его пределах верующего протестантского населения, традиционно настроенного в пользу Израиля.

Радикальные исламисты в европейских мечетях дружно поддерживают ХАМАС и призывают к уничтожению Израиля. «Евробюрократы», распределяющие финансовые потоки «ближневосточного мирного процесса», выступают за традиционного партнёра – палестинский ФАТХ. Они готовы поддержать любую идею левого Израиля, даже если она выдвинута внесистемной оппозицией, как «женевская инициатива», и присматриваются к исламистам ХАМАСа, видя в них потенциально перспективных партнёров.

Впрочем, типичную для Европы капитуляцию перед исламскими радикалами ярко продемонстрировал ещё «карикатурный процесс», когда с подачи палестинского муфтия копенгагенской мечети исламисты по всему миру атаковали наименее опасную для них европейскую страну – толерантную Данию. Что стало своего рода «разведкой боем» исламистского истеблишмента, проведённой в рамках провокации, в стиле «столкновения цивилизаций», буквально по Сэмюэлю Хантингтону.

Используя Израиль как объединяющий символ, исламисты сочетают лоббирование «мирного процесса» и терроризм как политические инструменты, применение которых дозируют по своему усмотрению. Эти инструменты входят в арсенал идеологизированной элиты исламского мира, добивающейся с их помощью перераспределения в свою пользу сфер влияния и финансовых ресурсов. Специфика Европы в том, что радикальный исламизм здесь добивается большего успеха, чем в других частях неисламского мира.

Суммируя сказанное: роль Европы в разрешении палестино-израильских противоречий сугубо отрицательная. Давление на Израиль вне зависимости от уровня сделанных им уступок и поощрение руководства ПНА вне зависимости от его достижений – два столпа европейской политики, равно деструктивной в отношении израильтян и палестинцев.

Хотя, строго говоря, политика эта ни в чём не изменилась со времён Мюнхена, когда Великобритания и Франция сдали Третьему рейху Чехословакию. Ленин в аналогичных ситуациях писал о политической проституции. Почему, собственно, старая Европа с её фобиями в отношении России и евреев, олицетворяемых сегодня Израилем, должна менять приоритеты? И почему это должна делать новая Европа, многие политики которой, при всей их демонстративной неприязни к Москве, которой они когда-то верно служили, помнят времена, когда боролись с сионизмом в рамках социалистической солидарности?

Что до палестинцев как таковых… Левый израильский истеблишмент – клон европейских партий, в борьбе с правыми полагавший Ясира Арафата своим союзником, сознательно игнорировал трагедию палестинцев, отданных в его власть. Ультралевый её приветствовал. Правый лагерь Израиля ограничился тем, что фиксировал происходящее, когда в Газе, Иудее и Самарии сотрудники палестинских спецслужб уничтожали «коллаборационистов», не сделав ничего для того, чтобы их защитить. Впрочем, пытки и расстрелы, обычные в Газе и на территориях, управляемых ПНА, не слишком волнуют правозащитников и по сей день.

И почему европейцы должны поступать иначе? Исходя из заботы о правах человека? Ради защиты притесняемых, многие из которых были людьми европейской культуры? Не говоря о том, что значительная их часть была христианами? Теоретически – да. Но только теоретически. Если их в начале XX века не тронула – а она их не тронула, о чём есть множество свидетельств – судьба армян и греков в Турции, с чего они должны вести себя иначе в отношении палестинцев, которых убивали и изгоняли другие палестинцы? Из какого христианского милосердия? Так ведь не евреи же их уничтожали. Вот тут они бы турманом взлетели!

Впрочем, эта ханжески подлая европейская реакция была и остаётся таковой во все эпохи – до сегодняшнего дня, когда людей убивают в Ираке и Сирии, Афганистане и Ливии, да, кстати, и на Украине, которая всё более напоминает Югославию в начальный период распада. Отчего из государств Евросоюза в поддержку Израиля выступила только Чехия, которая помнит предвоенную историю и понимает, что Израиль европейцы сдают исламистам точно так же, как её саму отдали в полное распоряжение Гитлеру. Ну и ещё Италия – при экспрессивном и непредсказуемом Сильвио Берлускони.

Трудно прогнозировать, какой была бы Палестина, если бы европейцы и израильские левые изначально поставили не на «социально близких» социалистам радикальных палестинских интеллектуалов, а на «коллаборационистов-феодалов». Эти деревенские старосты-мухтары готовы были поддерживать для евреев «закон и порядок» на вверенной им территории так же, как они десятилетиями делали для турок, англичан и иорданского короля.

В конце 80-х израильские спецслужбы сделали ставку на «умеренно-консервативный религиозный ХАМАС», ища в его лице альтернативу ООП. Была тогда такая мода на Западе – «дружить» с «добрыми верующими мусульманами» против поддерживаемых СССР революционеров. За что с американцами сполна расплатилась созданная при их прямом участии «Аль-Каида», а с Израилем – сформированный при его благожелательном нейтралитете ХАМАС…

Не забудем, что именно израильские левые предпочли «сильную руку» Ясира Арафата палестинской интеллигенции и нобилям. С которыми договориться было куда проще. Тем более что в начале 90-х они на территориях были в силе, а Арафат без денег «заливников» и сидя в Тунисе сделать не мог ничего. Палестинцы автору это «гениальное» решение израильского руководства, сделавшее их заложниками ООП, не раз припоминали…

Однако же не забудем и роли европейцев в этом процессе, который неслучайно назван в честь норвежского города Осло. Университетский профессор Терье Ларсен, с которого начался катастрофический по своим последствиям диалог израильских левых и людей Арафата, несомненно, не хотел ничего дурного. Точнее, наверняка хотел хорошего. И все хотели того же. Израильтяне совершенно точно. Не исключено, что и палестинцы.

В конце концов, вот ты никто и так никем и останешься. А тут шанс. И какой шанс! Понять людей можно. А что всё вышло так, как вышло, – кто в этом виноват? Судьба такая. Кысмет. Как повернулось, так повернулось. Это же, повторим, Ближний Восток. Палец дали – откусывай что сможешь. Хоть всю руку. И непонятно, чего на тебя обижаются. Не надо давать. Своё держи, советы игнорируй. Целее будешь.

За пределами Европы по европейским правилам никто не играет и играть не будет. Это понятно всем, кроме самих европейцев. Если в какой-то момент израильское руководство вдруг решило сыграть в своём регионе по их правилам и это привело Израиль к тому, к чему привело, так изначально не надо было этого делать! Простое решение, которое даже Россия, с наивностью неофита пытавшаяся интегрироваться в Европу на протяжении доброй четверти века, наконец в ходе украинского кризиса 2014 года взяла на вооружение. И ничего. Только жизнь понятней стала.

Китай: «В каком отеле вы все остановились?»

Китай был, есть и будет. Как были, есть и будут евреи. Два самых древних народа на планете. Две противоположные стратегии выживания. Как там шутили в добрые старые советские времена про страшный сон Брежнева? Насчёт чехов, которые, сидя на Красной площади, китайскими палочками едят еврейскую мацу? Про чехов – понятно. Как раз туда к ним вошёл ограниченный воинский контингент Советской армии – давить Пражскую весну. И на свою и их голову её успешно подавил.

Но ведь это же какое надо иметь историческое предвидение: объединить в одну майсу евреев и китайцев! Притом что палочками есть мацу... Кто хочет, может попробовать. Удивительно бессмысленное занятие. Если только её предварительно не приготовить простейшим из известных способов: запарить кипятком и, со взбитым яйцом, присолив по потребности, – на сковородку. Что вкусно и действительно ухватываемо палочками.

Китай – это вечная Срединная империя, способная существовать в любом состоянии. Оккупированная чужеземными варварами. Разрезанная на части. Потерявшая миллионы или, как в XX веке, десятки миллионов жителей. Пережившая своих завоевателей и превратившая их в китайцев – или изгнавшая из своих пределов. Изобретающая то, что всему остальному человечеству и не снилось – компас и порох, самовары и арбалеты, океанские эскадры и бумажные деньги, отопление домов каменным углём и фарфор, шёлк и иероглифы. И прячущаяся за Великой Китайской стеной от кочевников, грабящих её тысячелетие за тысячелетием.

Почти четверть человечества. Цивилизация, успевшая не только вырасти и возмужать, но и состариться к тому времени, как подросли «длинноносые варвары» с Запада. Жадные и свирепые, но мало ли таких видел Китай за пять тысяч лет своей истории? Не говоря уже о том, что было в более древние, дописьменные времена. Страна, возрождающаяся на пустом месте, как феникс из пепла (впрочем, этот длиннохвостый петух – тоже китайский символ). Исчерпавшая свои ресурсы, в том числе людские, казалось, безвозвратно, но опять превращающаяся на глазах соседей по планете в сверхдержаву – последовательно и неуклонно. Ну и, опять же, так много людей – и все умеют есть палочками. Достойно восхищения.

Евреи никого особенно не растворяют в себе, по недостатку евреев на планете, а сами растворяются в других народах, в главном оставаясь собой. В итоге получилось то же самое. Правда, они почти две тысячи лет прожили без собственной страны, но в итоге и она восстановлена. Маленькая. Успешно отбивается от соседей. Изобретает то, что этим соседям и не снилось. Превращает загаженную помойку исторической родины еврейского народа в цветущие кущи – что на Ближнем Востоке трудно. С водой там напряжённо, да и лес, сколько его ни сажай, постоянно поджигают горячие арабские парни. В соответствии с их ментальностью и в рамках борьбы с сионистской оккупацией. Чтоб они хоть что-то в кои-то веки построили, борясь с этой оккупацией, касатики.

И вот тут встаёт вопрос: зачем они друг другу? Китай Израилю, Израиль Китаю? Не с точки зрения взаимного сексуального или, к примеру, туристического любопытства – тут как раз всё в порядке. В обоих смыслах. Благо евреи на китаянках женятся вовсю – как минимум в Америке. Где обе эти древние нации с успехом встречаются, заводя романы по вечной человеческой склонности плодиться и размножаться. Поскольку в университеты и евреи, и китайцы обоего пола в массе своей успешно поступают, а семейные ценности и у тех, и у других распространены. И несмотря на популярность в американской городской среде однополого существования, искоренены не до конца.

Китайский турист ходит по историческим местам стройными колоннами. И хотя он не так чтобы культурный (выбили в Китае интеллигенцию проклятые хунвэйбины, под корень выбили), однако в Израиле и не таких видали. Паломники христианские не только из Оптиной Пустыни туда едут или из Ватикана. Но и из Африки. Такой народ бывает… Китайские туристы на их фоне – цивилизованнейшие люди. Да и терроризма от них ждать, в отличие от европейцев, не стоит. Не их хобби.

И по Китаю израильтяне традиционно путешествуют. Как это принято у молодёжи – после армии. На пару месяцев отрыв в глубинку – норма для израильского дембеля. Что означает, помимо непременных для всякого туриста Пекина с Великой стеной, Шанхая и Гонконга, а для более продвинутых – Макао, ещё Тибет, и Внутреннюю Монголию, и экзотический китайский юг. В индийские Гималаи, правда, израильтяне ездят не меньше, и в Непал, и в Анды – на другую сторону земного шара, но это уже отдельная песня.

Китай для Израиля, строго говоря, как и Японию, открыл Шауль Айзенберг. Великий был предприниматель и с правильным подходом к начальству. Во времена Бен-Гуриона весь Израиль жил по-социалистически – кроме Айзенберга, у которого в концерне царил самый что ни на есть капитализм. Как это ему удавалось, история умалчивает. Но что там не было взяток – это точно. За попытку дать или даже предложить ему взятку «Старик» отправил бы кого угодно так далеко, что тому и легендарная страна Сипанго показалась бы ближним светом. Так что как-то Айзенберг его взял не на этом.

Итак, любовь-морковь, туризм, экзотика, взаимный интерес друг к другу, замешенный на прагматизме. Торговые нации, однако. Китай для Израиля (и не только для него) – колоссальный рынок. Прорвался туда – живи, радуйся. Израиль для Китая – источник технологий. Поскольку там когда-то с собственными технологиями было всё хорошо, но очень давно. Теперь Китай с успехом копирует всё, что получает, крадёт или успевает подглядеть. Делает это с азартом и с большим успехом. И оборонная промышленность Израиля, а также его сектор высоких технологий для КНР – приманка не из последних. Хотя тут, понятно, китайцам и израильтянам как могут гадят США.

Обижаться на американцев в их стремлении подмять под себя израильский ВПК и всё прочее, что кому-то может пригодиться, бессмысленно. Народ бесхитростно жадный и, по крайней мере, в этом абсолютно честный. Отчего скандал, когда Китаю израильтяне продали те чертежи истребителя-бомбардировщика «Лави», которые так и не смогли – именно из-за американцев – воплотить в жизнь, был большой. Однако тут ничего добиться не удалось, и сделка состоялась. Поскольку главной задачей для Штатов была ликвидация на корню потенциального конкурента «Фантома», перекупать технологии «Лави» они в своё время не стали, просто не подумав, что их кому-то продадут. За что и поплатились, когда Китай стал приобретать проекты такого рода.

Правда, надо отдать должное американскому руководству в целом и Биллу Клинтону в частности – сорвать поставку в КНР израильских БПЛА, они же беспилотники, удалось. Точнее, поначалу их туда продали, и даже с большой прибылью, но в этих аппаратах присутствовали американские технологии. В связи с чем, когда оные беспилотные летательные аппараты были возвращены в Израиль для ремонта, Штаты, выкрутив руки тогдашнему премьер-министру Эхуду Бараку, запретили возвращать их хозяевам. Израиль заплатил китайцам миллиардный штраф. Его репутация как поставщика военно-технической продукции была в КНР надолго подмочена. Но – кто хочет сотрудничать с Америкой, должен быть готов к сюрпризам такого рода.

Впрочем, аналогичная история была в те же 90-е с поставками российско-израильской авиатехники в тот же Китай. Успешные технологические решения – перспективы российско-израильской кооперации – американское давление – выход Израиля из контракта... И это до того, как при Обаме КНР в Программе национальной безопасности США, пятой за полтора века, оказалась главным потенциальным противником. Да и Россия ещё не была для Штатов тем исчадием ада, в которое превратилась с началом украинского кризиса. Не то Билл Клинтон обладал даром предвидения. Не то работал на большое опережение. Но тройственный альянс Израиля с Россией и Китаем в сфере высоких технологий Америка торпедировала по всем направлениям.

В начале нового столетия Китай уже не тот и США не те. Да и Израиль изменился. Нет тех иллюзий. Нет той веры в сотрудничество с Америкой и в её гарантии. Да и отношения израильского премьер-министра с американским президентом иначе чем напряжёнными не назовёшь – в лучшем случае. В связи с чем визит Нетаньягу в КНР в 2014 году восстановил то, что было потеряно при его предшественниках. Что, с учётом превращения Китая в доминирующую силу в Тихоокеанском регионе и постепенной переориентации Израиля на азиатские рынки, с точки зрения диверсификации израильских интересов можно только приветствовать.

Понятно, что Израиль и Китай – игроки принципиально разных классов и действуют они, исходя исключительно из собственных интересов. Однако хорошо известно, что китайское руководство воздерживается от давления на партнёров по вопросам, не входящим в национальные приоритеты страны, – чем выгодно отличается от руководства американского. Теоретически Пекин, как и все прочие лидеры мирового сообщества, выступает за создание палестинского государства. Однако параллельно он борется с собственными исламистами, которые пытаются отделить от КНР Восточный Туркестан – исторические Кашгар и Джунгар. Что исключает попытки корректировать связи с Израилем в зависимости от хода диалога Иерусалима с палестинцами.

При этом Израиль – страна, хотя и технологически для Китая значимая, но оч-чень уж маленькая. Многое из того, что не нуждается в расшифровке для её жителей, китайцам непонятно. Они живут в государстве по-настоящему крупном, а столь тесных ежедневных связей с Израилем, как европейцы, русские или американцы, не имеют. Да в большинстве своём, если говорить о широких массах, особо им и не интересуются. Показателен в этой связи популярный израильский анекдот, который фольклор относит ко временам, когда отношения с Китаем только завязывались.

В этой истории говорится о первой встрече китайского лидера с израильским премьер-министром. В ходе которой китаец попросил израильтянина рассказать о его стране. И по окончании рассказа об успехах, которых добился на своём тогда ещё недолгом, но уже насыщенном военными столкновениями с соседями историческом пути Израиль, вежливо уточнил, правильно ли он понял одну вещь. На самом ли деле в этой стране живут три миллиона человек? А надо отметить, что на тот момент в Израиле жило именно эти три миллиона – и для государства, которое начинало с населения в несколько сотен тысяч душ, это было колоссальным достижением. Подтверждение было с гордостью дано. На что китаец с неподдельным изумлением спросил (напомним – в анекдоте): «И в каком же отеле они все у вас остановились?!»

В каждой шутке есть доля шутки. Как русскому или канадцу непонятны израильские масштабы, где всё решают не сотни километров, а километры или сотни метров, так это и китайцу вообразить чрезвычайно трудно. Разве что жителю Гонконга – но его никто и никогда не обстреливал со всех сторон, как обстреливают израильтян. Однако, повторим, китайцы, по большому счёту, не лезут со своими правилами в чужой огород. Не пытаются заставить других жить, как они. Не вводят санкций в связи с нарушениями прав человека или тем, что понимает под этим «мировое сообщество». И именно в связи со всем вышеперечисленным – партнёры чрезвычайно удобные. В том числе для Израиля.

Хотя и не для него одного, если уж вспоминать о России и её споре с США. То ли из-за того, что президент Обама решил под конец своего правления продемонстрировать избирателям немыслимую решимость, неважно по какому поводу. То ли из-за того, что в геополитическом соревновании с конкурентами Америка начала терять слишком много и слишком быстро. Притом что, повторим, именно Китай – главный претендент на место сверхдержавы XXI века. И это для Израиля, завязывающего с ним отношения по всё более широкому кругу вопросов, несомненный плюс.

СССР и вечность

Израиль в огромной мере начался с Советского Союза. Точнее, с решения высшего руководства СССР нанести удар в «мягкое подбрюшье» Британской империи, включая Палестину. То ли Сталин, при всей его нелюбви к евреям, точно рассчитал, где у Лондона слабое место. То ли сыграло роль его религиозное образование – пусть незаконченное. То ли любовь к красивым жестам: отобрать у Великобритании Святую землю – это был красивый жест. И главное, символичный. А символы он ценил.

Как следствие, в ООН поддержка СССР сыграла в голосовании, следствием которого стала легитимация еврейского государства в своевременности объявления об основании которого сомневались даже ближайшие соратники Бен-Гуриона, решающую роль. И чехословацкое оружие Израиль получил вовремя – если кто-то полагает, что обошлось без личного распоряжения генералиссимуса, так пусть перестанет полагать. Что-что, но эти вещи он отслеживал лично.

Да и советские добровольцы в Палестину прибыли. Хотя, вообще-то говоря, они туда прибывали задолго до начала Войны за независимость – кто с Балкан, кто через страны Южного Средиземноморья... По-разному было. Именно эти добровольцы, офицеры и сержанты Красной армии, только что прошедшие Отечественную войну, сыграли в той, по масштабам эпохи маленькой, но для Израиля решающей войне ключевую роль. В итоге стереть еврейское государство с лица земли его противникам не удалось.

Ну, дальше было многое. Приезд Голды Меир в Москву и её триумфальная встреча с евреями – которая многим из них, включая жену Молотова, дорого обошлась.

Родосское перемирие. Дело Сланского. Борьба с космополитизмом. Дело врачей. Смерть Сталина. Охлаждение отношений. Нормализация отношений. Война на Синае и угроза Никиты Хрущёва пустить в ход атомную бомбу. Переориентация советских военных и партийного аппарата на страны арабского мира – их было больше, и они представлялись куда более перспективным союзником в противостоянии двух идеологических систем.

До Шестидневной войны Советский Союз балансировал между израильтянами и арабами, но в 1967-м перестал. То ли сыграла свою роль поддержка Израиля западной еврейской диаспорой. То ли негативное впечатление оказала на руководство страны реакция на происходящее советских евреев, которые предпочли своих родственников классово близким (по сообщениям советской прессы) арабам. То ли, как говорили в кулуарах, разрыв дипломатических отношений СССР с Израилем пролоббировали в ЦК КПСС генералы, которых уговорили сирийцы, смертельно напуганные потерей Голан.

Последующее известно. Борьба евреев СССР за выезд в Израиль и движение «отказа» со всеми его институтами. Неформальные контакты разведчиков и мало кому известные визиты в Израиль православных иерархов. Обмен дипломатическими группами в конце 80-х и восстановление дипломатических отношений в начале 90-х. Большая русская алия – более миллиона человек из СССР и постсоветских стран, приезд которых изменил Израиль, превратив его в ту страну, которой он является сегодня.

И наконец, сегодняшний день – рутина. Безвизовый режим, который никого уже не удивляет. Самолёты, полные туристов и паломников: Россия – вторая страна по числу турпотока в еврейское государство после США. Торговля. Технологический обмен. Министр иностранных дел Израиля, чей русский язык не хуже, чем у членов российского правительства. Русскоязычные депутаты израильского парламента, высокопоставленные офицеры армии и полиции, министры. Не то чтобы «на четверть бывший наш народ» – скорее, процентов на двадцать. Но те, от кого зависит принятие решений, и, что куда важнее, интеллектуальный истеблишмент – в гораздо большей пропорции.

Русско-израильское на Святой земле собралось, сконцентрировалось и реализовало потенциал. Израиль вполне можно рассматривать как результат эксперимента, который демонстрирует, как могла бы развиваться советская социалистическая система, если бы не все те оглобли между ног, которые она сама себе на полном ходу поназасовывала. Поскольку худшего врага для неё, чем она сама, придумать было трудно. Как там Уинстон Черчилль говорил о Российской империи, которая «затонула у входа в порт»? Ну так он это не только о царских временах мог бы сказать.

Партийная система без монополии одной партии на власть (всё равно гадость, как любая партсистема, – но с реальными элементами демократии). Промышленность без отечественного варианта приватизации и приватизация, проведённая по уму. Не без воров и аферистов – но всё равно так, чтобы было что продать, с одной стороны, и всё работало, с другой. Сельское хозяйство без того издевательства над идеей сельскохозяйственной кооперации, которую представляли собой колхозы и совхозы. Наука и образование без современного российского Министерства образования и науки – не будем о грустном.

Всё это вовсе не значит, что Израиль идеальное государство или даже всего лишь идеальный Советский Союз (с поправкой на масштабы). Кто так подумал, пусть окстится. Хотя, вспоминая послереволюционную еврейскую поговорку про то, что «большевики пошли брать Зимний, а меньшевики уехали в Палестину», не исключено, что что-то в этом есть. Однако при всей разнице между советской империей и крошечным еврейским государством, многое в них удивительно похоже. В том числе потому, что строили и СССР, и Израиль одни и те же люди.

И иврит в его современном виде не существовал бы без профессора Перельмана, который на исторической родине стал Бен-Иегудой. Отчего на иврите киббуцник так и будет – киббуцник: суффиксы «ник» и «чик» он взял именно из русского. И фольклор израильский, исконный – калька с русских песен, включая казачьи напевы. И посылают там по известному направлению, как мы уже говорили, говоря «Лех кэбене мат».

Впрочем, чему удивляться? Кирилл и Мефодий, даром что евреями не были, взяли из еврейского алфавита, формируя алфавит русский, букву «шин» и букву «цади»… Но не будем, не будем о грустном. А то отечественные патриоты возопиют. Они и так в трауре – насчёт иноязычных заимствований, а если им ещё насчёт еврейских элементов в русском алфавите напомнить, так окончательно закиснут и поникнут. Зачем добивать слабых духом и бренных телом, но в целом безобидных малых сих?

Что любопытно, в вечность СССР отправился с еврейской визой в кармане. Кто видел русский Израиль или русскоязычную диаспору вне зависимости от страны, понимает, о чём это. Что точно подмечено у великого Гайдая в его последнем фильме. Поскольку между Брайтон-Бич и Дерибасовской разница на самом деле никакая. И хотя нет уже ни той Дерибасовской, ни той Одессы, ни того Советского Союза – да что там, и Украины тоже практически нет, – но Брайтон-то есть?

Причём русскоязычная еврейская диаспора – американская и австралийская, канадская и живущая в Германии (рука не поднимается написать «немецкая»), в отличие от нынешней русской – испанской, итальянской, британской, черногорской или чешской, диаспора именно советская. Все постсоветские жёны и дети бизнесменов, а также сами бизнесмены, осевшие в Западной Европе, – люди, не имеющие и не желающие иметь к СССР никакого отношения, кроме биографии. Да и не столь богатые, как они, менеджеры средней руки и их пожилые родители, освоившие Восточную Европу и Кипр, тоже. Никакой ностальгии – и это понятно, с чего она? А вот евреи – таки да!

Почему это так, Б-г весть. Гены, что ли? Которые любого еврея адаптируют в любой стране. И он потом, переместившись на другой конец земного шара, будет столетиями хранить язык и обычаи, включая национальную кухню (с еврейским колоритом), которые давно изменились или отмерли там, откуда он уехал – или откуда бежал. Что в полной мере верно и для Советского Союза. Хорош он был или плох, но это была страна, в которой жили и которую строили. За которую воевали. Которую любили, хотя она никому никогда не отвечала взаимностью... Ну так её ведь не за то любили.

Сколько продлится такое состояние? Кто его знает. На наш век хватит. Диаспора станет постепенно американцами, канадцами и австралийцами – как водится. Что сохранит, то сохранит. Американские хасиды же сберегли национальную традицию закусывать водку солёными огурцами и квашеной капустой из бочек? Хотя уровень интеграции в русскую культуру и симпатии к ней после погромов, от которых они в Штаты бежали, оставлял желать лучшего. Так что хоть и осколки, но останутся везде. Столько книг туда вывезено, писем оттуда и туда написано, фотографий сохранено...

Опять же лучшие друзья эмигранта: электронная почта, телефон и скайп, – работают, и родственникам можно о себе напомнить. Да и, пока мир окончательно не одичал, заехать в гости – и принять их у себя. Хотя с Америкой это – по крайней мере, живущим в России, учитывая тенденции с санкциями имени президента Обамы – будет всё сложнее. Но Израиль, как мы упоминали, для России безвизовый. И надеемся, впредь останется таким.

При этом, похоже, и в еврейской диаспоре, и в Израиле советский маркёр, учитывая то, насколько далеко расходятся друг от друга бывшие братские социалистические республики, – единственный, имеющий шанс сохранить национальную идентичность. Понятно, что до украинского кризиса 2014 года этноним в мире был один: русские евреи. Не молдавские, приднестровские, казахские или белорусские, а именно русские. Хоть из Прибалтики. Хоть из Азербайджана. Что будет – знает лишь Г-дь Б-г.

Вряд ли уроженец Черновиц Иосиф Зиссельс, адвокат бандеровщины и самого Бандеры, и Игорь Коломойский, олигарх и губернатор Днепропетровской области, будут называть себя русскими евреями. Тем более вряд ли так их станут называть в России. Ну а как? Интересная задача для лингвистов. Украинские? Ну, тут ведь как… Субэтнос такой был и есть. Но ведь и автор родом с Украины. Что вовсе не заставляет его идентифицироваться с помянутыми персонажами – скорей наоборот. Ну, поживём – увидим…

Как бы то ни было, со всеми бывшими республиками СССР у Израиля есть отношения – дипломатические, торговые и прочие. Евреи не готовы выступать в качестве судьи в споре между русскими и украинцами – ещё того не хватало! Израиль не может и не будет вмешиваться в конфликты на постсоветском пространстве – ни на чьей стороне. Опыт, и не самый маленький, того, чем кончается еврейское вмешательство в чужие ссоры, у него есть.

Означает это, что, когда постсоветское пространство окончательно распадётся (а оно когда-нибудь распадётся, против объективных исторических законов не попрёшь), Израиль останется последним островом, на котором будет жив СССР. Хотя бы потому, что западные русскоязычные еврейские диаспоры много меньше – критическая масса у них не та… А впрочем, почему нет? Евреи – последнее, что остаётся от любой империи. Что называется, есть в стране евреи – добро пожаловать в вечность.

Глава 8
О необходимости Израиля для исламского мира

Израиль как собиратель исламского мира. Да здравствует джихад! Халифат – не Халифат. Наши двоюродные братья. Персидская империя – враг Израиля номер один. Новая Оттоманская империя, или Слаще ли хрен редьки. Враги-союзники. Старые работорговцы

Израиль как собиратель исламского мира

Если бы Израиля не существовало, лидерам исламского мира пришлось бы его придумать. Нет у них лучшего врага, не было никогда и не будет. Израиль – это символ исламского единства на все времена. Ненавидимый и презираемый. Вечно подозреваемый во всём и во всём обвиняемый. Угрожающий всем без исключения мусульманам планеты, которые устами своих больших начальников хоронят его год за годом – вот уж какое десятилетие подряд. Хотя почему-то никак не похоронят.

Что может объединить Иран с Саудовской Аравией, Турцию с Пакистаном, Бангладеш с Малайзией, Судан с Сомали? Израиль. Точнее, очередная резолюция против Израиля. И будет ли она принята ЛАГ или ООН – какая разница? Посвящена вечной борьбе за права палестинцев, угнетению израильских арабов или невесть какому сюжету из ненаучной фантастики – неважно. Как там говорили римляне про то, что Карфаген должен быть разрушен? Ну вот, с Израилем примерно тот же случай.

Обсуждать это с исламскими лидерами, дипломатами и экспертами, представляющими страны исламского мира, – бесполезно. Всё переходит на облаивание Израиля и любого, кто смеет усомниться в том, что эта страна – главная проблема планеты. Жуткий гармидер, истерика под телекамеры, крики в микрофон и без… В общем, если читатель представляет себе поведение сильно раздражённой чем-то стаи павианов, которые видят на ближайшей скале леопарда, – очень похоже. И порвать его хочется на мелкие запчасти – тут же, не отходя от кассы. И трезвое понимание присутствует, что скорее он сам их всех порвёт. Так что шуму много, толку ноль, но душу отвести можно.

Израильтяне ко всему этому настолько привыкли, что реагируют вяло, как крокодил на мартышку. Жарко, лень шевелиться и вообще… Хотя если неосторожно или увлёкшись она сократит дистанцию в рамках бросания камней и собственного помёта в дремлющего врага, последнее, что она увидит в жизни, будет его бросок ей навстречу. Или наперерез. Примерно так, как это и произошло с ХАМАСом в 2008–2014 годах: три войны с разными интервалами, разрушенная Газа, масса перебитых боевиков, жертвы среди гражданского населения и прочее, и прочее, и прочее. А всего-то не надо было ракетами швыряться из-за соседнего с Израилем бугра.

Но если напрямую их не беспокоить – там всё идёт по принципу «собака лает, караван идёт». Ну произнёс кто-нибудь в Тегеране, Эр-Рияде или Дамаске очередную пламенную речь. Ну вышла в Каире или Лондоне очередная статья-пасквиль. Ну опять назвал кто-то евреев детьми свиней и обезьян. Жалко, что ли? Что делать людям, если другого хобби у них нет? И палестинцев все они используют исключительно в качестве дубинки, которой нужно хлобыстать израильтян по голове. Такой национально-конфессиональный спорт: удар еврея палестинцем с оттяжкой, наотмаш из-за спины.

Израиль этим трудно удивить. Хотя однажды, когда решивший встать во главе ОИК малайзийский экс-премьер-министр Мохаммад Махатхир внезапно обрушился на евреев, Государство Израиль и Сороса с его финансовыми спекуляциями, вопрос возник. Не то чтобы двадцать с лишним миллионов жителей Малайзии в качестве новых потенциальных противников так волновали Иерусалим на фоне иранцев, арабов и прочих врагов. Опять же евреям не нужно объяснять, что если этнический малаец претендует на статус политика мирового класса, то «прописаться» в исламской международной организации он может только таким способом.

Неясно было, при чём тут Сорос, который к Израилю не просто равнодушен, но очень недоброжелателен. Что он проявил, сотрудничая с командой президента Обамы и став финансовым мотором его антиизраильских проектов. Но с Соросом у Махатхира раз и навсегда ассоциировались евреи и международный еврейский заговор, который то ли создал Израиль, то ли был создан Израилем и им управлялся… В общем, если в кране нет воды…

Нужно отдать израильтянам должное: новость про то, что они теперь во всём виноваты ещё и в Малайзии, мало кого заинтересовала. Ну поинтересовался народ, где это и зачем Израилю может понадобиться Малайзия. Выяснил, что жили малайцы без евреев, а евреи без малайцев и дальше проживут. Осознал, что в экзотические туры в малайские джунгли можно двигаться только с предъявлением второго паспорта, если он есть, а он у многих в Израиле есть. И занялся своими делами. Поскольку, если исламский мир интересуется, что делает еврейское государство на карте Ближнего Востока, непрерывно и в подробностях, то евреев исламские проблемы интересуют постольку-поскольку.

Ну, что там, у ближних соседей – на предмет понимания, когда следующая война, – это конечно. И что у дальних соседей, вроде Ирана, тоже. И то исключительно из-за их неизбывной привычки тренировать террористов у израильских границ, вооружать их и кричать на весь мир о том, что Израилю осталось совсем немного и надо поскорей собраться всем людям доброй воли и его добить. Что раздражало бы не так, когда и если б не иранская ядерная программа. Хотя и для такого случая есть израильские специалисты, которые с этим вопросом работают.

Соответственно, нет Израиля – нет никакого исламского или арабского единства. Да и откуда ему взяться? Исламский мир раздирают конфликты. Он де-факто разваливается и деградирует – экономически, политически и социально – с такой скоростью, что хуже дела обстоят только в Африке к югу от арабского Магриба. Но и она минимум наполовину относится к исламскому миру! Распад государственности, военные конфликты, геноцид меньшинств в исламском мире – не вина Израиля. Однако если бы исламские политики не боролись за права палестинцев, что объединяло бы их с населением собственных стран?

Тот самый случай: воры громче всех кричат «держи вора». Красивый жест на Востоке – уже полдела. Да что там, можно и совсем без дела обойтись. Провели антиизраильскую демонстрацию, выпустили пар – и на какое-то время можно забыть о повальном воровстве и прочих внутренних проблемах, врагах на границе и заговорах в истеблишменте. Малая отдушина – но ведь отдушина же! Хотя реальные, а не виртуальные палестинцы сильно мешают за них бороться самим фактом своего присутствия и смазывают картину.

Один из немногих шансов палестинского будущего – легитимация специфической палестинской разновидности арабского национализма на фоне кризиса национализма общеарабского. В 50–70-х годах дело обстояло совсем не так. Возможность создания нового Халифата представляла собой для лидеров арабского мира реальность. Её достижению и мешал Израиль. Причём в прямом смысле, служа геополитическим барьером для ведения межарабских войн, в результате которых должно было выясниться, кто в арабском мире будет доминировать.

Говоря совсем попросту, именно из-за присутствия Израиля на карте Насер не смог в нужный момент перебросить танки на Аравийский полуостров – и его попытка сыграть на войне между Северным и Южным Йеменом провалилась. Саудовская Аравия и прочие монархии Персидского залива уцелели и перевели дух, а египетские войска с «Острова арабов» пришлось эвакуировать.

Точно так же, как провалилось создание Объединённой Арабской Республики, хотя можно сказать, что просуществовала она удивительно долго для проектов такого рода. Однако, когда сирийцы всё-таки решили отделиться, Каир им помешать ничем не смог. Надо было вести танки через земли, на которых сидел Израиль, который никакие арабские танки через собственную территорию никуда бы не пустил. Ну и кого такое безобразие могло устроить?!

Правда, громкая фраза о том, что «Израиль – меч в сердце арабского мира», была придумана не президентом Насером. Придумал её еврейский коммунист. Коминтерновец-интернационалист, который, как водится у евреев, пытался осчастливить человечество оптом. Включая, разумеется, египтян – о чём его никто в Египте не просил.

Позднее он, разочаровавшись в человечестве вообще и в евреях в частности из-за того, что в Израиле восторжествовал обычный, этнически родной для него, национализм, а не единение еврейских пролетариев с арабскими феллахами, эмигрировал в Советский Союз. На просторах которого и сгинул без следа. Что ничего в судьбе этой набившей автору оскомину из-за частого повторения в отечественной антиизраильской пропаганде фразы не изменило: она осталась на веки вечные частью антисионистского фольклора.

Повторим: о создании палестинского государства для арабского истеблишмента вопрос не стоял, разве что в качестве аргумента для ведения войны против Израиля. Его и не создали – хотя Египет и Иордания на протяжении периода с 1948–1949-го до 1967 года могли это сделать более чем легко. Поскольку именно они контролировали большую часть земель, которые для этого государства выделила ООН. Бери создавай. Но чего ради? Кто бы сказал, зачем оно на самом деле им сдалось? И если желающих нет – а их нет, поскольку не только отвечать на этот вопрос, но и задавать его не принято, – чего от них хотеть?

Так Израиль в конечном счёте и стал ключевым фактором арабского и исламского единства, единственным, по вопросу о котором все участники ЛАГ и ОИК на протяжении всей истории этих организаций могли достичь соглашения. К концу 70-х годов XX века выяснилось, что реальные интересы арабских держав для их лидеров важнее общеарабского объединения, а ликвидировать Израиль военным путём не удаётся. Вот палестинцам и была предоставлена возможность играть самостоятельную роль в международной политике и даже, при благоприятном развитии событий, стать её участником. Чем бы дитя ни тешилось…

Что до исламского единства без Израиля в качестве центрального стержня этой игры – не получается оно. И исправить это, похоже, невозможно. На протяжении всего постколониального периода ни одно исламское государство, разбитое на части, отстоящие друг от друга хоть на какое-нибудь расстояние, не уцелело. Острова Индонезии и Малайзия, частично расположенная на материке, частично на островах, – не пример: там не вклиниваются между разными частями страны другие государства. А вот если войска без помех в соседнюю провинцию не перебросишь…

Речь в данном случае не только об ОАР и прочих интеграционных арабских проектах. Едва ли не наиболее показательный пример – Пакистан. Начинавшийся как Западный и Восточный, воевавший с Индией, переживший в обеих частях геноцид населения в ходе страшной по своим последствиям резни индуистов и мусульман, сопровождавшей раздел Британской Индии… Остался он единым? С-ча-с!

Мало кто помнит о страшных событиях, сопровождавших отделение Бангладеш. Узкие специалисты, занимающиеся Южной Азией, представляют себе, какие именно процессы шли в «Государстве чистых», как Восточная Бенгалия постепенно превращалась в очаг сепаратизма, какие шли дискуссии о её будущем… Как пользовалась этим (разделяй и властвуй!) Индия. Что творила на востоке Пакистана армия, сформированная из жителей западной части страны. Каков был уровень насилия военных над гражданским населением – и во что это в конце концов вылилось. Однако результат налицо.

Да что Пакистан! А Газа, которую от Западного берега – Иудеи и Самарии – отделяет-то всего ничего, тьфу, а не расстояние? Долго там продержался единый режим после смерти Ясира Арафата? От силы полтора года? И чем всё кончилось, после того как американцы со свойственной им настырностью в продвижении ближневосточной демократии (мёдом она им там, в Вашингтоне, намазана, что ли?) заставили Абу-Мазена провести «честные демократические выборы»?

Кончилось всё кровавой баней, поскольку все расчёты на то, что исламисты возьмут на выборах не более пятнадцати-двадцати процентов голосов, с треском провалились. Аппетит у политиков приходит во время еды. Будь то вчерашние террористы, светские, или сегодняшние – с их исламом и, естественно, терроризмом в одном флаконе.

Выбил ХАМАС из Газы ФАТХ. Перебил всех его боевиков – в отместку за тех, кого убивали и пытали люди Арафата во главе с его любимцем, «сильным человеком» Газы Мухаммедом Дахланом. И прочно там обосновался, дрейфуя между Саудовской Аравией, Ираном и Катаром в качестве спонсоров. Что, впрочем, не мешает ему организовывать теракты и ракетные обстрелы Израиля. Скорее помогает.

Может ли Рамалла взять под контроль Газу? Нет. Могла бы – взяла. А получить её от Израиля после очередной военной операции? Тоже нет. Потому что отлично отдаёт себе отчёт в том, что Газу она не удержит. Хотя после интриг и подстрекательства ООН против Израиля в нарушение подписанных с ним договорённостей Абу-Мазен и без того ни для кого в Иерусалиме не является партнёром, с которым можно строить совместное будущее.

Пока же зафиксируем как аксиому: Израиль для исламского мира – скрепляющий его единство фактор. И фактор уникальный. Марокко противостоит Алжиру. Египет – Катару, Турции и Судану. Тунис и Ливия охвачены внутренней борьбой, но память о конфликтах Ливии, когда она была единой страной, с её соседями – на повестке дня.

Иран и блок ОАЭ, Саудовской Аравии и Бахрейна – противники. Вражда Катара и Саудовской Аравии – фактор более чем реальный. Всего не перечислить. Даже такие, казалось бы, устойчивые региональные объединения, как Совет сотрудничества арабских государств Персидского залива, трещат по швам.

Так что беречь бы исламскому миру Израиль. Пылинки с него сдувать. Подкармливать инвестициями – пусть втайне. Помогать, исходя из чувства самосохранения. Не будет его – против кого объединяться будут правоверные? Или хотя бы, если не все они, а одни только арабы? Если они и так между собой живут, как кошка с собакой, – как же они будут без Израиля существовать?!

Не понимают люди своего счастья. В каждой их избушке – свои тараканы. На бешеном самоподзаводе, без малейших перспектив – а их в регионе нет и не предвидится, – какая трезвость мышления? Какой расчёт на будущее? Так они все и живут: охаять Израиль поизощрённей и погромче, а там трава не расти. И ведь, что характерно, действительно не растёт...

Да здравствует джихад!

Будет ли будущее палестинское государство светским или исламским? Историческая борьба за доминирование в арабском мире светских автократий: Египта, Сирии, Ирака, Ливии, Алжира, Туниса и Йемена, – против традиционных монархий, наиболее ярким примером которой являлись интегристские и экспансионистские планы президента Насера, разрешилась в конечном счёте в пользу ислама.

Светские режимы арабского и, если говорить шире, исламского мира вынуждены апеллировать к религиозному фактору. Хоть монарх ты, хоть лидер военной хунты, а приверженность к исламу вынь да положь! Такое место. Такое население. Хочешь править – приспосабливайся. Ничего другого нет и не будет.

Демократические выборы на Ближнем Востоке последовательно приводят к власти исламистские партии с их беспроигрышной популистской политикой. Отчего своими собственными руками американцы, сшибая, как кегли, непредсказуемых и непопулярных в Вашингтоне персонажей типа Саддама Хусейна и Муамара Каддафи, расчистили и будут расчищать впредь дорогу самому тёмному, средневековому и зверскому, что только поднимается с ближневосточного политического дна.

В конечном счёте спор между арабскими традиционалистами и модернизаторами не выиграли ни те, ни другие, но одни лишь приверженцы радикального политического исламизма, для которых и президенты арабских республик, и лидеры арабских монархий – «слуги сионистов и крестоносцев, безбожники и вероотступники». И что со всем этим делать, не ясно никому. Восточную толпу завести на бунт и погром легко, и ещё легче превратить из поджигаемой любым вздорным известием массы в религиозных фанатиков. Что там Киплинг писал про «полудьяволов, полудетей», насчёт «бремени белых»? Вот только обратное превращение ещё никому не удавалось.

Исламисты, согласно изначальной идее их западных патронов, которые, несмотря на амбиции армады экспертов Белого дома и Госдепартамента, мало что понимали в реальной региональной ситуации, должны были противостоять «арабскому социализму». Выступая в Египте против Насера, Садата и Мубарака, в Сирии против Асада, в Ираке против Саддама, в Ливии против Каддафи, в Тунисе – Бен-Али, в Йемене – Салеха, они в теории должны были нести мусульманам принципы «свободного мира», включая религиозную толерантность.

Понятно было даже и ежу, что всё это обломится с треском и грохотом. Ну вот оно и обломилось. После чего глядеть на догорающие осколки и обломки широко раскрытыми от удивления глазами, разводить руками и дискутировать, что со всем этим делать, можно сколько угодно. Думать вообще желательно до того или хотя бы в процессе деятельности. Но это явно не демократический метод…

Сегодня, помимо беззащитных христиан и этноконфессиональных меньшинств типа йезидов, едва ли не главная мишень исламистов – правящая династия Саудовской Аравии, «хранитель Двух Благородных Святынь» (хотя декларативно все эти группировки воюют ради «освобождения Иерусалима»). Едва ли не первым сигналом того, что не всё гладко в суннитском мире, для саудовцев стала ситуация, когда ХАМАС, борясь со светским ФАТХом, разорвал соглашение с Абу-Мазеном, хотя оно было заключено под патронажем Дома Сауда, «под сенью Каабы».

Именно в рамках этого противостояния он в 2007 году развязал в Газе гражданскую войну, в результате которой прочно закрепился в секторе. В чём Эр-Рияд, потерявший над этой организацией даже иллюзию контроля, справедливо обвинил основного спонсора «Братьев-мусульман» и своего регионального соперника Эмират Катар. Борьба идёт не на жизнь, а на смерть – обе стороны не брезгуют самыми неожиданными союзниками. Для саудовцев таким союзником стал Египет, в котором режим «Братьев-мусульман» свергли военные. Для Катара в его противостоянии с остальными монархиями Персидского залива – Иран.

Возвращаясь к внутрипалестинскому конфликту, отметим, что мирное воссоединение противостоящих палестинских анклавов крайне сомнительно, невзирая ни на какие заключаемые по этому поводу соглашения. Само собой, переговоры о нём идут непрерывно. Надежды на воссоединение высказываются так же часто, как беспочвенно. Но законы кровной мести на Ближнем Востоке никто не отменял, а в ходе размежевания ХАМАСа и ФАТХа обеими сторонами было пролито много крови.

Опыт показывает, что исламистов можно отстранить от власти только подавляющей военной силой, примененной с достаточным уровнем жёсткости. Или жестокости. Как это было в 2013 году в Египте и в 90-е годы XX века в Алжире. Но метод этот не работает в случае Абу-Мазена. Второй после Арафата раис ПНА, исходя из его возраста и личностных характеристик, победить противников просто неспособен. Говоря попросту, он не Сталин, не Мао и не Фидель.

В качестве министра иностранных дел Ясира Арафата он был хорош. Как номер второй в правительстве, возглавляемом самим Арафатом, – замечателен. Но как номер первый… Массово убивать конкурентов он не умеет. Может, и хотел бы, но не его это. Не дал Б-г человеку такого мастерства. А без этого на Ближнем Востоке как большому начальнику жить? Вот так он и живёт. В печали.

Об этом редко говорят, но для исламистов всего мира, от «Аль-Каиды» до «Братьев-мусульман», Газа – образец и эталон. Это первый анклав арабского мира, управляемый по исламским законам. Для них распространение опыта ХАМАСа на все прочие арабские и, в идеале, все исламские территории – оптимальный сценарий. Хотя и с вариациями, которые наиболее ярко представлены в разнообразных исламских эмиратах – от Ливии до Ирака.

Так что, борясь за своё будущее с Израилем, Египтом и ПНА, ХАМАС одновременно борется за торжество идеи исламского радикализма во всём мусульманском мире. В этом качестве он может рассчитывать на достаточный объем финансовых поступлений извне. И кстати, на большее число внешних союзников, чем ФАТХ. Среди них не только Катар, но и эрдогановская Турция, а в борьбе с Израилем – и Иран. Последнее проявилось летом 2014 года в ходе операции «Нерушимая скала», когда ЦАХАЛ не смог остановить ракетные обстрелы со стороны ХАМАСа.

В итоге рахбар Хаменеи, духовный лидер Исламской республики Иран, и турецкий премьер-министр, а затем президент Эрдоган оказались наиболее последовательными сторонниками палестинских боевиков в исламском мире – и куда более жёсткими критиками Израиля, чем арабские лидеры. Большая часть последних поддерживали ХАМАС на словах, но никаких действий не предпринимали. Более того, ряд стран, среди которых ведущее место занимал Египет, оказывал серьёзную поддержку израильскому ЦАХАЛу.

Всё это точно соответствует поговорке «ворон ворону глаз не выклюет». Друг другу страны исламского мира могут строить любые каверзы. Состоять друг с другом в каких угодно враждебных отношениях. Но если речь идёт о борьбе ислама против неисламского мира, как минимум проявят солидарность. Хотя бы они сами спровоцировали кризисную ситуацию, как это в палестинском случае постоянно и происходит. Тенденция, однако.

Проявляется она везде. Так, светский Пакистан на протяжении всей своей истории быстро исламизировался, переходя к более радикальным формам политического ислама, в начале XXI века уже не боящегося выступать против пакистанской армии, что было немыслимо за несколько десятилетий до того. И главным инструментом проникновения исламистов во властные институты на высшем уровне в этой стране стала демократия. Которая, вообще-то, на Ближнем и Среднем Востоке превратилась в самый удобный механизм для реализации радикальных ультраортодоксальных идей.

Светская Турция проходит тот же путь по-своему. Мягче, медленней и без характерных для Пакистана и Афганистана погромов и резни. Однако это именно возвращение к исламским основам как составной части общего курса на возрождение империи. Откуда и её претензии на статус покровителя угнетаемых мусульман всего мира, в том числе ХАМАСа в Газе. В конце концов, выполнял же турецкий султан функции повелителя правоверных – халифа. Чем Эрдоган хуже?

Светские арабские страны одна за другой исламизируются – в точном соответствии с марксистской формулой насчёт того, что «капитализм выращивает своего могильщика – пролетариат». Диктаторы, подражая правителям прошлых времён, которые вряд ли были менее авторитарными, чем они, один за другим рушатся под напором лидеров исламских партий и поддерживающей исламистов толпы. Хотя скажи им, что ислам их похоронит, обидятся страшно.

Простые, привычные народу формулы, простые методы взятия власти, простые способы борьбы с оппонентами. Заманчиво – и, к слову, выгодно. Поскольку джихад – это не только возможность прикончить соседа и забрать его имущество или превратить его в раба, как это происходит в Сирии и Ираке под властью «Исламского государства Ирака и Леванта» и конкурирующих с ним группировок. Но и способ заработать по-настоящему большие деньги. Бизнес джихаду не помеха.

Это чётко и недвусмысленно продемонстрировала борьба радикалов из движения «Аш-Шабаб» в Сомали за контроль над крупнейшим портом этой страны – Кисмайо. Попытки прорыва боевиков нигерийского движения «Боко-Харам» на юг, к нефтяным промыслам, и торговля захваченными пленниками – говоря проще, работорговля. Бои территориальных и племенных ополчений – зинтанской и мисуратской бригад, исламистов и криминальных групп, примыкающих к побеждающей стороне, за ливийскую нефть: места добычи, трубопроводы и отгрузочные терминалы. Война за уран в Мали и соседних государствах Сахеля, которую ведут «Движение за единство и джихад в странах Западной Африки», «Аль-Каида в странах исламского Магриба» и их конкуренты.

Едва ли не самым удачливым игроком на поле монетизации джихада стал упомянутый выше ИГИЛ – Исламское государство Ирака и Леванта, ставшее ядром нового Халифата, распространившегося на треть территории Сирии и почти половину Ирака. На момент написания настоящей книги эта структура получала до двух миллионов долларов в день только на контрабанде сирийской и иракской нефти. И, что на Ближнем Востоке важнее нефти, контролировала воду – среднее течение Евфрата и Тигра.

Боевики возглавляющего ИГИЛ и основанное им ИГ Абу-Бакра аль-Багдади заработали не менее пятидесяти миллионов долларов на перепродаже археологических артефактов – исламисты профессионально разбираются в контрабанде такого рода. Эксплуатировали с выгодой для себя население, живущее вдоль упомянутых основных водных артерий Двуречья, продавая в рабство христианских и йезидских девушек и женщин. Захватили сотни миллионов долларов в банках Ракки, Мосула и других сирийских и иракских городов. То есть впервые в мире джихада такого рода террористическая структура стала организацией-миллиардером.

Чего же, собственно, не вести джихад, если это такое прибыльное и весёлое занятие? О чём говорят многочисленные ролики в интернете, которые призывают единоверцев ехать на священную войну. Кого-то прельщает возможность выбраться из пустынь и захватить плодородные речные долины – как происходит с джихадистами из Йемена и Марокко, перевозящими в Сирию и Ирак целые семьи. Кого-то – возможность разбогатеть. Или проверить себя в настоящей войне без правил. Как происходит с добровольцами из Европы, США, Канады и Австралии, тысячи которых влились в ряды джихадистов на Ближнем и Среднем Востоке.

Кто-то находит в джихаде возможность реализовать свои садистские наклонности. Не на животных, как делают догхантеры и прочие разновидности садистов, а на живых людях. Что трудно и небезопасно в странах «цивилизованного мира», но какие могут быть правила во время джихада? Интернет полон видеороликами и фотографиями с изображениями пыток, изнасилований, убийств женщин и детей, которые размещают джихадисты.

Реагирует на это «мировое сообщество»? Чёрта с два. Будет реагировать? Ни в коей мере. Слов много, дел не видно. Это развязывает руки террористам, захватывающим города и целые провинции – перед тем как перейти к странам. Причём, что с ними делать, непонятно. В Афганистане в своё время казалось, что свержение режима талибов закрыло наиболее опасный очаг джихадизма, но это только казалось.

Оккупация американцами Ирака позволила «Аль-Каиде» не только возродить, но и расширить свою деятельность. «Арабская весна» означала взрывное распространение джихадистских идей на Ближнем Востоке и в ближневосточных диаспорах. Политика администрации президента Обамы, нацеленная на сотрудничество с политическим исламом и вывод американских войск из Афганистана и Ирака, ставший самоцелью, расчистила дорогу для боевиков всех типов.

В Ливии современное оружие со складов армии Каддафи попало в руки террористов. В Ираке ИГИЛ захватило правительственные арсеналы, содержащие вооружения и тяжёлую технику на десятки миллиардов долларов. Это означает простую и крайне неприятную вещь: в противостоянии с джихадистами не только у местных армий, но и у военных структур Запада не будет перевеса в технике. Или, по крайней мере, перевес этот не будет решающим. К чему западные армии, высчитывающие собственные потери до человека, не готовы.

В войне англичан с махдистами в Судане в конце позапрошлого столетия дело решили пулемёты. Самоубийственная атака даже самых храбрых, фанатичных и многочисленных воинов джихада захлёбывается под подавляющим огнём. А если бы пулемёты, артиллерия и прочие военные новинки были у суданцев? Вопрос интересный, но чисто теоретический. Однако сегодняшний день джихада – это фанатики, вооружённые самым современным оружием. Хорошо разбирающиеся в сотовой связи, интернете и минном деле. Умеющие бороться с беспилотными летательными аппаратами. Что делать с ними?

Как показало столкновение израильской армии с ХАМАСом летом 2014 года, четвёртая армия мира, скованная массой ограничений, не выиграла этой войны. Бои велись не на равных, но и не с обычным для израильтян перевесом. С учётом того, что террористическая структура великолепно освоила фортификационное дело и, как принято у джихадистов, не стесняла себя в прикрытии гражданским населением, результат войны оказался более чем сомнительным. Напомним: мы говорим о ХАМАСе и Израиле!

Что означает: джихадистское движение на Ближнем и Среднем Востоке укрепилось до состояния, осознать которое западная политическая элита неспособна. Пресечь его теми методами, которыми его только можно пресечь –

войной на тотальное уничтожение, – она не может. Понимание того, что ближневосточные диаспоры западных стран участвуют в джихаде и все, кто в нём выживет, вернутся домой, у наиболее прозорливых политиков и силовиков Запада присутствует. Вот только что с этим делать, они не знают. Благо современный мир и глобализация дают джихадистам те же беспредельные возможности, что мегаполис предоставляет крысам. Со всеми вытекающими выводами в их пользу…

Халифат – не Халифат

Проблема арабского мира в том, что он не только живёт в прошлом, но в ещё более отдалённое прошлое пытается вернуться. Вместо того чтобы двинуться в будущее. Причём реконструирует не реальное величие ушедших веков, а смутную память о нём. Так, как нынешнее арабское население, находящееся в абсолютно других условиях и живущее в абсолютно другом мире, это величие себе представляет.

Больше всего арабские политики, воспевающие времена пророка, джихада и Халифата, напоминают средневековых итальянских аббатов, которые что-то знали насчёт Римской империи, поскольку жили среди циклопических развалин, но неспособны были не только воспроизвести эти времена, но и передать следующим поколениям сведения о том, какой она была на самом деле. Не потому что не хотели. Но попросту этого не знали и не могли знать. Тямой не вышли. И в любом римском городе воспринимались бы не в качестве столпов учёности, а как грязные варвары. Которыми, за редкими исключениями, в реальной жизни на самом деле и являлись.

Однако других наследников у Рима не было. Как не было их у евреев – помимо стократ обруганных еврейскими просветителями, интеллектуалами и самим автором ортодоксов. Параллели, конечно, ещё те. Но с кем сравнить арабского лидера, который надувается, как жаба на болоте, по поводу и без повода, не имея для этого никаких оснований, помимо благородного происхождения? С сатмарским ребе? С духовными лидерами Меа Шеарим? Очень похоже.

Разница только в том, что арабов много и сторонников возвращения в средневековье среди них много. А еврейских ортодоксов, несмотря на все усилия этой категории евреев по выполнению библейской заповеди «пру у рву», то есть «плодитесь и размножайтесь», относительно мало. Такая специфика демографии. Так что арабов тащить в «тёмные века» исламистам удаётся с большим успехом, а евреев, сколько их ортодоксы ни стараются, не получается. И революции помешали, и просвещение, и Холокост.

Ну и ещё ортодоксы в израильскую полицию швыряют не гранаты, а памперсы со всем их содержимым. А камни – только в те израильские машины, которые ездят через их кварталы по субботам. Арабские же подростки никакого шаббата не соблюдают и камнями забрасывают любые автомобили с израильскими номерами. Что до полиции, то она от них может получить в лобовое стекло не только гранату, но и «коктейль Молотова». Но это так, частности. А в целом очень похоже.

Агрессивность у них та же. Чисто детское желание в упор не видеть и не слышать ничего противоречащего заранее занятой позиции. Вне зависимости от того, насколько она соответствует действительности. Ослиное упрямство. Вспыльчивость – на пустом месте. Способность хулиганить, не ограниченная никакими тормозами. Общая для обеих групп модель поведения – хоть тресни.

Детские психологи с такого рода ситуациями в девиантном поведении сталкиваются часто. Инфантильно оно до одурения, со склонностью к коллективным истерикам и коллективному же зверству, но массово – не отнять. Чрезвычайно заводит политиков. Впечатляет корреспондентов и представителей международной общественности. И очень показательно – на посторонних зрителей производит неизгладимое впечатление. Вот только что со всем этим делать нормальному взрослому человеку?

Ну, что делать с ребёнком, понятно. Ремня ему, потом ещё ремня и в угол, проораться. Помогает во многих случаях. А если не понимает с первого раза – опять ремня. Драть как сидорову козу, пока не станет достойным членом человеческого общежития. А если ребёнок уже вырос? Как вести переговоры с толпой орущих, бьющихся в истерике, хорошо вооружённых мужиков, которые в тебя из-за угла стреляют и бросают гранаты? Логику они не включают в принципе. Там мозга нет, там в голове сплошная кость.

Впрочем, у отсиживающихся за их спинами лидеров, которые чуть умнее – ровно на один инстинкт самосохранения, – присутствует ещё и хитрость. Которая, впрочем, и в детском коллективе присутствует. Когда бьют – бегут с жалобой к воспитателю. Или сразу к заведующему детсадом: в ООН, Госдепартамент, к европейцам. Ну, там инстанций ещё много.

Шухеру потом… Крики насчёт прав человека. Правозащитники при деле, бюрократы при деле, террористов жалеют, мирное население, страдающее от неспровоцированной агрессии и от чрезмерного применения силы, жалеют… Чтоб это население кто от сидящих на его горбу национальных вождей спас. Может, ему б тогда и полегчало.

Требования их неразумно завышены и не соответствуют ничему, кроме желания, чтобы всё было, как они, и только они, скажут. По голове их бей, танками шпунтуй – не понимают. Ограждай стеной безопасности – копают тоннели снизу и палят ракетами сверху. То есть в чистом виде хулиганы-отморозки. Называется – борьба с сионистской оккупацией.

В свободное от неё время они увлечённо занимаются друг другом. Душат так – никакие израильтяне рядом не стояли. Поскольку, может, все они теоретически и хотят государства – хотя никто из них не знает, что это такое, не умеет и не будет его строить. Но именно своего, а не того, которое хочет сосед. Одни хотят светское. Другие – чтоб оно жило по канонам ислама. Третьи – Халифат. Вот вынь им его да положь. Только пыль стряхнуть не забудь.

Такое чисто русское, из сказок. Поди туда, не знаю куда, принеси то, не знаю что. Как? А это не моя забота. Как хочешь, так и неси. Но чтобы было. Мультик им включить, что ли, студии «Мельница», про Ивана Царевича и Серого Волка? Так ведь поздно. Не поможет. Народ взрослый, взбудораженный… А государство у них никак не получается. Не выходит, понимаешь, каменный цветок. И деньги, сколько их ни давай, растаскивает по карманам начальство. Примерно так же, как ребёнок. Копилку вскрыл, купил на все кровные конфет, съел и воет белугой – жалуется, что больше нет. И смех и грех. Везде воруют, но не так же?

На Западе красть – крадут, но с невинным видом и чтобы результат остался, причём качественный. В родных пенатах воруют напоказ, с присвистом и даже некоторой удалью, но результат, хотя бы плохонький, должон быть. А то начальство в шею сгонит с тёплого места. Но чтобы в итоге всего торчала одна только ржавая табличка, пришпандоренная для спонсоров под церемонию вручения чека?! «Эта дорога построена на грант правительства Нидерландов». И тишина. Никакой дороги, и не строил её никто, и строить не будет… Как автор лично и наблюдал на Западном берегу. Хотя соседнюю, горный серпантин, на который деньги дали японцы, построили на треть. Остальное разворовали по пути. Но всё-таки хотя бы треть дороги…

Вот и с Халифатом у них так же. Собрать толпу бандитов со всего мира, поубивать и пограбить – это всегда пожалуйста. К вопросу о джихаде – смотрим написанное выше. Понахапать себе земли, благо сочувствующих среди пикейных жилетов Запада полно, – тоже. Объявить о создании Исламского Государства, как это сделал очередной курбаши, легко. И карту в интернет, где в этом Халифате Испания, и Португалия, и вся Восточная Европа, и весь исламский мир от границ Индии до Атлантики, и половина Африки. В качестве заявки на будущее.

Извольте кушать, дорогое «мировое сообщество». Приятного аппетита.

Причём у автора, по скептичности его натуры, нет никакой уверенности в том, что вся эта криминально-теократическая камарилья ненадолго. Слишком уж много там оружия. И подготовленных боевиков. И слишком мало у будущих жертв агрессии, за исключением России, Казахстана, Китая, Израиля и Индии, внутренней сплочённости в борьбе с внешней угрозой. Ну, в регионе есть ещё Иран и Турция, Египет и Алжир – но их объединить…

Что жалко – но ведь сплотись против ИГ в Ираке или Сирии – казалось бы, вот она, угроза! Однако каждый сам по себе. Хотя теоретически – договорись, разбей Ирак на сектора – и через пару месяцев серьёзной войсковой операции какие исламисты, какой Халифат? Ну, пару-тройку лет на то, чтобы зачистить территорию. Два-три десятка лет на то, чтоб выросло то поколение, которому её не грех отдать… Но некому и незачем всем этим заниматься.

Можно себе это представить в реальности? Нельзя себе это представить в реальности. Разговоров о «мировом сообществе» и его вкладе в дело мира будет много. Кое-какое оружие западники поставят иракскому правительству. Правда, исламисты его в конце концов захватят, но это уж как всегда. Турки вдоль своей границы сделают, что смогут. Персы вдоль своей.

Сирия отутюжит исламистам тылы, хотя у неё свои проблемы. Россия даст оружие Багдаду. И Дамаску даст. Америка пообещает помочь иракцам – и точечно их территорию немного побомбит. Но в меру, только чтобы избирателям было что ответить. А то там христиан тысячами режут, а бросивший их всех на произвол судьбы американский президент изо всех сил делает вид, что он ни при чём.

Курдам Европа оружие пообещает, ей с них ещё газ и нефть получать. Естественно, взамен поставок из России, что есть старая хрустальная мечта официального Брюсселя. Трубопровод «Набукко» там, то, сё. Что до ООН... Никакая цензура не пропустит, что автор думает об этой хромой на все костыли организации. Так что не стоит марать бумагу и портить настроение – ни пишущему, ни читающим.

А ведь это не за сто морей – в Ираке. Где только что сидели сто тысяч американцев, вооружённых до зубов. И толку было с них? А также с прочих членов международной коалиции? Включая Грузию, прибалтов, Украину, Польшу и прочую могучую кучку внешней поддержки Пентагона... Как военные бюджеты осваивать – все в очередь. Как на самом деле нужны – ау, где вы, братья?!

Чтоб не было иллюзий: автор полагает реальностью, данной ему в ощущениях, несколько простых истин. Во-первых, никакого светлого будущего в арабском и в целом в исламском мире он не видит. Там речь уже не о прорыве в горние выси, а о выживании и элементарном сохранении остатков цивилизации – в том числе исламской. Поскольку первое, что делают сторонники помянутого Халифата и джихадисты всех мастей, так это сносят под корень всё, что этой цивилизацией было построено за тысячу с лишним лет её существования.

Во-вторых, в ходе противостояния светского и исламского на Ближнем Востоке победа остаётся за исламом. Который апеллирует не к теологии как таковой, а к самому тёмному и мрачному, что в ней только можно отыскать, ввергая в новое варварство целые страны. Причём бешеная борьба джихадистских структур друг с другом вроде войны «Джабхат ан-Нусра» с ИГИЛом – тоже реальность. Объясняется конкуренцией, дракой за добычу и кровной местью. Но в тех случаях, когда исламисты могут развести личные интересы и сотрудничать между собой, они это делают.

Причём помогают они друг другу куда более мобильно и эффективно, чем все члены «международного сообщества», вместе взятые. И не гнушаются подкинуть коллегам по джихаду денег. Так, ИГИЛ из банковских золотовалютных запасов, захваченных в городе Ракка, в Сирии, отправил половину братской «Аль-Каиде в странах исламского Магриба», в Алжир. Очень духоподъёмно, как завещал пророк. Делись с братом своим террористом, дабы поднял он знамя джихада над городами неверных и впавших в язычество «плохих мусульман». Ну что-то вроде этого.

А главное – бешеная скорость интернационализации всех этих процессов. Поскольку то, на что во времена прошедшие нужны были поколения, сейчас решается за месяцы. И это характерно не только для всего, что делают сторонники строительства Халифата, но и для того, чем они занимаются в конкретно взятом, мелком, но ставшем символом для всей этой гопы вопросе поддержки палестинского дела. У которого не семь, а семьдесят семь нянек. Так, что с такой опекой дитя не то что без глазу останется – просто не выживет.

Не следует недооценивать влияния на процесс палестино-израильского противостояния не только региональных соседей – Египта, Саудовской Аравии, Иордании, Сирии и, хоть и в меньшей степени, Ливана и Турции, – но и участников, представляющих исламскую периферию. Среди которых выделяются «новые тяжеловесы»: Пакистан, Индонезия и Малайзия, проявившие активность на ближневосточной арене.

Решить проблему баланса интересов участников конфликта с трудом возможно даже в ограниченном кругу игроков. Присоединение от лица «исламской уммы» сил, имеющих собственные, не слишком отчётливо понимаемые ими самими интересы, осложняет ситуацию до крайности. Даже если забыть о суннитских радикально-террористических организациях и шиитском Иране, целенаправленно дестабилизирующих её. Поскольку не вписывается палестино-израильское урегулирование ни в какие исламистские планы. Ни с Халифатом. Ни без него.

Проблема отношений с палестинцами, оставленная израильскими политиками 40–60-х годов «будущим поколениям», сегодня, когда это время пришло, обострилась крайне. В противостоянии приняли участие силы, которых на политической арене исламского мира в ранний период арабо-израильских отношений просто не существовало. Новые времена – новые факторы. А методы остались старые.

На фронте борьбы с «сионистами, крестоносцами и безбожниками» появились «Аль-Каида» и другие радикальные суннитские негосударственные организации, никем и ничем не ограничиваемые. Возник и укрепился союз исламского «Зелёного интернационала» с антиглобалистами всех мастей. Обострились шиито-суннитские противоречия на всём пространстве исламского мира, от Индонезии до Ливана. В острую фазу вошло соперничество за военно-политическое доминирование в исламском мире между Ираном и консервативными монархиями Аравийского полуострова. Сформировалась и получила широчайшее распространение в регионе и за его пределами идеология исламофашизма: синтез радикальных исламских и нацистских идей.

Причём среди представителей среднего и старшего возраста в арабском и исламском мире было немало сторонников нормализации отношений с еврейским государством. Из которых наиболее известными были такие государственные деятели высшего эшелона, как король Иордании Хусейн или президент Египта Анвар Садат. Однако усиление на Ближнем Востоке радикальных религиозно-идеологических течений не даёт и не даст их наследникам сыграть ту позитивную роль, которую они в противном случае могли бы играть. С арабской толпой не поспоришь. Её можно только подавить и разогнать – и то на время.

Отметим в заключение, что дискуссии вокруг будущего палестинского государства не касаются ни реальных, весьма скромных, возможностей администрации Абу-Мазена по контролю над ситуацией «на местах». Ни полного отсутствия перспектив выстраивания в Палестине гражданского общества, целью которого являлось бы сосуществование с Израилем, а не борьба с ним. Ни нулевой экономической базы – хоть для палестинского государства, хоть для Халифата. Но это частности, не стоящие внимания истинного борца за идею.

Не стоит даже вспоминать о том, что средневековый Халифат отнюдь не отличался ни исламским благочестием, ни фанатизмом, который проявляют его современные адепты. И что в составе его населения мусульмане не составляли большинства – откуда вся его терпимость к «зимми». Что вырезаемые современными исламистами меньшинства при Омейядах или Аббасидах спокойно жили в тех местах, где их сегодня гнобят, и их никто не трогал.

Вместо всего этого в Европе идёт активная борьба с «исламофобией», которую ведут все те, кто воспитывает, финансирует и поддерживает современных джихадистов. Но тут понятно: мало кому нравится, когда ему показывают зеркало, в котором отражается его подлинное лицо – фанатика, садиста и убийцы. Что и является основной сущностью сторонников создания современного Халифата. Как там в Коране? «О вы, которые уверовали...»

Наши двоюродные братья

Когда и если у читателя сформировалось впечатление, что автор в арабском мире за долгие годы общения с ним так и не нашёл ничего светлого, достойного уважения и примечательного, то читатель не прав. И речь даже не об арабской истории, архитектуре и прочем культурном наследии. За которое, впрочем, именно в тот год, когда написана настоящая книга, арабы-джихадисты и съехавшиеся на подмогу им боевики со всего света взялись всерьёз. И что останется от великой арабской цивилизации к тому моменту, как в регионе всё успокоится, а успокоится там начавшаяся великая замятня очень и очень не скоро, не знает никто. Так что спасибо западным и отечественным музеям, которые сохранят хоть что-то.

В окружающем Израиль арабском мире можно найти массу достойного и интересного. Образованные и порядочные люди, гостеприимные и открытые, встречаются там не реже, чем хитрецы и интриганы. Сторонники модернизации и светского образа жизни – по крайней мере так же часто, как ревнители патриархальной старины. Беда лишь в том, что сделать они со своими экстремистами ничего не могут. Всё, что там происходит, ставит под угрозу их жизнь и жизнь их близких – в прямом смысле этого слова. По той причине, что никакой, даже самый талантливый оратор не переиграет человека с автоматом.

Да, он имеет право голоса на выборах, которые во многих странах региона проводятся, по крайней мере формально. Если бы дело происходило в Европе, нет сомнений, что одичание, которое можно наблюдать на Ближнем Востоке, не стало бы столь всеобщим и повсеместным. Но арабский мир не Европа. И не Соединённые Штаты. Это место, где наличие патронов в обойме и танка за спиной важнее университетского диплома. Диссертации. Статуса нобелевского лауреата.

Можно с этим что-то сделать? Да в общем, не вопрос. Время всё лечит и всё вылечит. И если бы в запасе у автора, читателей и населения Ближнего Востока было лет триста-четыреста, а лучше восемьсот… А так нет никаких надежд. Оставь надежду всяк, сюда входящий – или что там ещё по этому поводу говорили классики? Они в своей Европе жили примерно в такие же времена. И оптимизма не испытывали. Его вообще трудно испытывать, когда вокруг войны – в том числе религиозные. Эпидемии. Геноцид. То есть примерно то же самое, что в регионе, о котором идёт речь.

Какой был оптимизм у Данте? Чосера? Шекспира? Когда кругом резня и мор. И то, что ещё осталось от цивилизации, уничтожается на глазах. Поскольку современная техника – это далеко не цивилизация. И террористы её используют с большим успехом. Как нацисты за восемь десятилетий до того. Права меньшинств там –

ноль без палочки. Только на то, чтоб уничтожили сразу, без пыток. Правила ведения войны, защищающие население? Нет там никаких правил. Включая тех, которые записаны в Коране. Эдакое средневековье с автоматами и вертолётами.

Светское, толерантное, скопированное с европейской модели государство в исламском мире исчерпало себя. И больше в него никто не верит. Военные правительства, диктаторы и лидеры революций за несколько десятилетий правления в постколониальный период так и не смогли построить ничего стабильного. Так что демократия на Ближнем Востоке не прижилась. Точнее, выродилась в пародию на саму себя – имитационную демократию. Как, впрочем, произошло и в Африке с Азией. Модель не подошла, или «в консерватории что-то надо поправить» – что толку говорить теперь, когда энтузиазма нет и, похоже, не будет ни у населения, ни у элиты.

Время иллюзий по поводу демократического вестернизированного будущего региона подошло к концу. Оказалось, что слова на хлеб не намажешь. И в чехарде исламистских и военных правительств окончательно утонули перспективы экономического процветания. Справедливости. Равенства. Безопасности. Точнее, безопасность обеспечивает наличие в руках достаточного количества оружия и готовность его применить против кого угодно. И то только на собственной земле. Отчего курды, шииты и сунниты и разорвали Ирак, как варёную курицу за лапки. Что предсказывали все те, кто наблюдал за эволюцией этой страны после начала американской оккупации.

Арабский мир стремительно распадается на составные части. Этноконфессиональные меньшинства и арабские племена, большие семьи – хумулы и криминальные группировки, исламисты всех мастей и управляемые феодальными владыками территории составляли его в доосманский период. Составляют и сегодня. Деградация институтов налицо. Одна страна за другой превращается в «бывшие государства». А всё, что предприняли для демократизации региона США, послужило стартовым толчком, ускорившим его распад.

Что в этой ситуации может сделать Израиль, кроме того чтобы постараться ото всех отбиться и уцелеть? Тем более что революционные пертурбации такого масштаба, как начавшиеся по соседству с ним, заканчиваются минимум через три поколения. Если не позже. О чём свидетельствует опыт всех больших революций современности. Великой Французской. Великой Октябрьской. И это ещё очень оптимистичный сценарий.

То есть впереди у Израиля семьдесят пять, восемьдесят, а возможно, и сто лет, пока не перестанет штормить. И что останется по истечении этого периода от Саудовской Аравии и Иордании, Сирии и Ливана, Египта и арабских стран Магриба и Африканского Рога, не предсказать никому. Карта Европы в XX веке менялась неоднократно и принципиально. Почему на Ближнем Востоке должно быть иначе в XXI столетии?

Хорошая новость состоит в том, что еврейское государство концентрируется на своих собственных проблемах и, вопреки всему, что по этому поводу подозревают его соседи, не претендует на региональную гегемонию. В отличие от занятых именно этим Турции, Ирана, Саудовской Аравии и Катара. Израиль превосходно отдаёт себе отчёт в том, что его отношения с арабскими соседями будут в лучшем случае позитивно нейтральными. При этом любой мирный договор с ними будет договором только с арабской элитой, но не с управляемым ею населением, которое Израиль ненавидит и будет ненавидеть.

История отношений Израиля с Египтом и Иорданским Хашимитским королевством говорит об этом более чем ясно. Хотя, по правде говоря, лучше играть роль вооружённой до зубов Швейцарии, которую терпеть не могут соседи, отдающие себе отчёт в том, чем для них закончится попытка вторгнуться на её территорию, чем государством-«душкой», не оставляющим заботой и попечительством всех, кому это нужно. Или всех тех, кто утверждает, что ему это нужно.

Так делал Кувейт, и кончилось это для него плохо. Иракская оккупация, предательство палестинцев, психологический надлом населения, не вылеченный и через двадцать лет после того, как были выбиты с кувейтской территории иракские войска… А в случае Израиля можно не сомневаться: потерпит его армия поражение от арабов или от Ирана, и он будет стёрт с лица земли. Под корень, чтобы ещё две тысячи лет никто и подумать не мог ни о каком еврейском государстве в этих краях.

Евреи это знают. Их двоюродные братья, арабы, это знают. «Мировое сообщество» это знает. Не говоря о «коспонсорах мирного процесса» и ООН. Но поскольку у каждого свои цели, все делают хорошую мину при плохой игре. Старательно повторяют исчерпавшие себя мантры, придуманные забытыми политиками XX века. И делают вид, что от их телодвижений на Ближнем Востоке что-то зависит. Ещё одна конференция. Ещё один раунд переговоров. Ещё одна комиссия, ещё комитет, ещё рабочая группа… Странные люди. Делать им больше нечего, что ли?

Впрочем – это и есть политика. Подлейшее из занятий этого мира. И ведь подумать только, в ранний период лидеры и активисты сионистского движения искренне считали, что смогут договориться с соседями о сотрудничестве и начать строить общее будущее! В связи с чем одевались в арабскую одежду, перенимали местные обычаи, осваивали арабский язык – его до сих пор учат в израильских школах. Да и в современном иврите сколько заимствований из арабского? Полным-полно. Ближайшие родственники, как ни крути. Двоюродные братья…

У автора, который арабов знает не хуже, чем евреев, порой закрадывается крамольная мысль: смогли бы евреи с их традиционной «приязнью» друг к другу построить государство, если б не Холокост? Или не два тысячелетия в диаспоре, с погромами и гетто? Не полный разрыв большинства из них со Страной Израиля – Эрец-Исраэль, что привело к парадоксальному, но сверхважному результату: никто в еврейском мире, говоря о той или иной местности, деревне или городе, не может сказать «это моё и только моё».

То есть евреи-то друг друга исторически утюжили ничуть не меньше, чем арабы – это у них с родственниками общее. И в Торе всё про это написано. И в Талмуде. И «дружба» евреев с самаритянами, а в более поздние времена с караимами – оттуда же. И отношения миснагидов с хасидами, а евреев-литваков с польскими и выходцами с Украины тоже. И горских евреев с грузинскими и ашкеназами или евреями бухарскими. Да и вся прочая неприязнь евреев друг к другу, с пониманием того, что истинный еврей – только тот, о котором речь, и его ближайшие соседи. А прочие и не евреи вовсе. Так, недоразумение, которое неясно как в евреи занесло.

Однако прессинг был жесток. Арабам и мусульманам в целом, несмотря на все жалобы насчёт исламофобии, такое и не снилось. В немецком бараке, печи и газовой камере или в гулаговской тайге и тундре не до выяснений отношений. Откуда результат. А после – не сами ли арабы спасли Израиль постоянным прессингом? Войнами и угрозами войн? Террором? Не то чтобы за это им евреи были благодарны. Но если бы не окружающие их со всех сторон враги, что было бы с еврейским государством?

А так… Страна под внешними ударами окрепла и объединилась. Как начинает верить в то, что мир вот-вот придёт, так всё идёт вразнос. Как мир уходит в область ожиданий – взбадривается. Феномен исключительно израильский. Его отдалённое эхо – единство палестинцев, арабов и исламского мира как такового против евреев и Израиля. Вот если бы им научиться объединяться ещё и во имя чего-то, а не только против… Но тут у автора заканчивается оптимизм. Как там у двоюродных братьев говорилось по другому поводу? «И Шехерезада прекратила дозволенные речи». Вот и пора их прекратить. А то – мечты, мечты, где ваша сладость…

Персидская империя – враг Израиля номер один

Что связывает и что разделяет Иран и Израиль, персов и евреев? Да так, пустяк. Две с половиной тысячи лет истории. Причём в периоды, для еврейского народа и государства не самые простые, точнее критические, роль Персии была для них отнюдь не негативной.

Евреи народ памятливый. Откуда праздник Пурим. Насчёт царя Ахашвероша, любимой жены его Эстер, её хитроумного дяди Мордехая и злобного, но крайне неудачливого Амана. Который внёс в еврейскую кулинарию ценный вклад, поскольку сладкие маковые треугольнички, которые положено есть по весне, символизируют его, Амана, уши.

Ну, дальше было многое, однако если что-то и осталось от славной, древней и великой общины евреев Вавилонии, то ровно иранская еврейская община. Которая в Исламской республике Иран до сих пор живёт и относительно здравствует. Хотя и существует там до той поры, пока чего не вышло – примерно так же, как существовали евреи в СССР. Пожил бы Сталин ещё месяц-другой, и куковали бы все в Биробиджане. А так – чего ж не жить...

Иран, в отличие от большей части государств арабского мира, революционный период прошёл без того, чтобы местных евреев извели под корень. Так что и место в парламенте, выделенное специально для евреев, есть. И собственности их никто особо не лишал. Или, по крайней мере, лишал не больше, чем всех прочих жителей страны. То есть понятно, что те, кто был близок к шаху и его придворным, сгорели, как свеча. Кто, разумеется, не перешёл на службу к новой власти. Ну или не уехал. Гол как сокол или продав, что смог продать, – это кому как повезло.

Для населения России Иран – сосед по Каспию. Проблемный, но не без приятностей. Ковры, фисташки, абрикосы... Опять же атомную станцию в иранском Бушере, вопреки американскому давлению, Россия построила. За что ей заплатили мало, однако кто сказал, что Иран не ближневосточный Скрудж Мак-Дака? На иврите «а-парси», то есть «персом», называют человека, прижимистого до крайности. Так что это всё в рамках национальных особенностей. Кто торговал с иранцами, тот знает. Душат до конца. И чего хотеть от нации, которая лучшими в мире коврами торгует без перерыва две с половиной тысячи лет?

Израилю при шахе с Ираном жить было хорошо. Примерно так же, как до Эрдогана с Турцией. Экономическое сотрудничество – в том числе инфраструктурные проекты и экспорт нефти. Политическое. Военное. Включая совместную работу разведок. О чём сегодня не то что мечтать, и говорить-то не приходится. Хотя торговля, не особо прокламируемая, идёт.

Мрамор, фисташки, ковры и прочие персидские специалитеты оттуда, большей частью через Турцию. Промышленная продукция, включая современные сельскохозяйственные комплексы – туда. И в качестве экзотики, израильские апельсины. Большой в Иране был скандал, когда какой-то «базари» не стал снимать известные всему миру этикетки «Яффо»... Поленился он, правда, на свою голову. Но это уже была его проблема.

Известный слоган лидера исламской революции, Великого аятоллы Хомейни «Америка – большой Сатана, СССР – малый Сатана, а Израиль хуже их всех», – живее всех живых. Но, поскольку это Иран и это персы, с некоторыми поправками. То есть когда Израиль во время ирано-иракской войны 1980–1988 годов участвовал в нелегальных поставках американского оружия, которое шах оплатил, но не успел получить, про него велено было забыть – и про него забыли. О чём автору на международной конференции мечтательно поведал ответственный сотрудник Корпуса стражей исламской революции. Ностальгия по старым добрым временам в его глазах при этом так и светилась.

С израильской стороны эту историю автору рассказал почтенный пенсионер, бывший высокопоставленный руководитель «Моссада». Подробностей было больше. Ностальгией в рассказе не пахло. Пахло острым сожалением, что в Израиле нет телесных наказаний. И хочешь дать плетей. И надо бы. А вот нельзя. Цивилизованная демократия. Что ни делай, из воды виновники чего угодно выйдут сухими. Включая срыв спланированной до мелочей операции, от которой зависела нормализация отношений с Ираном, разорванных после революции, США и Израиля. Плюс освобождение американских дипломатов-заложников. Ну и ещё много чего.

Кто был тем идиотом, который вместо ракет новейшей модификации «воздух-воздух», что с иранцами было оговорено заранее, решил подсунуть им завалявшееся на складах старьё, история не упоминает. Скорей всего, какой-нибудь сержант. Причём хотел он исключительно добра. Чего новьё туземцам отправлять? И старое схарчат. У них война, им всё сойдёт. Примерно так или точно так мыслил этот достойный потомок еврейского народа – никто не знает. Но в какой-то момент ушло именно старьё. «Туземцы» его не схарчили, но страшно возмутились. Вот всё и гикнулось.

Соглашения пошли побоку. Нормализация накрылась медным тазом. Посредников по взаимодействию с Ираном, почтенную израильскую семью с громкой фамилией, чуть не прикончили. Во всяком случае, её главе много лет приходилось передвигаться по миру с большими мерами предосторожности. И ведь понять-то можно! После чего происходило разное, но исторический момент был упущен, и не исключено, надолго. Хотя, наверное, и не навсегда. Что после разрыва и последующего, через четверть века, восстановления дипломатических отношений между Москвой и Иерусалимом можно предполагать…

Однако же взрывать и отстреливать друг друга израильтяне и иранцы продолжают. Не напрямую. Уничтожение посольства и культурного центра Израиля в Аргентине так и остаётся серьёзнейшей антиизраильской операцией иранского КСИР. Но воспринимаемая

Израилем как главная угроза его безопасности ядерная программа ИРИ добавила остроты в их конфликт. Как и успешная работа иранцев с боевиками «Хизболлы» и ХАМАСа, которая превратила обычных партизан в эффективные воинские подразделения. Не говоря уже о ракетах и тоннельных технологиях, которые позволили Ирану создать опирающиеся на отряды исламистов плацдармы на северной и южной границах Израиля – в Южном Ливане и Газе.

Иран, как наиболее последовательный противник Израиля в регионе, выступает против арабо-израильского и палестино-израильского урегулирования в принципе. Антисионизм является стержнем идеологии исламской революции, и никакой иранский лидер не может отказаться от него, не рискуя властью. Что до ядерной программы, ИРИ рассматривается Израилем как главный фактор внешнеполитического риска. В том числе, поскольку тормозов там нет, в случае прямого столкновения с Израилем арабское население региона будет для Тегерана представлять собой расходный материал. По крайней мере, если речь о суннитах.

Автору как-то довелось беседовать на эту тему с человеком, который много общался с иранским руководством и задавал откровенному до изумления иранскому президенту Ахмади-Нежаду вопросы насчёт последствий ирано-израильской войны для исламского мира. Поскольку наличие в природе российско-иранских отношений даёт отечественным иранистам немало привилегий. По крайней мере, изучать предмет своих исследований они могут в непосредственном контакте с ним.

«Не спрашивайте, и вам не ответят», – говорят в таких случаях раввины. Но он спросил – ему ответили. «Аль-Акса – не наша святыня, – сказал высокопоставленный собеседник – Наши святыни в Куме. Самарре. Кербеле. Неджефе. Что до арабов… Ирак травил нас газом во время войны с Саддамом – весь арабский мир был за него. Пусть эти собаки за всё заплатят!» Что было честно до предела. Хотя и неинтеллигентно.

Так что сочетание в Иране ракетных технологий, исходно им полученных от Северной Кореи, со стремлением к полному ядерному циклу, который нужен исключительно для производства ракетных боеголовок, даёт все основания прогнозировать войну Ирана с Израилем в будущем. Тем более что все иранские правительства, включая не только воинственного Ахмади-Нежада, но и прагматика Хашеми-Рафсанджани и либерала Хатами, поддерживали антиизраильский курс.

Приход в начале 2000-х к власти иранских «неоконов» во главе с Ахмади-Нежадом лишь сделал иранскую политику, направленную против Израиля, предметом обсуждения на международной арене – до него она была такой же, но не столь публичной. Что хорошо говорит об этом в высшей мере брутальном человеке, с точки зрения его противников. Открытый враг куда удобней для понимания истинных намерений противоположной стороны. Хотя и выглядит он неприятно. И настроение портит куда больше врагов скрытых. Ну, тут или шашечки, или ехать…

Борьба Ирана за гегемонию в исламском мире заставляет его руководство наращивать антиизраильскую риторику, поддерживая антисионизм и исламофашизм в мировых масштабах. «День Иерусалима», ежегодно проводимый в Иране, напоминает образцы антисионистской политики времен СССР. Мероприятия, посвященные ревизии Холокоста, имеют аналоги только в Германии 30-х годов. Приход к власти президента Роухани, представляющего «старый истеблишмент», несмотря на всю его готовность к диалогу с Западом, мало изменил эту ситуацию. Да и кто сказал, что Запад интересует безопасность Израиля, а не иранские нефть и природный газ на европейском рынке?

Что будет с ирано-израильским противостоянием в отдалённом будущем, никто не знает. Похоже, Израиль останется один на один с Ираном, лишённый реальной поддержки Соединённых Штатов. Причём претензии Ирана на статус региональной сверхдержавы опираются на персидский национализм в куда большей мере, чем на ислам, но Палестина является для руководства Исламской республики важным направлением внешней политики. Хотя и несравнимым с Сирией, Ираком и странами Персидского залива.

Так что пока отношения с Израилем Ирана – война по доверенности, которую ведут против еврейского государства союзные ИРИ арабские группировки на северной и южной границах, с одной стороны, и война разведок, включающая компьютерные атаки на ядерные объекты Ирана и весь набор средств, который существует у спецслужб, с другой. И это ещё не так плохо. Хотя и не внушает ни малейшего оптимизма в отношении будущего.

Понятно при этом, что такие региональные противники Ирана, как Саудовская Аравия, спят и видят, чтобы Израиль атаковал Иран, Иран ответил, и большая региональная война обошла Аравийский полуостров стороной. Евреи и шииты, уничтожающие друг друга в войне не на жизнь, а на смерть, – это подарок для салафитов, которые в итоге смогут выйти на ближневосточный простор, чтобы добить уцелевших. Что, впрочем, в Израиле понимают. Хотя нормализация отношений с Ираном, при всём желании, не тот вопрос, который израильское руководство может решить.

Оно бы, в общем, и не против. И летом 2014 года директор «Моссада» открыто сказал, что иранская угроза не главная проблема Израиля, в отличие от противостояния с палестинцами. За что, впрочем, был строго отчитан его непосредственным начальством в лице премьер-министра. Однако для переговоров, как и для танго, нужны двое. И тут Ирана в принципе нет и быть не может.

Автору довелось обсуждать это и с иранскими силовиками, и с иранскими дипломатами. Ответы их практически совпали. «Мы свергли шаха, – сказали персидские джентльмены, – потому что он сотрудничал с Израилем. Это единственный аргумент, который может объяснить, зачем его было свергать. Потом была война с Ираком. И до сих пор в стране нет уровня жизни, который был при шахе. Поэтому, – продолжили они, – если мы перестанем бороться с Израилем, те, кто против нас: вестернизаторы и городская молодёжь, за нас голосовать не станут. А те, кто за, не будут больше нас поддерживать. И мы отправимся на ту же помойку истории, где шах. А этого мы не хотим».

Легко понять. Что означает: ирано-израильская вражда обречена на долгую жизнь. Поскольку если есть понятные противоречия, их можно разрешить. А если нет? И все противоречия между странами – по старому как мир земельному вопросу: кто кого первым закопает? Вот кто б сказал, что делать в этом случае?! Когда Иран Израиль вообще не волнует, кроме иранских претензий к его, Израиля, существованию. А отказаться от них уже Иран не может. Диалектика, чтоб её!

Новая Оттоманская империя, или Слаще ли хрен редьки

Что такое Турция для средневзвешенного жителя России? Русско-турецкие войны. Янычары, гарем, султаны, стамбульский шопинг. Стамбульские мечети-музеи. Фески, ятаганы. Анталья, Алания, Памуккале, Куша-Дасы, Кемер, Белек, отели «всё включено». Шашлык, чай, местное пиво (хорошее), водка ракы (плохая). Но это так, для разгону.

«Папа, покатай меня на банане». «Хочу шубу и вон тот кальян тоже хочу». «Кожаные куртки брать надо. Шубы – в Греции, кожу в Турции». В рамках диалога цивилизаций, в обратную сторону: «Хар-рошие скидки!» и «Наташа – нат аша» (идиоматическое, в смысле «прыгай в постель»). Для справки: «Наташами» в современной Турции местные Аполлоны зовут отечественных девушек лёгкого, а в случае наличия у них позитивного опыта – и какого угодно поведения.

Ну, для особо продвинутых существуют ещё турецкие строители, проложенный по дну Чёрного моря газопровод «Голубой поток» и смутное понимание того, что Турция идёт не в Евросоюз, а по своему собственному маршруту. Причём промышленность её, сельское хозяйство, сектор услуг, инфраструктура и образование развиваются, по сравнению с Россией, оч-чень опережающими темпами. Хотя и Эрдоган, который долго был в стране премьер-министром, а на момент, когда пишутся эти строки, был избран президентом, куда как авторитарен.

И рокировка с одного поста на другой у него чисто путинская. И врагов у него много, а собственных нефти и газа, считай что нет – всё от соседей. Зато оппозиция есть – и какая! Война на южных границах – в Сирии. Террористов пруд пруди. Курдский сепаратизм, опасность генеральского путча, бунты на площадях столицы, предательство союзников – и главного из них, Фетхуллаха Гюлена, с исламистами его «Джемаата», сформировавшими внушительную «пятую колонну» в силовых ведомствах, правительстве и партийном аппарате… Всё есть.

Страна, однако, последовательно поплёвывает в сторону Европы. Сохраняя формально статус союзника США, использует его так и тогда, как и когда считает нужным. Будут или нет с её территории американские войска атаковать Ирак (не разрешили), пройдут или не пройдут американские авианосцы в Чёрное море в разгар грузинского или украинского кризисов (опять-таки ни в тот, ни в другой раз не разрешили) – это исключительная прерогатива турецкого руководства. Союз союзом, а суверенитет не трожь.

С Россией отношения у Турции отличные. По крайней мере пока «Росатом» не построил там атомную станцию в Аккую. И не нашлось замены газовым и нефтяным поставкам Москвы, которую не то чтобы ищут… Но если вдруг она сама собой найдётся, то от поставщиков отказываться никто не будет.

Азербайджанские углеводороды туда и без того идут: труба, проложенная по маршруту «Баку–Тбилиси–Джейхан», всё своё, что ей по проекту положено, качает. Но этого мало. Вот если б из Ирана, из Ирака и из Средней Азии… Но этого пока что нет, и трубопровода «Набукко» тоже нет, и неизвестно, будет он или так и останется американо-европейской спекуляцией на тему уязвить Россию.

Так что пока у Анкары с Москвой всё более или менее вась-вась. Торговля прёт, туризм прёт, по стратегическим вопросам всё как-то рассасывается. Присоединил Путин Крым к России или воссоединился полуостров с Россией по референдуму в соответствии со свободным и демократическим волеизъявлением населения, турок не волнует. И в Крым, с его не самой чуждой им историей, они инвестировать будут.

Не говоря о том, что русские плюнули в сторону американских угроз и сделали не то, чего от них требовал Вашингтон, а то, что нужно им самим. Браво, русские! Как сказал автору после крымских событий не самый последний генерал турецкой экономики: «Аплодируем стоя».

С Сирией вопрос противоположный. Россия Асада поддержала, хотя бы потому, что не имела ни малейшего желания, чтобы ещё одна страна на Ближнем Востоке превратилась в заповедник для всех и всяческих террористов – хватило и Ирака. Турция поставила на его свержение, в том числе потому, что обещание проложить через сирийскую территорию до Турции газо- и нефтепровод с Аравийского полуострова – это куш, перед которым никто в мире не смог бы, окажись он на месте Эрдогана, устоять. Однако вопреки прогнозам никаких особых проблем в отношениях Москвы и Анкары это не создало. Да и процесс не пошёл. Точней, пошёл не так.

Турецкий юго-восток оказался забит беженцами – более миллиона человек, с понятным криминалом и вербовкой в их среде террористического пополнения всеми теми, кто воюет с Асадом. Сколоченная из дезертиров светская Сирийская свободная армия, на которую сделала ставку турецкая военная разведка MIT, которую при Эрдогане возглавил его ставленник Хакан Фидан, «не сыграла». Точнее, развалилась, а наиболее боеспособные её бригады влились в состав исламистов. И у Турции начались проблемы.

Просаудовская салафитская «Джабхат ан-Нусра», которая через турецкую территорию атаковала войска Асада и крупные сирийские города, оказалась колоссальной головной болью для самих турок. Во всяком случае, после того как её боевиков начали ловить на том, что они провозят в Сирию из Ирака зарин. Который был использован для провокации в Восточной Гуте, пригороде Дамаска. Поскольку никто не сказал, что они в случае чего не взорвут одну-две тубы этой дряни на турецкой территории. Хотя бы для того, чтобы в войну вмешались напрямую турецкие войска.

Прокатарское салафитское, хотя и воюющее с джабхатовцами «Исламское государство Ирака и Леванта» после грандиозных успехов, достигнутых им летом 2013 года в Ираке, где было создано в виде нового Халифата «Исламское государство», оказалось большей угрозой для самой Турции, чем Асад. Одно дело, когда джихадисты, собравшиеся со всего мира, свергают твоего противника. Точней, соседа, которого назначили противником, хотя он вопреки прогнозам никак не свергается. Они его уберут – с ними потом турецкая армия на раз разберётся.

Другое дело, когда они захватывают треть Сирии, почти половину Ирака, у них в руках оказывается современное оружие на десятки миллиардов долларов и их уже десятки тысяч. Причём иракская армия исчезает, как снег под солнцем, разбегаясь, и уже есть опасность взятия Багдада. Мосул взят, Тикрит, родина Саддама Хусейна, взят, и христиан режут так, как турецким башибузукам не снилось в давние времена, когда они гуляли по тому же региону.

Ну а кроме христиан, в резне которых не так давно отметились сами турки (больше всего в начале XX века досталось армянам, хотя анатолийских греков они тогда тоже не пропустили), геноциду подвергнуты курды-йезиды. Их, как и христиан, Анкаре не жалко, когда-то им от Оттоманской Порты досталось не меньше, чем армянам, но эффект домино налицо: беженцы, которых из одного Мосула и его окрестностей спаслось более миллиона с четвертью, дестабилизируют иракский Курдистан. Что рикошетом бьёт по Курдистану турецкому, который и так центру нелоялен. И кому нужны такие союзники?

Тем более что на карте, которую в интернете размещает Абу-Бакр аль-Багдади, Турция не отдельное государство, а часть возглавляемого им ИГ. И судя по тому, что происходит на захваченных территориях, туркам ничего хорошего ждать не приходится. По крайней мере светским. Благо в Турции живут далеко не только сунниты. Одних алевитов там миллионы. Прочих меньшинств, в совокупности, – десятки миллионов. И что теперь на них свалится с юга?

Но это всё проблема текущего момента. Она Израиль, о котором книга, затрагивает чуть-чуть. По касательной. В той мере, в какой на месте враждебной Сирии и формально нейтральной в его отношении Иордании может оказаться полугосударственное исламское образование, враждебное ко всему еврейскому просто по определению. С нормальным средневековым зверством в качестве ежедневной практики.

Ситуация ровно по братьям Стругацким. Арканар после теократического переворота. Книга называется «Трудно быть богом». Кто хочет, может посмотреть поставленный по её мотивам фильм Александра Германа – он как раз вышел на отечественные экраны… Хотя одно во всём этом безобразии для израильтян не так мрачно: евреев в Ираке не осталось. Они давным-давно в Израиле.

Что Израиля таки да, касается, – проблема отношений с Турцией. Которая имеет не только имя и фамилию, но и государственную должность. Проблему зовут Реджеп Тайип Эрдоган. И это серьёзно. Точнее, очень серьёзно. Поскольку человек он мстительный, не забывает никому ничего никогда и амбициозен так, что аж зубы скрипят. И вот он там де-факто кто? Премьер-министр? Президент, который отыграл свой срок и уйдёт в историю? Да чёрта с два. Султан он. Строитель империи. Вождь нации. Лидер новой Оттоманской Порты. По внешним показателям и, что куда важнее, по собственному мироощущению.

Означает это, что к своему имиджу он относится болезненно. Оскорблений или того, что он принимает за оскорбления, не прощает – и возвращает вымышленные или реальные долги с процентами, с привязкой к индексу цен и с большим шумом и граем. Ну, просто человек такой. Хотя внешне – европеец европейцем, и галстуки к костюму носит правильные.

По его представлению, бывшая турецкая провинция не из козырных, на территории которой разместились Израиль, Сектор Газа и Западный берег реки Иордан, – это просто его дипломатическая вотчина. Законный домен. И те, кто там живет, как минимум должны к нему прислушиваться. Демонстрировать уважение. И делать, что им сказано.

Как там у Георгия Данелии в бессмертном фильме «Кин-дза-дза»? Красные штаны. Многократное «ку». А если что не так – пожизненный «эцих с гвоздями». Или, в крайнем случае, без гвоздей. На усмотрение дежурного участкового «эцилопа». Когда-то эта почтенная должность в тех краях называлась бейлербей.

Ежели кому из читателей непонятно, разъясним. Эрдоган, он ведь кто? Не в смысле того, что он большой начальник – это и так понятно. Просто нету больше Турции Кемаля Ататюрка. Немае ея. Тю-тю. Спеклась. Сдулась. Проиграла выборы в первом туре. Есть Турция Реджепа Тайипа Эрдогана. А он веруюший мусульманин. И партия его, ПСР, она же – Партия справедливости и развития, – партия исламская. И продвигает она ислам – политический.

Что до турецкого секуляризма… Ну что турецкий секуляризм? Укатали сивку крутые горки. Поэтому будут в Турции раздельные вагоны (что для женщин неплохо) и не будет продажи алкоголя в неположенные часы в неположенных местах. А будет в Турции образцово-показательный политический ислам. Во всех сферах её, турецкой, жизни.

И вот тут внимание! ПСР у нас кто? «Братья-мусульмане» у нас ПСР. В турецкой форме этого всемирного движения. А ХАМАС у нас кто? «Братья-мусульмане» у нас ХАМАС. Палестинская разновидность того же самого. Те же тестикулы, вид сбоку. А кого это у нас Израиль гнобит в Газе, мешая контролирующему её ХАМАСу вооружаться, строить укрепрайоны, зарабатывать на контрабанде, организовывать против Израиля теракты и обстреливать его ракетами? Не братских ли исламистов? Так ведь их самых!

Какой мы делаем из всего этого вывод, если мы верующие мусульмане, а евреи воюют с другими верующими мусульманами? Не по своей инициативе, отбиваясь, но тут кому какая разница. Нечего. Пускай потерпят. Поскольку когда курды против турок ведут террористическую войну – это дело турецкой армии. И кто не спрятался, она не виновата. В том числе за пределами государственных границ. Ирак там или Сирия, неважно. Она и спрашивать-то никого не будет – и, отметим, правильно сделает. Но если евреи отбивают атаки палестинских террористов и переходят в наступление…

Тут дело другое. Тут надо обязательно поддержать Газу, которая в блокаде и вообще оккупирована сионистами. Послать ей на выручку «Флотилию свободы» с бандитами на борту. Не для того, чтоб что-нибудь необходимое везти – таможне предъяви и вези в Газу что хочешь. А ровно для того, чтобы везти в обход таможни. Что очень способствует контрабанде оружия, а то его тащить приходится через тоннели. А это для ракет среднего радиуса действия вредно: приходится пилить на части, а после сварки точность попадания снижается.

Ну и по мелочи, в рамках израильско-турецкой дружбы. Шантаж. Давление – в альянсе с Катаром, который, как и Турция, патронирует ХАМАС. Использование симпатии к исламистам американского президента и госсекретаря – Обаму Эрдоган не любит, но для того чтобы Израиль придушить, чего ж не использовать и Обаму.

В итоге отношения Анкары с Иерусалимом на грани развода. Военное сотрудничество свёрнуто. Турецкая разведка всех израильских агентов, кого знала, сопредельному Ирану сдала. В экономике, правда, затык – с того момента, когда Эрдоган вступил с Израилем в конфликт, турецко-израильская торговля парадоксальным образом выросла в разы. Но тут у Турции просто выбора не оказалось.

Смешным образом выяснилось, что гражданская война в Сирии, которую Эрдоган, как мог, поддержал, отсекла прямые транспортные пути из Турции на Аравийский полуостров. А там объём рынка... В общем, очень большие там у турок интересы. Притом что помянутый персонаж, конечно, сам себе босс и никто ему не указ, но если анатолийская промышленность из-за его амбиций лишится рынков, то этого ни ему, ни его партии спонсоры не простят. Он это знает. Они это знают. И все кругом это знают. Так что ситуация – глупее не придумаешь. Поскольку единственный маршрут, который у Турции в этой связи остался – через Израиль на Иорданию и дальше на Саудовскую Аравию.

Ну, турки народ торговый, считать умеют. И евреи народ торговый – в данном случае даже слишком. Поскольку принято было решение: нападки игнорировать, товар пускать. Так что в Израиль сплошным потоком пошли турецкие паромы, с которых напрямую, без простановки израильских виз водителям, караваны грузовиков под конвоем израильской полиции идут в Иорданию и далее на юг.

Торговля процветает, двусторонний денежный оборот растёт, отношения от всего этого между странами ничуть не улучшаются, но все довольны. «Че'товски забавно, батеньки мои!» – говаривал в таких ситуациях Владимир Ильич Ленин. И к чему там всё в конечном счёте придёт, никто не знает.

Войны между Турцией и Израилем, наверное, не будет, вне зависимости от того, любит Эрдоган Израиль или терпеть его не может. И у турок есть чем заняться. И у евреев. Да и американцы гнут своё. Их главная задача – чтоб эти два их «непотопляемых авианосца» друг в друга не палили всем бортом. Хватило им в НАТО турецко-греческих разборок, что этот блок в своё время, в разгар кипрского конфликта, едва не потопило, чтобы ещё и Турцию с Израилем разводить…

При этом на Израиль они давят, чтобы из переговоров с ХАМАСом вытеснить в пользу турецко-катарского альянса Египет (что им не удалось) и добиться от Иерусалима уступок в пользу его противников (мечтать не вредно), а на Турцию не давят и давить не будут ни по какому вопросу, понимая, что это бесполезно. Ну, дал Израилю в лице Вашингтона Б-г союзника… Так что роль Турции в ближневосточном урегулировании минимальна, и на современном этапе её развития роль эта однозначно пропалестинская и антиизраильская.

Интересно, каковы причины буквально физиологической неприязни к Израилю Эрдогана, которую он особенно не скрывает? Личное в политике часто доминирует и может послужить причиной чего угодно. Профессионалы вспоминают громкий скандал в Давосе, когда турецкий премьер, сказав несколько резких слов в адрес Шимона Переса, с которым выступал в общей сессии, покинул зал. Поводом была бесконечная речь Переса – остановить старца при виде микрофона не может даже конец света. Мир рухнет, но в оставшемся космическом вакууме Перес будет продолжать говорить.

По словам людей, которым автор склонен верить, израильский президент, выступая, по привычке элегантно закинул ногу на ногу. Причём так неудачно, что подошва его обуви оказалась обращённой к турку. И тот, в соответствии с принятой на Востоке традицией, по избыточной подозрительности и горячности своего характера решил, что это над ним так издеваются. Попросту говоря, «опускают». «Ты пыль на моих подмётках», называется там этот прикол. В связи с чем во врага, если нет опции пристрелить его на месте, ботинком на Ближнем Востоке и бросают. Колорит такой. Специфический. Это раз.

Опять-таки, как-то премьер-министр Эхуд Ольмерт, человек ловкий, не забывающий о своих финансовых интересах, но не самый умный, пытался использовать

Эрдогана как посредника в общении с исламским миром. С палестинцами там, «Хизболлой»... Что он ему наобещал, история умалчивает. Точно известно, однако, что на следующий день после его визита в Турцию началась большая израильская контртеррористическая операция – и никто в мире не смог бы уговорить Эрдогана, что Ольмерт про неё не знал и не подставил его намеренно. Это два.

Вышло тогда очень некрасиво. Получилось, как будто турецкий премьер-министр санкционировал израильскую атаку на позиции дружественных Турции исламистов. Эрдоган был взбешён – и мало кто на его месте остался бы спокойным. Ну а дальше всё пошло по нарастающей. И хотя автор насмерть не помнит, касалась ли эта история Второй Ливанской войны либо операции «Литой свинец», а проверять это ему недосуг, за подлинность рассказа ручаться можно. Что называется, информация, пришедшая из самых компетентных источников...

Так что торговля, туризм, почти почившее в бозе сотрудничество армий и разведок... Сегодня израильско-турецкие отношения – холодный мир. Что, если вспоминать об Иране и его противостоянии с еврейским государством, напоминает русскую поговорку про то, что «хрен редьки не слаще». Хотя, конечно, для Израиля с турецкой стороны такой угрозы, как со стороны иранской, нет. И то хлеб. А что произойдёт в будущем, с учётом нагнетания в Турции антиизраильской истерии, – кто его знает. Иран при шахе тоже дружественным государством был...

Враги-союзники

Воюет Израиль с соседями, воюет... Однако отношения там странные. По принципу старинного русского анекдота про корову, воробья и лисицу: «Не всякий твой враг, кто тебя в г-но посадил, не всякий друг, кто из него вытащил, и главное, попал в г-но – сиди и не чирикай». С одним – все отношения, и денег ему даёшь, и безопасность обеспечиваешь, и вообще в люди его вывел, а он тебе нож в спину. Как с ПНА и Абу-Мазеном. Да и тот же ХАМАС – не израильский ли ШАБАК его против Арафата в 80-е годы выпестовал и на крыло поставил? А что теперь?

С другим – враги врагами. А он тебя вдруг предупреждает о надвигающейся войне. Как Арафат с его информацией о Войне Йом-Кипура. В которую тогда никто не поверил, и зря. Поскольку он хотел не Израилю помочь, а сирийцам с египтянами обедню испортить. Причём не в первый и не в последний раз. Не зря его в арабском мире называли «отцом предателей».

Хотя не он один такой там был: как шутили на Ближнем Востоке, не было такого арабского правительства, половина министров которого не шпионила бы на Израиль. Ну, в каждой шутке есть доля шутки… Автор совершенно не уверен, что это не было чистой правдой. И совершенно уверен в том, что как минимум друг против друга арабские правительства пытаются использовать Израиль непрерывно.

Отношение ближневосточных государств к Израилю зачастую никакой особой связи с ним не имеет, а является следствием их взаимосвязей с США и палестинцами, а также сложной системы отношений между ними самими. К примеру, хочет ХАМАС выйти на международную арену и обстреливает Израиль, провоцируя ответный обстрел. После чего весь мир кружит вокруг него и уговаривает Иерусалим ХАМАС не добивать.

Монополизировал Египет посредничество в переговорах между Израилем и ХАМАСом – и если недоволен этим враждебный Каиру Катар, который хотел бы патронируемый им ХАМАС использовать в собственных интересах, то почти достигнутое перемирие вдруг в последний момент срывается. И ракеты из Газы опять летят на израильские города, после чего израильский ЦАХАЛ опять обстреливает Газу… В общем, чистая сказка про белого бычка. С ближневосточным акцентом и под взрыв ракет.

Во многом это напоминает систему, сложившуюся в регионе два тысячелетия назад между Римом и тогдашними местными правителями. Считая нынешнюю Америку за Рим. Система была и остаётся построенной не только на прямом патронате, в некоторых случаях подкрепленном военной силой, но и на конкуренции стран-клиентов – факторах, равно весомых и для Первого, и для Четвертого Рима. Так что спекуляции США вокруг переговоров Израиля и ХАМАСа в 2014 году имеют предысторию длиной почти в две тысячи лет…

Не случайно исторические «центры силы» Ближнего Востока почти совпадают с сегодняшними. Смысл происходящего между США и их ближневосточными сателлитами и оппонентами вообще значительно яснее, если опираться на исторические параллели. При этом в отношении палестинского вопроса каждый из местных режимов имеет собственные интересы.

Для Египта, прошедшего «Арабскую весну» и год правления «Братьев-мусульман», главные проблемы – противостояние исламистам и экономическая безопасность в ходе развивающегося мирового и регионального кризиса. Палестинцы для президента ас-Сиси – такая же головная боль, какой они были для Насера, Садата и Мубарака. С той разницей, что использование федаинов Газы против Израиля осталось в прошлом, а сегодняшние хозяева Газы, лидеры движения ХАМАС, более опасны для Каира, чем для Иерусалима.

Египетские пограничники с трудом контролируют перенасыщенную палестинскими тоннелями для переброски контрабанды и боевиков границу с Газой – «Филадельфийский коридор» – и синайскую границу с Израилем. Через первую в Газу шёл поток наркотиков, боеприпасов и вооружения, а обратно – террористы на Синай. Через вторую – наркотики и нелегальные эмигранты из Африки.

Египетская активность в рамках войны с исламистами на Синае направлена в первую очередь на пресечение проникновения исламистов из Газы в Египет, но безопасность Израиля она попутно обеспечивает, хотя, повторим, в первую очередь учитывает именно египетские интересы. Как, впрочем, посредническая миссия Каира в ходе противостояния ХАМАСа и Израиля учитывала интересы Египта, и только его. Ну, в отличие от Турции и Катара – хоть не ХАМАСа…

Ливан в отсутствие привычной оккупации, позволявшей на протяжении десятилетий поддерживать относительный внутренний мир, опираясь на равновесие между Израилем и Сирией, вернулся к обычному для него состоянию анархии. Палестинский фактор оказывает на эту несчастную страну не просто дестабилизирующее, но катастрофическое разрушительное воздействие. Неслучайно именно в Ливане палестинские беженцы живут в условиях предельно жёсткой дискриминации.

Роль, которую ФАТХ сыграл в развязывании ливанской гражданской войны 1975–1976 годов и Ливанской войны 1982 года, конфликты с местным населением, следствием которых стала резня в христианском Дамуре и ответная – в Сабре и Шатиле, укрепление в палестинских лагерях исламистов «Аль-Каиды» создали неразрешимый конфликтный узел. Именно его пыталась развязать ливанская армия, разгромив летом 2007 года лагерь палестинских беженцев Нахр-аль-Барид. «Арабская весна» и гражданская война в Сирии, перекинувшаяся на Ливан, ещё более осложнили ситуацию в этой стране.

Ливан заинтересован в создании палестинского государства только для того, чтобы депортировать туда палестинцев, живущих в этой стране. При этом мирный договор с Израилем ливанское руководство будет заключать с оглядкой на Саудовскую Аравию, Сирию, Иран и, не исключено, Катар и Турцию. Которые в современном Ливане куда более влиятельны, чем США и Франция. Судьба президента Жмайеля, убитого после того, как он заключил мирный договор с Израилем в 80-е годы, – пример того, чем может закончиться отступление от этой тактики.

В Иордании возникновение палестинского государства всегда считалось и считается по сей день гарантией стабильности режима. Палестинские беженцы и натурализованные палестинцы составляют более половины её населения, причём проблемы политического исламизма и лояльности подданных к династии – проблемы именно палестинские.

Сами по себе Хашимиты к Израилю относились вполне нормально на протяжении всей истории этой династии, начиная с основателя Иорданского королевства. Десятилетиями они поддерживали неофициальные контакты с Израилем, пользовались взаимностью и заключили договор о взаимном признании, как только это оказалось возможным. Кстати, именно хашимитская династия на протяжении долгих лет контролировала палестинский Вакф, решая, совместно с Израилем, проблемы Храмовой горы.

Иордания, получающая существенную экономическую и военную помощь от США, зависит от отношений с Западом. Сирийские и иракские беженцы отягощают иорданскую экономику. Однако они, в отличие от палестинцев, не являются подданными королевства. То есть в выборах в парламент не участвуют и в случае возникновения с ними проблем могут быть выселены за пределы государственных границ быстро и эффективно. Благо иорданская армия решала и не такие проблемы.

С палестинцами так просто не расстаться. Возникновение палестинского государства позволило бы Иордании решить проблему лояльности и вопрос палестинских беженцев. Говоря попросту, все, кто нелоялен королю, в один момент могли бы стать гражданами не Иордании, а Палестины – и свои претензии адресовать к собственному лидеру, кем бы он ни был.

В то же время не следует забывать, что действующий король Абдалла Второй и его отец король Хусейн – люди с огромной разницей в происхождении, мировоззрении и опыте. Покойный Хусейн, правление которого началось с гибели на его глазах его деда от руки палестинского террориста на Храмовой горе, пережил много кризисов, связанных с палестинцами, наиболее острым из которых был «Чёрный сентябрь» 1970 года. Он умел подавлять бунты в зародыше огнём и мечом и делал это не колеблясь. Его сын не имеет такого опыта.

Достаточно прочесть мемуары Хусейна – знаменитую книгу «Моя профессия – король», чтобы понять: единственным для него прочным тылом был вражеский Израиль. Его арабские соседи, Саудовская Аравия, Сирия и Ирак, готовы были уничтожить Иорданию, поделив её территорию между собой. Палестинцы, которых он приютил после Шестидневной войны, могли в любой момент воткнуть ему нож в спину. И лишь Израиль пропустил военную помощь по воздуху, когда его королевство стояло на грани гибели. Предупреждал о покушениях. Не стеснял в борьбе с террористами. Ну и кто ему был настоящим другом?

Однако его наследник – наполовину англичанин, с палестинской женой. Волнения в районах расселения бедуинских племен – опоры династии – во многом спровоцированы её семьёй. Точнее, земельными и финансовыми спекуляциями клана Ясин, к которому она принадлежит. Военная верхушка королевства возмущена попытками королевы навязать ей пропорциональное представительство палестинцев в офицерском корпусе. Так что нельзя исключить, что королю ещё придётся выбирать между женой и властью.

Активизация в Иордании террористов после нескольких десятилетий перерыва в их деятельности, на этот раз исламистских, в условиях гражданской войны в Сирии и Ираке чрезвычайно опасна для страны. Лагеря беженцев из Сирии и Ирака, население которых достигает без малого двух миллионов человек – очаги их вербовки в действующие против Дамаска и Багдада отряды «Джабхат ан-Нусра», ИГИЛа и «Братьев-мусульман». Однако если Дамаск и Багдад не сдаются, что помешает исламистам взять штурмом Амман?

Опасность притока новых палестинских беженцев с Западного берега в случае неудачи руководства ПНА в его борьбе с ХАМАСом заставляют короля настаивать на скорейшем создании палестинского государства как клапана для выпуска пара в решении проблем его собственного королевства. Благо исламисты – наиболее популярная в Иордании политическая сила, способная решиться на переворот, если ситуация изменится в её пользу и королевская власть пошатнётся.

При этом король заинтересован в стабильности Израиля, без которого его страна не сможет устоять ни перед внутренними оппонентами, ни перед внешней угрозой. Причём региональные проблемы летом 2014 года, с началом распада Ирака, достигли такого уровня, что израильское военно-политическое руководство недвусмысленно дало понять: Израиль будет защищать границы Иордании, как свои собственные.

Что до Сирии... Израиль с Сирией воевал не раз. И до Асадов. И при Асаде-старшем. И войны эти лёгкими не были. Хотя Голанские высоты Иерусалим у Дамаска отвоевал. Войны были напрямую. Были, как в разделённом между Сирией и Израилем Ливане, «по доверенности», когда сирийцы воевать с израильтянами перестали, начав притравливать на них местных боевиков. Но это были войны между государствами, и подчинялись они вполне определённым правилам игры.

Сирийцы, поддерживая шиитов «Амаля» и «Хизболлы», ограничивались точечными ударами по израильским позициям в Ливане. Израильтяне уничтожали на сирийской территории современные ракетные комплексы, поступавшие из СССР и России, – не все подряд, но те, которые для них были опасны. Разбомбили ядерный объект, построенный при содействии Ирана и Северной Кореи. Ликвидировали иранские конвои, которые везли для «Хизболлы» ракеты. И в общем, всё.

То есть израильские ВВС в порядке предупреждения могли пройти на бреющем полёте над сирийской территорией. Да и над комплексом президентского дворца. Сирийцы могли пытаться делать что угодно – тех, кто взлетал на перехват, сбивали. Но обходилось без бомбёжек. И больших проблем для Башара Асада и его семьи Иерусалим не создавал. Периодически шли и срывались переговоры по Голанам. Обострялась и затихала борьба в Ливане. Не более того.

Что, по сравнению с атакой, развёрнутой против сирийского режима Эр-Риядом, Дохой и Анкарой – на пустом месте, исключительно из-за их амбиций, – было почти дружбой. Ну, в данном случае ещё имела место быть борьба «заливников» с Ираном, союзником которого была Сирия. Корыстные интересы, связанные с возможностью прокладки через сирийскую территорию трубопроводов из салафитских монархий на Турцию и далее на Европу. Плюс религиозные соображения: свержение алавитской династии, которую салафиты считали еретической, показалось местным улемам удивительно богоугодным делом…

Вдруг выяснилось, что Асад для Израиля враг, но те, кто его свергает, куда хуже. И если с сирийцами израильтяне вполне могут сосуществовать, то с исламистами, которые вырезают христиан и шиитов, даже пытаться не имеет смысла. Тем более что воюют они против Асада, но после победы над ним собираются разворачиваться на Иерусалим. А уж когда в Ливане и на сирийской части Голанских высот появились группировки «Аль-Каиды»…

Так что и Асад для Израиля оказался меньшим злом. И Израиль для Асада. По крайней мере, свергать его из всех соседей не пытались одни только израильтяне. Единственная граница, через которую в Сирию не шли боевики, была израильская. Атаки на Дамаск и обстрелы города устраивали не израильтяне. Да и путь боевикам в центр Дамаска открыли не они, а много лет поддерживаемый Асадами ХАМАС. Нефтяные месторождения, долину Евфрата и суннитские города и кварталы захватили тоже не израильтяне. И не они готовили в Турции и Иордании антиасадовские террористические группировки…

Как говорил герой телесериала «Ликвидация», «картина маслом». Воевали-воевали. Конфликтовали-конфликтовали. А оказалось, что в определённых ситуациях Израиль и Сирия, хоть и неявно, – союзники. Какую бы риторику Дамаск ни демонстрировал по поводу войны Израиля против ХАМАСа, но это была месть предателю, на которую сама Сирия не была способна. Что бы ни писали израильские газеты об Асаде, когда его войска громили исламистов «Джабхат ан-Нусра» и «Исламского государства Ирака и Леванта», израильский ЦАХАЛ мог им пожелать только победы. Единство противоположностей в чистом виде…

Старые работорговцы

Вот ты израильтянин. И живёшь там, где живёшь. Слева у тебя Египет, справа Иордания, сверху – Сирия с Ливаном, а снизу, сразу за прибрежной полоской, на которой расположен сосед израильского Эйлата, иорданская Акаба, – Саудовская Аравия. То есть шансы на то, что ты утром проснулся, и под тобою Альпы, справа Франция, слева Австрия, сверху Германия, а снизу Италия, равны нулю.

Не в Швейцарии ты, голубь. И до той поры, пока Израиль туда чудесным образом не переместится, соседи у него будут только те, которые имеются. Терпеть их трудно, но в принципе можно. Особенно если их периодически шугать. Несильно. Чтобы не забывали страх Б-жий и не забывались. А так, в частной жизни, – милейшие люди. Хоть семьями с ними дружи.

Рассказал как-то автору его учёный израильский друг историю. Столь удивительную, что не был бы это именно он, не поверил бы автор и не стал бы доносить до читателя. А так – отчего же. Что называется, странно, но поучительно. И как раз к месту. Тем более что не в такие уж давние времена она происходила. Точнее, ровно за год до того, как описана в настоящей книге.

Дело было в тихой, на тот момент спокойной прибалтийской стране. Не свергнут был ещё президент Янукович, не начался украинский кризис, не был воссоединён с Россией Крым, не шла гражданская война на юго-востоке Украины, не началась новая холодная война и не было объявлено эмбарго на европейские продукты. Которые в этой стране были по-провинциальному хороши. Особенно молочные.

Страна как страна. Бывшая союзная советская социалистическая республика. Которая, как и положено таким странам, вела себя по отношению к Москве умеренно агрессивно, отыгрываясь и за царей, и за генсеков, и за то, что из советской почти-что-Европы превратилась в никому не интересные жопкины выселки. Вашингтон слушалась во всём, перед Брюсселем, как источником материальных ресурсов и европейскости, благоговела, а с Иерусалимом вообще вела себя подчёркнуто корректно.

Последнее не потому, что местные аборигены так уж сильно любили евреев. По правде говоря, своих они почти всех перебили в войну и их немалое имущество, движимое и недвижимое, между собою поделили. Не пропадать же добру. Люди в стране подобрались как один хозяйственные. По-крестьянски прижимистые, чтоб не сказать скаредные. После войны они и немецкое поделили. И польское. Поскольку немцев и поляков они тоже не любили.

Ну, прибрали бесхозное и прибрали. При Советской власти за это их особо не корили. Она, Советская власть, сама евреев не то, чтобы не любила... Но, в общем, да, не любила. Так что напрягаться из-за того, кто там кого при гитлеровцах убивал, не готова была совершенно. Не её это было дело. Если против коммунистической партии и её родного ЦК или там за восстановление независимости – это да. Это Сибирь. А евреи... Ну что евреи? Их нет, так только легче стало на душе. А то с образованными людьми дискуссии вести про марксизм и отклонения КПСС от генеральной линии – хуже нет.

Соответственно, аборигены про евреев помнили и про то, в каких местах у них евреи позакопаны, тоже помнили. Да и трудно было забыть. Очень уж много тех евреев в этой стране до войны было. Включая знаменитых врачей, учёных мирового масштаба, звёзд эстрады и кинематографа, раввинов и прочего популярного в самой стране и за её пределами народу. Что, впрочем, никого из них не спасло.

Ну, там, на оккупированных территориях, вообще не столько немцы, сколько местные зверствовали. Спокойно, методично изничтожали, под корень. Поскольку люди северные. Не экспансивные румыны. Взялись извести – изведут. Кого спалили в синагогах и прочих общественных строениях. Кого забили и прирезали, не дожидаясь подхода немцев. Кого потихоньку, в гетто или концлагерях. Разные обстоятельства требуют разных методов. Творческий подход всякому делу полезен.

Однако всему в этом мире приходит конец. И Советской власти там пришёл конец. А независимой стране что в первую голову нужно? Деньги. На построение независимости, и вообще. А у кого в мире деньги? У евреев. По крайней мере, коренное население в этом с войны было поголовно уверено. Поскольку очень сильно на своих, перебитых им евреях нажилось. Опять-таки агитация в СССР против сионизма и мирового капитализма была построена на славу.

Так что про то, что евреи управляют Америкой, в Прибалтике знали. Сомнения были: напрямую правят и совсем никого в мире не боятся или через марионеток и клевретов, – но это частности. Был ещё вариант, что Израиль ею управляет. Маленькой, но с-и-и-льной! Иначе как бы он арабов так уконтропупил? И не один раз. И не два. Но это так, вариации на тему всемирного жидомасонского заговора, не более.

Что делает правительство независимой маленькой прибалтийской страны, от которой в этом мире ничего не зависит? И которая от мала до велика знает, что рыло у неё в пуху и евреи ничего ей не забыли? Поскольку для того чтобы понять, что не забыли, достаточно в Иерусалиме посетить мемориальный комплекс «Яд ва-Шем». Который про Холокост. Со всеми этого мемориала экспозициями и свидетельствами очевидцев. Насчёт того, в каком именно городе той или иной страны евреев сжигали живьём, в каком их живьём закапывали, а где по-божески расстреливали. Вместе с детьми и стариками.

Соответственно, решая проблему зарубежных инвестиций, правительство маленькой прибалтийской страны делает большие изумлённые глаза, говорит: «Ах, кто бы мог подумать! Мы и предположить такое не могли», – и для начала из числа местных евреев назначает себе министра иностранных дел. Рассчитывая на то, что в США он через евреев выйдет на самый верх, в Европе выйдет на самый верх, а в Израиле он вообще свой – и, следовательно, как-нибудь договорится.

Расчёт на то, чтобы евреи не очень вспоминали старые грехи, не требовали репараций и не совали палки в колёса евроинтеграции. Которая для постсоветских национальных окраин в начале 90-х была впереди, и ждали от неё не то чтобы всего и сразу, но оч-чень многого. И отметим сразу, расчёт правильный. Во всём виноваты фашисты и Советская власть. Последняя даже больше, чем фашисты. Очень мешала сохранить память о невинно убиенных. И вообще страшное было время.

Опять-таки, чтоб сразу откреститься от возможных претензий, евреям вручают ключи от пары зданий из числа того жилого фонда, который местной общине принадлежал до войны. И всё это лакируется еврейскими программами и курсами языков иврит и идиш в столичном университете, поездками в Израиль местного начальства и общеевропейского масштаба лекционными посиделками, на которые свозят слушателей со всего мира. Для национального престижа такие кунштюки полезны.

Вот в качестве преподавателя языков, благо знал он еврейских этнолектов много, и был зван на очередные летние университетские курсы израильский профессор, о котором речь. А надо сказать, что помимо твёрдого характера, выкованного Советской властью, и академического багажа человек этот обладал спокойной непоказушной религиозностью и высоким уровнем национального самосознания. В лучшем смысле слова.

То есть он жил (и живёт) на территориях, исходя из того, во что верит. А верит в то, что Иудея и Самария – это Израиль. И никакие Соединённые Штаты, европейцы или ООН к вопросу о том, чья это земля, не имеют никакого отношения. Завоевал её Израиль – значит, его. Не завоевал бы, была бы это Иордания. Или Палестина. Когда и если бы король вдруг решил подарить эту землю местным арабам, а не переселять туда своих бедуинов, чтобы они традиционно нелояльных Хашимитам палестинцев брали к ногтю…

Причём с арабами этот достойный поселенец общался и общается вполне по-соседски. Ну просто бывают соседи не очень, а бывают ничего. А есть и совсем свои. Так вот, если они свои, значит, свои. Им нужно помогать чем можно, прикрывать от врагов и давать работу. Которые не очень – по шеям. А дальше всё, как принято в нормальном мире. Ты меня не трогаешь и живёшь собственной жизнью, и я тебя не трону. Живи, радуйся. Трогаешь – не обижайся. Стандартное межплеменное сосуществование – с прибавкой к местному силовому балансу ещё и израильтян.

Именно эту концепцию он изложил предметно и подробно, с примерами из своей и своих соседей жизни, саудовскому слушателю курсов языка иврит, который заодно начал посещать занятия на идиш. Что не совсем характерно для саудовских арабов. Тем более что иврит у него был вполне грамотный и представился он завкафедрой этого самого иврита какого-то саудовского университета. То есть на лбу у него просто горела надпись: «саудовская разведка, полковник».

Представить себе жителя этой не столь далёкой от Израиля страны, который, не сойдя окончательно с ума и не будучи заморочен характерными для региона джиннами и ифритами, начал бы изучать еврейские языки, если только не занимал весомую позицию в местном мухабарате, невозможно. И хочется, да не получится. Не бывает так. Не льётся вода снизу вверх. Не живут в пустыне Нефуд пингвины. Не станет истинно верующий мусульманин добровольно есть сало. И не будет саудовец учить иврит. Хотя ему это легче лёгкого. Примерно как русскому выучить украинский.

Есть ли на этом свете более отличающиеся друг от друга государства, чем Саудовская Аравия и Израиль? Если и есть, то их мало. Наследственная салафитская теократия, чей основатель выжег калёным огнём на контролируемой им территории присутствие евреев и христиан – а было их там полно. И еврейское демократическое государство. Республика с парламентом и президентом, восточноевропейская по своей политической системе. Включившая в состав страны всех, кто жил там до того, как возникло государство, и сверх того тех, кто туда приехал – откуда бы они ни явились.

Страшный сон – сравнивать такие страны. Тем более пытаться рассказать человеку, чья жизнь прошла в полной уверенности насчёт того, что еврейское государство построено не обычными людьми, а сионистскими вурдалаками… и далее весь комплекс атеистических или антисемитских страшилок, который только можно себе вообразить. Как это положено в рамках правильного религиозно-идеологического воспитания нормальному саудовцу из высшей прослойки военно-разведывательного сообщества. Однако…

Поговорив, неожиданно сошлись во многом. Вдруг выяснилось, что иранская угроза и для Саудовской Аравии, и для Израиля – фактор общий и сближающий. И палестинская проблема не столь уж однозначно воспринимается и теми, и другими. Официально – да, не до координации позиций, но неофициально… И «Братья-мусульмане», читай ХАМАС, и для Израиля, и для саудовцев – не свет в окне, а головная боль. И какая! Что до арабских и еврейских традиций – тут вообще всё оказалось крайне любопытно.

Поскольку, хотя мало кто из критиков Израиля это понимает, вообще-то он куда более арабская страна (в хорошем смысле слова), чем принято об этом говорить. Точнее, не столько арабская, если иметь в виду еврейское население, сколько арабизированная. И в этом качестве вполне вписался бы в регион – не на последних ролях, когда и если бы его в этот регион кто-то готов был вписать. Взять хотя бы тот же Иерусалим…

Восточный город. Население которого в огромном большинстве составляют восточные евреи, арабы и патриархальные евреи-ортодоксы, слегка разбавленные государственными клерками, университетскими студентами и творческой интеллигенцией. Да, синагоги и йешивы на каждом шагу. И церкви на каждом шагу. Но ведь и с мечетями точно так же. И первое, что тебя будит в этом городе, как и во многих других городах Израиля, – утренний азан муэдзина. Причём Израиль не Швейцария – минареты при мечетях строить никто не запрещает.

В общем, израильтянин и саудовец разъехались, исполненные высокого уважения друг к другу. В некотором изумлении от того, что собеседник оказался нормальным человеком, а не чёртом с рогами. Что было бы забавно, если бы не было так грустно. Поскольку, пока люди знакомятся друг с другом, государства по инерции ведут информационную войну. И роль Саудовской Аравии в консолидации исламского мира против Израиля по-прежнему высока. Тем более что её лидеры стареют, страна меняется и не исключено, что со сменой поколений «наверху» она изменится чрезвычайно сильно. Вопрос, в какую сторону.

Нельзя держать людей под прессом слишком долго. Когда страна открыта миру – а из монархий Залива, включая саудовское королевство, выезжают и путешествуют по этому миру сотни тысяч человек, – и в этой стране работает интернет… Нравы там жёсткие, салафитские. Но все, кто жил в арабском мире, представляют, как работает на практике принцип «запретного плода». То есть саудовец, выехавший за границу, – это сплошной разврат и пьянство. И относится это к обоим полам.

Примерно как в советские времена с туристами в западных странах: стриптиз и поход на порнофильм – святое дело. Что радовать моралистов и исламскую полицию никак не может. Но толку от них в данном случае столько же, сколько от советских дружинников в борьбе с узкими или, напротив, широкими брюками. Длинными волосами. Джазом. Один вред, никакой пользы. Ни стране. Ни обществу. Ни им самим – помимо мелкой власти, которую человек, у которого не сложилась карьера, может употребить, потешившись над другими людьми.

Хотя чего ждать от тех, кто правит этой страной и её соседями? Старых людей, чья молодость и зрелый возраст пришлись на эпоху, когда в Аравии ещё рабами торговали? Королю Абдалле, который правит Саудовской Аравией в те дни, когда автор пишет эти строки, девяносто лет. Не в переносном, а в самом прямом смысле слова. То есть когда король Фейсал под давлением американцев отменил в королевстве экспорт, импорт и продажу рабов, которые там процветали, несмотря на формальный запрет рабства в 30-е годы, было ему примерно сорок. И вся без исключения саудовская элита была в то время людьми взрослыми и состоявшимися.

Такая вот страна, управляемая старыми работорговцами… Благо рабами в ней были не тысячи – сотни тысяч человек. Да, впрочем, и сегодня их не меньше. Должны же как-то за билеты расплачиваться люди, которые из бедных стран пытаются попасть на ежегодный хадж? Вот детей своих они там и оставляют. Формально – по контракту, устраивая их на работу. Фактически – в рабы. О чём все всё знают, но писать не пишут. Союзник великих держав, большие инфраструктурные проекты, нефть, контракты на поставку оружия… Не нужно обижать ценных партнёров. Неприбыльно это. Бессмысленно. И хлопотно.

Чего, спрашивается, от них хотеть? Там в головах то, что есть. И нового ничего уже не будет. Поэтому для этих ребят нормально использовать террористов для продвижения своих внешнеполитических и внешнеэкономических интересов. Когда террористы на их собственную династию покушаются, они «заблудшая секта». А если власть не трогают, так в чём проблема? Координацию их действий наладит королевское Управление общей разведки. «Аль-Каида» они, «Джабхат ан-Нусра» или «Имарат Кавказ», какая разница?

Правда, под боком конкурент. Катар перехватывает салафитские группировки. Тянет одеяло на себя в Ливии, Сирии, Египте, Ливане, Ираке, Йемене, Судане. Не говоря уже о «Братьях-мусульманах», которых в монархиях Залива, кроме Катара, поддерживающего их по всему свету, боятся как огня. А на повестке дня проблема геронтократии во власти – в Саудовской Аравии по-прежнему правят дети её основателя, Абд эль-Азиза ибн-Сауда. Но они не вечны: представители первого поколения кончаются. Да и те, кто ещё не ушёл в мир иной, – дряхлые, больные, находящиеся при последнем издыхании люди.

Воюют они между собой не на жизнь, а на смерть. Семьями и кланами. Вступают во временные альянсы. Сражаются за близость к трону и влияние на короля. Большая власть. Большие деньги. Интриги такие… кого не отравят, так застрелят или подсидят. Поскольку главная проблема Саудовской Аравии – не Израиль и даже не Иран, а стабильность режима и передача верховной власти. Детям пора её передавать. Внукам. А механизма нет, и власть эту придётся отдавать, изобретая его в процессе, «на ходу». А времени и сил всё меньше…

Саудовской Аравии до смерти нужна консервативная модернизация, которую осложняют собственные ортодоксы и антиправительственная деятельность исламистов-радикалов. Той самой «заблудшей секты», пропагандистская и террористическая активность которой ставит под вопрос единство страны. Поскольку протяжённая граница с Ираком летом 2014 года, в условиях наступления исламистов ИГ на позиции Багдада, превратила королевство в такое же прифронтовое государство, как Сирия и Иордания.

А там ещё и усиление иракских шиитов и распространение влияния Ирана за пределы его границ. Что усиливает сепаратистские тенденции в Восточной провинции, большей частью населения которой являются шииты, традиционно враждующие с ваххабитской элитой королевства. Где почти что вся саудовская нефть. Плюс зейдитское меньшинство в Ассире и исмаилитское в Наджране. Поскольку монополия на власть у салафитов, но этим мало кто доволен из тех, кто ими не является.

Да и объективных вызовов у королевства пруд пруди. Иранская ядерная программа ставит под угрозу весь баланс сил в регионе Персидского залива. Ослабление саудовской экономики бьёт по амбициозным планам. Снижение уровня жизни населения ухудшает отношения элиты с низами. Которые, конечно, гордятся тем, что страна тратит гигантские деньги на то, чтобы войти в число экспортёров зерна, выкачивая воду из своих подземных пластов, но не понимает – ему-то что с того?

Опять же обострение конкуренции за доминирование в исламском мире требует денег, которых, по большому счёту, нет. Хотя два с половиной миллиона человек, прибывающих каждый год на хадж – это немалый козырь. Кому религиозный долг. Кому большой бизнес или вербовка агентуры. Поскольку Мекка и Медина – города саудовские. Не зря их брали штурмом, выбивая Хашимитов на северные окраины – в пустыни и степи, которые стали Иорданией.

Хотя что с этими городами после сотворили… Могилу матери пророка Мухаммеда ортодоксы уничтожили уже в конце 90-х! Сровняли с землёй и залили бензином, чтобы там ничего вовек не выросло. Негоже мусульманину посещать памятные места. Впадёт в язычество – кто будет отвечать? Ну а про турецкие и доосманские памятники старины, включая мавзолеи на могилах всех тех, кто в святых городах ислама упокоен за тысячу с лишним лет мусульманской истории, и речи нет. Всё снесено под корень. Могилу пророка лично отстоял король Сауд в 20-х. И не сказать чтоб это вызывало большой энтузиазм у турок или персов. Но что с них, мунафиков и рафидитов, взять истинному салафиту! Лицемеры и отступники от истинной веры…

Единственное, что саудовской элите ясно, – что делать с иранской ядерной программой. Если А-бомба будет у Ирана, она появится и у саудовцев. Не многолетними усилиями несуществующих учёных и технологов, которых в королевстве просто нет. А простейшим методом привоза из дружественного Пакистана вполне готового изделия. С носителями и технической командой. Что просто и не так проблемно. Вот не было у тебя вчера атомной бомбы – р-раз, и появилась. Правда, режима нераспространения после этого не будет как такового, да и с точки зрения Израиля это не самый лучший выход, а что делать? Тут каждый сам за себя. Как, впрочем, и всегда. В любых ситуациях.

Примеры ханжества такого рода на поверхности. «Солидарность» с палестинским народом не остановила депортацию сотен тысяч палестинцев с территории Саудовской Аравии, после того как ООП поддержала захват Ираком Кувейта в 1990 году. Арабская солидарность не препятствовала её богословам издавать фетвы, запрещавшие саудовцам молиться за победу шиитской «Хизболлы» в ходе ливано-израильского конфликта 2006 года – Второй Ливанской войны. Как и Египет, Саудовская Аравия, громогласно и публично осуждая Израиль, предоставляет ему возможность уничтожать его врагов – если это и её враги. Да и стратегический союз с США выдержал с середины 40-х годов не одно испытание.

Причём касается это не только Саудовской Аравии. Все монархии Персидского залива уязвимы перед Ираном с его территориальными претензиями к Эмиратам, проиранскими настроениями их собственных шиитских общин и опытом прямых столкновений с ИРИ в годы ирано-иракской войны, включая теракты, авиаудары и «войну танкеров». Что до палестинцев… Проблема их лояльности особенно остра в Кувейте, пережившем иракскую оккупацию. Но во всех странах Залива без исключения она привела к депортации палестинцев в начале 90-х. В общей сложности, как и в Саудовской Аравии, оттуда было изгнано несколько сот тысяч человек.

Отметим, что отношения монархий Залива с Саудовской Аравией осложнены рядом проблем, что облегчает в перспективе нормализацию их отношений с Израилем. В конце концов, когда и если палестинское государство всё-таки возникнет, для малых монархий Залива это будет означать возможность закрыть эту страницу ближневосточной истории и выселить за пределы своей территории остатки палестинских общин. Не более чем.

Впрочем… Охранниками местные шейхи израильских отставников-спецназовцев берут – сначала путешествуя по миру, а позже тех, у кого есть вторые, неизраильские паспорта, стали использовать и на Аравийском полуострове. Поскольку эти не сдадут и их никто из конкурирующего клана не подкупит. Посольства и торгпредства Израиля, открытые в странах Залива, формально заморожены и закрыты после начала интифады Аль-Аксы, но торговля и неформальные контакты на высшем уровне идут вовсю. Ну охраняет аэропорт столицы Катара, Дохи, система безопасности израильской фирмы «Магаль». Ставил её не головной офис, а канадский филиал. Формально Катар чист. Ни на одной детали не стоит «сделано в Израиле». А так – хорошая система. «Канадская» же…

Глава 9

О людях, стреляющих себе в ногу

Израиль как создатель палестинского народа. Лучшие в мире оккупанты. Государство как финансовая афера: да здравствует Палестина! Палестинцы против Палестины. Немного цифр и фактов – кому бы они, впрочем, были нужны…

Израиль как создатель палестинского народа

О палестино-израильском конфликте, незначительном на региональном и едва заметном на мировом уровне, написано больше, чем обо всех прочих конфликтах современности. Противостояние израильтян и палестинцев, или, если угодно, евреев и арабов, усилиями прессы, политиков и экспертов превратилось в «главную проблему Ближнего Востока». У стороннего наблюдателя может сложиться впечатление, что стоит добиться успеха в примирении враждующих сторон, как будут развязаны все узлы международной политики и решатся все её головоломки.

Наблюдение за происходящим в регионе на протяжении двадцати пяти лет, большая часть которых прошла в непосредственном контакте с инициаторами и участниками «ближневосточного мирного процесса» в Иерусалиме и Рамалле, Газе и Аммане, Вашингтоне и Брюсселе, не говоря уже о Москве, даёт автору основание усомниться в этом.

Секретом Полишинеля для всякого желающего не только смотреть, но и видеть, является истинная ситуация «на местах» в динамике её развития, подлинные мотивы участников противостояния и переговоров, расстановка сил во враждующих лагерях и на периферии конфликта, интересы «миротворцев» и организаций, опекающих палестинских беженцев.

Появление на карте мира палестинского государства с фиксированными границами и обязательствами по отношению к соседям и собственному населению теоретически может решить проблему палестинских беженцев. Но уничтожит золотую жилу, разрабатываемую на протяжении поколений десятками тысяч бюрократов, составляющих внушительный отряд лоббистов, действующих в коридорах международных организаций, в том числе ООН.

И это без учёта чиновников, занимающихся палестинской проблемой в МВФ, Мировом банке, Всемирной организации здравоохранения, структурах Евросоюза, при различных правительствах и в таких организациях, как Лига арабских государств и Организация исламского сотрудничества (до 2011 года – Организация исламская конференция)! Плюс сотрудники дипломатических ведомств, академических институтов, ближневосточных департаментов и кафедр университетов, благотворительных фондов, etc.

Между тем уровень жизни палестинцев, живущих в лагерях беженцев, выше, чем у населения Эритреи и Сомали, Джибути и Йемена. Он превышает показатели Афганистана, Судана и таких кварталов бедноты египетского Каира, как Фустат. Подлинной проблемой палестинцев является не бедность, а отсутствие возможности интеграции в окружающую их арабскую среду. Их ассимиляция во всех странах Ближнего Востока, где они живут, за исключением разве что Иордании до определенного периода, крайне затруднена. Впрочем, в Ливане она попросту исключена.

Территориальные проблемы и взаимные претензии в отношениях между Израилем и Сирией, а также Израилем и палестинцами – не исключение, а правило для Ближнего Востока, где право силы доминирует в отношениях между странами, а государственные границы продолжают менять очертания. Так, демаркация большей части границ между Саудовской Аравией и её соседями была проведена лишь в конце прошлого – начале нынешнего века.

Критики сионизма часто вспоминают об идее Великого Израиля «от Нила до Евфрата», забывая не только о грандиозных несбывшихся интеграционных проектах Саудидов и Хашимитов, Насера и Каддафи, Саддама и Асада, но и о таком курьёзе, как проект Великого Ливана – а ведь он существовал! Об исламистах, объявивших летом 2014 года о создании на территории суннитских провинций Сирии и Ирака «Исламского государства», нечего и говорить.

Взаимные претензии Эфиопии и Сомали, Эритреи и Эфиопии, Судана и Египта, Ливии и её соседей, проблема Западной Сахары – не менее серьёзны, чем палестино-израильские споры. Как и афгано-пакистанский пограничный диспут после окончания действия соглашения о «линии Дюрранда». О ирано-иракских спорах, претензиях Турции к Ираку и Сирии, Ирака к Кувейту и Ирану и прочем умолчим.

Пресловутые Голанские высоты, за возвращение которых Сирии из дипломатического корпуса не боролся только ленивый, оккупированы Израилем в 1967 году на тех же основаниях, на каких с 1939-го была оккупирована Турцией сирийская Александретта с портом Искандерун – бывший независимый Хатай. Который французы, из собственных соображений, решили туркам подарить.

При этом асадовская Сирия требовала (до начала гражданской войны, когда она ещё могла что-то от кого-то требовать) от Израиля Голаны, но не пыталась требовать от Турции Александреттский санджак. Притом что на сирийских географических картах эта часть турецкой территории была отмечена в составе Сирии, и никак иначе.

Происходило это потому, что Израиль готов обсуждать вопрос территориальных уступок в обмен на мир в принципе. Что он, в частности, продемонстрировал в Кэмп-Дэвиде, вернув Египту Синайский полуостров. Турция же будет бескомпромиссно сражаться за территорию. То же самое касается Саудовской Аравии, которая ни с кем не обсуждает и не намерена обсуждать принадлежность

Хиджаза и святых исламских городов Мекки и Медины или захваченного ею в начале XX века йеменского Ассира.

Готовность Израиля к диалогу по контролируемым им территориям с палестинцами, которые никогда не имели на них собственного государства, – абсолютное исключение в ближневосточной практике. Оно воспринимается всеми местными игроками не в качестве инструмента цивилизованного решения территориального спора и свидетельства добрых намерений Иерусалима, а как доказательство слабости. Ближневосточная практика крайне проста: территории уступают только побежденные. Так что требования палестинского руководства, обращаемые к Израилю, растут по мере роста уступок с его стороны.

Ситуация эта вряд ли окончится хорошо. Тем более что уход израильтян из Южного Ливана, где их сменила «Хизболла», и из Газы, захваченной ХАМАСом, убедил радикалов в действенности тактики давления и роста претензий по мере продвижения к конечной фазе переговоров, которая, впрочем, может и не наступить.

Отказ Израиля от переговоров, возвращение под его контроль оставленных территорий и возобновление диалога с позиции силы в качестве сценария не рассматриваются ни израильтянами, ни их соседями. В конечном счёте это и предопределило тупиковый характер любых территориальных споров израильтян с палестинцами.

Идею палестинского государства в отечественной востоковедной литературе часто обосновывают ленинским принципом права наций на самоопределение – для России убийственным. Как показывает исторический опыт, реализация этого принципа на практике приводит не к торжеству справедливости, а к неконтролируемому насилию с необратимыми последствиями. Другое название этого распространённого явления – сепаратизм.

Нет ничего странного в том, что национальная или религиозная группа борется за отделение от государства, в котором не занимает господствующего положения. Происходит ли это потому, что она полагает себя ущемлённой в правах, реализует старые счёты с соседями или её подстрекают амбициозные лидеры, пытающиеся выкроить себе страну под персональное управление, неважно. Попытки отделить ту или иную провинцию от государства имеют место и если оно склонно подавлять их огнём и мечом, и если оно этого не делает. Последнее, по понятным причинам, куда чаще.

Именно по такой схеме развивались на Ближнем Востоке отношения курдов с арабами и турками, греков и армян с турками, арабов и берберов, курдов и туркоманов. Распад Югославии, сепаратизм в Пакистане, Иране, Судане, Индии, Шри-Ланке, Индонезии, Китае, России или на Филиппинах – примеры из той же области. Да и сравнительно цивилизованные сепаратистские движения Испании, Бельгии, Франции, Великобритании и Италии действуют на основании этой логики.

Наиболее трезвомыслящие националистические и региональные движения в конечном счёте ограничиваются требованиями культурной автономии и программ экономического и социального развития. Впрочем, возможность эта в палестинском случае была утрачена, не без влияния мирового сообщества, уже в начале 70-х годов. Впрочем, такое развитие событий характерно скорее для Европы, чем для региона, частью которого палестинцы являются. Там принято играть по-крупному: победитель получает всё.

У палестинцев пока что получается как раз наоборот, но они не сдаются. Благо они, единственные из арабов, и так вытянули козырную карту. Которой, как ни странно, в их случае оказалась израильская оккупация. Парадокс? Да нисколько. Именно Израиль создал палестинцев как народ. Выпестовал и укрепил их в этом качестве. И самим фактом своего существования продолжает это делать.

Кого в мире волновали бы отличия арабов Газы, Хеврона или Дженина от их собратьев, если бы эти территории стали частью Египта, Сирии или Иордании без того, чтобы где-то рядом существовал Израиль? Чем была бы пресловутая палестинская идентичность, если бы палестинцы отстаивали её в противостоянии с Каиром, Дамаском или Амманом? Кто занимался бы их беженцами? Собирал для них миллиарды? Предоставлял стипендии и гранты? Право на жительство в десятках стран? Рабочие места в ООН?

Ответ понятен изначально. Сами по себе, без Израиля, вокруг которого весь сыр-бор, палестинцы никому не интересны, никому не нужны и ничего не значат. Арабов в мире много. Ещё несколько миллионов на общем фоне ничего собой не представляют. Нефти у них нет, природного газа нет, полезных ископаемых нет. Рек мирового значения нет. То есть ничего интересного нет. Кроме евреев и еврейского государства. Но уж этот фактор был использован их палестинскими соседями на все сто.

Сама по себе палестинская идентичность вряд ли бы возникла, если б не отталкивание от еврейского ишува. Ну это ладно. Мало ли как возникают на свете разные народы. Историческая память сплачивает жителей долины Нила, Двуречья или Армянского нагорья или география? Подвиги предков или преследования соседей, что характерно и для армян с евреями? Или что-либо ещё? Вот мы славяне, а вы немцы. Вы израильтяне, а мы палестинцы. Не просто арабы, но именно палестинцы.

Когда Голда Меир говорила по их поводу «Я не знаю такого народа», она была права. Но народ этот появился на исторической арене – в результате целенаправленных усилий по его формированию. Арабы-палестинцы просто не могли не возникнуть – как мог мир отреагировать на феномен возрождения Израиля, иначе чем сформировав ему противовес и сделав всё возможное для того, чтобы народ, о котором идёт речь, не смог раствориться среди соседей? Вот он и не растворился.

Причём все, кто знаком с историей раздела арабских провинций Оттоманской Порты и их превращения в самостоятельные государства, в подробностях представляют себе, как реагировали лидеры арабского мира на претензии жителей крошечного уголка, зажатого между Египтом, Сирией, Ливаном и Иорданией, на собственное государство.

С иронией в лучшем случае. С недоумением. С крайним раздражением. С пониманием необходимости превратить их в инструмент давления на Израиль, каким в Египте стали федаины, если уж они всё равно живут под боком. Следствием чего стал комплекс колоссальной взаимной неприязни между палестинцами и их арабскими соседями.

Причём эта система отношений складывалась задолго до того, как территории в 1967 году были оккупированы Израилем. Поскольку только в качестве зеркального отражения еврейского национализма – то есть сионизма – палестинский национализм имел право на существование. Сам по себе он был еретическим отклонением от панарабизма.

Споры «больших парней» арабского мира о том, кто в нём главный и где должна находиться его столица – в Багдаде, Каире или Дамаске, – не имели и не могли иметь никакого отношения к палестинцам. Их номер был шестнадцатый. И то в связи с необходимостью иметь кого-то в качестве символа борьбы с израильтянами. Вот этим символом они и стали.

Лучшие в мире оккупанты

Все в этом мире когда-нибудь кого-нибудь оккупировали. Или были оккупированы. То есть, только если ты представитель дикого племени, живущего невесть в каких горах, пустыне, тундре или джунглях, есть некоторый шанс остаться до поры в стороне от увлекательной забавы «земля наша велика и обильна, а порядка в ней нет, придите и владейте нами».

Иначе будет там установлена конкистадорами власть «их христианнейших величеств короля и королевы Арагона, Леона и Кастилии» – и далее, кому как повезёт. Некоторые получат в хозяева приличного по меркам эпохи Бартоломео де лас-Касаса. А некоторые Святейшую Инквизицию. А может, зайдут к тебе в гости армии Чингисхана – Сотрясателя Вселенной. Или Тимура. Или канонерка какой-нибудь из великих держав приплывёт.

Соединённые Штаты оккупировали всё, до чего дотянулись. Размялись на индейцах и мексиканцах, а потом двинулись за моря. Откуда в этом мире так много точек на карте, где реют «звёзды и полосы». Кое-что по дороге было потеряно, но Гавайские острова стали штатом. Пуэрто-Рико – «государство, ассоциированное с Соединёнными Штатами», продолжает с ними ассоциироваться, имея в качестве валюты американский доллар, в качестве армии – армию США, а в качестве главного начальника – президента Штатов. Плюс, насколько автор помнит, одно место в Конгрессе – им как-то хватает.

Российская империя и Франция, Испания и Португалия, Турция и Иран, Нидерланды и Бельгия, Япония и Китай – оккупанты. Как и прочие страны на планете. Кого вовремя ухватил, тот дань и платит. Что до рассказов о том, что где-то в какие-то незапамятные времена существовала эдакая пастораль, в которой сие явление отсутствовало… Привести пример никто не может – ни из древности, ни из средневековья, ни из новых и новейших времён. Поскольку нет таких примеров. И не было их никогда. Так что или – или. Или ты подмял, до кого дотянулся, или тебя подмяли.

Великобритания во время оно оккупировала полмира. Там мало что осталось, помимо Шотландии, Уэльса и Северной Ирландии. По мелочи. Гибралтар. Джерси, знаменитый зоопарком Джеральда Даррелла. Британские Виргинские острова. Но это так, на старость, дожить. Гонконг теперь – Китай. Африканские колонии – независимые государства (так им и надо). Азиатские тоже. Даже Кипр сам по себе.

Что там везде творилось, когда англичане начали уходить, – отдельная история. Как все всех на радостях убивали, какие зверства творились… И эти люди ещё продолжают читать кому-то нотации! Хотя история отношений между палестинцами и евреями на фоне резни в Британской Индии или Кении – просто рождественская притча о братской любви и сотрудничестве.

Как, впрочем, и история отношений палестинцев со всеми арабскими правителями, под власть которых они попали. Будь то Египет или Иордания, которые оккупировали Газу и Западный берег с Восточным Иерусалимом девятнадцать лет. Или Сирия и Ливан, на территории которых оказались лагеря беженцев. Да, впрочем, и все прочие государства, которые приютили палестинскую диаспору и в общении с ней натерпелись. Отчего из многих стран, где палестинцы обосновывались в сколь бы то ни было значительном числе, их в конце концов изгоняли.

Можно, эксперимента ради и развлечения ума для, представить себе ситуации, при которых свободолюбивый палестинский народ столкнулся бы не с израильским ЦАХАЛом, который связан по рукам и ногам правозащитниками, Высшим судом справедливости и прочими не имеющими отношения к его непосредственным обязанностям персонами и структурами, а с американской или русской армией. Уй, натурально, как это отличалось бы от израильской оккупации, которая так раздражает весь исламский мир!

Никто ни с кем не цацкался бы и не посылал спецназ разбираться с террористами так, чтобы ненароком не напластовать мирное население. Ковровой бомбардировкой сровнять местность под асфальт – это да. Оставить на месте укрепрайона с пусковыми ракетными установками оплавленное озерцо медленно остывающего бетона – вполне. Провести вместо распространённой у израильтян точечной ликвидации массовую намотку кишок на танковые гусеницы – самое то.

Поскольку для нормальной армии враг – это враг. Мишень и смазка для штыка. А не предмет для перевоспитания. Но когда, разговаривая с палестинцами, предлагаешь им в качестве адекватной замены израильтянам отечественный или американский спецназ, они меняются в лице и переходят на другие темы. Превосходно понимая, о чём идёт речь.

Впрочем, на местных реалиях это практически не сказывается. Израильские эксперты, подводя итоги десятилетий арабо-израильских переговоров, международных планов и инициатив, отмечают, что все попытки палестино-израильского размежевания с начала XX века были отвергнуты или сорваны палестинской стороной. Что, в конечном счете, снижало готовность Израиля к каким-либо компромиссам и только ослабляло арабов. Наиболее точно характеризует палестинскую позицию в исторической ретроспективе фраза «палестинцы никогда не упускают шанс упустить шанс».

Не исключено, что корни этой проблемы лежат не только в нежелании палестинских лидеров, от иерусалимского муфтия Амина аль-Хусейни и земельных магнатов Нашашиби до Ясира Арафата и руководства ХАМАСа, заключить мир с Израилем, как с еврейским государством, но и в объективной невозможности добиться нужного для этого общенационального консенсуса.

Причина проста – добиться не только единства, но даже простого согласия по какому-либо вопросу, за исключением единственного – борьбы с Израилем, – палестинцам трудно, если вообще возможно. В том числе потому, что они проявляют себя как единый народ исключительно вследствие и в ходе борьбы с соседями. Причём далеко не только с израильтянами.

Аксиома: палестинцы нелояльны режимам тех стран, в которых проживают, вне зависимости от того, какую роль в этих странах они играют, в каких условиях живут и какую поддержку получают от их лидеров. На Ближнем Востоке палестинцы, при всей риторике о правоте их национального дела, заняли нишу «безродных космополитов», в европейской истории зарезервированную за евреями. Не случайно их называют «евреями арабского мира». И относятся к ним соответственно.

Нет, разумеется, им сочувствуют – теоретически. И механизм раскрутки этого сочувствия работает отменно. Достаточно подсчитать, какое внимание мировые СМИ уделяют палестино-израильскому противостоянию по сравнению со всеми прочими конфликтами на планете, включая акты геноцида, совершаемые в Африке, чтобы понять: с точки зрения внимания международной общественности палестинцы не просто лидируют – они сорвали банк. Однако это мало сказывается на отношении к ним «на местах».

Попытки палестинцев проявлять несанкционированную самостоятельность в Египте и Сирии были подавлены в зародыше Насером и Асадом. Борьба с хашимитской династией, наиболее острыми эпизодами которой было убийство эмира Абдаллы в 1951 году в Иерусалиме и попытка Арафата свергнуть короля Хусейна в 1970-м в Аммане, кончилась «Чёрным сентябрем», уничтожением инфраструктуры ООП в Иордании и изгнанием с её территории боевиков и политического руководства ФАТХа.

Роль, которую они сыграли в развязывании гражданской войны в Ливане в 1975–1976 годах, превращении юга этой страны в «ФАТАХленд» и войне с Израилем в 1982 году сделала палестинцев в Ливане национальными париями. Криминализация и радикальная исламизация лагерей беженцев, конфликт с ливанскими общинами, в первую очередь христианскими, перечеркнули для ливанских палестинцев минимальные шансы на интеграцию. Типичные примеры того, к чему это для них привело, – резня, организованная христианскими фалангистами в 1982-м в Сабре и Шатиле после эвакуации боевиков ФАТХа в Тунис, а также разгром ливанской армией, при поддержке всей страны, в 2007-м лагеря Нахр-эль-Барид.

Поддержка палестинцами оккупации Кувейта саддамовским Ираком в 1990-м привела в начале 90-х годов к массовой депортации палестинцев из монархий Персидского залива. Финансовая помощь им со стороны государств Залива – главных доноров ООП – была прекращена или радикально сокращена. Погромы и преследования, которым подверглись палестинские беженцы в Ираке после свержения режима Саддама Хусейна и в Сирии после того, как ХАМАС сдал исламистам, боровшимся за свержение Асада, каналы проникновения в центр Дамаска, завершили эту картину.

Число палестинских беженцев и перемещённых лиц, вынужденных сменить своё место жительства из-за конфликтов с населением и правительствами арабского мира, много больше числа тех, кто стал беженцами в ходе арабо-израильских войн. Конфликты, жертвами которых они стали, несопоставимы с противостоянием с Израилем по длительности военных действий, уровню насилия над гражданским населением и потерями, которые оно понесло.

К сведению читателя: в двух самых противоречивых эпизодах, связанных с Израилем, погибло от нескольких десятков до двухсот пятидесяти палестинцев в Дейр-Ясин в 1948-м и сорок три – в Кафр-Касем в 1956 году. Что на фоне десятков тысяч палестинцев, убитых в арабском мире, даже не заслуживало бы упоминания, если бы не необходимость для них демонстративно, напоказ для окружающего мира воевать с Израилем, замалчивая реальную ситуацию.

Именно эти инциденты легли в основу широко распространённой легенды о «Накбе» – палестинской «Катастрофе»… Причём реакция израильских властей и общественности на эти ситуации была однозначно негативной и чрезвычайно жёсткой по отношению к виновным, хотя для региона, ситуации и эпохи, когда эти инциденты произошли, они были абсолютно рядовыми.

С тех пор мир пережил геноцид в Центральной Африке, наиболее известным эпизодом которого является резня хуту и тутси, длящийся, на момент написания данной книги, два десятка лет. Геноцид в суданском Дарфуре. Массовые убийства гражданского населения в Мали, Сомали, Центральноафриканской Республике, Нигерии и множестве других стран Чёрного континента.

В истории остались чудовищные по последствиям «обмены населением» в Индии и Пакистане. Устроенная пакистанской армией в ходе отделения Восточного Пакистана резня на территории нынешней Бангладеш. Геноцид в Камбодже, устроенный Пол Потом и другими лидерами Красных кхмеров. Зверства моджахедов и сменивших их талибов в Афганистане.

Даже если фиксировать только происходящее в странах арабского мира, гражданские войны в Ираке, Ливии, Сирии, Ливане и Йемене по своим последствиям на порядок более страшны, чем всё происходящее с палестинцами. В трёх первых странах гибель сотен тысяч мирных жителей, геноцид меньшинств и появление миллионов беженцев лежат на совести «мирового сообщества». В первую очередь США, сыгравших главную роль в разгроме местных режимов и инициаторов этих войн: Саудовской Аравии, Катара и, в случае Сирии, Турции.

Любопытно то, что на бытовом уровне палестинцы прекрасно отдают себе отчёт в том, чем израильтяне отличаются от турецких, египетских, иорданских или иракских солдат, а также полиции стран Персидского залива. Да и в отношении армий западного сообщества или российской у них иллюзий нет. Если убрать в сторону телевизионную камеру (под запись их патриотизм зашкаливает), можно услышать много интересного. В том числе, что они думают о своей собственной полиции и своих лидерах. Будь то представители ХАМАСа или ПНА.

Автору и его друзьям-израильтянам много доводилось общаться с жителями Газы – в том числе после того, как часть сектора была очищена израильским ЦАХАЛом от боевиков ХАМАСа в ходе операции «Литой свинец» зимой 2009 года. Что они говорили о руководстве ХАМАСа… Как кляли его за спекуляции на гуманитарной помощи, коррупцию и всё то, что в своё время заставило их голосовать за «некоррумпированный» ХАМАС против ФАТХа…

Проблема в том, что говорить они могли сколько угодно: Израиль не готов был оставаться в Газе. Ни тогда. Ни позже. Причём разговоры разговаривать палестинцы могли именно и только с израильтянами – неважно, с правозащитниками или солдатами. В рамках пресловутого израильского отношения к арабам, стократ обруганного их собственной и мировой прессой.

Жалуются они им на жизнь, проклинают или бросают камни – с их собственной полицией такие вольности не проходят. Она в протестующих стреляет на поражение, вне зависимости от того, чего эти протестующие от палестинского руководства требуют. Как, впрочем, и принято у нормальной арабской полиции, которая не боится судебных исков от жертв произвола, увольнения со службы и прочих еврейских казусов.

Так что пилить мозг себе и окружающим, судиться с государством и находить у значительной части чиновников и политиков этого государства поддержку палестинцы могут, только если это государство – Израиль. В своём родном им не до вольностей, кто бы им ни управлял, Исмаил Ханийя или Абу-Мазен. Отчего там и применяют смертную казнь. В том числе за продажу земли евреям. Собственной земли, на которую есть все документы! Что называется, ни пяди врагу – а если владельцы добром не понимают, им предметно объяснят, в чём состоит их долг перед народом.

Что до ХАМАСа, попытки выступлений против режима в Газе были – расстреливали протестующих на месте, десятками и сотнями. И потом записывали в жерты израильских обстрелов. Поскольку революция, как известно, вечна. Идёт борьба с оккупацией, выражающаяся в запуске по Израилю ракет из-под прикрытия гражданских объектов. А некоторые отдельные несознательные жители не готовы жертвовать своими домами и семьями. И что с такими людьми после этого нужно делать, кроме как ставить к стенке?!

На самом деле всё вышесказанное утешает мало. То, что израильская оккупация была отдыхом души по сравнению с египетской или иорданской, уже мало кто помнит. То, что она давала куда большую социальную защищённость и личную безопасность жителям Газы, Иудеи и Самарии по сравнению с ПНА и тем более ХАМАСом, никого особенно не волнует. Что было, то было. Прошлого уже не вернёшь. Только людей жалко.

Забавная, но характерная подробность. В разгар войны 2014 года израильская научная общественность отметила даму из университета в Тель-Авиве, которая на полном серьёзе объявила о том, что вскрыла расизм израильской армии в отношении – ну, дальше было понятно, что палестинцев, но на всякий случай она специально указала, что не только их, но и арабов вообще. Не то чтоб в этом было что-то новое. Израильский истеблишмент полон такими персонажами – юродивых в Святой земле, что листьев на деревьях. И тут не в этом была изюминка. А она была.

Расизм, что было несколько неожиданно для не подготовленной к таким вывертам сознания публики, состоял в том, что офицеры и солдаты израильского ЦАХАЛа арабских девушек и женщин не насилуют. Несмотря на то, что обвиняют их в чём угодно, но в этом – нет. Нет прецедентов. Не насилуют и всё. Годами. Десятилетиями. Что подтверждает, с точки зрения помянутой социологини, что они в арабах попросту людей не видят. Отчего на их дам и не покушаются...

Что можно посоветовать в такой ситуации? Спокойный сон на свежем воздухе. Гулять у моря. Принимать бромистые соединения. Попытаться нормализовать личную жизнь. Но ведь не помогает... Так что проблема тут не столько в оккупации, сколько в отношении тех, кого это так сильно будоражит, к себе и окружающим. Вот ни черта не получается у людей. Ни с собственным начальством, ни с собратьями. Но кто-то в этом должен быть виновен? Не они же!

Такая карамболь. Не лечится. Пинком под копчик в трудовой резерв, работать? Не тот расклад, не та эпоха. Террористов к стенке, женщин и детей на полевую кухню? Нельзя. То есть на кухню можно. Расстреливать нельзя, нет смертной казни. Точнее, есть в теории – но не применяется. Сажать в тюрьму и то нет никакого смысла. Сидят, как на курорте – по российским меркам. И выселять никто не даст. Вот оккупировали их на свою голову, так с ними, оккупанты, и живите.

Арабы мучились – и вы, евреи, мучайтесь. И с ПНА. И с Газой. Чума на оба этих дома. На самом деле, Штаты б их забрали, что ли? Или Египет с Иорданией? Но немае дурних. Не возьмут. И никаких надежд там ни на что. Поскольку получается, единственное, что на самом деле устраивает палестинцев, – израильская оккупация. Навеки. Но в борьбе против этой самой оккупации. Такой специальный мазохизм. Дурдом на конной тяге…

Государство как финансовая афера: да здравствует Палестина!

Какое место у палестино-израильского конфликта в длинном перечне мировых проблем? Проблема не уникальна ни в одной из своих ипостасей. Её не отличают от множества конфликтов XX века ни политическая ситуация, ни регион, ни эпоха, которая его породила. Если ситуация чем-то и примечательна, то единственным в своём роде информационным сопровождением и беспримерной политической активностью вокруг конфликта и попыток его урегулирования.

Так что на фоне изменения климата и дефицита пресной воды, проблем урбанизации и расширения пустынь, перехода демографического кризиса в ряде стран Третьего мира в необратимую фазу, пандемии СПИДа и эпидемии эболы в Африке, распада государственности на Ближнем Востоке, захвата террористами обширных территорий и ставшего реальностью конфликта цивилизаций проблемы палестинцев не выделяются ничем.

Сторонним наблюдателям они представляются не слишком актуальными. При этом заслуживает внимания объём средств, которые вкладывались «мировым сообществом» на протяжении десятилетий в инфраструктуру палестинских организаций, обустройство беженцев и создание для палестинцев государственности, несмотря на чрезвычайно низкую результативность этих вложений.

В 1950 году число палестинских беженцев «первой волны», зарегистрированных ООН, составило немногим более девятисот четырнадцати тысяч, а в 1955-м сократилось до девятисот шести. Прирост их числа вследствие Шестидневной войны 1967-го – менее ста сорока пяти тысяч человек.

Сегодня лишь около трёхсот тысяч палестинских беженцев старше шестидесяти лет являются свидетелями израильской Войны за независимость. Даже вместе с беженцами 1967 года, принимая для простоты подсчётов, что все они дожили до сегодняшнего дня и никто из них не входит в возрастную категорию «60+», мы получим менее четырёхсот пятидесяти тысяч человек.

Согласно Верховному комиссариату ООН по делам беженцев, ими признаются люди, покинувшие страну постоянного проживания, но не их дети и более отдалённые потомки. Если бы эти критерии распространялись на палестинцев, как были распространены на десятки миллионов людей, принадлежавших к другим этническим группам, сегодня в мире насчитывалось бы от трети до полумиллиона палестинских беженцев – не больше.

Палестинцами, однако, занимается особое агентство ООН, UNRWA, применяющее по отношению к ним единственное в своём роде правило. Беженцами считаются все потомки палестинцев, покинувших Израиль, вне зависимости от поколения и места рождения. Как следствие, если в 1970 году число палестинских беженцев, зарегистрированных UNRWA, составило один миллион четыреста двадцать пять тысяч человек, то в 2000-м, на пике «мирного процесса» – три миллиона семьсот тридцать семь тысяч.

В 2007 году, после того как израильтяне оставили Южный Ливан, Сектор Газа и Северную Самарию, не говоря уже о возвращённом ими за четверть века до того Египту Синайском полуострове, палестинских беженцев было четыре миллиона пятьсот четыре тысячи. В 2013-м – пять миллионов двести семьдесят две тысячи человек. Тенденция налицо…

В качестве палестинских беженцев агентством в 2014 году был зарегистрирован один миллион двести сорок тысяч восемьдесят два человека в Секторе Газа (восемь лагерей беженцев). Семьсот пятьдесят четыре тысячи четыреста одиннадцать в Иудее и Самарии – на Западном берегу реки Иордан (девятнадцать лагерей). Два миллиона семьдесят тысяч девятьсот семьдесят три в Иордании (десять лагерей). Четыреста сорок семь тысяч триста двадцать восемь в Ливане (двенадцать лагерей) и пятьсот семнадцать тысяч двести пятьдесят пять в Сирии (девять лагерей беженцев). Прочие палестинские беженцы проживали в других странах.

Непосредственное знакомство автора с условиями жизни в лагерях беженцев в Газе, Иудее и Самарии и Иордании позволяет говорить о том, что они ничем не отличаются от обычных арабских населённых пунктов. Жилой фонд лагерей включает многоквартирные дома для основной массы населения и виллы местной элиты, занимающейся бизнесом или допущенной к распределению средств доноров, в первую очередь ООН.

Лагеря палестинских беженцев по уровню инфраструктуры выгодно отличаются не только от сельских населённых пунктов таких стран арабского мира, как Йемен, Эритрея, Сомали, Судан или Джибути, но и от Каира – столицы АРЕ. Единственной страной, в которой палестинцы живут в условиях сегрегации, является Ливан. Проблемы иракских и сирийских палестинцев ничем не отличаются от проблем прочего населения этих стран.

Статистика агентства ООН, занимающегося палестинскими беженцами, не позволяет говорить не только о возможности решения их проблемы в обозримой перспективе, но и о самой возможности ее решения без кардинального изменения принципов работы самого агентства UNRWA (БАПОР). Но приведение его к критериям, которыми руководствуется Верховный комиссариат по делам беженцев – табу, не обсуждаемое в генеральном секретариате ООН.

С 1975 года бюджет этого агентства (в 2014/15 налоговом году – один миллиард девятьсот шестьдесят один миллион сто восемьдесят тысяч долларов) – отдельная строка в бюджете ООН, не зависящая от размера добровольных дотаций доноров, которые зачисляются сверх выделяемой агентству из регулярного бюджета суммы. Отметим, что ежегодный объём участия в финансировании агентства стран арабского мира, согласно официальной статистике ООН, составляет шесть миллионов шестьсот тысяч, а вместе с Турцией – семь миллионов восемьсот пятьдесят тысяч долларов.

Число его сотрудников, оплачиваемых из бюджета ООН, в 1997–2013 годах возросло с двадцати тысяч пятисот до двадцати девяти тысяч ста тридцати восьми человек. Согласно планам агентства, к 2015 году их будет тридцать тысяч триста четырнадцать человек. Законы Паркинсона действуют для ООН в той же мере, что и для британского адмиралтейства: число ставок UNRWA, объём работы его сотрудников, необходимый для этой работы бюджет и, следовательно, число опекаемых палестинских беженцев может только расти. И будет расти вне зависимости от хода и итогов «мирного процесса».

В 2014 году агентство контролировало обучение более полумиллиона школьников в сотнях школ UNRWA и средних школ в Ливане, осуществляло профессионально-техническую подготовку до десяти тысяч учащихся, строило и ремонтировало более восьмисот объектов системы образования, готовило около четырёх тысяч преподавателей.

Медицинские программы агентства охватывали миллионы палестинцев. Только в сфере стоматологии на плановой основе проводилось лечение семисот тысяч беженцев в год. Это единственный в своём роде прецедент и в арабском мире, и на Ближнем Востоке в целом. Такой зубоврачебный коммунизм… Кто знает, что собой представляют расценки на услуги дантистов – причём во всём мире, – представляет, о чём идёт речь.

UNRWA создало единственную в своём роде систему, превратив палестинских беженцев в постоянных клиентов мирового сообщества. Они и их потомки имеют возможность гарантированного существования за счёт этого сообщества на протяжении десятилетий. Причём уровень их образования, медицинского обслуживания и социальной инфраструктуры по местным меркам более чем достаточен, а для ряда стран Ближнего и Среднего Востока – высок.

В палестинских кругах проблема беженцев рассматривается исключительно с точки зрения обязательств мирового сообщества перед ними – при молчаливом согласии с этой точкой зрения международных чиновников и представителей стран-доноров и лоббистов палестинских интересов. Благодаря этой позиции Палестина стала не символом заботы ООН о беженцах, а мировым Гарлемом. Причём не стремящимся встать на собственные ноги, а требующим поддержки во всё возрастающих размерах, перемежая предложения Израилю перемирия – «худны» – периодами террористической активности.

Специфика палестинского социума в том, что расселение палестинцев осложнено на самих палестинских территориях: в Газе, на Западном и иорданском, Восточном, берегах реки Иордан. Не случайно лагеря беженцев в этих анклавах существовали девятнадцать лет под египетским и иорданским административным контролем, хотя окружающее их население было исключительно палестинским.

Главное в проблеме палестинских беженцев – даже не непрерывный рост численности, провоцируемый палестинскими чиновниками UNRWA из ведомственных соображений, а вопрос перспектив расселения. Точнее, отсутствие таковых перспектив. Племенная и кланово-родовая система, характерная для традиционного арабского общества, не признаёт за представителями даже соседнего города или деревни права на постоянное жительство в пределах другого палестинского населенного пункта.

В условиях отсутствия военного подавления попыток сведения счетов между местными жителями со стороны внешней власти, будь то Стамбул, Лондон, Каир, Амман или Иерусалим, шансы на изменения этого положения равны нулю. При сохранении этой модели отношений претензии беженцев могут быть удовлетворены только при получении ими права на возвращение именно в те населенные пункты, которые покинули они или их предки, то есть на всю территорию Израиля.

Современная международная юридическая практика не имеет значения для беженцев, прекрасно отдающих себе отчёт, что добиться чего-то они могут только от евреев. Их не интересуют ссылки Иерусалима на то, что Израиль принял на своей территории миллионы евреев со всего мира, в том числе из арабских стран, где их собственность была конфискована местными властями и при желании может быть ими использована для «взаимозачёта» при обустройстве палестинцев.

Не имеет значения, насколько большая территория будет выделена палестинскому государству. Уступка даже минимального участка спорной территории израильтянам для палестинцев невозможна – в итоге любого соглашения по границам кто-то из них так и останется беженцем, лишённым родины.

Палестинский лидер, который пойдет на подписание окончательного соглашения с Израилем, будет со стопроцентной гарантией убит, а это соглашение – разорвано его наследниками. Арафат прекрасно помнил о судьбе эмира Абдаллы, погибшего от руки палестинского террориста в Иерусалиме более полувека назад. Абу-Мазен понимает ситуацию не хуже его и именно поэтому отказывается от признания Израиля еврейским государством.

Палестинский президент продемонстрировал тем самым, что речь об окончательном палестино-израильском урегулировании не идёт в принципе. Эта позиция палестинского руководства не изменится в будущем, вне зависимости от того, кто сменит нынешнего палестинского раиса на его посту – «сильный человек» Иерихона Джибриль Раджуб или бывший любимец Арафата из Газы Мухаммед Дахлан.

Напомним при этом, что в конце 40-х годов в Европе насчитывалось более двадцати одного миллиона беженцев. Раскол Британской Индии и последующий распад Пакистана прибавили к ним ещё четырнадцать-пятнадцать миллионов. Никто из них в настоящее время не живет в лагерях беженцев.

После Второй мировой войны в мире было свыше двухсот миллионов беженцев. Около пятидесяти миллионам из них помогли структуры ООН. Сегодня, по официальным данным, помощи ждут более двадцати миллионов беженцев и около двадцати пяти миллионов перемещённых лиц. Все они не могут рассчитывать даже на ничтожную долю того, что получают, требуя всё больше, палестинцы. Однако такое положение дел вряд ли будет вечным.

Палестинцы против Палестины

Услышал автор как-то в Газе, в середине 90-х годов, пребывая гостем друга своего, безвременно ушедшего в иной мир арабиста и дипломата Владимира Рыбакова, разговор, который его заинтриговал. Из разговора выяснилось, что палестинская семья, достойный представитель которой вёл с хозяином степенный разговор, потягивая чай и закусывая его местными сладостями, помрёт вся как один, но не позволит, чтобы её юный представитель женился на девушке из другого клана.

На осторожный вопрос московского гостя по поводу причин таких шекспировских страстей ему было сказано, что кровной мести там нет и особых причин для неё тоже пока нет. Но клан, на представительнице которого юноша собрался жениться, с точки зрения его старших родственников, не арабы. Так что и думать пусть забудет. На ком скажут старшие, на том и женится. Напомним, дело было в Газе и речь шла о чисто палестинских семьях, входивших в четвёрку самых известных в городе больших семейных кланов – хумул.

Когда автор вышел из ступора, ему ласково объяснили, что из этих четырёх семей две – точно арабы. Пришли с Острова Арабов – сиречь Аравийского полуострова, и осели в Газе, когда прочие пошли брать Миср. То есть Египет. Что имело место почти вчера – то есть всего-то в VII веке. И эти семьи между собой детей женят. А две остальные – чёрт его знает, кто такие. То ли жили тут до того. То ли пришли после. В общем, неясно с ними. Поэтому не надо рисковать. Пускай между собой женятся, не претендуя на браки с теми, кто по определению выше их. Кровь не вода. И «благородные» свою мешать ни с кем не будут.

Ну, каждый имеет право на свои собственные предрассудки, но как-то поёжило. Живо представилось, как рязанцы напрочь отказываются выдавать детей за псковских, потому что «не из тех будут». Или орехово-зуевского молодого человека гонят родители любимой девушки из Рузы. Ну, с другой стороны, в каждой избушке свои тараканы. Средневековье в мозгах – самое прочное средневековье на планете. Многие в первобытно-общинном строе живут, и ничего. Однако некоторое сомнение на тему того, как эти люди будут строить единое государство, у автора закралось.

У евреев такое тоже встречается. И ортодоксы с их бесконечными разборками на тему правильного или неправильного кашрута, необходимости или её отсутствия в гиюре для тех или других новых репатриантов и прочими заморочками тому пример. Но этот детсад для взрослых с пейсами разной степени закрученности ограничивает государство. Которое изначально было построено по другим принципам. А тут государства ещё нет, а дурдом уже есть – и ещё какой! В полный рост.

Что с ним делать – непонятно. Как и что с ним можно построить без определяющей и направляющей воли кого-то сверху – непонятно. А сверху-то никого. Турок больше нет. Англичан. Египтян и иорданцев. Евреев нет. Сами строят, как могут. И получают то, что могут получить. В результате чего возникает такое, что без борьбы с Израилем им всем никак. А то друг друга передушат.

И вот тут, на прорезавшемся первичном понимании того, как у палестинцев жизнь устроена, получил автор следующий шоковый опыт. В Удже. Деревня как деревня. Где-то в левой подмышке у Иерихона. Неподалёку от «Каср аль-Яхуд». То есть брода через реку Иордан, где её все переходили. И Иешуа Навин с евреями, брать этот самый Иерихон штурмом. И Илья-пророк. И Иисус из Назарета.

Теперь на этом святом для христиан и евреев месте – церкви и купальни для желающих принять крещение в той самой точке, где Иоанн Креститель совершил обряд над Иисусом. Обустроенные берега с уходящими в воду деревянными лестницами – и с иорданской стороны, и с израильской. Тучи туристов, паломников и торговцев сувенирами. Стоянки для автобусов. Туалеты. Всё как у людей.

В стороне – Иерихон с его археологическим парком и разваленным после интифады казино. Высшим достижением палестино-израильского «мирного процесса», которое держали на паях главный иерихонский балабос (на иврите это примерно тот же персонаж, что американский «босс» или отечественный «бабай») Джибриль Раджуб и, от Израиля, Йоси Гиноссар. Фигура очень и очень неоднозначная. Экс-начальник контрразведки, занимавшейся арабами, ШАБАК. Которые стоили друг друга.

Гиноссар, отправленный в своё время в отставку за то, что застрелил кого-то не того, отвечал за передачу израильских денег по «соглашению Осло» Арафату. И перечислял их на личные счета раиса даже в разгар интифады Аль-Аксы, которую тот начал, чтобы не выполнять обязательств завершить палестино-израильский конфликт к обозначенному в соглашениях сроку, истекавшему весной 1999 года. Впрочем, после того как в Израиле по этому поводу разразился жуткий скандал, он как-то очень скоропостижно помер. Сказано было, что от рака. Бывают такие странные совпадения. Но речь не о нём.

Так вот, как уже упоминал автор, на всхолмье недалеко от Иерихона стоит поселение Итав. Живут там русские евреи – из бывших субботников. Под холмом плантации финиковых пальм – высоченных, дающих редкого вкуса и размера финики «Маджуль». Линия безопасности вокруг поселения оборудована компьютерной системой защиты. Всё как у людей. А дорога к Итаву идёт от Иерихона как раз через Уджу, о которой опять же вскользь речь уже шла.

Полдеревни – арабы как арабы. Полдеревни – негры. Странно выглядит, вокруг не Африка. Хотя, как выяснилось из разговора с поселенцами, именно что Африка. Дети и внуки рабов из Судана, освобождённых только англичанами в 20-х. Все помнят, кто у кого был хозяином. И многие деньги с зарплаты бывшим хозяевам отдают. Не все деньги, и не каждый их отдаёт – всё-таки не Мавритания. Но отдают.

Девочка из «чёрной» половины деревни может забеременеть от мальчика из «белой». И если он ребёнка признает, тот будет расти как член его семьи. Но если наоборот… Обоих прирежут. Не исключение – норма. И вот тут вопрос: каким макаром эти люди, которые по статистике все как один палестинские арабы и равны в правах, кого-то будут выбирать и что-то вместе строить?

То есть понятно, кто этими выборами будет командовать и как они в конце концов пройдут. Но к демократии это имеет очень отдалённое отношение. И к строительству палестинской нации в борьбе с израильской оккупацией тоже. Отчего она, скорее всего, и не выковывается. Убери войну с евреями – и не останется ничего, что её объединяет.

Отсюда экзотический способ нейтрализации, который применяли израильтяне к палестинцам, подозреваемым в террористической активности. Если уровень доказательств не достигал нужного для принятия решения об их ликвидации, то их ловили, а потом выпускали. Жителей Газы – на Западном берегу реки Иордан. Жителей Западного берега – в Газе. Чужаки уничтожались местными в ста процентах случаев. И очень быстро – ни один и двух недель не прожил. Что иллюстрирует «палестинскую солидарность» более чем наглядно.

Что до палестинцев, которые готовы были сосуществовать с Израилем, то на протяжении двух с половиной десятилетий после заключения «соглашений Осло» они были практически полностью истреблены. Этот процесс был и остается для местного населения «борьбой с коллаборационистами». Жертвами её с начала первой интифады конца 80-х стали десятки тысяч тех, кто готов был строить палестинское государство рядом с Израилем, а не на его месте. Ещё больше их эмигрировало, спасая жизнь близких, когда к власти в Палестине пришёл Арафат.

Никто на палестинской, арабской и исламской улице, за исключением интеллектуалов-христиан вроде Джозефа Фары, авторов санкт-петербургской (по названию городка во Флориде, а не российского Санкт-Петербурга) декларации «секулярного ислама», и таких эмигрантских этноконфессиональных объединений, как «Татары за Израиль», не пытается обустроить пространство диалога и мирного сосуществования с Израилем в религиозной, информационной и идеологической сфере.

Да и вообще создание терпимого к соседям современного ислама – дело будущего. Понятно, что такой ислам необходим, но кто, как и когда его сформирует? Возникновение позитивно самодостаточного, не заражённого комплексами арабского интеллектуального мира также впереди. Пока же мир этот переживает глубокий кризис.

Формирование палестинской элиты, готовой и способной выстраивать национальное будущее собственными силами, исключительно в собственных интересах, без внешних влияний, ограничив претензии во имя их реализации на практике, – дело будущего. Без этого построить палестинское государство невозможно.

Декорации квазигосударства ПНА имеют отношение не к палестинским национальным интересам, а к персональному будущему отдельных политиков – палестинских, арабских, израильских и западных. Конфликт между

ХАМАСом и ФАТХом, вражда палестинских группировок в диаспоре, проблема лидерства, конфликт интересов между палестинскими семейными кланами и их патронами, от Ирана, Саудовской Аравии, Египта, Иордании и Сирии до Кувейта и Турции, не позволяют говорить о будущем палестинской государственности.

Спустя более полувека после того, как «мировое сообщество» взяло на себя ответственность за разрешение палестино-израильского противостояния, не существует, вопреки декларациям ООН и великих держав, не только единого подхода к палестинской проблеме, обещающего хоть какой-нибудь результат, но даже единого мнения по поводу того, о чём должна идти речь.

Благие намерения построить государство, в котором все проблемы палестинского народа будут решены, так же далеки от реальности, как планы интернационализации Иерусалима. Ключевой вопрос во всём этом: следует заниматься Палестиной или палестинцами?

Если Палестиной – то какой? Идёт ли речь об отдельных городах и примыкающих к ним сельских анклавах – «кантонах Либермана», едином палестинском государстве, двух палестинских государствах – в Газе и на Западном берегу, одной ПНА или автономии, связанной с Иорданией или Египтом? И какие в конечном счёте будут у этой Палестины, Палестин, ПНА или палестинских анклавов отношения с Израилем?

Не говоря уже о том, какие у палестинцев будут обязательства по отношению к Израилю? Настоящие, а не теоретические, которые трактует по-разному не только каждая из сторон, но и каждая отдельно взятая влиятельная структура или персона на той или иной стороне?

Если речь идёт о людях – включает ли понятие «палестинцы» жителей территорий или будет распространено ещё и на арабов-мусульман Израиля? Выйдет ли из тупика проблема беженцев? Или останется блокированной растущими претензиями к Израилю, которые предъявляют палестинские лидеры от лица многомиллионной диаспоры? Какие из лагерей должны поменять статус, превратившись в обычные населённые пункты? Какие должны быть переселены, как придётся делать в Ливане, и куда?

Опять-таки вопрос, как будет проведена грань между палестинцами Иордании, арабами Израиля и Западного берега, сохраняющая семейные, клановые и племенные связи по разную сторону границ, не ставя Амман и Иерусалим перед проблемой двойной лояльности? Каковы будут, в случае возникновения Палестины как самостоятельного территориального образования, его отношения с палестинской диаспорой? Что диаспора сможет и захочет дать Палестине?

Вопросы, которыми задаётся палестинская интеллектуальная элита и независимая от внешних дотаций часть палестинской улицы: когда «мировое сообщество» говорит о решении палестинской проблемы, идёт речь о получении реальными людьми реальных результатов или о попытках реализации чисто теоретических планов? О гражданских правах и свободах или только о праве выбрать собственное руководство? Или получить его «свыше», вне зависимости от того, к чему этот выбор или назначение приведёт?

Наконец, идёт ли речь об образовании, работе, медицине, социальной инфраструктуре, политической стабильности, достойном уровне жизни населения или о материальных благах бюрократической клептократии – международной и палестинской? Да и есть ли вообще решение у этой задачи в тех параметрах, в которых она ставится, вне зависимости от того, что пишет о ней мировая пресса?

Немного цифр и фактов – кому бы они, впрочем, были нужны…

Годовой бюджет Палестинской национальной администрации, которую обычно пресса называет Палестинской автономией (была б она хоть чьей-нибудь автономией, позволил бы ей кто-то так себя вести!) на Западном берегу реки Иордан, в 2011 году, перед началом «Арабской весны», составил тринадцать миллиардов шекелей. Немного, но достаточно – при эффективном расходовании средств, о котором в ПНА речь не идёт. Кто удостоился чести видеть «жирных котов», которые этот бюджет распределяют, своими собственными глазами, понимает, о чём это.

Названная цифра составляет примерно три с половиной процента от годового бюджета Израиля. Бюджет этот должен обеспечивать потребности двух с небольшим миллионов палестинцев, живущих в Иудее и Самарии. Причём две трети бюджета ПНА, девять с половиной миллиардов шекелей, поступает из внешних источников. Более половины, четыре с половиной миллиарда, из Израиля.

Это налоговые отчисления и социальные выплаты, которые израильская служба национального страхования взимает с палестинцев, работающих в Израиле, и возвращает ПНА. Читатель может попытаться найти в мире ещё одного такого спонсора-доброхота. Три миллиарда шекелей дают арабские государства и Евросоюз. Еще три поступают от Соединённых Штатов.

Подчеркнём: о расходах на инфраструктуру Восточного Иерусалима и его арабского населения, имеющего статус постоянных жителей Государства Израиль, тут речь не идёт и идти не может по определению. Все расходы на их нужды заложены в израильский бюджет. Хотя в качестве потенциальных граждан виртуального Государства Палестина арабская статистика их упорно учитывает.

Способность палестинской администрации взимать налоги – ноль без палочки. Основу бизнеса в ПНА составляют теневая экономика и чёрный рынок. Хронический дефицит средств палестинские власти покрывают с помощью овердрафта в иорданских банках, филиалы которых работают в Иудее и Самарии.

В соответствии с «Парижскими договорённостями», подписанными после заключения «Норвежских соглашений», более известных как «соглашение Осло», Израиль отвечает за электро- и водоснабжение палестинских анклавов Западного берега и Газы, поставки туда строительных материалов, продуктов питания и горючего.

Откуда, кстати, и гуманитарные конвои, которые идут в Газу даже во время военных действий. В частности, в ходе первой фазы операции «Нерушимая скала» летом 2014 года туда было отправлено более пяти тысяч грузовиков с продуктами и товарами первой необходимости. *Во время войны.*

Вопрос о том, почему Израиль должен снабжать своей валютой палестинские власти – не только ПНА, но и ХАМАС в Газе, который его признавать отказывается, оперируя малоизвестной седьмой статьёй своего устава, в вольном переводе звучащей как «Ты видишь еврея за моей спиной? Уничтожь его», но зарплату своим муниципальным служащим платит только шекелями, – вставал неоднократно. Слишком трагикомична эта ситуация.

Проблема, однако, в том, что без внешних источников финансирования полицейские и сотрудники властных структур перестанут получать зарплаты. Поскольку и в ПНА, и у ХАМАСа действует старинный российский принцип «там всё украдено до нас». Кто знает, как работает госэкономика, – тот в курсе.

Экономический крах неизбежно приведёт к гуманитарному кризису и хаосу. Понятно, что в этом будет обвинён Израиль. А этого его руководство не хотело и не хочет. Хотя чего оно боится, не понять. Всё равно обвинят во всём именно его. Кого ещё обвинять? Сами и виноваты. Приучили партнёров к полной безнаказанности и паразитированию…

Ещё более примечательные данные были получены экономистом Иссой Смиратом в ходе исследования, посвящённого частным инвестициям палестинского бизнеса. Которые, как выяснилось, по большей части вложены в промышленное производство, в отличие от свободных средств израильтян, которые инвестируют свои сбережения в высокотехнологичные отрасли. Кстати, примерно столько же палестинцы вкладывают в частное строительство и в развитие инфраструктуры.

Причём вкладывают они немало: двадцать процентов бизнесменов ПНА по сто тысяч долларов и более в год. Вопрос – куда. И вот тут начинаются сюрпризы. Поскольку вкладывают они деньги не в ПНА, а в Израиль и поселения Иудеи и Самарии. Те самые, которые официальная Рамалла называет главным препятствием на пути мирного процесса. Что называется, где логика?! Но тут как раз понятно. Мухи отдельно, котлеты отдельно. Борьба с сионистской оккупацией – одна сторона медали. Инвестиции – совсем другая. Зарабатывают люди.

Чтоб было понятно, о каких цифрах речь, объём частных инвестиций палестинских бизнесменов в Израиле, по данным 2010 года, составляет минимум два с половиной миллиарда, а более точные расчёты дают величину до пяти миллиардов восьмисот миллионов долларов. Для сравнения, объём частных вложений палестинцев на Западном берегу, по данным 2011 года, составляет миллиард пятьсот восемьдесят миллионов. И кстати, если бы вышеупомянутые два с половиной миллиарда были вложены в экономику ПНА, это создало бы в Иудее и Самарии двести тринадцать тысяч рабочих мест для местного населения.

Шестнадцать тысяч палестинских инвесторов имеют постоянные разрешения на въезд в Израиль, строят свои фабрики на его территории и в промзонах еврейских поселений, платят налоги в израильский бюджет. Причём Министерство экономики ПНА, призывая к экономическому бойкоту Израиля, проверило данный вопрос и пришло к выводу, что никаких нарушений тут нет. «Парижское соглашение», регламентирующее экономические отношения Израиля и ПНА, не запрещает инвестиций в израильскую экономику. То есть деньги, как всегда, решают всё.

Ну, патриотизм патриотизмом, однако рыба ищет, где глубже, а человек, где лучше, не только в России. Палестинские бизнесмены поголовно говорят на иврите (совсем не знают его только полпроцента), в то время как английским владеет только около половины. Около четверти их работали в Израиле до того, как открыли собственный бизнес. Двадцать процентов этих людей распределяют инвестиции между Израилем, еврейскими поселениями, ПНА и заграницей. Ещё двадцать процентов инвестируют только в Израиль и поселения.

Подчеркнём – речь о палестинцах. Тех, на которых держится будущее палестинского государства. Или, по крайней мере, тех, на ком оно должно держаться. Хотя исходя из их предпочтений, палестинский проект нужно закрывать за полной неработоспособностью. В чём, впрочем, если он провалится официально, обвинят не изначальное полное отсутствие перспектив, а израильтян. По крайней мере, «коспонсоры мирного процесса», в первую очередь ООН, сделают именно так. И можно их понять. Такая кормушка рухнет…

Впрочем, пускай палестинцы не инвестировали бы в Израиль ни цента, вкладывая всё до шекеля в собственную экономику. Работать с бюрократией ПНА от этого стало бы легче? Эффективней бы она была? Или осталась такой, какая есть: коррумпированной, неорганизованной, в высшей мере неспособной к решению жизненно важных для палестинского населения, которому она теоретически призвана служить, задач?

Позволим констатировать, что систему управления, которую ПНА демонстрирует, исправить невозможно. Можно разогнать её на все четыре стороны – и всё. Наиболее показательным примером является проблема, для палестинцев ключевая – водная. Что демонстрирует опубликованная в 2011 году в «Джерузалем Пост» статья доктора Шадада Атилли, главы Управления водных ресурсов ПНА, о водном кризисе на палестинских территориях.

Причину кризиса автор, высокопоставленный чиновник, увидел в том, что Израиль не выполняет соглашения о совместном использовании водных ресурсов, «ворует девяносто процентов палестинской воды» и не даёт разрешения на строительство колодцев и очистительных сооружений. Обвинения серьёзные. Статья вызвала большой резонанс. Израиль строго укорили. Что, как всегда и бывает, вызвало проверку, результаты которой оказались крайне скандальными.

Кто не знает, текущий контроль на территориях находится в компетенции израильского военного руководства. Тщательное изучение переписки Управления водных ресурсов ПНА с Гражданской администрацией ЦАХАЛа на протяжении десяти лет, которое провёл глава голландской неправительственной организации «Миссия Мира» Йоханан Виссер, дало все основания обвинить палестинское руководство в некомпетентности и отклонении от фактов.

По «соглашениям Осло» водные проекты в зонах А и В, находящихся под контролем ПНА, не требуют израильского одобрения после того, как были одобрены Совместным комитетом по использованию водных ресурсов. Гражданская администрация выдаёт разрешения только на проекты в зоне С. Выяснилось, что с 2000 года палестинцы подали семьдесят шесть соответствующих запросов. Семьдесят три из них удовлетворили. На три отсутствовала техническая документация.

В 2009 году д-р Атилли написал жалобу в Гражданскую администрацию, протестуя против того, что палестинцы не получили разрешения на двенадцать проектов в зоне С. После чего выяснилось, что разрешения были выданы ещё в 2001 году. Кроме того, власти ПНА забросили сорок четыре крупных проекта в зонах А и В. В итоге правительство Германии вышло из проекта по строительству очистного предприятия в Тулькарме из-за некомпетентности чиновников ПНА.

В статье утверждалось, что палестинцы пользуются лишь десятью процентами водных ресурсов Западного берега, притом что «соглашения Осло» предусматривают, что они получат треть имеющихся там водных запасов. В реальности в 1993 году палестинцы выкачивали на Западном берегу сто семнадцать миллионов кубометров воды, а тридцать один миллион им предоставил Израиль. В 2007 году было выкачано двести миллионов кубометров, из которых пятьдесят один опять предоставил Израиль. В дальнейшем эта тенденция сохранилась.

Главной причиной проблем с водой в ПНА оказалось неиспользование Восточного водоносного горизонта, разрешение на бурение колодцев в районе которого было выдано в 2000 году. Пробурено в итоге было меньше половины. Ещё две крупные проблемы – устаревшая неремонтируемая инфраструктура и потери воды. Из-за дефектов труб и кранов в ПНА теряется треть получаемых водных ресурсов.

Что до воровства водных ресурсов, в котором обвиняют израильтян… Только в 2007 году палестинцы вырыли две с половиной сотни нелегальных колодцев. Кроме того, ежегодно регистрируется не менее шестисот палестинских «врезов» в трубы израильской водораспределительной компании «Мекорот». И?! А ничего. Если израильтяне воруют воду у палестинцев – это сенсация. Если палестинцы у израильтян и у себя самих – кому нужны такие цифры и такие факты?

В итоге душераздирающие утверждения о том, что несчастные палестинцы обходятся шестьюдесятью литрами воды в день, оказались чистой воды враньём. Поскольку даже палестинская статистика от 2009 года сообщала, что палестинцы потребляют в среднем около ста десяти литров воды в день. И вот что со всем этим было делать? Ну ладно, раздолбаи. Ну, воры – кто на Ближнем Востоке не ворует. Но врать-то так зачем?!

Впрочем, по этому поводу арабские учёные высказались вполне исчерпывающе. Слова египтянина Али Шуби: «Араб вынужден преувеличивать почти во всех видах общения, чтобы быть правильно понятым. Если араб говорит только то, что он думает, без ожидаемого от него преувеличения, слушатели усомнятся в его правоте и даже будут подозревать его в совершенно обратных намерениях» – как будто специально относятся к описанной выше ситуации.

В общении ответственных чиновников и руководителей ПНА с израильтянами правда не является, не являлась и не будет являться приоритетом. О чём написано в книге Сании Хамади «Характер и темперамент арабов»: «Ложь весьма распространена среди арабов, и правда у них стоит немного… Араб не испытывает угрызений совести, если благодаря лжи достигает своей цели… Он более прислушивается к чувству, чем к фактам, скорее заинтересован произвести впечатление, чем рассказать что-либо правдиво. Более того, арабский язык дает его носителю возможность преувеличения».

Вопросы есть? Вопросов нет. По крайней мере их нет у автора. Враньё можно назвать поэтичностью и склонностью к гиперболе. Можно из вежливости и не называть. Чем оно является, тем является. Но в бизнесе цена ему невелика. Как ни крути, а отношения палестинцев и израильтян по поводу «мирного процесса» – враньё, непрерывное и вопиющее, с одной стороны, и готовность его принимать за чистую монету, граничащая с кретинизмом, с другой.

И кто евреям виноват, что они строят из себя такого коллективного дурака? Ну, строят, значит, нравится. Пускай строят. Их что, арабы должны поправлять?! Притом что сами палестинцы ни в какое собственное государство не верят? То есть публично-то они верят. Особенно в разговорах со спонсорами. Но в своём кругу, в частных беседах…

Завёз как-то автора в 90-е годы сын Абу-Мазена, тогда ещё не раиса ПНА, а только второго номера при Арафате, Ясир Аббас (понятно, в чью честь названный), ещё нестарый тогда человек с пышными чёрными усами и пухлыми щеками, к коллегам в Грецию. В столичный город Афины. Где находилась штаб-квартира корпорации «Консолидейшн констракшн каунсл». Или попросту «ССС».

К сведению читателя – это крупнейший палестинский подрядчик на больших и очень больших инфраструктурных проектах. Старые палестинские деньги, оборудованные по последнему слову техники офисы, десятки тысяч сотрудников, опыт работы в странах Залива и на Западе… Большая контора. Уважаемая. В Афинах у неё была штаб-квартира, множество сотрудников и большой блат.

Аббас-младший там в своё время работал, и, поскольку на дворе была пора иллюзий и надежд, автор изо всех сил в меру своего металлургического образования, деловой хватки и поста председателя совета директоров только что созданного Российского еврейского конгресса хотел помочь чем мог строительству палестинской экономики. Естественно, дружественной к Израилю и не без участия России. Для этого у него имелся весь набор нужных связей в Израиле, России и ПНА, поддержка отечественного МИДа и богатейшая семейная биография.

Построить завод, порт и вообще любой крупный объект и тогда было несложно, и теперь не бином Ньютона. Что с палестинскими генералами международного бизнеса автор и хотел обсуждать. Благо Ясир привёз, рекомендовал, сослался на папу – как и принято в лучших домах. Да и ребята были очень уж симпатичные. Кто с паспортом Канады. Кто с британским. Такая старая элита – не в первом поколении. И не во втором.

Как автора без греческой визы, оформлять которую был недосуг, поскольку поездка оказалась экстренной, пустили в Афины, где он спокойно прожил несколько дней, и как его оттуда выпустили, рассказ особый. Заслуживающий отдельной главы – не в настоящей книге, которая и так разбухла против всех правил приличия. Скажем лишь, что по этой «палестинской тропе» в греческую столицу можно было протащить кого угодно. И не исключено, что до сих пор она работает. А террористы ею пользуются, контрабандисты или крупные предприниматели, – зависит только от доброй воли принимающей стороны.

Рассказ этот, когда он увидит белый свет, будет колоритен и украшен подробностями. Поскольку общение и с палестинскими миллионерами, и с их техническими советниками запомнилось надолго. Не говоря о вечере в портовом рыбном ресторане – без пафоса, гламура и декора, но с чудной свежей рыбой и некошерными морскими деликатесами. Как принято у настоящих ценителей еды, которые могут себе позволить плевать на внешний антураж.

Арабы вообще, и палестинцы в частности, люди чрезвычайно гостеприимные. Что есть, то есть. И эта черта заслуживает уважения. Благодарности. И ответной реакции, которую автор по мере сил к своим палестинским знакомым и проявлял. Странника обидеть легко, а приютить его готов не всякий. А долг, он только платежом и красен. Тем более если это долг гостеприимства. Вдвойне – если долг еврея арабу. Мы с ними, арабами, и так не очень дружим на данном историческом этапе. Так нечего усугублять.

Однако, оставив в стороне всё, что не относится к вопросу экономики – как бы оно, не относящееся, ни просилось на бумагу, – скажем главное. Беседа Ясира Аббаса с его и его отца друзьями и коллегами была сугубо откровенной. Поскольку, как автору сказали, они были не просто знакомы несколько поколений подряд, но и предки их были соседями. Жили в начале XX века в Сафеде – израильском Цфате. И дружили ещё в ту пору.

Так вот, что автора в тот тёплый афинский вечер поразило в этих людях, которые явно были патриотами своего народа. На все слова об инвестициях в свободную Палестину они сказали твёрдое «нет», со всей прямотой людей вестернизированных. И объяснили почему. Сказав открыто и про воровство, и про коррупцию в ПНА. Про то, что деньги так не делят и с деньгами так не работают. И про всё прочее, о чём в ту пору никакие израильтяне и не заикались. Чтобы не оскорблять их палестинского партнёра – Арафата…

И вот тогда-то автор, имевший к тому времени большой общественный еврейский опыт и представлявший, сколько в Израиль вложила диаспора, осознал, что что-то тут не так. Поскольку если ты по-настоящему нуждаешься в государстве, то деньги для тебя как минимум не главное. А если тот, кто это государство вот-вот должен возглавить, не стоит того, чтобы свои ему помогали…

Значит, тут всё настолько кисло, что государства этого, скорей всего, не будет. Ну вот его и нет. И откровенно говоря, его б не было, даже не будь Израиля. Ни по соседству. Ни вообще. Может, была бы Сирия. Или Египет. Или

Иордания. А Палестины не было бы, как нет сейчас. Хотя понятно, что плохому танцору всегда интимное мешает – и в данном случае эту роль для ПНА как раз Израиль и выполняет. Вот ещё немного, и всё было бы хорошо и замечательно… Но нет – опять израильтяне!

Смешны те люди, кто в это верит до сих пор. Однако когда-нибудь любая афера заканчивается. Рассказы ООН о глобальном потеплении не вечны. Спекуляции на миротворцах, которые не стоят ломаного гроша, потребляют сотни миллионов долларов и никому не помогают. Баллады об озоновой дыре. О демократии на Ближнем Востоке. И много что ещё. Включая палестинскую государственность. Хоть миллиарды долларов в неё вкачивай, хоть десятки миллиардов. Всё равно их переведут в Израиль, в Иорданию, на Запад или просто украдут. Карма у этой Палестины такая, что ли?

Глава 10
О перспективах

Отобьются – не отобьются. Где будет война. Эпоха полумесяца. Бродяги планеты. Дети наших детей

Отобьются – не отобьются

Вечный вопрос радиослушателей и пользователей социальных сетей: «Что будет с Израилем? Отобьётся он или не отобьётся?» – более чем объясним, с учётом того, что в России, у кого нет в Израиле родителей, детей, близких родственников по линии жены или институтских друзей, у того есть сантименты к этой стране, как к Святой земле – если это люди верующие. Точнее, по-настоящему верующие, а не ряженые, притворяющиеся таковыми исходя из моды, карьерных соображений или корыстолюбия. Вне зависимости от конфессии.

Либо у этих людей нет никаких симпатий к террористам – и уже поэтому Израиль для них важен. Как союзник и пример того, как надо с террористами воевать и как прикрывать от атак собственное население. Что у израильтян получается куда лучше, чем у всех, кто с террористами воюет, не исключая и Россию. И если б им ещё иметь политическое руководство, способное ставить задачи на достойном армии уровне, как в России… О чём израильтяне говорят довольно часто.

Но это тема, обсуждать которую бессмысленно. Если у бабушки усы, тестостерон и «Харлей-Дэвидсон», то она дедушка и байкер. А если б Израилем управлял политик с характером Путина… Мечтать не вредно. Так что у Израиля будут свои лидеры, у России свои, и хорошо ещё, что у российского руководства к еврейскому государству нет претензий и террористов оно, в отличие от руководства советского, не вооружает и не тренирует. А то были времена.

То есть понятно, что исламисты в России есть, и иранское лобби есть, и саудовское есть – денег-то всем хочется. И антисемиты никуда не делись, и националисты. Которые евреев не так чтобы не любят особо, они теперь их из толпы «понаехавших» не выделяют. Они вообще никого не любят, в том числе евреев. Но мало этих персонажей в стране, по сравнению с тем, что могло бы быть, учитывая десятилетия тяжёлой антисионистской пропаганды и исторически развитый отечественный антисемитизм.

Во всяком случае, в Европе этого народа куда больше, и в Америке его тоже хватает. Но русская специфика – отсутствие излишнего либерализма. То есть пацифисты в стране есть, но до окончательного маразма, в стиле Ганди и его «ахимсы», они в России не доходят. Поскольку жизнь в отечестве не та, что на Западе. И террористы тут не за горами, за морями, а рядом, за стеной.

Не замечать их в России могут только особо, на всю голову съехавшие представители околополитических, академических и журналистских кругов. Которые тоже есть, но мало-помалу исчезают с горизонта. Да и говорят они с каждым российским терактом всё тише и тише. Во всяком случае, вспоминая Первую Чеченскую войну… Есть с чем сравнивать. Хотя демократии это, как говорит «мировое сообщество», не способствует. Ну и Б-г с ней.

Тут для понимания того, как это происходит в странах демократических, интересно представить лобби Японии в Соединённых Штатах после Пёрл-Харбора или Гитлера в Великобритании после Ковентри. Что сложно, поскольку разорвали бы на части, даже без вызова полиции – при первой попытке что-либо сказать. Ровнёхонько в рамках той самой демократии. В связи с чем непонятно, чего ждать от России и Израиля, кроме того же самого – и ещё в очень смягчённой, особенно в Израиле, форме.

Взрывы в метро и аэропортах хорошо излечивают от симпатии к джихаду. Как и захват заложников в роддоме, школе или театральном зале. Всех, кроме персонажей, наиболее не дружащих с собственной головой. Война диктует не те законы, которые подходят для идеологического заповедника советского типа. И президентская вертикаль в России какая угодно, но не антиизраильская. А это многое решает.

Старая русская поговорка «каков поп, таков и приход» действует в элите, как хорошо смазанный затвор. Начальник против – все будут против. Начальник «за» – ну, может, кто-то и не «за», но мнение своё он может воткнуть себе в причинное место и поворачивать там до достижения полнейшей удовлетворённости. По или против часовой стрелки, неважно. Поскольку спорить с начальством вредно для карьеры и совершенно бесполезно. А чиновник кушать хочет каждый день.

Засим, поскольку все видят, что шеф не чурается общения с израильтянами и даже, что ему ни говори и ни пиши в виде коллективных посланий от депутатов Думы или широкой общественности, как было весной 2005-го, с евреями, включая даже и ортодоксов, понятно, что евреев и израильтян велено пускать наверх. Их там, в Кремле, принимают. Выслушивают. Иногда даже реагируют на просьбы. Поскольку с точки зрения борьбы с террором они партнёры номер один. Враг для них, как и для русских – это враг. Друг – это друг. А союзник – он и есть союзник.

И в этом их отличие от европейцев и американцев велико. Ну, правда, дипломаты от всего этого вертятся, как угорь на крючке. Но на то они и дипломаты. Пускай их. Хотя и там встречаются не только карьеристы и ушибленные на всю голову борцы за мир старого типа, в том смысле, что борются за мир, пока в этом мире камня на камне не останется, но и люди нормальные. Ну есть у них палестинский вопрос в загашнике – так он с советских времён в МИДе завис. Чемодан без ручки. Нести тяжело. Бросить жалко… А вообще – народ как народ. В Госдепе хуже.

Вопрос, «отобьются» ли израильтяне от соседей, предметно характеризуют понесённые ими в военных конфликтах потери. В Войне за независимость 1948–1949 годов Израиль потерял шесть тысяч триста семьдесят три человека, в том числе две тысячи триста семьдесят три мирных жителя. В Синайской кампании 1956-го – до ста девяноста военнослужащих. В Шестидневной войне 1967-го – девятьсот восемьдесят три солдата и офицера.

В Войне на истощение 1967–1970 годов погибло около тысячи четырёхсот военных и сто двадцать семь гражданских. Война Судного дня, она же Война Йом-Кипура, унесла жизни примерно трёх тысяч солдат и офицеров ЦАХАЛа. Операция «Мир Галилее», или Первая Ливанская война, – трёхсот пятидесяти. Всего же в Ливане к 2000 году Израиль потерял до девятисот военнослужащих. Но это была последняя война, в которой он понёс такие потери на поле боя.

В ходе Первой интифады 1987–1991 годов было убито сто одиннадцать израильтян. Вторая интифада – интифада Аль-Аксы 2000–2005 годов – унесла жизни менее тысячи жителей Израиля, в том числе семисот шестидесяти четырёх гражданских лиц и пятидесяти четырёх иностранцев. К 2008 году их число превысило тысячу двести человек, из которых восемьсот тридцать три были мирными жителями.

Во Второй Ливанской войне 2006 года было убито сто шестьдесят пять человек, в том числе сорок четыре гражданских. Во время операции «Литой свинец» в Газе в 2008–2009 годах погибло тринадцать, из которых гражданских было трое. В операции «Облачный столп» 2012 года – шестеро, включая четверых мирных жителей. Наконец, в операции «Нерушимая скала» в 2014 году, которая на момент, когда писались эти строки, ещё продолжалась, погибло семьдесят человек, в том числе шестеро гражданских.

Говоря попросту, потери израильтян в первой выигранной ими войне, которая сделала возможным существование еврейского государства на Ближнем Востоке, примерно те же, что и во всех прочих войнах, которые их страна вела в следующие три с половиной десятка лет. Затем, ещё за тридцать с небольшим лет, Израиль потерял от палестинского террора в три с лишним раза больше граждан, чем в ходе военных операций против «Хизболлы» и ХАМАСа. Статистика, говорящая сама за себя.

Классическая мантра, бесконечно повторяемая политиками, журналистами, учёными и дипломатами: борьба с терроризмом не имеет военного решения. Откуда, собственно, весь «мирный процесс», который немедленно по истечении сроков, отпущенных Арафату на создание палестинского государства, превратился в террористическую войну. Позволим себе внести коррективы.

Борьба с терроризмом не исчерпывается одними военными решениями – это верно. Проблемы мирного населения, освободив его из-под контроля террористов, надо решать. Что затратно и требует времени. Однако решать их нужно с населением и его лидерами после победы над террористами. Уничтожения или изгнания террористов. А не платя террористам, которые, получая деньги от обстреливаемых ими, даже не скрывают, что они враги. В случае Израиля, если это ПНА и Абу-Мазен, – максимально осложняют ему жизнь на международной арене. Если же ХАМАС…

Кто мешает израильтянам добить ХАМАС, кроме их собственного нежелания делать то, что необходимо? Кто останавливает их перед тем, чтобы разогнать структуры ПНА, оставив под своим контролем полицейские силы и местную администрацию, но, как это необходимо сделать, искоренив систему профессионального подстрекательства, особенно опасную в молодёжной среде? И почему то, что удалось на Шри-Ланке правительству с тамильскими сепаратистами, Израиль не может сделать с палестинскими террористами?

Давление мирового сообщества, на которое ссылается израильское руководство, есть и будет. Проблема не в этом. А в том, что, не взяв на себя ответственность за палестинцев, Израиль передал их Арафату. Не покончив с администрацией ПНА после того, как она нарушила сроки «соглашений Осло», передал инициативу ХАМАСу. Не взяв под контроль Газу, когда это можно было сделать малой кровью, допустил превращение анклава в крепость, из которой ХАМАС придётся рано или поздно изгонять с большими жертвами.

И это если ещё не учитывать, что палестинские террористы, которые принадлежат к многочисленному семейству «Братьев-мусульман», далеко не худшее из набора, имеющегося в регионе. Поскольку там есть салафиты – «Аль-Каида» всех мастей и разновидностей. То есть совсем средневековое зверьё.

Что во всём этом плюс – арабские государства на Израиль напрямую больше не нападают. Как, впрочем, и Иран. Дороже обойдётся. Что во всём этом минус – государства на Ближнем Востоке больше не главный враг. Современное вооружение и средства связи любое племя превращают в подразделение коммандос, а деревню или городской квартал в укрепрайон. С чем, собственно, Израиль и столкнулся в Газе и Южном Ливане.

Поддержка террористов населением или использование ими этого населения в качестве живого щита означает значительное число гражданских жертв в контртеррористической операции, как её ни проводи. Что в израильском случае означает немедленное включение правозащитных организаций, которые специализируются на еврейском государстве, как ни на одном другом уголке планеты. Обеспечивая детальный разбор каждого промаха с израильской стороны и демонстративно игнорируя всё, что происходит у палестинцев или с ливанской и сирийской стороны границы.

С одной стороны, понятно. Есть математика Эвклида, есть – Лобачевского. Тут, скорее всего, какая-то особая логика. И особое правосознание. С подробной калькуляцией: сколько сотен тысяч африканцев в Конго или Судане, тысяч арабов в Ираке или Сирии, сотен европейцев на Украине стоит в глазах международных организаций каждый палестинец, погибший в противостоянии с Израилем. Что, в общем, можно подсчитать.

В связи с чем попытки «жить как все», копируя выдуманные западными профессорами в университетах правила игры, которые не работают просто потому, что в реальной жизни их не существует, у израильтян проваливались, проваливаются и проваливаться будут. И никакие «уступки во имя мира» им ничего, кроме войны, не приносили и не принесут. Как это было во время отступления из Южного Ливана в 2000-м и из Газы в 2005-м.

Автор оба раза в Израиле присутствовал и с тогдашними премьерами их гениальные шаги по бросанию на произвол судьбы вышеперечисленных территорий обсуждал. В первом случае с Эхудом Бараком. Отличным генералом, хорошим министром обороны и никудышным главой правительства. И с Ариэлем Шароном. Последним из великих полководцев XX века, человеком-легендой, самым эффективным министром Израиля за десятилетия – не зря его звали «бульдозер». И что сказали премьеры-десантники?

Барак со свойственной ему мягкой улыбкой: «Один выстрел с их стороны, и я этот Ливан уничтожу». Шарон, похожий на грузного, постаревшего, но бодрого римского легата: «Я эту Газу столько брал – будет что не то, возьму ещё раз». И толку было с этих слов? Оба забыли, что нельзя дважды войти в одну и ту же воду. Что с Газой и Южным Ливаном и произошло. Стреляют оттуда, ракеты запускают, теракты устраивают – и в обозримом будущем так оно и останется.

Куда деваться израильтянам? Да никуда. Отбиваться, как раньше. Год, два, десять лет, двадцать… Сколько надо. Поколение за поколением. Упустишь, дашь слабину – вырежут. Своих не жалеют, кто о евреях думать будет? И на международное сообщество надежды ноль. Христиан и йезидов в Ираке оно не спасло, да и не спасало. Христиан в Сирии и Ливане – тем более. С чего вдруг кто-то в этом гадюшнике задумается об Израиле, когда они, судя по всему, что творится в их собственных странах, и о себе-то позаботиться не в состоянии?

Однако военная техника и технологии развиваются, а терпение у населения Израиля мало-помалу заканчивается. Соответственно, пространство для манипулирования массами у израильских политиков сужается. За воплощение принципа «два государства для двух народов» вопреки базовым национальным интересам страны им бороться всё труднее. Да и армия, как показали войны 2000-х, вопреки усилиям левого истеблишмента по её развалу воевать не разучилась.

Из всего вышесказанного можно сделать в отношении будущего Государства Израиль вполне оптимистичные выводы. Хотя знал бы кто, как его жителям осточертело воевать... Но делать нечего. Справа война. Слева война. Позади война. Впереди – хоть вблизи, хоть в отдалённой перспективе, – опять война. Где её только нет. И где её только не будет.

Где будет война

А везде она будет. Прячься от неё, не прячься, она тебя найдёт. Как там у Валентина Иванова в «Руси изначальной»? «Нет большей глупости, чем устраивать собственное счастье». Слова горько-правильные. Вот ты всё выстроил. Поднял детей и внуков. Дом с садом. Любимая работа. Стабильный доход, которого хватает тебе и семье. Дети. Внуки. И что?

Танки через твоё семейное счастье не пройдут, что ли, где бы ты его ни построил? Как это произошло в Югославии и происходит на Украине. О Сирии, Ливии и Ираке не стоит и вспоминать. И если говорить о Ближнем Востоке, так там это только начало. Да и в Европе, похоже, далеко не конец. А мы, напомним, говорим об Израиле. Который не в Западной Европе. И не в Северной Америке. А на том самом Ближнем Востоке.

Террористы не взорвут аэропорт или поезд в метро, где кто-то из твоих близких как раз находится? Или не захватят их в заложники в офисном центре, театре, школе, роддоме? Как в Москве, Будённовске, Беслане, Волгограде? Или в Нью-Йорке, Лондоне, Мадриде... Про Ближний Восток опять не говорим – там это было на десятилетия раньше. И кого это волновало, когда что-то взрывали и захватывали в Израиле? Ну, борются свободолюбивые палестинцы против сионистской оккупации...

«Цивилизованное человечество», вообще-то говоря, на редкость сволочное. Ханжеское и подлое. Понимает только силу. Благодарности ни к кому не испытывает. Отечественный МИД, который десятилетиями носится с палестинскими подопечными, как тот персонаж с писаной торбой из пословицы, в этой связи выглядит как клинический идиот. Поскольку ни Европа России спасибо за разгром фашистов не сказала и не скажет, ни палестинцы за заботу не поблагодарят. Скорей напротив. Оказанные услуги ничего не стоят.

Ведь не позвали русских дипломатов в Газе на открытие аэропорта при Арафате. Ждали они этого, ждали. До вечера сидели – ждали. И автор ждал. Как раз был в Газе. И ведь, что обидно, единственных не позвали. Поскольку пару вертолётов Россия Арафату подарила, но денег в Москве не было. Союз распался, шла Первая Чеченская война – самим нужны были те деньги. Ну вот раис о русских одномоментно и забыл. Демонстративно, так его в качель...

Впрочем, что касается кавказских войн и рикошетом бьющих по всей стране терактов: суицидальные террористические технологии – это чисто палестинское изобретение. Россия с самоубийцами-взрывниками столкнулась не намного позже, чем Израиль. И до сих пор с ними встречается – далеко не только на Северном Кавказе.

Борьба за права палестинцев – любимая тема исламистов по всему свету. Любых, в том числе тех, кто воюет в России. За построение справедливого мусульманского будущего на территории, которую страна сегодня занимает. Хо-р-рошая точка пересечения интересов с ними получается у дипломатов на палестинском вопросе. Ёмкая. Пользы от неё для российского населения...

Но это так. Кто о чём, а автор, пытаясь писать об Израиле, натыкается на арабскую, палестинскую, иранскую и прочие темы такого же рода и в них барахтается. И ведь не хотелось! А не деться никуда. Хотя для России тема военных угроз и палестинцев неактуальна. Тут другие проблемы. В Европе – да. В Америке – поменьше, но, может быть, ещё рванёт. А вот в российских эмпиреях, кущах и пенатах… И палестинец здесь другой. И правоохранители другие. И правила игры, по счастью, недемократические – хорошего погрома не устроить.

Был как-то автор свидетелем того, как отечественная сирийская диаспора попыталась в рамках «дружественных» взаимоотношений взбодрить делегацию сирийской оппозиции, которую в Москву позвал российский МИД: поговорить и понять, есть с ними смысл контачить или пусть идут своей дорогой. Дело было в самом начале гражданской войны в Сирии, когда не то чтоб порчи отношений с Вашингтоном и Брюсселем совсем не было, но были ещё некоторые иллюзии о том, что вместе с ними что-то можно делать.

Поскольку сирийцы в России имели собственные представления о том, в каком именно месте надлежит быть оппозиции их президенту, то, как сказано, они решили организовать диаспору – намять бока гостям. И просчитались. Поскольку, с их-то точек зрения, гостям в Москве нечего было делать. Но их никто не спрашивал. Они сами в России были гости. А гость хозяевам указывать не должен. Иначе ставится на место – дружественная страна или нет, абсолютно не играет роли.

Сирийская диаспора в Москве большая. Точнее, самая большая из арабских. Собрать из её представителей толпу – небольшую, но крепкую – не вопрос. Однако дальше грустно. Поскольку принял её на «демократизаторы» ОМОН. Кого погнал. Кого забрал. Студентов записали, зафиксировали и объяснили: учиться – сколько влезет. Но если что – то сбор вещей и «здравствуй, родина». В двадцать четыре часа. Как доктор прописал. Так что скандал погашен был в зародыше.

Москва не Лондон, не Берлин и не Париж. Взаимные разборки представителей диаспор не приветствуются. Причём с советских времён, когда в стране тоже много кто учился. Поскольку если дать приезжим возможность проявить свою «дружбу народов» в полный рост, так не закончится, пока гробы на места исходной дислокации не двинут журавлиным клином. После чего разбор полётов, порча репутации, и кому оно вообще сдалось? Опять же с чужими дашь слабину, так и своих потом не остановишь.

Но это о сирийцах, а также прочих иностранцах из дальних стран. Что с точки зрения российской безопасности, вопрос тридцать второй. Поскольку из реальных проблем номер один – всё, что происходит на Северном Кавказе. Номер два – исламизм в Поволжье и прочих внутренних территориях, от Карелии до Дальнего Востока. Номер три – ожидание исламистского взрыва в Центральной Азии, в первую очередь в Узбекистане. И вот это действительно проблемы. Тем более и ждать недолго: уйдут американцы из Афганистана в 2014 году – и понеслась... по кочкам.

Об этом и поговорим. Тем более примеры налицо – от Ливии до Ирака. И оптимизма они приносят мало. С одной стороны, там отбиваются от террористов военные хунты и монархии – Алжир, Марокко, Египет, Сирия, Иордания, Саудовская Аравия. Идёт пристрелка и по «Братьям-мусульманам», и по салафитам. С другой – враждующие Иран и Израиль, которые в равной мере не заинтересованы в победе суннитских радикалов. А с третьей...

С третьей весьма вероятно широчайшее распространение процессов, аналогичных «Арабской весне», на Среднюю Азию, с участием тех же внешних игроков: Саудовской Аравии, Катара и Турции. Благо поддержка со стороны западного сообщества, в первую очередь Соединённых Штатов, заинтересованных в укреплении своих позиций в регионе в противовес России и Китаю, им обеспечена.

Как уже сказано, основным катализатором «Центральноазиатской весны», помимо местных перекосов, с которыми ничего сделать нельзя, станет Афганистан после выхода из него войск НАТО в 2014 году. Эвакуация войск коалиции и приход к власти талибов в пуштунских районах Исламской республики Афганистан может занять по времени, в зависимости от степени поддержки западниками Кабула, до двух-трех лет.

Наиболее угрожаемый период, таким образом, 2015–2017 годы. При этом Таджикистан и Киргизия представляют собой слабое звено в регионе, а сотрудничество постсоветских республик между собой для предотвращения внешней угрозы практически исключено. Ну разве что Россия и Китай удержат Казахстан. А по Киргизии с её наркоторговлей и криминалом уже бо-ольшие вопросы.

Судя по укреплению позиций Саудовской Аравии и Катара в Киргизии, где недавно открыты посольства обеих стран «ваххабитского тандема», именно она будет играть роль главного плацдарма организации «Центральноазиатской весны». Что логично, вследствие ее геополитического положения в регионе, позволяющего концентрировать на территории Киргизии боевиков для действий по всем ключевым направлениям, включая китайский Восточный Туркестан. Кроме того, в Киргизии, в отличие от Таджикистана, слабо влияние Ирана – основного конкурента Саудовской Аравии в исламском мире.

Эксперты отмечают, что при организации экспансии из Афганистана целью будут Киргизия, Таджикистан и Узбекистан, но это не исключает проблем в Туркменистане – в Прикаспии и на южной границе, а также Казахстане. На острие атаки будут действовать группы Исламского движения Узбекистана, туркменские талибы, российские татары и башкиры из джамаата «Уйгур-Булгар», а также выходцы с Северного Кавказа.

Афганские и пакистанские талибы на север не пойдут – регион находится вне сферы их непосредственных интересов. В то же время логистическую поддержку боевикам ИДУ, джамаата и других союзных групп они окажут, играя роль глубокого тыла для центральноазиатских исламистов. В случае реализации сирийского сценария Управление общей разведки Саудовской Аравии и ISI Пакистана, скорей всего, начнут готовить в Афганистане вместе с талибами боевиков для диверсионно-партизанской войны в Центральной Азии, как они это делают с 2013 года в отношении Сирии.

С учетом роли Турции в свержении правящего режима в Ливии и гражданской войне в Сирии, на дестабилизацию региона будет работать и эта страна, используя организации типа ТЮРКСОЛ и другие фонды тюркоязычных народов, которые работают под эгидой спецслужбы MIT. Существенно присутствие в регионе колледжей «Нурджулар», которые связаны с американским разведывательным сообществом и могут быть задействованы в случае начала «цветной революции» в любой стране региона в качестве организаторов там очередного Майдана.

Возможность получения центральноазиатскими государствами каких-либо гарантий от потенциальных организаторов и участников кампании региональной дестабилизации и заключения с ними соглашений, которые будут выполнены, судя по опыту «Арабской весны», отсутствует напрочь. Катар, Саудовская Аравия, США, Турция и страны ЕС имеют в регионе собственные интересы, которые не могут быть реализованы в условиях сегодняшнего статус-кво. В том числе учитывая присутствие там Китая и России.

В качестве вероятного плацдарма для организации баз вооружённой исламистской оппозиции можно рассматривать Ферганскую долину. Возможные дополнительные базы оппозиции: Дагестан, Таджикистан, Афганистан и приграничные районы КНР. США, ЕС, Катар, Саудовская Аравия и Турция могут взять на себя финансовое обеспечение и политическое прикрытие «легальной» оппозиции.

Обучение, вооружение и переброска на места операций боевиков с высокой степенью вероятности будут проводиться упомянутым выше пакистано-саудовским альянсом спецслужб при участии конкурирующей с ним турецко-катарской оси. Запад ограничится мониторингом текущей ситуации и подготовкой отрядов боевиков для захвата объектов ядерной индустрии, химических и биологических структур бывшего ВПК СССР на случай угрозы их захвата исламистами.

Вопрос о возможности вмешательства в описываемые процессы России и Китая, в рамках ОДКБ или под патронажем ШОС, можно считать открытым. Высока вероятность того, что они ограничатся мониторингом ситуации, укреплением своих границ на центральноазиатском направлении и точечными спецоперациями. Исключение, в случае России, разве что прямая угроза Казахстану.

Приоритеты более или менее понятны. Для США это ослабление России и получение плацдарма для будущего противостояния с Китаем. Для монархий Персидского залива – усиление исламизма в Центральной Азии, ликвидация там светских режимов, ослабление их как партнёров Ирана. Для Турции – пантюркистский экспансионизм. Для ЕС – получение экономических привилегий, укрепление партнерства с США, лоббирование со стороны Турции и финансовая заинтересованность элит (в первую очередь Франции и Великобритании) «заливниками» (Катаром и Саудовской Аравией).

В общем – смесь украинского Майдана с ливийско-сирийско-иракским сценарием. Страшный сон. Хотя реальный ход событий, повторим, зависит от местных властей и внешних игроков: России и Китая. Что до старта, наиболее вероятное время начала описанной кампании – период передачи верховной власти в Казахстане и Узбекистане. Причём у Астаны есть шанс отбиться с помощью Москвы и Пекина. А вот у Ташкента…

Руководство Узбекистана придерживается изоляционистской политики, пытаясь стать региональной гегемонией Средней Азии. Укрепление силовых ведомств, минирование границ, конфликт с соседями, лавирование между США и Россией вместе с подавлением оппозиции не оставляют ему шансов на мирную передачу власти от действующего президента к его наследникам.

Особняком в регионе держится Туркменистан, проводящий политику еще более жёсткого изоляционизма, чем Узбекистан. Однако национальная элита этой страны далеко не так сплочена вокруг лидера, как демонстрирует, а его контроль над местными кланами и происходящим в республике значительно слабее, чем у его предшественника.

Эксперты отмечают ряд «линий разлома» в туркменском обществе и значительное усиление на территории Туркменистана, в Прикаспии, салафитских общин. Подпитка этих групп с территории Афганистана и через приграничные суннитские регионы Ирана означает возможность реализации в Туркменистане самых неожиданных сценариев.

Последнее тем более вероятно, что газовые ресурсы этой страны являются предметом заинтересованности России, Катара, Саудовской Аравии, афганских талибов, Пакистана, Ирана, Соединённых Штатов, Евросоюза и Китая. Проект трансафганского газопровода на Пакистан, лоббируемый Дохой, поддерживается Вашингтоном, в том числе потому, что противоречит экономическим интересам России, Ирана и Китая. Зато саудовцы его торпедируют как могут, для чего используют атакующих границу с Туркменистаном с территории Афганистана туркменских талибов.

Единственным положительным моментом в описываемой ситуации является то, что прямая военная интервенция, в том числе НАТО, в регионе исключена. При этом наличие в Афганистане значительных запасов западного вооружения и военной техники даёт возможность организовать как «утечку» любого их количества боевикам, так и поставки правительствам региона. Что США и делают в том же Узбекистане.

Вопрос: при чём здесь Израиль? Теоретически всё вышеописанное не его дело. Если не учитывать, что к арабским, пакистанским и турецким исламистам, а также к Ирану в борьбе против еврейского государства могут прибавиться ещё и выходцы из Центральной Азии. Которые в Сирии и Ираке уже присутствуют, вместе с джихадистами с Северного Кавказа и из других регионов России, не говоря уже об африканских и европейских исламистах и уйгурах. Союз всех их с ХАМАСом – исключительно дело времени.

Мы описали только одно возможное направление будущего Большого джихада. Не говоря о Сахаре и Сахеле.

Чёрной Африке и Южной Азии. Тихоокеанском регионе, откуда джихадисты в Ирак и Сирию на поддержку радикалам едут даже из благополучной Австралии. Не стоит забывать и о таких малоизвестных резервах будущего джихада, как Канада, США и Латинская Америка.

Не говоря о главном из них – Западной Европе. Откуда к ИГИЛ и «Джабхат ан-Нусра», АКИМ и ДЗЕДЗА, «Аш-Шабаб» и другим крайним радикалам едут тысячи добровольцев. С паспортами Евросоюза. Владеющие европейскими языками. Знающие западный мир и его законы и умеющие этими законами пользоваться. Готовые убивать и убивающие всех, кто встаёт на их пути… Продукт европейских ценностей и толерантности во втором поколении.

Эпоха полумесяца

Что характерно, мусульмане в диаспоре – люди как люди. Если они, конечно, не живут в замкнутых общинах, вся жизнь которых сосредоточена вокруг мечети с радикальным имамом. Который, во-первых, как положено нормальному менеджеру от религии, должен удержать свою паству и потенциальных спонсоров на коротком поводке, чтоб не ушли на сторону. И во-вторых, стремится обеспечить нормальные контакты с внешним миром, что означает страну или исламистскую группировку, на которую он ориентируется – ещё один источник постоянного дохода.

А так – врачи, техники, инженеры, учёные, бизнесмены. Некоторые всемирно известны. Других знают в пределах их квартала. Третьи вообще, кроме членов семьи, ни с кем особо не общаются. Дети поступают в школы и колледжи. Внуки заканчивают престижные или обычные университеты. Всё как у всех. Хотя, конечно, в Соединённых Штатах, Канаде и Латинской Америке, где никто ни с кем не цацкается, как в Европе, интеграция быстрей и глубже.

В Евросоюзе, где пособия выплачивают, не успеешь открыть рот, страны исхода ближе и поток эмигрантов гуще, процесс замедлен. Стимулы не те. Общины европеизированных старожилов размывает приток новоприбывших, носителей стандартов, характерных для традиционного исламского общества. Но, в общем, на исторический путь евреев в Европе очень похоже. До той поры, пока речь не заходит об Израиле, отчего исламская диаспора быстро звереет. А вот тут начинается принципиально разное. И сильно.

Сколько евреев отметилось в терроре против мечетей, мусульманских школ или клубов во Франции? Англии? Швеции? Германии? Сколько нападений евреев на арабских или пакистанских стариков в год фиксируется в этих и всех прочих странах Европы? Сколько терактов против государств, где они живут и гражданство которых имеют, евреи совершают? Ноль? Ну да. А, собственно, почему так? И почему у мусульман это не так?

Борьба с исламофобией – занятие увлекательное, пока не взглянешь на статистику. Как правило, не слишком известную широким массам. Уж очень она неполиткорректна. Пока скажем, что в толерантной Европе за запрет на ношение паранджи в общественных местах выступают восемьдесят два процента французов. Семьдесят один процент немцев. Шестьдесят два англичан. Пятьдесят девять процентов испанцев. Если с мусульманами в Европе всё так замечательно, как утверждают европейские левые, почему эти показатели такие?

По данным немецких социологов, накануне «Арабской весны» в Европе проживало почти пятьдесят четыре миллиона мусульман, причём в государствах, входящих в Евросоюз, шестнадцать миллионов, что превышало три процента общей численности населения ЕС. Впрочем, эти данные, не учитывающие нелегальной иммиграции, чрезвычайно занижены.

По переписи 2001 года в Англии и Уэльсе жил девяносто один с небольшим процент коренных европейцев, а в 2011 году – только восемьдесят шесть процентов. Мусульман в 2001 году в Англии было полтора миллиона, в 2011-м – более двух с половиной, а с Уэльсом и Северной Ирландией – более трёх миллионов (более пяти процентов населения).

На 2013 год в Великобритании два миллиона человек были выходцами из Пакистана, два с половиной из Индии (семьсот тысяч из них мусульмане), около семидесяти тысяч – из Сомали. По прогнозу на 2021 год мусульмане составят десять процентов населения Британских островов.

В Лондоне впервые за его историю менее половины исконного, европейского населения и более миллиона мусульман. В Тауэр-Хэмлетс, в Ист-Энде, число мусульман составляет более трети. В Бредфорде пакистанцы начали селиться только после Второй мировой войны. В 1991 году их было тринадцать процентов, в 2001-м двадцать, в 2011-м – тридцать процентов населения, а среди студентов университета более половины.

Про университеты сказано не зря. Британские университеты – вообще кузница кадров исламистов. Только радикалы из «Хизб-ут-Тахрир» контролируют около шестидесяти исламских студенческих обществ. Тридцать пять процентов осуждённых за терроризм в Британии исламистов имеют высшее образование. Более трети студентов-мусульман считают убийство легитимным способом достижения политических целей.

Растет число переходящих в ислам коренных англичан: всего их более ста тысяч – около пяти тысяч обращаемых в год, две трети из которых женщины. До 1963 года в стране было тринадцать мечетей. Сегодня более полутора тысяч. На тридцать местных имамов в Великобритании приходится более тысячи иностранцев. И иностранцы эти относятся к британским законам и британским обычаям с демонстративным презрением.

Собор Святого Павла – символ Англии, вмещает только две с половиной тысячи верующих. В лондонском Ньюхэме организация «Таблиги Джамаат» планирует построить крупнейшую в Европе мечеть на десять тысяч человек.

Правда, местный муниципалитет пока не даёт на это разрешение.

Расширяются контролируемые радикалами «зоны под контролем шариата». Там оказывается давление на хозяев «нечистых животных» – свиней и собак. Запрещается использование изображений собак в социальной рекламе, в том числе в рекламе полиции. Таксисты отказываются перевозить слепых с собаками-поводырями. Из школ силой изгоняются христианские символы: рождественские ёлки и Санта-Клаусы, а из школьных библиотек – «нечистые» книги: сказки про трёх поросят, поросёнка Бэйба и прочая «не та» литература. Причём закон на это смотрит сквозь пальцы.

Исламисты отлично уживаются с законодательством, если могут заставить его служить себе. Так, они активно используют в свою пользу «Закон о богохульстве». В частности, бросание в человека ботинком признано в Британии исламской традицией, а не хулиганством. А если радикальные исламские организации запрещает суд, они просто меняют название. В итоге британская «Аль-Мухаджирун» стала «Аль-Гурабаа», потом превратилась в «Ислам4 ЮК», а затем её назвали «Мусульмане против крестоносцев».

Салафиты контролируют мечети, где открыто ведутся проповеди джихада. Наиболее известна среди них мечеть «Масджид ат-Таухид» в Лейтоне. Там много лет проповедовал знаменитый Абу-Катада, осуждённый, но на протяжении ряда лет не депортированный в Иорданию, где его могли казнить за организацию терроризма. Среди самых известных джихадистов-проповедников Британии были Анвар аль-Аулаки из «Аль-Каиды», Анжем Чоудари, Абу-Хамза аль-Масри, Омар Бакри Мухаммед и другие всемирно известные лидеры мирового джихада.

Трудно сказать, к чему это приведёт, помимо того, что радикальная «Лига защиты Англии» в глазах обывателей превращается из ксенофобной хулиганской структуры, организованной маргиналами, в едва ли не единственного защитника традиционных ценностей Великобритании. Но если не справляется или не хочет справляться полиция, бессильны суды, ничего не делает правительство и ни на что не способен парламент, на кого надеяться простому человеку?

Впрочем, не только в Великобритании, где Лондон давно называют «Лондонистаном», но и в провинциальной католической Ирландии насчитывается около тридцати тысяч мусульман. Хотя у ирландцев с толерантностью туго. Империей Ирландия никогда не была и никому ничего не должна. Однако она часть Британских островов. Поветрие не миновало и её...

Чрезвычайно быстро увеличивается криминогенность английской исламской среды. В 2010 году в Британии тринадцать процентов заключённых составляли мусульмане. В 2011-м – шестнадцать. В 2013-м – двадцать один процент. При этом в тюрьмах Британии идёт активная вербовка джихадистов среди заключённых.

Впрочем, тенденция эта относится ко всей Европе. Во Франции от пятидесяти до восьмидесяти процентов заключенных – мусульмане, из семи-восьми процентов, которые они составляют в населении страны, не считая нелегалов. В Испании более десяти процентов. В Италии четырнадцать – из одного процента населения, опять же не считая нелегалов.

В начале XX века во Франции жило пять тысяч алжирцев и тысяча марокканцев. В ходе Первой мировой войны в страну ввезли сто тридцать тысяч человек из Магриба для работы на заводах. В 60-е годы во Франции жило полмиллиона мусульман. В 70-е, после ухода из Алжира и переселения в метрополию сотрудников местной администрации, воевавших на стороне Франции, – миллион. Сейчас в стране более пяти миллионов мусульман, в том числе три миллиона из Магриба. В одном лишь Марселе более четверти населения – магрибинцы.

В современной Франции два миллиона практикующих католиков (четыре с половиной процента французов) и два с половиной миллиона практикующих мусульман (более сорока процентов населения, относящегося к соответствующим этническим группам). Там, как и в Британии, растёт прозелитизм. Более семидесяти тысяч коренных французов перешли в ислам.

Что до храмов, во Франции более двух тысяч мечетей. Крупнейшая из них в Марселе, на семь тысяч человек. За последние десять лет в стране построено сто пятьдесят мечетей и только два десятка церквей. Причём за то же время шестьдесят церквей закрылось. Стоит ли удивляться беспрецедентному успеху антииммигрантского «Национального фронта» Марин Ле Пен…

В Германии четыре с половиной миллиона мусульман (более пяти процентов населения), из них только турок почти три миллиона. Лишь сорок пять процентов мусульман имеют немецкое гражданство. Причём до пяти тысяч коренных немцев в год принимают ислам и многие из них участвуют в международном джихаде.

Всего в ФРГ около сорока тысяч исламистов. В том числе тридцать тысяч входят в турецкие организации, четыре тысячи – салафиты, полторы – «Братья-мусульмане», около тысячи – члены «Хизболлы». Возрождённая в 90-е годы в этой стране еврейская община опять сталкивается с угрозой её существованию, теперь из-за соседства с агрессивными немецкими мусульманами.

С 2000 года в Германии более четырёхсот католических и ста протестантских храмов было закрыто. Более двухсот мечетей и две с половиной тысячи мусульманских молельных домов построено. Сто двадцать восемь мечетей строится. Вызвавшая скандал среди ханжеской, демонстративно толерантной немецкой элиты знаменитая книга Тило Саррацина «Германия: самоликвидация» была написана на солидной фактологической базе…

Мусульманская община Австрии составляет около четырёхсот тысяч человек. В Норвегии, стране правого террориста Брейвика, более ста тысяч мусульман, в том числе тридцать тысяч из Сомали. В Финляндии, единственной в ЕС, объявившей о продолжении политики мультикультурализма, живёт около сорока тысяч мусульман, в том числе двадцать тысяч из Сомали.

В Дании более полумиллиона мусульман – около десяти процентов населения. Откуда и «карикатурный скандал»: серия погромов датских посольств и бойкота датских товаров, прокатившихся по всему исламскому миру из-за карикатур, напечатанных в сентябре 2005 года в газете «Юлланд Пост». В их числе масса нелегалов.

В 60-х годах иммигранты составляли четыре процента от населения Швеции. В 2010 году – более двадцати процентов. В том числе мусульман там было более четырёхсот тысяч. Из них сто с лишним тысяч составляли выходцы из таких стран, как Сомали (их более тридцати тысяч), Афганистан, Пакистан и Индия. Плюс сто сорок две тысячи выходцев из Ирака, семьдесят пять из Ирана, сорок четыре из Ливана, тридцать шесть тысяч из Сирии.

В Мальмё, третьем по величине городе Швеции, где более четверти населения составляют мусульмане, в 1984 году была построена первая в Скандинавии соборная мечеть. В этом городе идут непрерывные конфликты мусульман с исконным населением. Он, наряду с такими городами, как Бирмингем, Роттердам и Брюссель, в ближайшем будущем может стать городом с мусульманским большинством.

Из более чем трёхсот тысяч мусульман Бельгии две трети составляют выходцы из Марокко, четверть из Турции, около десяти процентов из Пакистана, Албании и Египта. В стране семьдесят семь мечетей и более двухсот мусульманских организаций. Мусульмане составляют сорок процентов детей в начальных школах Антверпена и четверть населения Брюсселя, столицы Евросоюза.

В Нидерландах более полутора миллионов человек (шесть процентов населения) – мусульмане (более тридцати тысяч из них – сомалийцы). Давление на принявшее их общество они оказывают более чем серьёзное. Причём только убийство кинорежиссера Тео ван Гога спровоцировало в стране дискуссию об исламских радикалах. Как следствие, среди голландцев растёт поддержка антиисламской партии Герта Вилдерса.

В Швейцарии мусульман минимум четыреста тысяч, более пяти процентов населения страны – из Турции, Боснии, Албании, Косово. Девять десятых из них не имеют швейцарского гражданства. В стране двести мечетей, но только четыре с минаретами: строить минареты в Швейцарии, в соответствии с итогами прошедшего в стране референдума, запрещено. Хотя в ЕС это расценили крайне негативно, швейцарцы народ упрямый и своими правами ради теоретических европейских ценностей поступаться не готовы. Впрочем, даже в соседнем крошечном Люксембурге уже живёт около пятнадцати тысяч мусульман.

В Испании мусульман до полутора миллионов (три процента населения), среди которых много нелегалов (восемьсот пятьдесят тысяч из Марокко, по шестьдесят–восемьдесят из Алжира, Пакистана и Сенегала). И как и в Северной Европе, растёт прозелитизм: ислам приняли двадцать пять тысяч испанцев. В Португалии около тридцати пяти тысяч мусульман, преимущественно из Африки. Учтём при этом, что страны Иберийского полуострова, по мнению сторонников возрождения Халифата, должны быть и будут исламизированы – по образу и подобию того, какими они были до Реконкисты.

Италия – главная жертва нелегальной иммиграции из Африки через остров Лампедузу. Общее число нелегалов-мусульман в Италии приближается к миллиону человек, притом что в стране и так свыше миллиона двухсот тысяч мусульман (три процента населения) имеют гражданство (албанцы, турки, выходцы из Африки). Параллельно с притоком мусульман извне ислам приняли более двадцати тысяч коренных итальянцев.

В Греции от четырёхсот до семисот тысяч мусульман. Статистика крайне неточная, так как в основном это нелегалы, перешедшие турецкую границу. Что создаёт в стране, так и не вышедшей из экономического кризиса, высокий уровень напряжённости. В частности, местное население активно протестует против попыток построить первую мечеть в Афинах.

Мусульмане Восточной Европы – преимущественно исконное население тех времён, когда Балканы и соседние европейские регионы входили в состав Оттоманской Порты. В Чехии их до десяти тысяч. В Венгрии около пятнадцати. В Румынии свыше пятидесяти. В Словении до шестидесяти тысяч человек. В Сербии четыреста тысяч. В Болгарии около миллиона (двенадцать процентов населения), большинство которых – болгарские турки.

Статистика Соединённых Штатов и Канады менее изучена. Ну, можно сказать, что американских мусульман минимум шесть миллионов, а канадских не меньше миллиона человек – и что это нам даст? Притом что, по официальным данным, в Канаде перепись указывает на сорок тысяч сомалийцев, а по данным неофициальным, их от пятидесяти до двухсот тысяч. Что полностью характеризует проблему, благо в США нелегалов куда больше, чем в Канаде.

Традиционно считается, что в этих странах опасность джихадистских терактов вроде европейских минимальна. Хотя попытка взрыва нью-йоркского «Твинса» в 90-х годах, мегатеракт «9/11», случайно сорвавшаяся попытка взрыва заминированного автомобиля на Таймс-сквер, организованная сыном экс-вице-маршала авиации Пакистана, не говоря о братьях Царнаевых и Бостонском теракте, показывают, что именно Америка продолжает оставаться целью джихадистов всего мира.

В Австралии мусульман около четырёхсот тысяч. В Новой Зеландии, совсем уж на краю света, – более двадцати пяти. Конфликт мусульманской молодёжи с жителями Сиднея и взрыв в дискотеке на острове Бали, где погибли австралийцы и новозеландцы, демонстрируют, что не обращать внимания на распространение джихада и глобализацию исламистского терроризма нельзя даже в самых удалённых уголках планеты. Хотя самым экзотическим инцидентом с радикальными исламистами стала их попытка укорениться на островах Французской Полинезии – в центральной части Тихого океана!

В Латинской Америке мусульман миллионы – эмиграция на этот континент из всех без исключения стран Ближнего и Среднего Востока насчитывает не одно десятилетие. Около миллиона их живёт в Аргентине, ещё больше в Бразилии, более ста тысяч в Суринаме и столько же в богатой нефтью Венесуэле. Правда, говорят они практически исключительно по-испански или по-португальски. Да и в местную жизнь латиноамериканские мусульмане адаптированы глубже, чем в ближневосточные реалии.

Однако министры и премьер-министры, президенты и, что для этого континента особенно существенно, главнокомандующие национальными вооружёнными силами из Сирии и Ирана, Ливана и Турции, Египта и Марокко – не исключение, а правило для латиноамериканских стран. И это для конкурирующих между собой за влияние во всём мире ближневосточных силовых центров чрезвычайно важно.

Борьба за влияние на местные мусульманские общины между арабскими монархиями, Турцией и Ираном начиная с 90-х годов идёт по нарастающей. Чем она закончится, с учётом того, что Латинская Америка представляет практически идеальный плацдарм для борьбы с США, неизвестно. Благо оружием и наркотиками континент насыщен до предела, а традиции террористической деятельности и силового захвата власти на нём имеют историю в несколько столетий.

В момент, когда автор почти закончил работу над предлагаемой вниманию читателя книгой, высшее руководство Соединённых Штатов внезапно выступило с заявлением о том, что плацдармом для проникновения иракско-сирийских исламистов в США с целью организации терактов на американской территории может стать Мексика. Главную угрозу Белый дом увидел в почти не охраняемой южной границе. Новость? Ну, для кого как. Лет десять назад автор в одной из своих статей об этом писал. Кому бы это было интересно…

Много интересного, с поправкой на местную специфику, можно сказать об Африке. Чёрный континент во времена колониального господства представлял собой территорию сплошного язычества, разбавленного христианством, которое внедряли миссионеры. Речь об Африке южнее Сахары – её север на протяжении веков был и остаётся почти исключительно исламским.

Правда, Эфиопия была христианской на протяжении всей своей истории, почти два тысячелетия, и кое-какие осколки исконного христианства сохранились в Судане и Египте – у коптов, но это исключение из правила. Практически всё остальное африканское христианство пошло с XIX и XX столетий, от англичан и французов, португальцев и испанцев, немцев и бельгийцев, голландцев и итальянцев. Плюс миссионеры из тех стран, у которых колоний в Африке не было, но миссии и торговые фактории были. Так что христианство это по преимуществу – различные типы протестантизма и католичество.

Сегодня Африка демонстрирует взрывное распространение ислама, вплоть до ЮАР, где мусульман более миллиона. О чём подробно написано в предыдущей книге автора, посвящённой национальной идее. Не повторяясь, скажем лишь, что ислам этот весьма специфический. Он замешен на местном трайбализме и в классические времена вряд ли сошёл бы за единобожие. Однако в этом он, именуемый в академической среде «Южным исламом», ничем не отличается от «Южного христианства».

Турция, Катар и Саудовская Аравия, занимающиеся исламским миссионерством на африканских просторах, закрывают на это глаза. Благо исламизация даёт всем трём этим странам плацдармы для экономической экспансии, а опора на принявшие ислам племена – базу для экспансии политической. Война на уничтожение для Африки вообще стандарт. Норма поведения в многочисленных конфликтах на континенте – геноцид. Он правило, а не исключение. Сделать с этим немногочисленные европейские и американские военные контингенты ничего не могут. Да, по большому счёту, как правило, и не хотят.

Ну убивают друг друга в Африке какие-то чёрные люди в огромном количестве. Кому какое дело? Разве что речь идёт об операциях в районах сосредоточения стратегического сырья: нефти, природного газа или урана, особенно важного для Франции с её атомной энергетикой, сырьё для которой преимущественно поступает из африканского Сахеля. Или коммуникаций мирового значения, вроде прибрежной акватории Африканского Рога, где орудуют сомалийские пираты, и Гвинейского залива, где пираты местные…

Суммируя, скажем: эпоха полумесяца, начавшаяся в 90-е на Балканах, где в Боснии и Герцеговине, Македонии и Албании, не говоря уже о Косово, при поддержке стран НАТО с успехом прошла исламская экспансия, продолжается. Наступление на христианский мир идёт по всему фронту. Как, впрочем, идёт оно и на страны умеренного ислама. Будь то арабские авторитарные режимы или государства Центральной Азии. Джинна очень легко выпустить из бутылки. Вопрос в том, как загнать его обратно…

Бродяги планеты

Евреев справедливо обвиняют в космополитизме. Поскольку стран они видели на своём историческом пути… Причём, что характерно – последнее, что оставалось от всех этих стран, переживая их на столетия, а иногда на тысячу или две тысячи лет, – их евреи. От всех без исключения. Включая такие великие империи, как Египет фараонов, Персия или Вавилон. Владык которых в расцвете их могущества от смеха бы скрутило, если бы кто-то смог предположить, что память о них и их государствах донесут в будущее именно евреи.

О древних предках говорить не будем. Давно это было. Откуда они пришли, ясно – с Ближнего Востока, через Римскую империю. Потом там были Польша и Германия. Откуда у автора и взялась его фамилия, которая так сильно раздражает суеверную публику. Город Сатанов – место славных битв турок с поляками в XVI веке на Подолии.

От него нынче мало что осталось. Замок. Монастырь. Старинное кладбище. Уникальная крепостная синагога...

Евреев в этих местах больше нет. Впрочем, к концу XIX столетия предки автора переместились в Екатеринослав и Киев. И, помимо исконного для них идиша, заговорили по-русски. Во всяком случае, обе бабушки успели до революции отучиться в гимназии. Но то поколение ещё говорило на идише. Хотя для родителей он уже был языком, который они понимали, но в быту не использовали. Ну, папа помнил, что до войны его пытались учить древнееврейскому. Но что он там выучил...

Зато украинский был у него свободным. И по-немецки говорил – учили в школе. А мама по-английски. Без разговорной практики: в СССР в загранку они с отцом не ездили ни разу. Но чтение, письмо, произношение – всё было пусть инязовское, но при ней. Однако их родной речью была русская. Как, впрочем, и для автора, который всю жизнь говорил и говорит по-русски. Знает пару слов на идише. Иврит – чуть-чуть. Набрался, путешествуя. Ну и английский. Мама постаралась плюс четверть века свободной езды по миру.

У брата и его семьи, которые уехали в Израиль, иврит и русский вперемешку. У его, брата, внука русский уже чуть-чуть – доминирует иврит. Родня в Америке говорит по-русски, хотя у тёщи родной – идиш. Но все их внуки уже шпарят по-английски. Хотя и русский понимают. Однако школа, колледж – всё на аглицкой мове. И что, кроме неё, останется у их детей? Ну, та же пара слов.

Та часть родни жены, которая волею судеб живёт в Польше, помимо русского, говорит по-польски. Причём польский племянник, прожив полжизни в Москве, говорит по-русски без акцента. Племянницу же жизнь унесла в Париж. В связи с чем дети её будут говорить по-французски. Причём в числе друзей автора есть и те, кто из СССР уехал прямиком в Германию. И там возник немецкий, на котором опять-таки им приходится общаться – по крайней мере с детьми, которые уже не всё по-русски понимают.

И всё это в пределах одной несчастной сотни лет. В одной семье и вокруг неё. Итак, имеем: идиш – базовый. Русский и украинский – вспомогательные. Затем всё вытесняет русский. Потом развилка: иврит, английский, польский, немецкий и французский – в зависимости от того, кто в какую страну эмигрировал и куда из неё потом уехал. Или не уехал. Ну, мог бы быть ещё испанский – французский для современных русских евреев тоже экзотика. При этом русский знают все, хотя и в разной степени. Английский все – и тоже в разной степени. Иврит почти все. Он снова популярен, в том числе в диаспоре, но уже в качестве живого языка.

Что будет с внуками и правнуками, кто из них выучит китайский и японский, кто будет говорить по-португальски – когда и если кого-то занесёт в Бразилию, – кто знает? И если кто-то из читателей предполагает, что всё вышеописанное – часть тонко продуманной стратегии, так чёрта с два. Национальная стезя такая. Плыть, выгребая. Не спать под стрелой. Учиться не бояться трудностей. Учиться рисковать. Глядишь – шажок, другой, что и получится.

На русском, который, что ни говори, пока в семье остался базовым, всё это называется «шило в ж-пе». Не очень вежливо, но верно. Поскольку мир большой и круглый. Устроен он по-разному. Бывает то забавен, то печален. То страшен, то смешон. Но жить-то надо. Пока живёшь, надежда есть. Причём она всегда и на это, и на то, и ещё на что-нибудь третье.

И хотя хочется увидеть как оно, в этом мире, но одновременно хочется и домашнего уюта. Единство противоположностей. Которое хорошо известно лётчикам, геологам и морякам. Привет Валерию Сюткину и его песне про девушек и «простых романтиков». А также Александру Городницкому, который ко всем трём категориям имеет самое прямое отношение. Как, впрочем, и к Израилю.

Еврейская жизнь очень часто – сплошная экспедиция. Даже когда страна была закрыта. Отец и дед автора её изъездили вдоль и поперёк. Один строил порты – на Балтике и Белом море, на море Чёрном и на Дальнем Востоке. И средмашевские объекты – в Сибири и на Урале. Другой металлургические заводы – от Украины до Дальнего Востока.

Дед за границей был. Правда, в войну. Германия, Польша… Где моря, там и был. Отец, который со своей непрерывной разливкой стали теоретически мог поездить от Алжира и Катара до Японии и Великобритании, там ни разу не был. Хотя в войну провёл пару лет в Узбекистане и часто потом возвращался в Среднюю Азию. Судьбы человеческие…

Эвакуация, война, командировки на объекты… Автору досталось езды не меньше, но по другим поводам. Стран объездилось после развала Союза тридцать с лишним. Куда-то приходилось попадать на день-два или на неделю. Куда-то по нескольку десятков раз, как в Израиль и Америку. Что любопытно, русских везде было море. Народ поехал озираться, загорать и плавать. А также прикупать недвижимость, учить детей в приличных школах и университетах и стариков селить на тёплом юге – ближе к морю.

Скорей всего, поехали они такой толпой из-за ощущения загнанности в глухой угол, которое внутренне чувствовала вся огромная страна, когда в ней ещё были выездные визы. И профсоюзная путёвка в Прагу или Будапешт воспринималась как большое жизненное достижение. То есть средний житель СССР, когда «железный занавес» рухнул, превратился в среднестатистического еврея. Из среднего класса. Поскольку стремление к мотанию по планете – черта чисто еврейская. Было бы куда вернуться.

Мораль: русский (любой национальности) в экстренной ситуации ведёт себя точно так же, как еврей в обычной жизни. То есть обычная еврейская жизнь – это либо пребывание в экстренной ситуации, либо ожидание экстренной ситуации, либо выход из экстренной… ну, далее понятно. Что, кстати, наиболее ярко демонстрируют как раз израильтяне. С их вечными послеармейскими путешествиями в дикие, но интересные места.

И не бегут ведь уже никуда. Поскольку эмиграция из Израиля – йерида – куда меньше, чем о ней говорят и пишут. В том числе в Израиле. О чём автору на научной конференции в Москве авторитетно засвидетельствовал профессор Зеэв Ханин. Который на помянутый момент был главным учёным министерства абсорбции (есть в Израиле такая должность) и нужной информацией владел.

Министерству этому положено по сути его работы отслеживать всё, что творится как с алиёй и, соответственно, абсорбцией: кто и откуда едет в еврейское государство и как он там обустраивается, – так и с йеридой. То есть кто, по какой причине и куда из Израиля отъехал на постоянное жительство или надолго. Чем он дышит. И какие есть опции, что он в страну вернётся. Всё это тоже их.

Так вот, выяснилось, что похороны Израиля, неоднократно проводившиеся «друзьями» евреев и еврейского государства на том основании, что из него все уезжают и вот-вот все и уедут, так что некому будет выключить в аэропорту свет, отменились. Поскольку из той же Швейцарии на постоянное место жительства, оказывается, уезжает за границу больше народу в процентном отношении к численности населения, чем из Израиля. На что ни окружающий мир, ни сама Швейцария внимания не обращают.

Приезжают в неё меньше, чем в Израиль. В том числе потому, что гражданство своё Швейцария, в отличие от Израиля, приезжим не даёт – попробуй получи. Однако это не есть повод утверждать, что все швейцарцы вот-вот свою историческую родину покинут. Так что бюрократические крики по поводу того, что «гипс снимают, клиент уезжает», которые в Израиле регулярны, как восход солнца, в том числе в отношении русских олим, имеют мало отношения к той жизни, которая на самом деле в этой стране идёт.

Понятно, что по миру можно насчитать полтора-два миллиона экс-израильтян. Однако это-то как раз нормально: в Ливане населения вообще в разы меньше, чем живёт ливанцев за границей. И что с того? Израильтяне сохранят привязанность к родной стране, живя в Америке, Австралии или Европе. Их дети приезжают служить в армии. Учат иврит. Ездят проведать израильских родственников и друзей. Обычное явление. Что называется, круговорот евреев в природе.

Свидетельствует оно попросту о том, что мир стал более открытым и свободным. Не только террористам по нему перемещаться. Израильтянин в Голливуде или в «Сибнефти», на Уолл-стрит или в Силиконовой долине – явление стандартное. Как, впрочем, и в Германии, Корее, Нигерии или Сингапуре. Огромный мир – огромный рынок. Рынок труда. Инвестиционных возможностей. Технологий. Образования.

Поскольку все, кто построил себя в Израиле, имеют конкурентные преимущества перед теми, кто не видел, не испытал и не умеет того, что видели, испытали и умеют они, постольку они этими преимуществами и пользуются. Бешеный темп и специфические условия жизни на грани мира и войны. Служба в армии и самостоятельность детей и подростков. Сочетание житейской практичности и отсутствия иллюзий, характерных для Запада… Всё это даёт израильтянам хорошую фору.

А так – ну есть несколько сотен тысяч израильтян в Европе. Как минимум столько же в Америке. Пара сотен тысяч в бывшем СССР. Преимущественно в крупных городах, которые нуждаются в высококвалифицированных экспатах. По нескольку тысяч в других странах. Или десятков тысяч – если страна большая и там есть что делать. Нормальное кино.

Израиль интегрировался в современный мир не хуже, чем Швейцария или Германия. О чём свидетельствует всё вышесказанное. Традиционная еврейская судьба – и не хочешь, а придётся двигаться. Тем более исторический опыт евреев натренировал и не только приучил разбираться в происходящем вокруг быстро и правильно, но и закалил.

Как там в старом советском анекдоте? «Я не знаю, о чём вы, но ехать надо»? По поводу чего в пору борьбы с сионизмом на партсобраниях евреям сказано было много. О подлом народе, у которого нет любви к родине. Перекати-поле, а не народ. О буржуазных космополитах. О предательстве социалистического отечества. Кто в это время жил, тот помнит.

Клеймили за предательство, и за низкопоклонство перед Западом, и за израильскую агрессию против мирного арабского народа… В частушках это звучало с подтекстом, при рассмотрении партийными и компетентными органами под правильным углом– весьма подозрительным. «Над арабской мирной хатой гордо реет жид пархатый» – куплет более чем исторический. С ощутимым подвыподвертом.

Это не хуже, чем Высоцкий или Галич. Те насчёт коллективных осуждений отъезжантов «лучшими представителями советского народа» были единодушно жёсткими – в отличие от нынешней Думы. Которую в законотворческом угаре стремительно несёт куда-то мимо брежневских времён. То ли в сторону незабвенного Никиты Сергеевича и его «мы вас похороним». То ли сразу к Булгакову. Во времена «Собачьего сердца». Но не о нынешних же Швондерах нам говорить. Пусть их.

Так вот, помимо работы и обустройства детей, израильтяне, как и русские, косяками по миру носятся на предмет отпусков. Причём ездят – как в последний раз. Будь то шопинг, туристические маршруты или просто банальная пьянка у моря. Что, кстати, характерно и для отечественного туриста. Поскольку отрываются настолько по полной опять же только эти две весёлые национальные бригады.

Мы уже говорили, как еврею стать русским, – уехать в Израиль. Как выяснилось, чтобы русский стал евреем, достаточно было развалить Союз. И сразу – бизнес, и эмиграция, и обустройство семьи за границей, и много что ещё… Наверно, потому, что никто не знает, надолго или нет. А значит – пей, гуляй, однова живём. С одной стороны. Успеть, пока всё не накрылось и не закрылось, с другой.

Какая разница, война на носу или экономический кризис? Возможное продолжение распада страны, который в России никто не отменял, или закручивание гаек, которое идёт – под телевыступления Никиты Михалкова. Ну, царедворцы всяко ездить будут. Они, как правильно калиброванные патриоты, несут в массы заряд любви к тому, к чему положено её иметь. И им без этого никак. Они в России закисают. Как Горький без острова Капри. А вот прочие…

Прочие пока живут, как могут. Стараясь не заморачиваться ни на что всерьёз. Поскольку телевизор давит. Интернет сообщает одну плохую новость за другой. Но жить-то надо? А жизнь такая штука, что если к ней относиться совсем уж всерьёз, так из неё живьём не выбраться. Как говаривал в годы юности автора в московском ГИПРОМЕЗе его первый шеф – главный инженер проекта трубопрокатного отдела Михаил Яковлевич Гальперин.

Вот по планете и перемещается здоровенная весёлая толпа. Израильтяне. Русские. И русские израильтяне. Распугивая немцев и французов. Тесня американцев и англичан. Оккупируя курорты, престижные офисы и университеты. Осваивая страну за страной. Переходя с одного языка на другой, с другого на третий и на сто двадцать пятый. Но оставляя в загашнике немного русского. Как это у евреев происходит не первый век и даже не первое тысячелетие. С поправкой на их местоположение и направления движения.

Ну а у русских, пожалуй, первый раз. Поскольку эмиграция в Гражданскую войну и во все последующие волны – это было что-то совсем из другой оперы. Ни страны за спиной не оставалось. Ни возможности вернуться. Ни инструментов, которые могли позволить не бежать никуда, по Булгакову, а распоряжаться собственной судьбой. Впервые мир открыт – и можно выбирать. Что есть возможность удивительная и редчайшая.

Евреи это знают лучше прочих. Поскольку, строго говоря, они в такую ситуацию, как нынешняя, всё-таки попали в первый раз. По крайней мере, русские евреи – на Западе так можно лет как минимум сто пятьдесят. Едешь не чтоб спастись, а просто потому, что можешь – и выбор есть. Казалось, что всё рушится – но 91-й прогремел, и 93-й прогремел, и, не успев всё развалить, окончилась война в Чечне – и Первая, и, слава Б-гу, Вторая…

Хотя, судя по Украине, может, иллюзия всё это? Там было более или менее неплохо. Но рухнуло с такой скоростью… Гражданская война – кто её ожидал? Распад страны. И не на составные части, а, как это на Украине и бывает в гражданскую, буквально на молекулы. Разлом по семьям. Частные армии. Олигархи-губернаторы. Олигарх-президент. «Запад нам поможет!» – буквально по Бендеру. Чёрт-те что и сбоку бантик.

Так что и не захочешь, а сбежишь от танковой атаки или из-под бомбёжки, куда глаза глядят. Пока цивилизованная Европа в пароксизме старческой паранойи, борясь то ли с Россией, то ли с собственными страхами, не закрутила катавасию так, что в самом центре Европы начнётся очередная большая бойня с непредсказуемыми последствиями. И вот тут, когда и если есть куда уехать, – порадуешься. Для чего Израиль, собственно, и создавали…

Дети наших детей

Два прадедушки автора, о которых ему хоть что-то известно, жили в дореволюционном Екатеринославе. Один строил доходные дома и был виноторговцем. Славился на весь город. Не забывая помогать бедным, раз уж ему Б-г возможность дал. Любавический Ребе его ещё в 90-м по этому поводу вспоминал добрым словом. Другой был кузнецом. Очень большой силы был человек. Оба обладали вспыльчивым нравом, но семьянинами были отменными. Как тогда говорили, крепкие были хозяева.

Если бы им сказали, что Российской империи вскоре не будет, а будет вместо неё революция, Гражданская война, НЭП, коллективизация и Отечественная война… Кузнец до всего этого счастья не дожил. Бывший купец скончался только в 40-х, в эвакуации. Впрочем, ему повезло. Он уцелел в Гражданскую – только на пианино, купленном для дочки, бабушки автора, остались сзади следы махновских сабель. Его не расстреляли. Даже дом не отняли. Забрали уже после войны, под отделение НКВД, у сына.

Третий прадедушка был портным. Судя по фото XIX века, единственном, что от него осталось, – из лучших. История умалчивает о четвёртом. Известно, что он был из Киева и состоятельным точно не был. Ну, еврей-бедняк в Российской империи – персонаж настолько распространённый, что в наши дни такое и представить себе сложно. Откуда, кстати, невероятный по достигнутым ими результатам порыв отечественных евреев к получению высшего образования, которое давало шанс выйти в люди.

Дедушка автора, сын прадеда-кузнеца, скончался от фронтовых ранений в Ташкенте, в Узбекистане, где его и похоронили. Вдали от его Украины и родного Днепропетровска. Впрочем – какая разница, где выпало человеку лежать в могиле? Страна тогда была единой. Правили ею в Москве в годы, когда автор учился, а потом работал в проектном институте, как раз днепропетровские. Леонид Ильич со товарищи. Ставропольские их сменили к тому времени, как он ушёл работать на металлургический завод.

Второй дед, военный моряк и строитель, работал на всех советских морях и океанах. Базы подлодок были нужны. Свой довоенный орден Ленина получил за арсенал в городе Сталинград. И если бы ему кто-то сказал, что через несколько лет после того, как он уйдёт из жизни, Советского Союза не станет, а меньше чем через четверть века после этого на Украине начнётся гражданская война, он вряд ли бы поверил. Такая с виду крепкая была страна…

Неплохо, что хоть Крым вернулся в Россию. Вместе с тем домом, который они с отцом построили в Евпатории, пока дед обустраивал базу подлодок в Балаклаве. Поскольку если есть на Украине место, где войны точно не будет, так это именно Крым. Хотя Киев жалко – его любила мама. И Днепропетровск. И Белую Церковь, где всё ещё живёт родня жены. И Львов – там много друзей. Не говоря о Донецке с Луганском, от которых к тому времени, как пишутся эти строки, мало что осталось.

Семью поразбросало... Тех, кто уехал до революции, кто в Америку, кто в Англию, а кто и в Шанхай, уже не найти. Осталась только смутная память, что они были. Фамилии не сохранились. Какие-то дамы в шляпках с перьями и их мужья в костюмах и при галстуках на коричневатых фотографиях, наклеенных на твёрдые паспарту. С красивыми вензелями и непременным адресом фотоателье на обороте. Реклама – двигатель прогресса. Какие-то дети. С мячами, мишками, лошадками...

Кто знает, где потомки всех этих людей живут теперь? Какие имена и фамилии носят? На каких языках разговаривают? Кто их теперь отыщет... Да и зачем? Ну родственники отыскались. Очень приятно, рады познакомиться. Правда, не виделись лет сто. Но очень интересно, как вы тут, где вы теперь живёте, как устроились? Что делаете? Чем болеете? Как строите досуг? Примерно так...

И толку что? И им. И себе. Чужие люди. Они твоей истории не знают. Ты их. Их жизнь мимо тебя прошла невесть на каком конце планеты. Твоя мимо них. Им что, про НЭП рассказывать? Про коллективизацию и голод? Про войну? Описывать, как строили заводы и дома, в которых получали первые квартиры? Рассказывать про комнаты в коммуналках и студенческие общежития? Про то, что такое стройотряд и ночные рейды оперотряда? Про чертёжный кульман с рейсшиной в трубопрокатном отделе проектного института?

Им очень интересно будет слушать про авралы на адъюстаже сортопрокатного стана? Про ремонты и аварии? Про развал страны и попытки его затормозить, пока всё чохом не развалилось? Не говоря о том, чтобы собрать... Их вдохновит рассказ о том, как удалось с нуля построить твой бизнес? О войнах олигархов и расстреле парламента? О попытках кому-то из окружающих помочь, впечатляющих даже по американским масштабам?

Их что, должна заботить проблема, как создать кафедру отсутствовавшей в советские времена науки и сохранить лучшие в мире академические школы? Вдохновить несколько сотен изданных в твоём институте книг? С чего и почему? У них своя история. Свои заботы и проблемы. Свои успехи или неудачи. На чём вы с ними, по большому счёту, можете найти общий язык, когда и если даже и отыщете друг друга?

Вы вместе не учились. Не работали. Не жили. У вас нет общих воспоминаний. Обычаи у вас, поверьте, разные. Круг общения разный. Развлечения детей. Хобби. И даже если вы и встретитесь случайно на одном морском или горнолыжном курорте, вам что, хватит тем для бесед больше чем на один вечер?

Ну, есть какие-то специальные случаи. Если вам придётся отражать атаку террористов. Бежать от землетрясения. Выступать на конференции, ознаменовавшейся каким-нибудь грандиозным скандалом. Дружить с одним и тем же человеком. Или, что ещё больше сплачивает, кого-то вместе ненавидеть. Тогда конечно. Тема будет. Поэтому о чём могут говорить евреи, которые встречаются на бесконечных еврейских конференциях и съездах? Об Израиле. Об антисемитизме и терроризме. И пожалуй, всё.

Поскольку говорить друг с другом о проблемах, которые выходят за этот узкий круг, не то чтобы бессмысленно, но точно бесполезно. Бизнес у каждого свой. Семья своя – если семьи между собой незнакомы, так и разговаривать нечего. Страны разные. Что важно для одной, для другой нож острый. Пример чему ситуация на Украине в 2014-м, которая не только развела американских и русских евреев, но и русских с украинскими. Как, впрочем, и неевреев. Притом что они вообще ближайшие родственники.

Религия… Вроде одна на всех – так ведь тоже нет. О ней каждый судит по-своему. Молится по-разному. Одни традиции соблюдает, другие нет. Что для одного катастрофа, для другого мелкая неприятность. Или вообще его не напрягает. К примеру, за кого выйдет дочь. Или на ком женится сын. В смысле: еврейские у тебя будут невестка или зять или нет. И внуки – они-то кем будут?

Для ортодокса это страх и ужас и конец всего. Для более спокойного в отношениях с Б-гом еврея, каких большинство, вопрос стоит, но не ребром. У западников есть гиюры, и вообще – тут всё, как правило, решает то, как к этому относятся соседи и родня. Осудят, не осудят. Осудят, но без разрыва отношений. Или проклянут и закроют двери.

И что важно, есть ли в случае, если погнали с новыми родственниками взашей, куда идти? Что в большом городе и большой стране не проблема. А в сельской местности, в маленькой замкнутой общине или в патриархальной стране – таки да. Причём большая. Из наиболее известных прецедентов – Карл Маркс со своей баронессой. И множество менее известных мезальянсов.

Но это в обществе, где религия – маркер. Что у себя американцы упростили. Поскольку вера верой, а женятся у них все со всеми. Католик может воспитать сына-мормона, дочь-англиканку, и внуки его могут стать мусульманами, буддистами или евреями. Бывало и такое. Примерно так же там и с сексуальной ориентацией. По крайней мере с того периода, когда пошли в массы однополые браки и прочие экзотические специалитеты, в прежние времена остававшиеся уделом эпатирующей публику богемы.

А вот для постсоветского пространства, где, по большому счёту, религия – не более чем новодельный символ, кто муж или жена, не так важно. Хороший человек – слава Б-гу. Что есть великое завоевание Советской власти, которое мало кто ценит по достоинству. Понятно, что евреи не безумно рады, если внука вдруг сдуру окрестят – они ж не лезут к нееврейской родне с обрезанием наперевес. Но это тема совсем отдельная.

Как там оно в России будет с религией в будущем, совсем непонятно. Статистика даёт нерадостные для иерархов данные. В церковь ходит от двух до пяти процентов населения, и то по большим праздникам. В столицах больше, но не на порядок. А отечественных протестантов и католиков всё больше, хотя им в общении с властями приходится трудно.

Опять-таки, натужно внедряемое государством православие немедленно порождает мусульманский ответ. Причём воинствующий. Старые имамы, не слишком грамотные, но лояльные к соседям по стране и к власти, повсеместно терпят поражение от молодых и агрессивных, набравшихся чего надо и чего не надо в арабских университетах, турецких колледжах и пакистанских медресе.

Что до евреев, им проще. Среди отечественных раввинов мало внятных, образованных людей, которые, пройдя советскую школу, понимают реалии, в которых живёт паства, и к ней приспосабливаются, а не пытаются приспособить её к себе. Как делает большая часть раввинов-гастарбайтеров, пожизненно командированных на отечественные просторы. Но отечественные евреи – люди самостоятельные. Решения о женитьбе принимают они и только они. Если рабби с чем-то несогласен – это его проблемы.

Вернувшись к теме утерянных в давние времена в дальних странах родственников, констатируем: отрезанный ломоть. Во всяком случае, если говорить об Израиле, всерьёз эта страна возникла в качестве реального места, о котором у большой массы народу на постсоветских просторах болит голова, именно тогда, когда там появился миллион с лишним русских евреев и нееврейских членов их семей.

То есть когда идёт очередная палестино-израильская свара и с одной стороны падают ракеты, а с другой ракетные установки подбивает израильская авиация, предложить идти на компромисс теоретически можно. Отечественный МИД в чисто советском стиле этим по должности и занимается – вместе с американцами и европейцами. Реакция простого, не разбирающегося в тонкостях международной политики населения конкретна: зачистить паразитов под асфальт. Чтобы не то что не стреляли – носа высунуть из норы не могли.

В России это называется «стоять – бояться». Очень неинтеллигентно. И мешает вести миротворческие переговоры. Но эффективно и продуктивно. Ты меня не трогаешь – живи. Трогаешь – не обижайся. Отчего, собственно, страна такой большой и стала. И кстати, до той поры, пока Израиль со своими «симпатизантами» именно так общался, всё у него было штатно.

Тут – враг. С ним всё понятно. Тут – временный союзник (постоянных нет, есть только национальные интересы, которые в какой-то момент могут совпадать с чьими-то другими интересами). А тут – свои. И красные линии вокруг. Перейдя которые, враг непременно получит по ушам, а союзник – вежливое (или невежливое) предупреждение о том, что его уважают и высоко ценят, но экспериментировать – пожалте на кошках.

Как только высшее начальство еврейского государства перешло на западные стандарты психологических изысков, политологического маразма на тему «пойми врага и пожалей его» и прочих извращений либерального толка, так всё там наперекосяк и пошло. Поскольку ты врага понял и пожалел. А он-то тебя нет. Чего ему тебя жалеть? Он твой враг и в друзья не набивается. И твои кружения вокруг него ему до лампочки.

Ты ему грузовики с гуманитарной помощью и электричество, за которое он, впрочем, всё равно не платит, не отключаешь, и вежливо просишь гражданское население отойти в сторонку, чтобы дать возможность прикончить очередного курбаши без потерь в мирных гражданах. А он этими мирными гражданами прикрывается и продолжает тебя атаковать, когда ему приспичит, с железобетонной уверенностью в собственной правоте. Отчего человеку с отечественным воспитанием и здоровыми инстинктами жалеть его не хочется.

Хочется его пристрелить. В порядке гуманитарной помощи – быстро, чтоб не мучился. А его адвокатов, перегнув через колено, драть вымоченными в крутом рассоле розгами. До прояснения в мозгах и появления перед их глазами реальной картины мира. Поскольку если теоретический Израиль атакуют какие-то теоретические террористы – это одно. А если на фронте племянники? И поскольку девушки на военную службу в Израиле идут, племянницы? И дети друзей? А под огнём сидит толпа близких тебе людей?

Отчего автор не был и никогда не будет политкорректным. Поскольку с его, автора, точки зрения, принцип «свои-чужие» в этом мире никто не отменял. Никакой отвлечённой объективности тут нет и быть не может. Те, кто её демонстрирует, включая дипломатов и чиновников, или куплены на корню, что есть практика международных отношений, или имеют какие-то другие интересы – как говорят в России, «немного шьют», или являются фанатиками очередной идеи, не имеющей к реальной жизни никакого отношения.

Вроде социализма в бывшей Российской империи в условиях враждебного окружения. Попытка построить который раздраконила полмира и не принесла её инициаторам ничего, кроме мучительной безвременной кончины в антисанитарных условиях. Хотя шума и грома они действительно устроили много. Стоило стараться, чтобы через три поколения проводить хитровымудренную приватизацию, превращая чиновников и их ближний круг в новых дворян?

Но это не по теме данной книги. Да и вообще, что есть, то в стране и будет. Нравится оно или нет, сделать тут мало что возможно. Так, косметически подчистить по углам, пока начальство отвлеклось. Что до Израиля... В советские времена – была такая страна, но кто про неё думал? Ну, евреи – немного. Антисемиты – постоянно. Политики и дипломаты – в рамках выполняемых ими обязанностей. Военные-интернационалисты и разведчики – тоже по службе. И – р-раз!

Часть русскоязычного мира – несомненно. Союзник по борьбе с терроризмом. Надёжа и опора для получения новых технологий – если не идиотничать и не воровать совсем уж демонстративно и безразмерно, как делают в профильных отечественных ведомствах. Наконец, безвизовое место отдыха и шопинга. На фоне краха приморских арабских курортов и опускающихся ниже плинтуса отношений с Европой и Америкой, очень даже ничего.

Пример для оптимизма. Поскольку если уж Израиль выжил, так России сам Б-г велел плевать на санкции, не слушая глупо-назойливых лекций из Вашингтона и Брюсселя. Делать только то, что нужно для обеспечения её будущего. А не подыгрывать попыткам превратить её в бензоколонку. Чем, впрочем, благодаря прихотливому течению современной истории и глупости Госдепартамента, решившего поэкспериментировать с Украиной, отечественное начальство и занялось.

Поскольку у Москвы ресурсов не в пример больше, чем было и по сей день остаётся у Иерусалима, а отношения конкретных людей Россию и Израиль связывают так, как не будут ни в какой перспективе связывать с тем же Китаем, тут перспектив полно. Одно лишь непонятно: когда и как они будут реализованы. Поскольку трудно прикрутить к телеге мотор от «Мерседеса». И трудно совместить израильскую систему организации того, что составляет главный козырь страны – высоких технологий, с российской бюрократией.

Однако тут есть шанс. И шанс этот в первую очередь – человеческий фактор. Будет он использован или нет, кто знает. Но он есть. Поскольку дети наших детей – вопреки всему, что чудит на палестинском направлении отечественный МИД, – ещё будут помнить, что они близкие родственники. Ездить друг к другу в гости. Переписываться. И переживать за то, как у близких дела.

Как, впрочем, в отличие от дореволюционных времён, помнят об этом все те, кто составил постсоветскую эмиграцию, в том числе еврейскую. В США и Канаде. Германии и Австралии. Чехии и Новой Зеландии. Англии и Италии. Первый раз в истории – спасибо скайпу, электронной почте, телефону и авиасообщению – не потерявшие связей между собой…

Заключение
Путь евреев

Принцип Гиллеля. О дзэн-иудаизме. Секрет вечности. Ишак везёт – такая карма

Принцип Гиллеля

На кой чёрт израильтяне предупреждают людей, живущих в доме, в котором ракетная установка или склад боеприпасов, что этот дом сейчас взорвут? На дворе война. Эффект неожиданности – ноль. Ну жители спасутся. Если их ещё террористы выпустят из того дома. Так ведь и эти террористы уцелеют. Точнее, они-то уцелеют наверняка.

Никакого стратегического смысла с точки зрения военной науки в этом найти нельзя. И тактического тоже никакого. Любить они Израиль после этого будут, что ли? Писать в фейсбуке, твиттере и социальных сетях благодарность израильскому ЦАХАЛу за точные попадания, которые спасли тысячи жизней? Благодарить в эфире «Аль-Джазиры», CNN и BBC?

Ага. Разбежались евреи. Поблагодарят их, как же. В Б-га душу, мать их, женщину, так. Два раза поблагодарят: туда и обратно. Пробьют с ноги, догонят и добавят. В виде ракет на голову, булыжника в ветровое стекло, ножа под ребро или спички, поднесённой в лесу к валежнику – в сухой сезон, чтоб выгорело побольше. В зависимости от обстоятельств и наличия конкретных возможностей у конкретной шпаны.

Почему Армия обороны Израиля отвергла более чем резонное с военной точки зрения предложение поднимать на воздух тоннели террористов и контрабандистов, закачивая туда жидкую взрывчатку с бензином? Экономия колоссальная. Сложной техники не надо. Никаких проблем с засадами и минированием, жертвами которых становятся десантники, которые эти тоннели зачищают.

Отказались из-за того, что применение этого эффективного метода вызовет побочный эффект в виде столба огня в конце тоннеля, который, как правило, располагается в густой жилой застройке. После чего в радиусе пятнадцати-двадцати метров мало кто останется в живых. А разобраться в том, будет на этом месте детский сад, школа или молодёжный лагерь, нет никакой возможности. И судя по тому, что Израилю известно о палестинском начальстве, именно они там и будут.

Ну не останется, так не останется. Война, она и есть война. Террористы прикрываются мирным населением всегда и везде. Когда советская армия Берлин или Кёнигсберг брала, кого-то сильно волновало гражданское население? Но это ещё ладно, там его специально не бомбили. Скорей наоборот, особенно в Берлине. Задача была города взять – их и брали.

А когда Дрезден и другие промышленные центры Германии «союзники» снесли с лица земли вместе с несколькими сотнями тысяч человек? Именно и только в качестве акции устрашения, применяя специальную технику бомбёжек, чтобы выгорело всё вместе с живущими там людьми. Не говоря о Хиросиме и Нагасаки. Что для США было в первую очередь полевым экспериментом на тему атомной бомбы – взорвётся, не взорвётся. И какие потом будут последствия.

Не станем вспоминать, как израильские десантники берут вручную штурмом арабские деревни и города, которые им приходится проходить квартал за кварталом, дом за домом. Поскольку ковровые бомбардировки и шквальный артиллерийский огонь на поражение – это не еврейский метод. Русский или американский, французский или британский, ради Б-га. Но не израильский.

Лучше спецназ у них пойдёт на пулемёты. Как он во Вторую Ливанскую войну или в Газе и шёл. Без тех потерь, какие несли «Хизболла» и ХАМАС. Ну так ведь четвёртая армия мира. Учили её, тренировали, экипировали и вооружали не затем, чтобы людей в боях с полувоенными террористическими организациями попусту терять.

Что там премьер-министр Государства Израиль Биби Нетаньягу сказал после операции «Нерушимая скала» насчёт того, что он не хотел, чтобы Газа превратилась в Фаллуджу – иракский город, который американцы без особого результата превратили в руины? То и сказал. После чего понятно – брать всё равно придётся. Но потом. Когда совсем припрёт и сделать ничего другого будет нельзя.

А всё из-за Гиллеля. Кто помнит, жил такой в этом районе Ближнего Востока. Великий был мудрец. По совместительству большой добряк. Именно он сказал в порядке ответа на хамоватое предложение молодого а-шейгица, еврейского хулигана, «научить его Торе, пока он стоит на одной ноге»: «Не делай другому того, чего не хотел бы ты иметь от него для себя».

Идея эта на два тысячелетия определила, каким еврею надо быть. И каким быть не надо. Хотя, победи в их прижизненном споре вечный оппонент Гиллеля, мизантроп Шаммай… Правда, тогда бы вся история евреев сложилась совершенно иначе. Поскольку про битву «Ночного дозора» с «Дневным» – это не только у Лукьяненко в отечественной фантастике. На самом деле так оно всё примерно в жизни и происходит…

Не исключено, что евреи в конце концов превратились бы в мрачное унылое сообщество, зацикленное исключительно на врагах и проблемах – реальных или выдуманных. Перед которыми, с их точки зрения, все были бы виноваты и которым все были бы пожизненно должны. Как современные палестинцы.

Автора можно обвинять в фобии относительно ближайших еврейских родственников сколько угодно. Ему от этого не жарко и не холодно. Поскольку с палестинцами-то он знаком не понаслышке. Есть огромное отличие подхода, демонстрируемого их элитой и элитой израильской. И к будущему своего народа, и к ближневосточному конфликту.

Израильтяне строят своё и отбивают непрерывные нападения, стараясь не озвереть и не оскотиниться. Что мало кому удалось бы на их месте. А им пока удаётся. Палестинцы ни черта у себя всерьёз не строят, всё у всех требуют, прогаживают каждый предоставляемый им шанс и ведут себя абсолютно неконвенционально по всем параметрам. Точнее – максимально глупо. А воюя – ещё и зверски и скотски. В чём, впрочем, обвиняют именно израильтян.

Желающие могут сравнить израильскую и палестинскую системы образования – всю, с начальной ступени до университета. Особенно учебники истории. Читать которые в палестинском случае удовольствие в высшей мере сомнительное. Поскольку ничего, кроме воспитания подрастающего поколения в духе ненависти к соседям, там нет. Жуткий осадок оставляет. Не Палестина, а Третий рейх в разгар подготовки к будущей войне.

То же самое касается средств массовой информации. Системы взаимоотношений с ООН и донорами. Международной политики. То есть у израильтян есть масса своих дел, и ими они в основном и занимаются. Отвлекаясь на противостояние с палестинцами ровно и только потому, что те им не дают покоя. Поскольку что бы они о палестинских арабах ни думали и как бы к ним ни относились, но если тебя непрерывно атакуют, приходится на это реагировать.

Система тут примерно такая же, как у автора с собаками. Поскольку автор страстный собачник и к друзьям нашим меньшим относится чрезвычайно положительно. Общается с ними с удовольствием, независимо от размеров и пород. Любил собственных – пока они не ушли в мир иной. Симпатизировал чужим. Жалел бездомных и помогал питомникам, где их, бездомных, держали по мере сил. Не только людям надо помогать.

Но это не означает, что, если на него на улице набросится оглашенная псина, пытаясь укусить, он ей не даст пинка. Причём причины, почему его кусают, условия, в которых выросла эта собака, и то, насколько ей было в детстве одиноко, а также сыта она или голодна, справедливы с ней были хозяева или не очень, его не будут волновать ни разу. То есть совсем никак.

Тем более если собака бешеная. А рядом дети. И вот тут, как ты к природе и её защите ни относись, ничего, кроме как прикончить её побыстрее, сделать невозможно. Медлить тут нельзя – всё будет много хуже. И жалости особой нет. Одна забота – чтобы никого не укусила. И к сожалению, с палестинской государственностью так же.

У палестинского начальства всех уровней всё, что оно в своей жизни, помимо прямого и бесхитростного воровства и непрерывных интриг, делает, настолько сведено к борьбе с Израилем, что поневоле начинаешь понимать, откуда в правом израильском политическом лагере взялась концепция трансфера. Поскольку день послушаешь и посмотришь на весь этот тяжёлый балаган и понимаешь: не будет там никакого мира под оливами.

Да и не может его быть. Неоткуда ему взяться. Там всё – война. А мир – не более чем перерыв в войне. Что с этим делать людям, которые не могут поступать с врагом так же, как враг поступает с ними, совершенно непонятно. Пойти и застрелиться всей страной? В море утопиться? А с чего?! И почему капризы старых террористов должны десятилетиями находить отзыв у тех, кого эти террористы пытаются уничтожить?

Вопрос вполне риторический. Поскольку на самом деле не международное сообщество мешает израильтянам расправиться с их противниками и взять под полный контроль стратегически важные для них районы. И тем более не арабские соседи. Для которых, как ясно всякому, кто немного разбирается в исламском мире, на самом деле палестинцы и их государство – пятое колесо до воза. Будет оно, не будет…

Мешает Израилю сам Израиль. Точнее, те наложенные в древности самоограничения, которые не дают ему вести себя с врагами так, как ведут все в этом мире. Где, если враг не сдаётся, его уничтожают. Что же касается рассказов о современных гуманных методах строительства международных отношений, которые не включают войну как продолжение политики иными средствами…

Жителям Африки и Ближнего Востока эти сказки особенно забавно слушать. Да и на Юго-Востоке Украины про современную гуманную политику рассказать – вот ведь там обрадуются! Они, смешные люди, думают, что это у них там идёт гражданская война. Бомбёжки, артобстрелы. А там, оказывается, просто политические дискуссии. Киева с Киевом.

Попутно идёт подавление побочного явления, которое политикам мешает. В виде всего населения Донбасса. При посильном участии мировой общественности в лице её лучших европейских и американских представителей. Которые, когда и если бы России рядом не было, на этой территории могли бы развернуться, как в Ираке или в Ливии. А так им это не с руки. Поскольку санкции санкциями, но совсем уж далеко зайти они боятся.

Израиль «мировое сообщество» любит примерно так же, как Россию. Поскольку раз он делает то, что нужно не проплаченным «заливниками» западным политикам, а кое-что из нужного ему как государству и стране, – кому такое может быть приятно? Обрушивает иллюзорное господство «международного права». Демонстрирует настоящее лицо видных политиков – продажное и подлое, невзирая на все их посты и звания. Не страна, а хулиган мирового масштаба.

Что там Обама говорил насчёт президента Путина как человека неконструктивного? С которым он договориться не может? Переводя на русский язык – не может запугать, купить и обвести вокруг пальца. Ну так израильские лидеры, с его американской точки зрения, не менее неконструктивны. Не все. Но те, кто избран в качестве руководства, – безусловно.

Неблагодарный народ Израиля никак не может осознать своего счастья. Соединённые Штаты им занимаются. Европа им занимается. ООН занимается. Советуют. Рекомендуют. Укоряют. Без злобы, только чтобы пользу принести. Сроки по израильско-палестинским соглашениям все вышли – ничего. Не выполнила палестинская сторона ни одного пункта из взятых ею на себя обязательств – неважно. Пускай израильтяне приспосабливаются.

Причём, что трогательно, ни один из доброхотов, которые буквально сгорают на ниве дипломатических усилий вокруг израильско-палестинских переговоров, не пытается хоть чего-то добиться не от евреев, а от палестинцев. Возможно, потому, что добиваться от них чего угодно бесполезно. Взывать к логике бесполезно. И пугать бесполезно. Не боятся они никого и бояться не будут.

Лишат их вспомоществования глупые белые люди? Не лишат. Попугают и восстановят финансирование. Причём в оплату не за действия, а за воздух. К примеру, за выраженную ими готовность вернуться за стол переговоров с израильтянами. Хорошая формулировка! Запомни её, читатель. Вот ты подписал контракт. Ты его нарушил. И что? А ничего.

Тебя наказывают? Не наказывают, а только обещают наказать. И тут ты поднимаешься и гордо покидаешь зал суда. Бросая на прощание: всем привет. Мне с вами говорить, и то противно. И я переговоров больше не веду. После чего нарушил ты там или не нарушил – больше не вопрос. Вопрос, чтобы ты вернулся – говорить. О чём – неважно. Деньги снова будут. Не надо обижаться. Кто обидел? Израильтяне? Их к ответу призовут!

Ну вот примерно так. Что в результате? В результате всё как в кривом зеркале. Что ни делай, всё сходит с рук. Что ни подписал, ничего исполнять не надо. Претензии множить можно бесконечно, совершенно безнаказанно. Вести себя можно как угодно. Опять же без того, чтобы в один прекрасный день погнали в шею. Ну, соответственно, и результат.

Когда такие методы воспитания применяют к детям, итог будет плохим. Когда ко взрослым людям десятилетиями относятся как к капризным созданиям, которых ни в коем случае нельзя обидеть и которые совершенно безнаказанно могут позволить себе всё что угодно, случается катастрофа. Ну вот она и случилась. И понять, что с этим делать, никто не может. А признать, что ситуация такая, как она есть, никто не хочет.

Все ждут чего-то от израильтян. Должны же они когда-нибудь взорваться? И тогда… Причём «тогда» у каждого своё. Пока израильтяне терпят. Поскольку двинуть по столу и по загривку – не вопрос. Однако это значит, что принципы Гиллеля в данном случае не просто не сработали – они сработать не могли. И это Иерусалим парализует.

Количество наивных идиотов, добросердечных идиотов, идиотов-мазохистов и прочих персонажей из кунсткамеры психиатрической клиники в еврейском народе велико. Среди израильских политиков они очень заметны, хотя число их и снизилось по сравнению с началом 90-х. То есть достаточного перевеса, чтобы ради попытки воплотить в Израиле невоплощаемые теоретические постулаты обрушить страну, у них нет. Но в правительстве они присутствуют.

Количество реалистов, понимающих, что Гиллель Гиллелем, мирное сосуществование мирным сосуществованием, но порох нужно держать сухим, достаточно, чтобы страна была способна отбиваться. Равновесие налицо. Но действовать так жёстко, чтобы сломать ситуацию, они не могут. В итоге дело ясное, что дело тёмное. Что делать, понятно. Вопрос – как. А на него ответа нет.

В итоге – ждут. Израильтяне – что произойдёт чудо и палестинцев возглавит кто-то внятный. Или их так перетрясёт, что они начнут реально смотреть на вещи. Палестинцы – что им удастся Израиль додавить. До чего, они и сами не знают, но, как могут, давят по всем направлениям. Благо им это никак не аукается. Окружающие по мере сил ведут свои маленькие игры, извлекая из сложившейся ситуации прибыль – каждый свою. Полнейший тупик. Привет Гиллелю!

О дзэн-иудаизме

Евреи, в частности израильтяне, – народ, относящийся к жизни философски. При всём их несомненном жизнелюбии. Что определяет национальный календарь. Поскольку если события календарного года приурочены к тому, что там было несколько тысяч лет назад с египтянами или ассирийцами, Вавилоном или Персией, греками или Римом... Поневоле начнёшь философствовать о бренности всего земного. И примерять к тому, что творится вокруг, то, что известно о прошлом. И вот отсюда – философский настрой евреев.

Именно евреям, точнее, в широком смысле, только евреям, на протяжении почти двух тысячелетий было дело до прошлого. Если говорить не о тонкой прослойке образованной элиты, а о массах. Причём жизненные примеры у них были самые что ни на есть разные. Еврейская традиция позволяет не только оценивать владык по достоинству – без лишнего хамства, но и без низкопоклонства. Кто хочет – может удостовериться, почитав хотя бы Библию. А ведь есть ещё и Талмуд.

Еврейские пророки, к примеру, по всем канонам диссиденты диссидентами. Царям – всё в лицо. Никаких авторитетов. Никаких ограничений. Правда и только правда во веки веков. За что ими периодически прикармливали львов в местных зоопарках. Народный трибун – вообще довольно опасная должность. Особенно во времена минувшие. Евреи их в своём составе имели более чем достаточно – опыт был.

Набор ролей, в которых еврей может существовать в полном соответствии с его, еврея, национальной традицией, велик. От мудреца до безумца. От гения до обывателя. От царя и полководца до ниспровергателя основ. От героической матери до блудницы. Или, говоря попросту, от Шендеровича до Кобзона, от Березовского до Ресина и от Гусинского до Фридмана или Альбац. Не говоря уже о прочих персонажах новейшей отечественной трагикомедии.

Жизнь – это театр, а люди в нём – актёры. Живёшь, живёшь... оказывается, это был спектакль. И это если кто-то из великих удосужился его описать. Шекспир там, Мольер... На худой конец, Булгаков или Бабель. А так – проходной фарс на провинциальной сцене. Зрители разошлись и забыли о тебе, артисты украшают собой ближайший погост, занавес сгнил на помойке или перешит на половые тряпки...

Ну, тут не только у евреев так. Китайцы с их историей, которая не вчера началась, примерно так же реагируют на всё то, что повергает европейца в трогательную мрачность. Кто видел всё, тот ко всему готов. Он заранее знает, что добро обернётся злом или к злу приведёт. Из чего не следует ровно ничего, кроме того, что «ты должен сделать добро из зла, потому что его больше не из чего делать».

Это Роберт Пент Уоррен, вспомни, читатель. «Вся королевская рать» – фильм и книга. Во всяком случае, в СССР именно в такой последовательности. Сначала был фильм. Из которого автор узнал о существовании книги. Цитату повторили братья Стругацкие в качестве эпиграфа. А затем Михаил Веллер. От чего она стала только лучше.

Раз уж так вышло, что приходится жить здесь и сейчас, не помирать же оттого, что все когда-нибудь умрут? Ну да, умрут. Примеры неоднократно описаны. Их и в мировой литературе навалом. И в еврейской. Читать не перечитать. И тут на книжную учёность накладывается житейское. Старые родители. Жёны и мужья. Дети и внуки. Соседи и домашние животные. И это гасит вселенскую тоску на раз.

Не то что вечной скорби предаваться некогда, вздохнуть нельзя. Собаку выгуливать надо. Кота кормить. Внук на горшок просится. Мама звонит: что от неё опять скрывают, в доме всё в порядке? Что спасает в любой ситуации. Именно на этом построен весь тот фундамент, на котором, собственно, Израиль и существует в том окружении, в котором он существует, и с теми союзниками, кого в этой стране принято считать таковыми. Что, как читатель понимает, с точки зрения автора, не комплимент.

Впрочем, преодолевать глобальные проблемы израильтянам помогает не только нужда в ежедневном хождении на работу, посещении родственников и выгуле детей и домашних животных. Страна живёт бурной интеллектуальной жизнью – и этим в регионе выделяется до такой степени, что сравнивать израильские университеты с арабскими считается просто некорректным. Не говоря уже о системе книгоиздата, а также развитой сети книжных магазинов и библиотек. Евреи, как-никак, Народ Книги…

Автор в Израиле предпочитает «Стеймацкий», в котором традиционно хороши отделы русско- и англоязычной литературы. И может засвидетельствовать, что распространены они в еврейском государстве не менее широко, чем книготорговые центры в России. Которые, с его профессиональной, как читателя с изрядным опытом международных покупок, точки зрения, развиты не хуже, чем в Америке. И куда лучше, чем во многих странах Западной Европы.

Израиль с точки зрения развития системы образования и науки – абсолютный антипод арабского мира. Притом что евреев там только около шести миллионов человек – из восьмимиллионного населения этого государства. Согласно работе российского специалиста Н. С. Глебовой об арабском книгопечатании, в мире число людей, говорящих на арабском языке, приближается к миллиарду. Собственно арабов из них около трети.

Однако литературный и научный ренессанс этой части планеты, начавшийся в конце XIX века с приходом в арабские страны европейцев, с ними же и закончился – в 60-е годы XX столетия, когда арабские колонии получили независимость. Так что ежегодно на арабский переводится в среднем только триста тридцать книг – впятеро меньше, чем в современной Греции!

По данным Фонда Мохаммеда бен Рашида аль-Мактума (ОАЭ), доля опубликованных книг, приходящихся на одного араба, составляет четыре процента от британской и пять процентов от испанской. Объём же книгоиздата в арабском мире составляет около одного процента от мирового, притом что арабы составляют пять процентов населения планеты.

В 1991 году в арабских государствах было издано шесть с половиной тысяч книг. В том же году в США было опубликовано сто две тысячи, а в странах Латинской Америки и Карибского бассейна сорок две тысячи наименований. На чьей стороне перевес, понятно.

Арабский бюллетень публикаций «Образовательной, культурной и научной организации» Лиги Арабских государств сообщает, что с 1994 по 2001 год в странах арабского мира было выпущено четыре тысячи шестьсот семьдесят одно новое издание (включая не только книги, но и журналы и отдельные статьи).

По данным Арабского Союза издателей, приблизительно тысяча издательств в арабских странах выпускает на рынок около двадцати тысяч названий в год. Однако тиражом в три тысячи экземпляров там издают только бестселлеры, а основные публикации приходятся на религиозную литературу.

Международные книжные магазины в начале текущего столетия работали только в Ливане, Тунисе и Марокко, ориентируясь на туристов. После начала «Арабской весны» они сохранились лишь в Марокко. Причём с началом экономического кризиса 2008 года, судя по данным Ассоциации арабских издателей, публикация книг в арабских странах сократилась вдвое.

Означает ли это, что интеллектуальный разрыв между арабским миром и Израилем не имеет никаких шансов на сокращение? Вообще-то, да. Хотя теоретически всё может быть. В монархиях Залива число студентов, обучающихся в лучших западных университетах, составляет десятки тысяч человек. Как, впрочем, и в Иране или Турции. Однако «выход годного» не слишком впечатляет. Турки сильны в промышленности, а иранцы – ещё и в науке, но арабская интеллектуальная элита явно деградирует.

Деградация развивается прямо пропорционально нестабильности, которая охватывает страны, до недавнего времени считавшиеся в арабском мире непогрешимыми авторитетами: Египет и Тунис, Ирак и Сирию. Говоря попросту, центры арабской интеллектуальной мысли охвачены революциями и экономическим развалом.

Никакой университет не может пережить без потерь гражданскую войну. Тем более войну религиозную. Замена автократических правителей и военных хунт на исламистские правительства и военно-террористические группировки ознаменовала насильственное завершение модернизации арабского мира. Что возвращает его в средневековое состояние куда эффективнее, чем империалистическая колонизация или социалистические идеи.

Западноевропейская колониальная система, при всех её колоссальных издержках, означала для арабов шанс на европеизацию. Социалистическая ориентация, которая имела свою цену, вела их в том же направлении. Однако времена, когда западная и советская модели развития давали, конкурируя, стимул для распространения современных знаний, прошли вместе с эпохой соревнования в регионе сверхдержав.

Нефть, природный газ и фосфаты западные и российские корпорации добывать в этой части света будут. Строить электростанции и трубопроводы, скоростные автотрассы или железные дороги, порты и аэропорты, метро и жилые кварталы будут. Продавать оружие, включая самые современные системы, будут тем более. И что с того?

Запад уходит с арабского Ближнего Востока так же, как ушёл, перестав существовать, Советский Союз. Смогут ли заменить американских, английских, французских и русских инженеров, исследователей и врачей арабские выпускники американских, европейских и постсоветских университетов? Крайне сомнительно. Тем более, очень уж мало кто из них едет работать на родину после получения диплома.

Их можно найти в Лондоне или Нью-Йорке, Киеве или Москве, Токио или Мельбурне – глобализация даёт большие преимущества образованным молодым людям. Возвращаясь в Дамаск, Каир, Оран или Багдад, они не просто попадают в тот самый мир, откуда только что вырвались, но и рискуют жизнью – в прямом смысле этого слова.

Уничтожение всего светского в арабского мире, не говоря об этноконфессиональных меньшинствах и умеренных суннитах, повсеместно вытесняемых радикалами, означает конец не только традиционному для прошлых эпох относительному плюрализму этого региона. Ликвидация образования и науки в основных центрах, где они развивались у арабов на протяжении всего XX века, есть неоспоримый факт.

Как следствие – столь же неоспоримый факт: в Израиль люди едут. Тысячи и десятки тысяч человек. И евреи. И нееврейские члены их семей. Именно они превратили эту страну в государство номер один планеты по доле людей с высшим образованием в населении. Что до его арабских соседей – эмиграционный баланс во всех странах региона отрицательный.

Говоря проще, арабы бегут из большей части арабских стран. Из Магриба – от Марокко до Ливии. Египта. Стран Африканского Рога. Арабского Машрика. Двуречья. Йемена. Единственное исключение – монархии Залива, живущие на нефтяную и газовую ренту. В них едут. Из них – разве что на шопинг в Европу или на экзотические океанические курорты, на отдых. Тратить и отрываться...

Но тамошним арабам сам Б-г велел сидеть на месте – не эмигрировать же неведомо куда из государств, которые снабжают своих граждан таким объёмом благ, который и не снится жителям большей части современного мира. Однако с точки зрения научного и интеллектуального развития эта модель имеет нулевой потенциал. В связи с чем нет в этом мире математиков и физиков из стран Залива. И не похоже, что они появятся. Хотя египетские есть – или по крайней мере были...

Откуда, кстати, тихое, неброское, неафишируемое сотрудничество заливников по ряду важных направлений с израильтянами. Палестинцами с их претензиями и проблемами они наелись. Египтян побаиваются. Сирийцев и иракцев используют охотно, особенно в качестве военных лётчиков, но допускать их на критически важные позиции – с чего? А западные менеджеры хороши как консультанты в инвестиционных и инфраструктурных проектах. Равно как пакистанцы – в армии.

И здесь израильтяне имеют как минимум одно неоспоримое преимущество. С точки зрения внутренней стабильности они для заливников совершенно безопасны. Лавировать между шейхами и враждующими группировками, как это иногда делают западники, они не будут – зачем? А использовать их в очередном перевороте, опасность которого всегда сохраняется в любой арабской стране, невозможно: сторона, которая на это решится, будет исключена из национального консенсуса и против неё объединятся все. Идеальная ситуация!

Но это так, навеяло. В конечном счёте, что творится у арабов – это арабская проблема. Израиль на контроль над этой частью мира, вопреки подозрениям местных политологов и журналистов по поводу того, что он стремится стать региональной сверхдержавой, никак не претендует. Хватает собственных забот.

Опять же, как было сказано грубо, но честно кем-то из израильских политиков, когда в начале 90-х эти подозрения тиражировались в ближневосточной прессе, – «Кому нужно контролировать нищету?». Что с того времени только усугубилось. Поскольку планов по региональному сотрудничеству было много. С реализацией их оказалось плохо.

Автор в 1995-м съездил в составе российской делегации в Амман, на ближневосточный саммит. Через два дня после того, как он официально завершился, был застрелен Рабин. О чём было сообщено по местному телевидению – автор как раз на несколько дней остался в городе. Посольство попросило о встрече с местной торгово-промышленной палатой.

Так вот, с того мероприятия в Москву им был привезён *большой чемодан*, набитый проектами и прожектами. Почти сто килограммов великолепно напечатанной макулатуры. Израильские были проекты. Палестинские. Саудовские. Про западников – от американцев и немцев до японцев, нечего и говорить. Проблема в том, что все эти прекрасные и более чем убедительные буклеты так и остались украшением архива.

Это к вопросу о перспективах интеграции Израиля в регион. Там Шимон Перес в своё время отметился гениально забавной утопией про «Новый Ближний Восток». Так вот, эта не имеющая никакого отношения к действительности книга сегодня читается почти как Ильф и Петров. Единственное, что остаётся в этой связи израильтянам – философское, как у японских воинов-монахов, отношение к жизни. Такой национальный дзэн-иудаизм…

Секрет вечности

Нет ничего вечного в этом мире, хотя, по большому счёту, нет ничего нового. Что там происходило с человечеством сто, сорок или десять тысяч лет назад, мы знаем только из рассказов археологов. А вот про последние пять-шесть тысяч лет уже много что написано. И мифы сохранились – хотя большой вопрос, к какой именно древности они восходят. Да и лингвисты кое-что на основании данных своей науки умеют делать, по крайней мере компаративисты московской школы.

Сравнительное языкознание – вещь тонкая, сродни искусству. Однако же в основе его наука столь же строгая, как физика и математика. Во что дилетантам не верится. Откуда такое множество клинических идиотов с самодельными гениальными теориями родства языков, цивилизаций и народов наперевес. Наукой там не пахнет, но у наиболее ушлых и продвинутых неплохо с саморекламой и очень хорошо с деньгами. Которые вообще часто дают не самым умным и достойным, а самым наглым и напористым.

Но это не о вечности, а так – затравки для, разгону ради. Поскольку если говорить о том, что происходит с человечеством на планете за время, которое мы называем эпохой цивилизации, можно найти определённую закономерность. Удивительную, хотя до конца не изученную. Это немалая инертность существования человеческих сообществ, которые в их отношениях между собой напоминают кастрюльку с супом. Все вроде изначально по отдельности. Но в зависимости от ингредиентов каждый раз получается что-то своё.

Проще сказать: сколько Ближний Восток деньгами ни подогревай, ни бомби и ни учи, никакой демократии западного типа там не получишь. Сколько Китай или Россию марксизмом ни утюжь, всё равно выходит империя. Как Индию парламентом ни воспитывай, она превратится в элитарное кастовое общество с семейными кланами во главе. Ну не раджи и не Великие Моголы – семья Ганди – Неру. Несколько поколений подряд. Большая разница?

И кстати, что с Америкой ни делай, она опять-таки империя. Четвёртый Рим. Который, как ему и положено, враждует с Третьим. Пыталась-пыталась Москва быть дружелюбной к Вашингтону – никакой благодарности, одни претензии. И даже не потому, что с одной стороны Путин, а с другой Обама. А просто не хотят собаки с кошками дружить. Как им ни демонстрируй, что это хорошо, взаимовыгодно и для здоровья самое оно. И получается в итоге всё то, что получается.

Турция на своём исконно историческом имперском месте. Персия на своём. Арабские региональные центры – на своём. С поправками на их взаимную грызню и периодический распад то одной, то другой страны. Ну, так оно издревле у них и повелось. То в долине Нила проблемы – у египтян. То в Двуречье и по всему «плодородному полумесяцу», до средиземноморского побережья, у иракцев и сирийцев. То современные Нумидию с Мавританией корёжит – Тунис, Марокко и Алжир. То Эфиопию со всеми её приморскими окрестностями.

И ведь с какой точки зрения на него ни смотри, вечно воюющий сам с собой Ливан – типичный конгломерат финикийских городов-государств. Религии другие, народы другие, системы власти другие, а место то же самое. И отношения между людьми такие же, как во времена, когда на его территории враждовали хетты с египтянами. Только не колесницы – танки. И штурмовая авиация. А так, хоть тресни, там не то что никакого мира во всём мире, – там страна вечнозелёной гражданской войны. Была, есть и будет.

Ещё один пример такой же исторической упругости пространства-времени – Тунис. Который Карфагеном был и им остался. Цивилизованней соседей на порядок. Но не висящий в вакууме – рядом весь Магриб. Отчего «Арабская весна» с него и началась. Хотя копни историю на вершок глубже – те же страсти. Ганнибал там правил или Гамилькар. Бургиба или Бен-Али. Найдётся повод, полетят клочки по закоулочкам.

Однако, что существенно, Тунис – не Ливия и не Алжир. Отдельная страна на том же самом старом намоленном месте. Название только другое. И вера не та. Жертв Мардуку больше не приносят. А люди, по большому счёту, такие же. И проблемы у них те же. И методы решения проблем ничуть не изменились. И, кстати, результаты…

Но это лирика. Книга об Израиле. И вот о нём-то и поговорим. Стоит страна на том же месте, где стояла? Стоит. С поправками на исторический процесс. Поскольку было время, когда Дамаск, Заиорданье, юг Ливана и много что ещё было Израилем. Но так у всех. Чем владел когда-то, не обязательно останется твоим – желающих прибрать к рукам полно. И чем владеешь сегодня, не обязательно твоим останется.

Живя в Москве или Иерусалиме, легко понять, о чём это. История вокруг. Крепкая такая история, настоящая. На сотни и тысячи лет. Ну, в Москве, положим, примерно на тысячу, а в Иерусалиме на три, но однозначно не Америка, которой и трёхсот лет нет. Может, поэтому с Вашингтоном у обеих стран такие проблемы во взаимопонимании.

Там всё слабеет потихоньку, но сил у страны пока что много. Поэтому она ерепенится, пускает пузыри и всех достаёт. И союзников. И противников. И конкурентов. Привычки к прохождению нормального для государств постарше биологического цикла у Штатов нет. Проще говоря, они свой исторический климакс проходят первый раз. Сил настоять на своём, не оглядываясь ни на что, нет, но фаза глухой обороны или распада империи ещё не наступила. Хотя «крот истории роет», и куда они все, со всем своим Госдепартаментом и Белым домом, Пентагоном и Капитолием, денутся…

Еврейский специалитет последних нескольких тысячелетий, который, по убеждению автора, спасал евреев как народ неоднократно, – диаспора, существующая параллельно с государством. Или заменяющая собой это государство в эпоху, когда его не существовало. Что у евреев повторялось с последовательностью, которая не столь жестоковыйных людей привела бы к логичному выводу, что не судьба. Б-г дал – Б-г взял. Потерпел Г-дь в меру сил своих художества избранного им народа, плюнул и забрал у него страну, которую ему на пике хорошего настроения выделил. Недостойны. Пускай их по миру неизбранные народы погоняют.

Однако же евреи не случайно почитают в качестве одного из своих праотцев человека по имени Израиль. Что переводится в народной этимологии как «борющийся с Б-гом». Хотя раввины стилосы и перья источили, доказывая, что никакого именно такого смысла, атеистически хамского и вольнодумного, там нет, и не было, и быть-то не могло. И значит, это имя не то, что оно на самом деле значит, а что-нибудь другое. Вот, например... Или ещё так можно...

Ну, в общем-то, понятно, что законоучители и религиозные авторитеты не испытывают от наивной искренности предков особого счастья. Никакие. И еврейские не исключение. Однако из песни слова не выкинешь. Оно не соловей, вылетело, чёрта с два поймаешь. Что многое объясняет в вечном еврейском диссидентстве. И в опасении всех и всяческих властей по поводу того, что евреи их скинут, подсидят, внедрятся и устроят заговор или, наоборот, уйдут к вероятному противнику в рамках обычной для них эмиграции. Вместе со знаниями, умениями и интеллектуальным потенциалом.

Поскольку еврей – он даже по самоназванию народа кто? «Народ-священник», как его с какого-то неясного бодуна обозвала европейская, в частности русская, интеллигенция, на том лишь основании, что разбирались в делах религиозных евреи, с их грамотностью, поголовной у мужчин и весьма распространённой у женщин, так, как едва ли разбирался христианский клир. По крайней мере, низовой – точно нет. Однако же народ-священник – это если бы евреи звались коэнами. На худой конец, коганами. А не «Ам-Исраэль». Что дословно означает «народ-богоборец». Во всех смыслах этого слова.

Если же народ по определению – боец, который даже с Б-гом, если что, готов пойти на спарринг, понятно, откуда возрождение Государства Израиль, Шестидневная война и много что ещё. Включая прорыв абсолютно нищей, разорённой бесперспективной помойки, которую представляла собой Палестина до возвращения туда евреев, в клуб экономически развитых стран. Хотя «народ-Поддубный» действительно звучит забавно. Как и «народ-Валуев». Но по смыслу верно.

Сдохни, но держи фасон, называлось это когда-то в приморском городе Одесса. Победа любой ценой. Место одно – первое. Проиграл – тебя не будет. Страны не будет. Народа не будет. Холокост показал, чего стоят обещания великих держав. А также на что способны цивилизованные европейцы, когда начальство командует им побыть для разнообразия Тысячелетним рейхом.

Печки крематориев, расстрельные рвы и газовые камеры – отличный стимул для того, чтоб видеть мир таким, какой он есть на самом деле. Прочищает мозги, затуманенные попытками встроиться и не беспокоить начальство. Хотя не всем и не навсегда, о чём свидетельствует двадцатилетний маразм палестино-израильских переговоров со всеми его грустными для обеих сторон результатами.

И всё-таки, какой мы можем сделать вывод касательно евреев, еврейского государства и перспектив этого народа и этой страны, исходя из исторического опыта? Во-первых, ничего вечного нет. Тем более что народ склочный, вечно конфликтует в собственной среде и не склонен к безоговорочной вере в авторитеты.

Гражданские войны древности похожи как две капли воды на современное собаченье в Кнессете. Отчего в Израиле все беды. Так как не было бы там внутренней конкуренции – не влезали бы евреи между Египтом и Ассирией или тем же Египтом и Вавилоном. Не взяли бы римляне Иерусалим. Не притащил бы Перес на голову своей страны Арафата.

Не исключено, что античную сказку про Камцу и Бар-Камцу, вражда которых сгубила Израиль, через длительный исторический период будут рассказывать про «Аводу» и «Ликуд». Или про Переса и Нетаньягу. Если, конечно, нынешние начальники Израиля не окажутся умнее древних. На что надежды мало, но вдруг?

Во-вторых, еврейская история проходит определённые циклы. Примитивно говоря: нет государства – есть страна – нет страны, есть диаспора – есть и государство, и диаспора – нет государства, есть диаспора – опять есть и государство, и диаспора. Сейчас как раз эта фаза и идёт. Государство есть. Диаспора есть. Всё на круги своя.

«Привет, соседи! Мы опять здесь», – говорят израильтяне. «У, ё!» – отвечают соседи, начиная делать всё возможное, чтоб их тут не было. А что, были какие-то иллюзии? Напрасно. Это не Гренобль, моя дорогая. Тут так принято – они тут никого не любят. Даже самих себя. На Ближнем Востоке тебя или боятся, или нет. Ненавидеть всё равно будут.

Так что, раз цикл пошёл по новой, понятно, что евреев в Израиле будут гонять как сидорову козу. Пока не сгонят оттуда обратно в диаспору. Или не уничтожат. Или себя не перетравят по дороге – судя по процессам, которые идут вокруг Израиля по нарастающей, на то и похоже. Есть тут другие варианты? Нету других вариантов. Желающие жить как в Европе могут отъехать в Европу. Хотя она на глазах превращается в филиал Ближнего Востока…

В-третьих – ну добьются они этого своего исламского, палестинского, общеарабского или иранского счастья. Хрен они его на самом деле добьются, но предположим. В порядке теоретического бреда. Вот был Израиль, и не стало его. Исчез. Улетел на Марс. Ушёл на дно Средиземного моря. Растворился в воздухе. И перед этим не разнёс всё окружающее в мелкую пыль – в порядке благодарности за добрососедские отношения. Что он сделать вполне может.

Хотя не хочет. И если его оставят в покое, то и не сделает. А если нет – кто знает? В своё время, когда в Египте активно обсуждали, не поддержать ли интифаду Аль-Аксы, им из Израиля прозрачно намекнули насчёт Асуанской плотины и возможности провести на египетской территории репетицию всемирного потопа. И как-то все эти разговоры быстро стихли.

Но ладно, нет больше Израиля. И евреев нет. А что вместо них будет-то? Про это Люк Бессон фильм уже снял. И даже по соседству со Страной, текущей молоком и мёдом. В Египте как раз его сюжет завязался и там же развязался. И даже президент там, в фильме, в Соединённых Штатах был такой… слегка коричневый и туповатый. Один в один Барак Обама. Фильм назывался «Пятый элемент».

Там в качестве художественного описания перспективной ситуации употреблён Милой Йовович в рыжем то ли окрасе волос, то ли парике слоган «большой бара-бум». И вот без Израиля именно он на всей этой территории немедленно и наступит. Со всеми глупостями мирового сообщества, которые ему неизбежно будут сопутствовать. И всеми реверансами в сторону Евросоюза и Соединённых Штатов тех, кто из них надеется выжать денег.

Что, Иордания там с её палестинцами уцелеет? Ирак, который колется на части на глазах? Сирия, которую и так уже исламисты догрызли до состояния «Дамаск плюс окрестности»? Ливан, которого де-факто давно нет, хотя на карте он пока что числится? Египет, который нищает на глазах? И у него одна задача – не обрушиться, а деградировать медленно и плавно. Или Саудовская Аравия, которую потряхивает столько, сколько она числится страной? С чего и почему они должны остаться? И чем им в этом исчезновение Израиля поможет?

Или ХАМАС наивно полагает, что египтяне и саудовцы оставят его править в Газе?! И не снесут, как ликвидировал в Каире генерал ас-Сиси режим демократически избранного президента Мурси со всеми его «Братьями-мусульманами»? Наплевав на рекомендации из Вашингтона и из Брюсселя с высокой колокольни. Поскольку, чтобы слушать этот бред, необходимо быть израильским премьером. Египетские генералы таким терпением никогда не обладали и вряд ли им обзаведутся в будущем.

Что до остатков ФАТХа и его партнёров-соперников, палестинских революционных движений... Нет такой арабской страны, где эти организации не ненавидели бы со всей той страстностью, которая сопровождает историю конфликтов палестинцев с арабскими соседями. Пока Израиль существует, их готовы терпеть ради борьбы с ним. И то с трудом. Когда Израиля не будет – выбьют всех. Согласно методам, применённым в Сабре и Шатиле. А также во всех прочих многочисленных местах, где было то же самое.

Ну и в-четвёртых и последних. Не будет Израиля – опять его восстановят. Куда же тут деваться при такой истории? Легенды о стране, которая за несколько десятилетий стала тем, чем она стала, переживут её. И станут мощным стимулом для её возрождения. Таким же, каким короткая история рода Давида была на протяжении без малого трёх тысяч лет.

Слишком много побед и достижений было в Израиле за несколько десятилетий его современной истории, чтобы всё растворилось без следа. Слишком много у него врагов. Слишком велика их ненависть. Слишком глубокий след в современности оставила эта крошечная, но великая страна. Слишком много в этом мире израильтян и слишком во многих странах они живут, чтобы память о ней исчезла – даже если опять её не станет.

Тем более что Бен-Гурион и Жаботинский, Голда Меир и Менахем Бегин, Ариэль Шарон и Моше Даян, Ицхак Рабин и Зеэви-Ганди, хитроумный Перес и мрачный Шамир ничуть не менее достойны того, чтобы остаться в истории, чем Саул, Давид и Соломон. Не говоря уже о прочих персонажах Торы и Талмуда. Деборе и Самсоне. Хасмонеях и Иродиадах. Иеровоаме и Ироде Великом. Шаммае и Гиллеле. Вечность это называется. Обычная, прочно гарантированная стране вечность.

Ишак везёт – такая карма

Хочешь, не хочешь, если ты еврей – выгребай. Если живёшь в Израиле – тем более. Нет у тебя никакой другой возможности. Г-дь её не дал, или так само получилось, без его участия, кто знает? Да и какая разница? Евреям не привыкать. Хочешь быть как все, учись прыгать на две головы выше остальных. Очень раздражает. Чувствительных – до слёз. Но тренирует, не отнять. Хотя вряд ли все те, кто гнобит, если у них это получается, попросту евреев, а если не получается с евреями – не принято в данной конкретной стране или ещё что, – то израильтян, имеют в виду именно это.

Не берут в институт – поступай в другой. Или учись так, чтоб не принять тебя было невозможно. Если всё равно не приняли – терпи, сжав зубы. Получи высшее образование – какое угодно и пробейся в профессию, которую выбрал. Не берут на работу, о которой мечтал, – займись чем-нибудь другим. Причём так и с такими результатами, чтобы там, где тебя не взяли, те, кто не взял, локти кусали. Им же хуже.

Совсем нет жизни в стране, весь кислород перекрыли местные жидоморы? Не сиди сиднем. Снимай семью, бери детей и стариков – вали оттуда. Не для себя, для них. Чтоб у одних было будущее, а у других нормальная старость. Что и продемонстрировали евреи Российской империи, а потом Советского Союза, которых очень не хотело местное начальство. Ну и кому от этого стало хуже? Америке? Или Израилю? С-час.

И нечего после того, как евреев силком из страны погнали или потихоньку выжили, стонать насчёт утечки мозгов. Они не из страны утекли. Они у тех начальников утекли, кто вместо простого и понятного правила «каждому по способностям» придумал всякую хренотень про титульную нацию, которая у каждого начальника своя, и начал под свой гнило-тухлый национализм душить всех и всяческих инородцев.

Что делает человек, который всем хорош, и патриот, и родине то отдал, что прочим и не снилось, а ему смачно публично плюют в лицо? В случае свободного ношения в стране оружия – пристреливает гада. А в России, где, как и в СССР, оно не продаётся? И скорее всего, именно потому и не продаётся, чтобы всех, кого давно пора, не перестреляли. Идёт собирать чемоданы. Давно наработанная, полностью оправдавшая себя практика.

Есть такая народная примета: когда из страны уезжают евреи, конец ей наступит без вариантов. И кстати, когда они в какую-то страну приезжают, значит, она ещё поживёт. Тоже практика. Из которой, помимо прочего, следовал неизбежный и на самом деле случившийся на глазах ныне живущего поколения распад СССР. И большой кирдык, который вскоре ждёт Евросоюз с его мультикультурализмом. Начиная с Великобритании, Франции и прочих Бельгий.

С агрессивными и фанатичными ближневосточными и африканскими пришельцами, которые заполонили улицы европейских городов, евреям просто первыми из европейцев не удалось ужиться. Причём не по своей воле – ты поживи с ними, попробуй! Тем, кто всех их туда пригласил и позволил вести себя так, как они себя ведут, придётся несладко чуть позже. Да, впрочем, уже и приходится.

Никакого другого расклада, кроме озверения толпы и погромов, которые евреев тоже не радуют, тут не предвидится. Ну и какие у евреев перспективы в Европе? Да, в общем, никаких. Отчего алия в Израиле в 2000-х годах пополнилась внезапно большим потоком франкофонов. Равно как, начиная с 2014-го, и украиноязычных. Которые, чтобы не ехать в Кличко-таун, он же Майдан-град, а попросту говоря, в столичный Киев оформляться, что чревато засвечиванием перед многочисленными бандитами, как это уже было в 90-х, едут в Израиль как туристы. И уже там идут сдаваться в МВД.

Соединённые Штаты, исходя из вышеприведённой логики, перспективы имеют – евреи туда едут. Что характерно для экономического лидера мира – хотя и покоцанного, но пока не до конца. Тем более что линчевать евреев в южных штатах, как это было ещё в начале XX века, перестали. Процентная норма в университеты и запреты на профессию отошли в историю. Смешанные браки, в которые вопреки ортодоксальной еврейской традиции вступает половина всех евреев диаспоры, распространены. И главное, дети от этих браков дискриминации не подвергаются.

Так что с основными условиями там всё в порядке и как минимум до конца текущего века особых катастроф не предвидится. Хотя с этими показателями и у современной России те же перспективы. С сохранением и некоторым приумножением, за счёт евреев-экспатов, собственного еврейского населения. Если, конечно, от великого ума и большого старания законодатели не введут запрет на двойное гражданство, что накроет попытки преодолеть технологическую блокаду, объявленную Москве Вашингтоном летом 2014 года, а также базу для организации полноценной внешней разведки медным тазом. Ну, тут как будет, так и будет.

Отметим, что в Израиль, вопреки всем войнам и «мирному процессу», который хуже, чем любая война, еврей идёт косяком. В том числе из Европы, Соединённых Штатов, постсоветских стран и Эфиопии. Что на первый взгляд странно. Ну патриотизм. Ну еврейские сантименты. Но ведь бомбят же? Однако нелогично это только на первый взгляд. Если не рассматривать всю картину в целом. В динамике развития и с учётом перспектив.

Со стороны глядеть – совсем евреи очумели, эмигрировать под ракеты и под пули. Однако же на самом деле, поскольку исламисты всё равно везде и террористы тоже везде, хоть в Москве и европейских столицах, хоть в Вашингтоне и Нью-Йорке, логично застолбить территорию в стране, которая отбиваться будет без компромиссов и попыток самообмана – если её припрёт всерьёз. Как было всю её историю с самого начала до сегодняшнего дня. Поскольку понятно, что если евреи отобьются, то именно там.

Никто не говорит, что начальство там много умнее, чем в бывших и действующих империях. Но оно, по крайней мере, еврейское. И на него евреи могут как-то влиять. Демократическими методами. Кошачьим концертом под окнами. Лоббированием в кулуарах. Апперкотом. Или демонстрацией протеста. Но как-то могут. Соответственно, поскольку технические новинки, придуманные израильскими гениями, позволяют этому начальству не надрываться, как раньше, а с минимальными потерями вести вялотекущую борьбу с террористами, оно её так пока и ведёт. Иначе б напряглось – куда бы оно делось!

Не работала бы система «Железный купол» – не сидел бы ХАМАС в Газе, а «Хизболла» в Ливане. И были бы на своём месте означенные Газа и Южный Ливан, или ландшафт там поменялся бы раз и навсегда, превратившись во что-то инопланетное, это ещё вопрос. Хотя пока израильтян не допекли до ручки, правозащитники и ООН Израиль гнобят, террористы по нему ракеты запускают, соседи интригуют и этих террористов на Израиль натравливают, европейцы им, в рамках политики двойных стандартов, сочувствуют, а Белый дом следует привычным курсом «и нашим, и вашим».

Что до России… Тут всё получше, чем в Европе, хотя гораздо хуже, чем могло бы быть – откуда нереализованный потенциал взаимного сотрудничества и много что ещё. Но это в пользу бедных. Что можно сделать, то для российско-израильских отношений сделано, и автор принимал в этом посильное участие. Что сделать было невозможно, то не сделано и, возможно, сделано никогда не будет. По объективным или субъективным причинам это так, кто его знает. История рассудит.

Как бы то ни было, Израиль за последнюю четверть века превратился в нормальную развитую комфортную средиземноморскую страну. С темпами развития экономики, которые ни в какое сравнение не идут с государствами Южной Европы. А о его соседях в этой связи не приходится и говорить. «Арабская весна» прошлась по Ближнему Востоку таким катком… Да и сменившая её то ли «Арабская осень», то ли исламистская «Арабская зима» никакого оптимизма не внушают. И это ещё далеко не конец всей этой истории с географией.

Так что – чего не жить Израилю? И чего не жить в Израиле? Если всё самое паршивое там уже проходили и существовать с ним рядом научились. О чём свидетельствуют объективные итоги профессиональных исследований, проводимых учёными. По степени адаптации населения к войне и террору Израиль – страна номер один на планете. Стресс от разрывающейся по соседству ракеты у израильтян такой же, как у американцев от «9/11» или русских от терактов в метро. Но скорость выхода из стресса – на порядок быстрее.

Привыкли люди к войне так, как можно к ней привыкнуть, только находясь в Израиле. С поездками к детям на фронт – если нужно на фронт. Или на военную базу – если фронта нет. Коктейльными вечеринками в комнатах-бомбоубежищах, «хедерах-бетахон», под звуки сирены воздушной тревоги. Правилами поведения в кафе: если сирена звучала два раза, значит, кофе остыл и его меняют за счёт заведения. А если только один, то он ещё горячий, допивай.

Автор сам с этим сталкивался, и друзья рассказывали. Как они со своего обращённого к морю балкона на девятом этаже в Кирьят-Оно, откуда открывается роскошный вид на всю прибрежную панораму с двумя кусочками моря, виднеющимися в просветы между небоскрёбами Тель-Авива километрах в десяти-одиннадцати, наблюдают работу системы «Железный купол». Если понятно, что ракеты из Газы летят не к ним (если к ним, тогда звучит сирена и нужно переждать в укреплённой комнате), а к побережью. Красиво, говорят, – сил нет.

Просто не ракетная атака, а очередная серия каких-то «Звёздных войн». Фантастически выглядящий урбанистический пейзаж. Море огней. Небо, заполненное красно-белыми огоньками на крыльях самолётов, взлетающих из аэропорта имени Бен-Гуриона и идущих на посадку. И звёздочки взрывающихся израильских противоракет, подбивающих всё, что летит в сторону жилых кварталов. Причём атакующие ракеты не видно – только свои.

Ну вот такие люди. Которые больше беспокоятся о детях на фронте – своих и чужих, или о котах и собаках, чем о том, что ракета свалится им на голову. Не потому, что чувства у них какие-то другие, чем у прочего населения планеты. А просто не переставать же из-за такой рутины, как террористы и ракетные обстрелы, жить полной жизнью? С застольями, работой, визитами к врачу и проведыванием родителей.

Как там было в Ленинграде во время блокады? «Граждане, эта сторона улицы при артобстреле наиболее опасна». Ну вот, это примерно то же самое. И кстати, корни такого отношения именно оттуда, из войны. Которая для израильтян с их «Яд ва-Шемом» была вчера. Отчего там День Победы не восьмое, как на Западе, а Девятое мая. И именно весной 2014-го этот день внесли в еврейский календарь – то есть отправили в вечность.

Инициатива, к слову, была из России: Германа Захарьяева. Бизнесмена не из последних – но это был не бизнес, а то самое, что называется, веление души. Поскольку раз уж всё равно что ни еврейский праздник, то воспоминание о том, как кто-то в очередной стране попробовал евреев извести и у него это не получилось, то чем, с еврейской точки зрения, Гитлер по этой части лучше Аммана или римлян?

Израильские Главные раввины инициативу одобрили – и ашкеназский, и сефардский. Правительство Израиля одобрило. Опять же символически всё получилось: именно в этот день по плавающему еврейскому календарю, который древний и поэтому до сих пор лунный, на дату, о которой речь, пришлась в 1967 году победа в Шестидневной войне. Как подгадали.

Если попытаться понять, как влияет война на современную израильскую экономику, становится забавно. Не то чтобы совсем не влияет. Какое-то влияние оказывает. Снижая ежегодный прирост ВВП на величины, удивительно малые. Доли процента. Полпроцента. Что на фоне ежегодного прироста в три-пять-семь процентов теряется. Желающие могут сравнить эти показатели с ЕС или Японией. После чего понятно, отчего поток инвестиций в Израиль нарастает, несмотря на усилия террористических группировок и их спонсоров.

Причём так было не всегда. Однако последняя война, которая обрушила экономику в Израиле, была война в Ливане 1982 года. Тогда действительно пошла гиперинфляция, и рухнула банковская система, и рынок акций приказал долго жить… Однако выясняется, что диверсифицированная экономика с упором на высокие технологии переживает войну без серьёзных потерь. Что в первый раз выяснилось в 2006 году, во время Второй Ливанской войны – и стало для экономистов большой неожиданностью.

Хочется ли израильтянам жить с такими соседями? Да ни Б-же мой! А делать что? И на свободный выпас их отпустили. И править у себя дали – воруй не хочу. И вывезли из Газы поселенцев, хотя, говоря откровенно, лучше б их никто не трогал. И привели за белу руку в ООН как полноправных партнёров, причём авансом. Но это сами дураки. Не надо было приводить. А им неймётся. Кто бы сомневался…

Понятно, что клиент такой попался. Дашь палец, хочет откусить всю руку. И понятно, что если ему, как требуют особо тупые израильские политики, отдать эту руку в рамках «болезненных уступок» и прочей словесной мишуры, то сгрызёт весь организм целиком. А руководство у страны упёртое и возвращаться к предыдущей стадии – полного контроля над палестинскими территориями – не хочет. Хотя народу говорит, что не может. Врёт, понятно. Но другого руководства у Израиля нет.

Так что приходится терпеть. Жить от войны до войны. Растить детей и заниматься их проблемами. Решать текущие вопросы и строить страну, кому как выпало на его месте. Ездить по миру – израильтяне большие любители путешествий. Развлекаться чем Б-г послал – тут еврейское государство вообще чемпион. Закусывать и выпивать «квантум сатум», по потребности души. Что в Израиле есть национальный спорт и общенародное хобби.

С кем ни поговори: у одного фирменный, только ему известный рецепт кебаба. Другой коптит особым способом рыбу или кабаньи рёбрышки. Повторим по слогам для тех, кто решил, что ошибся: ка-ба-ньи. Со всем уважением к родному для еврейского народа кошеру, но и со всей любовью этого народа к «басар лаван» – «белому мясу», как изящно именуют свинину в стране святых, десантников и террористов. Третий рубит как Б-г арабский салат «табули». Или делает «угу» – неважно, с творогом этот пирог или с чем-то другим. Или овощную запеканку... Ну, в общем, читатель проникся и уяснил проблемность израильской жизни.

Опять же постоянно приходится решать вопросы. С чем лучше хумус, затирушка из средиземноморского горошка с густым зелёным маслом, свежеотжатым из оливок. С кедровыми орешками. Или с огненно-острым йеменским схугом. И с каким – из красного или зелёного перца. Или вместо него взять к мясу тхину с травкой заатар. Или лэбене – полукефир, полумацони. Правда, последнее – только если за столом не соблюдают кошер: мясное с молочным безумно вкусно, но противоречит традиции.

А вечный вопрос, что пить? Патриотическую простонародную водку «Кеглевич» или дорогой импортный «Абсолют». «Мартель» или «Джек Дэниэлс». И если вино «Ярден», то белое или красное. Или что-то редкое, из новых бодег, которых в Иудее, Самарии и на Голанах расплодилось в 2000-х, как в Италии и Испании. Пиво – «Маккаби», «Голд стар» или, не заморачиваясь израильским, «Гиннесс». Кофе-афух, с молоком или по-арабски, с кардамоном. Чай с мятой – «те им нана» – или без...

Читатель, автор, прошедший вдоль и поперёк весь Израиль за истекшую четверть века без малого, над тобой не издевается! О детях там разговаривают. О работе разговаривают. О личной жизни, такой же, как и в европейском Средиземноморье, бурной и страстной, говорят – своей и чужой. О путешествиях – кто куда съездил, откуда приехал, что там видел, куда поедет и в какой компании. Израильтяне любят путешествовать с друзьями. О политике – много и страстно.

Но чтобы заморачиваться всерьёз войной и перспективами её неизбежного повторения? Не дождутся. Ни свои идиоты. Ни чужие мерзавцы. Нет более оптимистичного народа, чем израильтяне. Довольного жизнью, как мало кто в этом мире. Умеющего сделать праздник на пустом месте. Поднять настроение себе и окружающим ни с чего. Выстроить на пустырях, малярийных болотах и в пустыне страну на удивление и прихорашивать её, не переставая удивлять окружающих. А что проблемы есть, так у кого их нет? Ишак везёт свой груз – такая у него пожизненная карма…

Послесловие

Спасибо тем, которые...

В конце каждой очередной изданной «Эксмо» книги автора произносятся слова благодарности в адрес тех, кто помог ему в том, что эта книга появилась на свет. Засим...

Традиционное и неизменное спасибо за всё и огромная любовь ближайшей родне. Маме – Александре Вагнер-Сатановской, живущей в израильском Маалоте. Второй маме – любимой тёще Римме Вепринской, лучшему украшению американского Нью-Йорка. Обоим братьям: родному Вите, израильтянину, и шурину Юре, американцу. Как и прочей большой мишпухе. Включающей родственников из России, с Украины, из Израиля, США, Польши, Франции и с Антильских островов.

Всем тем из родных и близких, кого уже нет. И в первую очередь двум лучшим отцам, которых только можно было пожелать: Яну Сатановскому и Леониду Вепринскому. Мир их памяти, и да будет им земля пухом.

Жене Машеньке, которая холила автора долгие месяцы, проведённые за компьютером, и терпит вот уже три с лишним десятка лет. Младшему поколению. Детям: Лене и Ксюше, Эмме и Косте Сатановским и в свои почти четыре года главному человеку в семье, внуку Яну. Большому специалисту по автомобилям и знатоку кошек.

Партнёрам по бизнесу, действующим и ушедшим на покой. Которые на протяжении двух десятков лет терпеливо сносили и сносят повышенную концентрацию в офисе раввинов и дипломатов, профессоров и журналистов, политиков и студентов. За что автор приносит низкий поклон Вадиму Брайнису, Сергею Роленкову, Назиму Касумову, Анатолию Циосу, Сергею Ширяеву, Александру Жукову, Михаилу Файде, Александру Шмуклеру, Виталию Кузнецову, Сергею Хрущёву и Ефиму Жигуну.

Отдельное спасибо Жигуну, который вместе с автором четверть века тащит на своих плечах Институт Ближнего Востока. Его работоспособность и порядочность позволили сделать то, что без него было бы невозможно. О терпении, позволившем автору годами терзать его нервы, как ближайшего сотрудника и старого друга, не стоит и говорить. Если бы у евреев были святые страстотерпцы, Ефим Жигун был бы среди них.

Институтским друзьям, которые рядом всю жизнь, вместе с их чадами и домочадцами: Анатолию Циосу, Александру Спектору и Александру Иоффе, дом которого на протяжении почти четверти века служит автору кровом и приютом в Израиле.

Советским и российским дипломатам и государственным мужьям: Михаилу Богданову, Александру Бовину, Владимиру Джабарову, Михаилу Маргелову, Евгению Примакову и Константину Ромодановскому.

Отечественным учёным, включая тех, кто создал в России академическую иудаику и израилеведение мирового уровня, и тем, кто их поддерживал: Савелию Вольфсону, Аркадию Ковельману, Владимиру Исаеву, Татьяне Карасовой, Дмитрию Марьясису, Михаилу Мейеру, Александру Милитарёву, Виктории Мочаловой, Владимиру Носенко, Андрею Федорченко, Александру Филонику, Михаилу Членову, Владимиру Шапиро, Софье Шуровской и Дмитрию Эльяшевичу.

Израильтянам. Государственным и общественным деятелям, активистам, дипломатам, политикам, журналистам и учёным: Ицику Авербуху, Анне Азари, Йом-Тову Ассизу, Эхуду Бараку, Давиду Бар-Тову, Менахему Бен-Сасону, Саре Боген, Зеэву Гейзелю, Дорит Голендер, Михаилу Гринбергу, Игорю Губерману, Илье Дворкину, Юрию Дейчу, Роберту Зингеру, Григорию Казовскому, Якову Кедми, Дову Контореру, Арье Левину, Владу Лернеру, Авигдору Либерману, Цви Магену, Салаю Меридору, Владимиру Месамеду, Владимиру Мушинскому, Александру Островскому, Дине Рубиной, Наталье Сегев, Эфраиму Севеле, Каролю Унгеру, Ариэлю Шарону, Давиду Шехтеру, Зеэву Ханину, Дэвиду Хармацу, Велвлу Чернину, Юлию Эдельштейну, Зеэву Элькину и Алеку Эпштейну.

И наконец, главному виновнику появления этой и всех предшествующих книг автора, блестящему журналисту и доброму другу – Владимиру Соловьёву, красе и гордости выпускников МИСиС.

Спасибо им всем. И тем, кто рядом – жить им до ста двадцати! И тем, кого больше нет. Не разделяя. Пока ушедших помнят – они живы.

Научно-популярное издание

ПЕРЕДЕЛ МИРА: XXI ВЕК

Сатановский Евгений Янович

КНИГА ИЗРАИЛЯ
ПУТЕВЫЕ ЗАМЕТКИ О СТРАНЕ СВЯТЫХ, ДЕСАНТНИКОВ И ТЕРРОРИСТОВ

Ответственный редактор *Э. Саляхова*
Младший редактор *А. Михеева*
Художественный редактор *К. Гусарев*
Технический редактор *М. Печковская*
Компьютерная верстка *В. Никитина*
Корректор *И. Федорова*

ООО «Издательство «Эксмо»
123308, Москва, ул. Зорге, д. 1. Тел. 8 (495) 411-68-86, 8 (495) 956-39-21.
Home page: **www.eksmo.ru** E-mail: **info@eksmo.ru**

Өндіруші: «ЭКСМО» АҚБ Баспасы, 123308, Мәскеу, Ресей, Зорге көшесі, 1 үй.
Тел. 8 (495) 411-68-86, 8 (495) 956-39-21
Home page: www.eksmo.ru E-mail: info@eksmo.ru.
Тауар белгісі: «Эксмо»
Қазақстан Республикасында дистрибьютор және өнім бойынша арыз-талаптарды қабылдаушының өкілі «РДЦ-Алматы» ЖШС, Алматы қ., Домбровский көш., 3«а», литер Б, офис 1.
Тел.: 8(727) 2 51 59 89,90,91,92, факс: 8 (727) 251 58 12 вн. 107; E-mail: RDC-Almaty@eksmo.kz
Өнімнің жарамдылық мерзімі шектелмеген.
Сертификация туралы ақпарат сайтта: www.eksmo.ru/certification

Сведения о подтверждении соответствия издания согласно законодательству РФ о техническом регулировании можно получить по адресу: http://eksmo.ru/certification/

Өндірген мемлекет: Ресей
Сертификация қарастырылмаған

Подписано в печать 05.12.2014. Формат $84\times108^1/_{32}$.
Гарнитура «Charter». Печать офсетная. Усл. печ. л. 26,88.
Тираж 5000 экз. Заказ 5399/14.

Отпечатано в соответствии с предоставленными материалами в ООО «ИПК Парето-Принт», 170546, Тверская область, Промышленная зона Боровлево-1, комплекс №3А, www.pareto-print.ru

ISBN 978-5-699-77155-4

Оптовая торговля книгами «Эксмо»:
ООО «ТД «Эксмо». 142700, Московская обл., Ленинский р-н, г. Видное,
Белокаменное ш., д. 1, многоканальный тел. 411-50-74.
E-mail: **reception@eksmo-sale.ru**

По вопросам приобретения книг «Эксмо» зарубежными оптовыми покупателями *обращаться в отдел зарубежных продаж ТД «Эксмо»*
E-mail: **international@eksmo-sale.ru**
International Sales: International wholesale customers should contact Foreign Sales Department of Trading House «Eksmo» for their orders.
international@eksmo-sale.ru

По вопросам заказа книг корпоративным клиентам, в том числе в специальном оформлении, *обращаться по тел. +7 (495) 411-68-59, доб. 2261, 1257.*
E-mail: **ivanova.ey@eksmo.ru**

Оптовая торговля бумажно-беловыми и канцелярскими товарами для школы и офиса «Канц-Эксмо»: Компания «Канц-Эксмо»: 142702, Московская обл., Ленинский р-н, г. Видное-2, Белокаменное ш., д. 1, а/я 5. Тел./факс +7 (495) 745-28-87 (многоканальный).
e-mail: **kanc@eksmo-sale.ru**, сайт: www.**kanc-eksmo.ru**

В Санкт-Петербурге: в магазине «Парк Культуры и Чтения БУКВОЕД», Невский пр-т, д.46.
Тел.: +7(812)601-0-601, www.bookvoed.ru/

Полный ассортимент книг издательства «Эксмо» для оптовых покупателей:
В Санкт-Петербурге: ООО СЗКО, пр-т Обуховской Обороны, д. 84Е. Тел. (812) 365-46-03/04.
В Нижнем Новгороде: Филиал ООО ТД «Эксмо» в г. Н. Новгороде, 603094, г. Нижний Новгород, ул. Карпинского, д. 29, бизнес-парк «Грин Плаза». Тел. (831) 216-15-91 (92, 93, 94).
В Ростове-на-Дону: Филиал ООО «Издательство «Эксмо», пр. Стачки, 243А. Тел. (863) 305-09-13/14.
В Самаре: ООО «РДЦ-Самара», пр-т Кирова, д. 75/1, литера «Е». Тел. (846) 207-55-56.
В Екатеринбурге: Филиал ООО «Издательство «Эксмо» в г. Екатеринбурге, ул. Прибалтийская, д. 24а.
Тел. +7 (343) 272-72-01/02/03/04/05/06/07/08.
В Новосибирске: ООО «РДЦ-Новосибирск», Комбинатский пер., д. 3.
Тел. +7 (383) 289-91-42. E-mail: **eksmo-nsk@yandex.ru**
В Киеве: ООО «РДЦ Эксмо-Украина», Московский пр-т, д. 9. Тел./факс: (044) 500-88-23.
В Донецке: ул. Складская, 5В, оф. 107. Тел. +38 (032) 381-81-05/06.
В Харькове: ул. Гвардейцев Железнодорожников, д. 8. Тел. +38 (057) 724-11-56.
Во Львове: ТП ООО «Эксмо-Запад», ул. Бузкова, д. 2. Тел./факс (032) 245-01-71.
В Симферополе: ООО «Эксмо-Крым», ул. Киевская, д. 153. Тел./факс (0652) 22-90-03, 54-32-99.
В Казахстане: ТОО «РДЦ-Алматы», ул. Домбровского, д. 3а.
Тел./факс (727) 251-59-90/91. **rdc-almaty@mail.ru**
Интернет-магазин ООО «Издательство «Эксмо»
www.fiction.eksmo.ru
Розничная продажа книг с доставкой по всему миру.
Тел.: +7 (495) 745-89-14. E-mail: **imarket@eksmo-sale.ru**